Françoise DANGON Jeanne ROQUES-BRIÈRE

Professeurs à l'Institut Français d'Athènes

François WEISS

Lecteur à l'Université d'Athènes

LIRE EN FRANÇAIS

recueil de textes d'auteurs contemporains

Ouvrage réalisé sous la direction de François WEISS
à partir de textes sélectionnés et présentés
par Louis LASSEUR et Guy TALON
dans leur collection « DES MOTS ET DES IMAGES ».

hatier international

Couverture : Gérard Seintignan

 ISBN 2-216-00758-7

Avant-propos

Le recueil de textes d'auteurs contemporains (avec une petite incursion dans le XIX*e siècle), s'adresse à des apprenants de français de niveau avancé capables d'aborder des textes littéraires simples.*
L'appareil pédagogique qui l'accompagne devrait faciliter la tâche du lecteur et des enseignants en leur proposant des notes explicatives (*rubrique :* Lire et comprendre), *des pistes d'exploration des textes et de réflexion sur les textes* (*rubriques :* Réfléchir *et* Au-delà du texte).
Dans l'esprit des auteurs cet appareil pédagogique, souple et varié, a été conçu comme un ensemble de jalons, d'éclairages, qui devraient permettre de mieux apprécier le texte mais ne prétend en aucune manière concurrencer l'explication exhaustive traditionnelle.
Chaque enseignant, chaque lecteur pourra choisir son itinéraire dans ce recueil — les textes sont classés par genre et non par degré de difficulté — et découvrir, chemin faisant, le plaisir de LIRE EN FRANÇAIS.

François WEISS

Contes et nouvelles

Marcel AYMÉ (1902-1967)

Marcel Aymé s'est illustré au théâtre en écrivant, par exemple, *Clérambart* (1950) ou les *Oiseaux de lune* (1955). Mais il est mieux connu par ses œuvres romanesques telles que *La Jument verte*, *La Vouivre*, *Le chemin des écoliers* ou ses *Contes du chat perché*.

Le passe-muraille est un recueil de nouvelles ; la première a donné son titre à l'ensemble de l'ouvrage.

Le passe-muraille.

Il y avait à Montmartre, au troisième étage du 75 *bis* de la rue d'Orchampt[1], un excellent homme nommé Dutilleul qui possédait le don singulier[2] de passer à travers les murs sans en être incommodé. Il portait un binocle, une petite barbiche noire, et il était employé de troisième classe au ministère de l'Enregistrement. En hiver, il se rendait à son bureau par l'autobus, et, à la belle saison, il faisait le trajet à pied, sous son chapeau melon.

Dutilleul venait d'entrer dans sa quarante-troisième année lorsqu'il eut la révélation de son pouvoir. Un soir, une courte panne d'électricité l'ayant surpris dans le vestibule de son petit appartement de célibataire, il tâtonna un moment dans les ténèbres et, le courant revenu, se trouva sur le palier du troisième étage. Comme sa porte d'entrée était fermée à clé de l'intérieur, l'incident lui donna à réfléchir et, malgré les remontrances de sa raison, il se décida à rentrer chez lui comme il en était sorti, en passant à travers la muraille. Cette étrange faculté[3], qui semblait ne répondre à aucune de ses aspirations, ne laissa pas[4] de le contrarier un peu et, le lendemain samedi, profitant de la semaine anglaise, il alla trouver un médecin du quartier pour lui exposer son cas. Le docteur put se convaincre qu'il disait vrai et, après examen, découvrit la cause du mal dans un durcissement hélicoïdal[5] de la paroi strangulaire[6] du corps thyroïde[7]. Il prescrivit le surmenage intensif et, à raison de deux cachets par an, l'absorption de poudre de pirette tétravalente, mélange de farine de riz et d'hormone de centaure[8].

Ayant absorbé un premier cachet, Dutilleul rangea le médicament dans un tiroir et n'y pensa plus. Quant au surmenage intensif, son activité de fonctionnaire était réglée par des usages ne s'accommodant d'aucun excès, et ses heures de loisir, consacrées à la lecture du journal et à sa collection de timbres, ne l'obligeaient pas non plus à une dépense déraisonnable d'énergie. Au bout d'un an, il avait donc gardé intacte la faculté de passer à travers les murs, mais il ne l'utilisait jamais, sinon par inadvertance[9], étant peu curieux d'aventures et rétif[10] aux entraînements de l'imagination. L'idée ne lui venait même pas de rentrer chez lui autrement que par la porte et après l'avoir dûment[11] ouverte en faisant jouer la serrure. Peut-être eût-il vieilli dans la paix de ses habitudes sans avoir la tentation de mettre ses dons à l'épreuve, si un événement extraordinaire n'était venu soudain bouleverser son existence. M. Mouron, son sous-chef de bureau, appelé à d'autres fonctions, fut remplacé par un certain M. Lécuyer, qui avait la parole brève et la moustache en brosse. Dès le premier jour, le nouveau sous-chef vit de très mauvais œil que Dutilleul portât un lorgnon à chaînette et une barbiche noire, et il affecta[12] de le traiter comme une vieille chose gênante et un peu malpropre. Mais le plus grave était qu'il prétendît introduire dans son service des

1. **rue d'Orchampt** : rue située dans le 18e arrondissement, à Paris.
2. **singulier** : unique – très rare – excellent.
3. **faculté** : possibilité.
4. **ne laissa pas de** : ne manqua pas de...
5. **hélicoïdal** : en forme d'hélice.
6. **strangulaire** : étym., qui étrangle.
7. **corps thyroïde** : glande. Marcel Aymé s'amuse et parodie le langage savant de la médecine.
8. **centaure** : animal fabuleux, moitié homme moitié cheval.
9. **inadvertance** : inattention.
10. **rétif** : qui résiste à...
11. **dûment** : comme on doit, selon l'usage.
12. **il affecta** : il fit semblant de...

réformes d'une portée considérable et bien faites pour troubler la quiétude de son subordonné. Depuis vingt ans, Dutilleul commençait ses lettres par la formule suivante : « Me reportant à votre honorée du tantième courant et, pour mémoire, à notre échange de lettres antérieur, j'ai l'honneur de vous informer... » Formule à laquelle M. Lécuyer entendit substituer[13] une autre d'un tour plus américain : « En réponse à votre lettre du tant, je vous informe... » Dutilleul ne put s'accoutumer à ces façons épistolaires[14]. Il revenait malgré lui à la manière traditionnelle, avec une obstination machinale qui lui valut l'inimitié grandissante du sous-chef. L'atmosphère du ministère de l'Enregistrement lui devenait presque pesante. Le matin, il se rendait à son travail avec appréhension[15], et le soir, dans son lit, il lui arrivait bien souvent de méditer un quart d'heure entier avant de trouver le sommeil.

Écœuré par cette volonté rétrograde[16] qui compromettait le succès de ses réformes, M. Lécuyer avait relégué Dutilleul dans un réduit à demi obscur, attenant à son bureau. On y accédait par une porte basse et étroite donnant sur le couloir et portant encore en lettres capitales l'inscription : Débarras. Dutilleul avait accepté d'un cœur résigné cette humiliation sans précédent, mais chez lui, en lisant dans son journal le récit de quelque sanglant fait divers, il se surprenait à rêver que M. Lécuyer était la victime.

Un jour, le sous-chef fit irruption dans le réduit en brandissant une lettre et il se mit à beugler :

– Recommencez-moi ce torchon ! Recommencez-moi cet innommable torchon qui déshonore mon service !

Dutilleul voulut protester, mais M. Lécuyer, la voix tonnante, le traita de cancrelat[17] routinier, et, avant de partir, froissant la lettre qu'il avait en main, la lui jeta au visage. Dutilleul était modeste, mais fier. Demeuré seul dans son réduit, il fit un peu de température et, soudain, se sentit en proie à l'inspiration. Quittant son siège, il entra dans le mur qui séparait son bureau de celui du sous-chef, mais il y entra avec prudence, de telle sorte que sa tête seule émergeât de l'autre côté. M. Lécuyer, assis à sa table de travail, d'une plume encore nerveuse déplaçait une virgule dans le texte d'un employé, soumis à son approbation, lorsqu'il entendit tousser dans son bureau. Levant les yeux, il découvrit avec un effarement[18] indicible[19] la tête de Dutilleul, collée au mur à la façon d'un trophée[20] de chasse. Et cette tête était vivante. A travers le lorgnon à chaînette, elle dardait[21] sur lui un regard de haine. Bien mieux, la tête se mit à parler.

– Monsieur, dit-elle, vous êtes un voyou, un butor[22] et un galopin.

Béant d'horreur, M. Lécuyer ne pouvait détacher les yeux de cette apparition. Enfin, s'arrachant à son fauteuil, il bondit dans le couloir et courut jusqu'au réduit. Dutilleul, le porte-plume à la main, était installé à sa place habituelle, dans une attitude paisible et laborieuse. Le sous-chef le regarda longuement et, après avoir balbutié quelques paroles, regagna son bureau. A peine venait-il de s'asseoir que la tête réapparaissait sur la muraille.

– Monsieur, vous êtes un voyou, un butor et un galopin.

Au cours de cette seule journée, la tête redoutée apparut ving-trois fois sur le mur et, les jours suivants, à la même cadence. Dutilleul, qui avait acquis une certaine aisance à ce jeu, ne se contentait plus d'invectiver[23] contre le sous-chef. Il proférait des menaces obscures, s'écriant par exemple d'une voix sépulcrale[24], ponctuée de rires vraiment démoniaques[25] :

– Garou ! garou ! Un poil de loup ! *(rire)*. Il rôde un frisson à décorner tous les hiboux *(rire)*.

Ce qu'entendant, le pauvre sous-chef devenait un peu plus pâle, un peu plus suffocant, et ses cheveux se dressaient bien droits sur sa tête et il lui coulait dans le dos d'horribles sueurs d'agonie. Le

3. **substituer** : mettre à la ace, remplacer.

4. **épistolaires** : qui oncerne les lettres, qui a ait à la correspondance.

5. **appréhension** : ainte.

6. **rétrograde** : opposé au rogrès.

7. **cancrelat** : cafard. Mais ici, dans la bouche e M. Lécuyer, le mot apparente à « cancre » : auvais élève).

8. **effarement** : stupeur, rand étonnement.

9. **indicible** : qu'on ne eut pas dire.

0. **trophée** : au sens ropre : dépouille d'un nnemi vaincu ; au sens guré : souvenir d'une ictoire.

1. **dardait** : au sens ropre : frapper avec un ard ; au sens figuré : ancer.

2. **butor** : personnage rossier.

3. **invectiver** : injurier.

4. **sépulcral** : qui vient ou qui semble venir) du ombeau → sourd, rofond.

5. **démoniaque** : propre u démon, au diable.

premier jour, il maigrit d'une livre. Dans la semaine qui suivit, outre qu'il se mit à fondre presque à vue d'œil, il prit l'habitude de manger le potage avec sa fourchette et de saluer militairement les gardiens de la paix. Au début de la deuxième semaine, une ambulance vint le prendre à son domicile et l'emmena dans une maison de santé.

Dutilleul, délivré de la tyrannie de M. Lecuyer, put revenir à ses chères formules : « Me reportant à votre honorée du tantième courant »... Pourtant, il était insatisfait. Quelque chose en lui réclamait, un besoin nouveau, impérieux[26], qui n'était rien de moins que le besoin de passer à travers les murs. Sans doute le pouvait-il faire aisément, par exemple chez lui, et du reste, il n'y manqua pas. Mais l'homme qui possède des dons brillants ne peut se satisfaire longtemps de les exercer sur un objet médiocre. Passer à travers les murs ne saurait d'ailleurs constituer une fin en soi. C'est le départ d'une aventure, qui appelle une suite, un développement et, en somme, une rétribution. Dutilleul le comprit très bien. Il sentait en lui un besoin d'expansion, un désir croissant de s'accomplir et de se surpasser, et une certaine nostalgie qui était quelque chose comme l'appel de derrière le mur. Malheureusement, il lui manquait un but. Il chercha son inspiration dans la lecture du journal, particulièrement aux chapitres de la politique et du sport, qui lui semblaient être des activités honorables, mais s'étant finalement rendu compte qu'elles n'offraient aucun débouché aux personnes qui passent à travers les murs, il se rabattit sur le fait divers qui se révéla des plus suggestifs[27].

Le premier cambriolage auquel se livra Dutilleul eut lieu dans un grand établissement de crédit de la rive droite. Ayant traversé une douzaine de murs et de cloisons, il pénétra dans divers coffres-forts, emplit ses poches de billets de banque et, avant de se retirer, signa son larcin[28] à la craie rouge, du pseudonyme[29] de Garou-Garou, avec un fort joli paraphe[30] qui fut reproduit le lendemain par tous les journaux. Au bout d'une semaine, ce nom de Garou-Garou connut une extraordinaire célébrité. La sympathie du public allait sans réserve à ce prestigieux cambrioleur qui narguait si joliment la police. Il se signalait chaque nuit par un nouvel exploit accompli soit au détriment d'une banque, soit à celui d'une bijouterie ou d'un riche particulier. A Paris comme en province, il n'y avait point de femme un peu rêveuse qui n'eût le fervent désir d'appartenir corps et âme au terrible Garou-Garou. Après le vol du fameux diamant de Burdigala et le cambriolage du Crédit municipal, qui eurent lieu la même semaine, l'enthousiasme de la foule atteignit au délire. Le ministre de l'Intérieur dut démissionner, entraînant dans sa chute le ministre de l'Enregistrement. Cependant, Dutilleul devenu l'un des hommes les plus riches de Paris, était toujours ponctuel[31] à son bureau et on parlait de lui pour les palmes académiques. Le matin, au ministère de l'Enregistrement, son plaisir était d'écouter les commentaires que faisaient les collègues sur ses exploits de la veille. « Ce Garou-Garou, disaient-ils, est un homme formidable, un surhomme, un génie. » En entendant de tels éloges, Dutilleul devenait rouge de confusion et, derrière le lorgnon à chaînette, son regard brillait d'amitié et de gratitude. Un jour, cette atmosphère de sympathie le mit tellement en confiance qu'il ne crut pas pouvoir garder le secret plus longtemps. Avec un reste de timidité, il considéra ses collègues groupés autour d'un journal relatant le cambriolage de la Banque de France, et déclara d'une voix modeste : « Vous savez, Garou-Garou, c'est moi. » Un rire énorme et interminable accueillit la confidence de Dutilleul qui reçut, par dérision[32], le surnom de Garou-Garou. Le soir, à l'heure de quitter le ministère, il était l'objet de plaisanteries sans fin de la part de ses camarades et la vie lui semblait moins belle.

26. **impérieux** : étym. qui commande → irrésistible

27. **suggestif** : qui suggère, qui donne des idées...

28. **larcin** : vol.

29. **pseudonyme** : faux nom.

30. **paraphe** : trait de plume figurant une signature.

31. **ponctuel** : exact, qui est toujours à l'heure.

32. **dérision** : moquerie.

Quelques jours plus tard, Garou-Garou se faisait pincer par une ronde de nuit dans une bijouterie de la rue de la Paix. Il avait apposé sa signature sur le comptoir-caisse et s'était mis à chanter une chanson à boire en fracassant différentes vitrines à l'aide d'un hanap[33] en or massif. Il lui eût été facile de s'enfoncer dans un mur et d'échapper ainsi à la ronde de nuit, mais tout porte à croire qu'il voulait être arrêté et probablement à seule fin de confondre ses collègues, dont l'incrédulité[34] l'avait mortifié[35]. Ceux-ci, en effet, furent bien surpris, lorsque les journaux du lendemain publièrent en première page la photographie de Dutilleul. Ils regrettèrent amèrement d'avoir méconnu leur génial camarade et lui rendirent hommage en se laissant pousser une petite barbiche. Certains même, entraînés par le remords et l'admiration, tentèrent de se faire la main sur le porte-feuille ou la montre de famille de leurs amis et connaissances.

33. **hanap** : très grand verre à boire.

34. **incrédulité** : incroyance.

35. **mortifier** : humilier, froisser.

On jugera sans doute que le fait de se laisser prendre par la police pour étonner quelques collègues témoigne d'une grande légèreté, indigne d'un homme exceptionnel, mais le ressort apparent de la volonté est fort peu de chose dans une telle détermination. En renonçant à la liberté, Dutilleul croyait céder à un orgueilleux désir de revanche, alors qu'en réalité il glissait simplement sur la pente de sa destinée. Pour un homme qui passe à travers les murs, il n'y a point de carrière un peu poussée s'il n'a tâté au moins une fois de la prison. Lorsque Dutilleul pénétra dans les locaux de la Santé, il eut l'impression d'être gâté par le sort. L'épaisseur des murs était pour lui un véritable régal. Le lendemain même de son incarcération[36], les gardiens découvrirent avec stupeur que le prisonnier avait planté un clou dans le mur de sa cellule et qu'il y avait accroché une montre en or appartenant au directeur de la prison. Il ne put ou ne voulut révéler comment cet objet était entré en sa possession. La montre fut rendue à son propriétaire et, le lendemain, retrouvée au chevet de Garou-Garou avec le tome premier des *Trois Mousquetaires* emprunté à la bibliothèque du directeur. Le personnel de la Santé était sur les dents. Les gardiens se plaignaient en outre de recevoir des coups de pied dans le derrière, dont la provenance était inexplicable. Il semblait que les murs eussent, non plus des oreilles, mais des pieds. La détention[37] de Garou-Garou durait depuis une semaine, lorsque le directeur de la Santé, en pénétrant un matin dans son bureau, trouva sur sa table la lettre suivante :

36. **incarcération** : emprisonnement.

37. **détention** : le fait de détenir (ici emprisonnement).

« Monsieur le directeur. Me reportant à notre entretien du 17 courant et, pour mémoire, à vos instructions générales du 15 mai de l'année dernière, j'ai l'honneur de vous informer que je viens d'achever la lecture du second tome des *Trois Mousquetaires* et que je compte m'évader cette nuit entre onze heures vingt-cinq et onze heures trente-cinq. Je vous prie, monsieur le directeur, d'agréer l'expression de mon profond respect. Garou-Garou. »

Malgré l'étroite surveillance dont il fut l'objet cette nuit-là, Dutilleul s'évada à onze heures trente. Connue du public le lendemain matin, la nouvelle souleva partout un enthousiasme magnifique. Cependant, ayant effectué un nouveau cambriolage qui mit le comble à sa popularité, Dutilleul semblait peu soucieux de se cacher et circulait à travers Montmartre sans aucune précaution. Trois jours après son évasion, il fut arrêté rue Caulaincourt au café du Rêve, un peu avant midi, alors qu'il buvait un vin blanc citron avec des amis.

Reconduit à la Santé et enfermé au triple verrou dans un cachot ombreux, Garou-Garou s'en échappa le soir même et alla coucher à l'appartement du directeur, dans la chambre d'ami. Le lendemain matin, vers neuf heures, il sonnait la bonne pour avoir son petit déjeuner et se laissait cueillir au lit, sans résistance, par les gardiens alertés. Outré[38], le directeur établit un poste de garde à la porte de son cachot et le mit au pain sec. Vers midi, le prisonnier

38. **outré** : indigné.

s'en fut déjeuner dans un restaurant voisin de la prison et, après avoir bu son café, téléphona au directeur.

– Allô ! Monsieur le directeur, je suis confus, mais tout à l'heure, au moment de sortir, j'ai oublié de prendre votre portefeuille, de sorte que je me trouve en panne au restaurant. Voulez-vous avoir la bonté d'envoyer quelqu'un pour régler l'addition ?

Le directeur accourut en personne et s'emporta jusqu'à proférer des menaces et des injures. Atteint dans sa fierté, Dutilleul s'évada la nuit suivante et pour ne plus revenir. Cette fois, il prit la précaution de raser sa barbiche noire et remplaça son lorgnon à chaînette par des lunettes en écaille. Une casquette de sport et un costume à larges carreaux avec culotte de golf achevèrent de le transformer. Il s'installa dans un petit appartement de l'avenue Junot où, dès avant sa première arrestation, il avait fait transporter une partie de son mobilier et les objets auxquels il tenait le plus. Le bruit de sa renommée commençait à le lasser et depuis son séjour à la Santé, il était un peu blasé sur le plaisir de passer à travers les murs. Les plus épais, les plus orgueilleux, lui semblaient maintenant de simples paravents, et il rêvait de s'enfoncer au cœur de quelque massive pyramide. Tout en mûrissant le projet d'un voyage en Égypte, il menait une vie des plus paisibles, partagée entre sa collection de timbres, le cinéma et de longues flâneries à travers Montmartre. Sa métamorphose était si complète qu'il passait, glabre[39] et lunetté d'écaille, à côté de ses meilleurs amis sans être reconnu. Seul le peintre Gen Paul[40], à qui rien ne saurait échapper d'un changement survenu dans la physionomie d'un vieil habitant du quartier, avait fini par pénétrer sa véritable identité. Un matin qu'il se trouva nez à nez avec Dutilleul au coin de la rue de l'Abreuvoir, il ne put s'empêcher de lui dire dans son rude argot :

– Dis donc, je vois que tu t'es miché en gigolpince pour tétarer ceux de la sûrepige – ce qui signifie à peu près en langage vulgaire : je vois que tu t'es déguisé en élégant pour confondre les inspecteurs de la Sûreté.

– Ah ! murmura Dutilleul, tu m'as reconnu !

Il en fut troublé et décida de hâter son départ pour l'Égypte. Ce fut l'après-midi de ce même jour qu'il devint amoureux d'une beauté blonde rencontrée deux fois rue Lepic à un quart d'heure d'intervalle. Il en oublia aussitôt sa collection de timbre et l'Égypte et les Pyramides. De son côté, la blonde l'avait regardé avec beaucoup d'intérêt. Il n'y a rien qui parle à l'imagination des jeunes femmes d'aujourd'hui comme des culottes de golf et une paire de lunettes en écaille. Cela sent son cinéaste et fait rêver cocktails et nuits de Californie. Malheureusement, la belle, Dutilleul en fut informé par Gen Paul, était mariée à un homme brutal et jaloux. Ce mari soupçonneux, qui menait d'ailleurs une vie de bâtons de chaise[41], délaissait régulièrement sa femme entre dix heures du soir et quatre heures du matin, mais avant de sortir, prenait la précaution de la boucler dans sa chambre, à deux tours de clé, toutes persiennes fermées au cadenas. Dans la journée, il la surveillait étroitement, lui arrivant même de la suivre dans les rues de Montmartre.

– Toujours à la biglouse, quoi. C'est de la grosse nature de truand qu'admet pas qu'on ait des vouloirs de piquer dans son réséda.

Mais cet avertissement de Gen Paul ne réussit qu'à enflammer Dutilleul. Le lendemain, croisant la jeune femme rue Tholozé, il osa la suivre dans une crémerie et, tandis qu'elle attendait son tour d'être servie, il lui dit qu'il l'aimait respectueusement, qu'il savait tout : le mari méchant, la porte à clé et les persiennes, mais qu'il serait le soir même dans sa chambre. La blonde rougit, son pot à lait trembla dans sa main et, les yeux mouillés de tendresse, elle soupira faiblement : « Hélas ! Monsieur, c'est impossible. »

39. **glabre** : lisse, imberbe.

40. **Gen-Paul** : peintre qui fut célèbre sur la butte Montmartre.

41. **une vie de bâtons de chaise** : vie irrégulière ou aventureuse.

Le soir de ce jour radieux, vers dix heures, Dutilleul était en faction[42] dans la rue Norvins et surveillait un robuste mur de clôture, derrière lequel se trouvait une petite maison dont il n'apercevait que la girouette et la cheminée. Une porte s'ouvrit dans ce mur et un homme, après l'avoir soigneusement fermée à clé derrière lui, descendit vers l'avenue Junot. Dutilleul attendit de l'avoir vu disparaître, très loin, au tournant de la descente, et compta encore jusqu'à dix. Alors, il s'élança, entra dans le mur au pas gymnastique et, toujours courant à travers les obstacles, pénétra dans la chambre de la belle recluse[43]. Elle l'accueillit avec ivresse et ils s'aimèrent jusqu'à une heure avancée.

Le lendemain, Dutilleul eut la contrariété de souffrir de violents maux de tête. La chose était sans importance et il n'allait pas, pour si peu, manquer à son rendez-vous. Néanmoins, ayant par hasard découvert des cachets épars au fond d'un tiroir, il en avala un le matin et un l'après-midi. Le soir, ses douleurs de tête étaient supportables et l'exaltation[44] les lui fit oublier. La jeune femme l'attendait avec toute l'impatience qu'avaient fait naître en elle les souvenirs de la veille et ils s'aimèrent, cette nuit-là, jusqu'à trois heures du matin. Lorsqu'il s'en alla, Dutilleul, en traversant les cloisons et les murs de la maison, eut l'impression d'un frottement inaccoutumé aux hanches et aux épaules. Toutefois, il ne crut pas devoir y prêter attention. Ce ne fut d'ailleurs qu'en pénétrant dans le mur de clôture qu'il éprouva nettement la sensation d'une résistance. Il lui semblait se mouvoir dans une matière encore fluide, mais qui devenait pâteuse et prenait, à chacun de ses efforts, plus de consistance. Ayant réussi à se loger tout entier dans l'épaisseur du mur, il s'aperçut qu'il n'avançait plus et se souvint avec terreur des deux cachets qu'il avait pris dans la journée. Ces cachets, qu'il avait crus d'aspirine, contenaient en réalité de la poudre de pirette tétravalente prescrite par le docteur l'année précédente. L'effet de cette médication s'ajoutant à celui d'un surmenage intensif, se manifestait d'une façon soudaine.

Dutilleul était comme figé à l'intérieur de la muraille. Il y est encore à présent, incorporé à la pierre. Les noctambules[45] qui descendent la rue Norvins à l'heure où la rumeur de Paris s'est apaisée, entendent une voix assourdie qui semble venir d'outre-tombe et qu'ils prennent pour la plainte du vent sifflant aux carrefours de la Butte. C'est Garou-Garou Dutilleul qui lamente la fin de sa glorieuse carrière et le regret des amours trop brèves. Certaines nuits d'hiver, il arrive que le peintre Gen Paul, décrochant sa guitare, s'aventure dans la solitude sonore de la rue Norvins pour consoler d'une chanson le pauvre prisonnier, et les notes, envolées de ses doigts engourdis, pénètrent au cœur de la pierre comme des gouttes de clair de lune.

Marcel AYMÉ.
Le passe-muraille.
Éditions Gallimard.

2. **en faction** : en entinelle.

3. **recluse** : prisonnière.

4. **exaltation** : urexcitation de l'esprit.

5. **noctambule** : ersonne qui se promène u se divertit la nuit.

Lire et comprendre

- **Repères.**
Ce récit peut se découper, grossièrement, en 5 épisodes qui s'intituleraient :
– Dutilleul, un fonctionnaire modèle ou un pouvoir inemployé ;
– Dutilleul contre Lécuyer ou première victoire de Garou-Garou ;
– La double vie de Dutilleul ou les délices de l'anonymat ;
– Dutilleul se dévoile ou les dangers du vedettariat ;
– Dutilleul rencontre la beauté blonde ou Amour et Châtiment.
A vous de retrouver les passages qui correspondent à chaque tête de chapitre : indiquez pour chacun la ligne à laquelle il commence et se termine.

- **Les clés du récit.**
L'action se déroule avec une logique parfaite, et progresse par bonds.
Or chaque « tournant » du récit s'explique :
– soit par l'intervention d'un personnage (ex : « le public ») ;
– soit par un changement qui se produit dans la psychologie de Dutilleul.
En vous aidant des titres de chapitres qui vous ont été proposés, retrouvez dans le texte ces passages-clés pour l'action, qui indiquent et expliquent un tournant.

- **Dutilleul – Garou.**
Un personnage à deux faces qui s'opposent presque trait pour trait :

Dutilleul	*Garou-Garou*
un fonctionnaire placide	un escroc farceur

Relevez et notez sous forme de tableau tout ce qui caractérise chacun des deux « personnages ». En quoi cette opposition est-elle drôle ?

Réfléchir

- **Incroyable mais vrai !** ou *Marcel Aymé et l'art du conte :* il nous présente comme parfaitement naturelles et logiques les choses les plus déraisonnables ; pour nous y faire croire il a recours à un certain nombre de procédés.
Il apparaît tour à tour comme un narrateur :
– apparemment *consciencieux, scrupuleux,* qui accumule sur son héros les détails les plus minutieux. Relevez, dans le premier paragraphe, des indications très précises.
– mais aussi « *farceur* » que son héros : il note avec le même sérieux, et sur le même plan que les détails réalistes, des détails invraisemblables. Observez attentivement la première phrase. En quoi donne-t-elle déjà tout le ton du texte ?
– parfois *philosophe,* qui, de temps à autre, coupe son récit et nous livre, comme une voix *off* au cinéma, des considérations d'ordre général sur la vie, qui dépassent l'histoire.
– un *mystificateur* habile qui nous invite avec le plus grand sérieux, à aller « vérifier » l'authenticité de son histoire. Pour cela, il fait intervenir des témoins réels :
– Gen Paul : à quel moment intervient-il dans le récit ?
– les noctambules parisiens : lisez attentivement les dernières lignes du récit. A quel temps sont-elles écrites ? Pourquoi ?

Au-delà du texte

Et si... si Dutilleul n'avait n'avait pas rencontré la beauté blonde, si Dutilleul était allé en Egypte, et s'il avait décidé ensuite de venir dans votre pays... Imaginez la suite de ses aventures.

Lucidité, anticonformisme intelligent, verve d'invention fantastique — teintée parfois d'une amertume qui s'évanouit dans l'émerveillement et l'humour — tel est le talent de Marcel Aymé ; il fait le charme d'œuvres comme *La Jument verte, La Vouivre, Le Chemin des écoliers*... et des contes comme les *Contes du chat perché* ou Le *Passe-Muraille*. De cette dernière œuvre est tiré « L'huissier ».

L'huissier.

Il y avait, dans une petite ville de France, un huissier[1] qui s'appelait Malicorne et il était si scrupuleux dans l'accomplissement de son triste ministère[2] qu'il n'eût pas hésité à saisir ses propres meubles, mais l'occasion ne s'en présenta pas et, du reste, il paraît que la loi ne permet pas à un huissier d'instrumenter contre lui-même. Une nuit qu'il reposait auprès de sa femme, Malicorne mourut en dormant et fut aussitôt admis à comparaître devant saint Pierre, qui juge en première instance. Le grand saint Porte-Clés l'accueillit froidement.

— Vous vous appelez Malicorne et vous êtes huissier. Il n'y en a guère au Paradis.

— Ça ne fait rien, répondit Malicorne. Je ne tiens pas autrement à être avec des confrères.

Tout en surveillant la mise en place d'une immense cuve, apparemment remplie d'eau, qu'une troupe d'anges venait d'apporter, saint Pierre eut un sourire d'ironie.

— Il me semble, mon garçon, que vous avez pas mal d'illusions.

— J'espère, dit Malicorne, voilà tout. D'ailleurs, je me sens la conscience plutôt tranquille. Bien entendu, je suis un abominable pécheur, un vase d'iniquités[3], une vermine impure. Ceci dit, il reste que je n'ai jamais fait tort d'un sou à personne, que j'allais régulièrement à la messe et que je m'acquittais des devoirs de ma charge d'huissier à la satisfaction générale.

— Vraiment ? fit saint Pierre. Regardez donc cette grande cuve qui vient de monter au ciel avec votre dernier soupir. Que croyez-vous qu'elle contienne ?

— Je n'en ai pas la moindre idée.

— Eh bien, elle est pleine des larmes de la veuve et de l'orphelin que vous avez réduits au désespoir.

L'huissier considéra la cuve et son amer contenu et repartit sans se démonter :

— C'est bien possible. Quand la veuve et l'orphelin sont des mauvais payeurs, il faut recourir à la saisie mobilière. Ceci ne va pas sans des pleurs et des grincements de dents, vous pensez bien. Aussi n'est-il pas surprenant que la cuve soit pleine. Dieu merci, mes affaires marchaient bien et je n'ai pas chômé.

Tant de paisible cynisme[4] indigna saint Pierre qui s'écria en se tournant vers les anges :

— En Enfer ! Qu'on me l'accommode d'un bon feu et qu'on m'entretienne ses brûlures pour l'éternité en les arrosant deux fois par jour avec les larmes de la veuve et de l'orphelin !

Déjà les anges se précipitaient. Malicorne les arrêta d'un geste très ferme.

— Minute, dit-il. J'en appelle à Dieu de ce jugement inique[5].

La procédure est la procédure. Saint Pierre, rageur, dut suspendre l'exécution de sa sentence. Dieu ne se fit pas attendre et, précédé d'un roulement de tonnerre, entra sur un nuage. Lui non plus ne paraissait pas avoir les huissiers en grande faveur. On le vit bien à sa façon bourrue d'interroger Malicorne.

— Mon Dieu, répondit celui-ci, voilà ce qui se passe. Saint Pierre m'impute[6] les larmes de la veuve et de l'orphelin que j'ai fait couler dans l'exercice de ma charge d'huissier, et il dispose[7] que ces larmes brûlantes seront l'instrument de mon supplice éternel. C'est une injustice.

1. **huissier** : un huissier est chargé de recouvrer des créances ; il est amené parfois à saisir les biens de gens qui ne peuvent payer...
2. **ministère** : charge.
3. **iniquités** : injustices.
4. **cynisme** : impudence, effronterie.
5. **inique** : injuste.
6. **m'impute** : m'attribue la responsabilité.
7. **dispose** : décrète, décide.

— Evidemment, dit Dieu en se tournant vers saint Pierre avec un front sévère. L'huissier qui saisit les meubles du pauvre n'est que l'instrument de la loi humaine dont il n'est pas responsable. Il ne peut que le plaindre dans son cœur.

— Justement ! s'écria saint Pierre. Celui-ci, loin d'accorder une pensée pitoyable au souvenir de ses victimes, en parlait tout à l'heure avec une horrible allégresse et s'y complaisait cyniquement.

— Pas du tout, riposta Malicorne. Je me réjouissais d'avoir été toujours exact à remplir mes fonctions et aussi de ce que le travail ne m'ait pas manqué. Est-ce donc un crime d'aimer son métier et de le bien faire ?

— En général, ce n'est pas un crime, accorda Dieu, au contraire. Votre cas est assez particulier ; mais, enfin, je veux bien reconnaître que le jugement de saint Pierre a été hâtif. Voyons maintenant vos bonnes œuvres. Où sont-elles ?

— Mon Dieu, comme je le disais tout à l'heure à saint Pierre, je suis mort sans rien devoir à personne, et j'ai toujours été ponctuel aux offices.

— Et encore ?

— Et encore ? Voyons, je me souviens qu'en sortant de la messe, il y a une quinzaine d'années, j'ai donné dix sous à un pauvre.

— C'est exact, fit observer saint Pierre. C'était d'ailleurs une pièce fausse.

— Je suis tranquille, dit Malicorne. Il aura bien trouvé le moyen de la faire passer.

— Est-ce là tout votre actif ?

— Mon Dieu, je me souviens mal. On dit que la main gauche doit ignorer ce que donne la main droite.

Il fut trop facile de vérifier que ces belles paroles ne cachaient aucune bonne action, ni aucune bonne pensée dont une âme se pût prévaloir devant le tribunal suprême. Dieu paraissait très contrarié. Parlant en hébreu, afin de n'être pas entendu de l'huissier, il dit à saint Pierre :

— Votre imprudence nous aura mis dans un mauvais pas. Evidemment, cet huissier est un bonhomme peu intéressant qui avait sa place toute trouvée en Enfer, mais votre accusation portait à faux et, de plus, vous l'avez gravement offensé dans sa fierté professionnelle. Nous lui devons réparation. Et que voulez-vous que je fasse de lui ? Je ne peux pourtant pas lui ouvrir les portes du Paradis. Ce serait un scandale. Alors ?

Saint Pierre gardait un silence maussade. S'il n'avait tenu qu'à lui, le sort de l'huissier eût été bientôt réglé.

Le laissant à sa mauvaise humeur, Dieu se tourna vers Malicorne et lui dit en bon français :

— Vous êtes un méchant, mais l'erreur de saint Pierre vous sauve. Il ne sera pas dit que vous avez échappé à l'Enfer pour retomber en Enfer. Comme vous êtes indigne d'entrer au Paradis, je vous renvoie sur la terre poursuivre votre carrière d'huissier et essayer de ressaisir votre chance de béatitude[8]. Allez et profitez de ce sursis qui vous est accordé.

8. béatitude : bonheur éternel.

Le lendemain matin, en s'éveillant auprès de son épouse, Malicorne aurait pu croire qu'il avait rêvé, mais il ne s'y trompa point et réfléchit aux moyens de faire son salut. Il y pensait encore lorsqu'il pénétra dans son étude, à huit heures. Son clerc, le vieux Bourrichon, qui travaillait avec lui depuis trente ans, était déjà assis à sa table.

— Bourrichon, dit l'huissier en entrant, je vous augmente de cinquante francs par mois.

— Vous êtes trop bon, monsieur Malicorne, protesta Bourrichon en joignant les mains. Merci bien, monsieur Malicorne.

L'expression de cette gratitude[9] n'émut pas le cœur de l'huissier. Dans un placard, il s'en fut prendre un cahier neuf et, d'un trait vertical, partagea la première page en deux colonnes. En tête de la colonne de gauche, il traça ces mots en lettres rondes : « Mauvaises actions », et dans l'autre, en regard : « Bonnes ac-

9. gratitude : reconnaissance.

tions ». Il se promit d'être sévère à lui-même et de n'oublier rien qui pût témoigner contre lui. Ce fut dans cet esprit d'austère équité[10] qu'il examina son emploi du temps de ce début de matinée. Il ne trouva rien à faire figurer dans la colonne de gauche, et il écrivit au chapitre des bonnes actions : « J'ai, spontanément, augmenté de cinquante francs par mois mon clerc Bourrichon qui ne le méritait pourtant pas. »

Vers neuf heures, il eut la visite de M. Gorgerin, son meilleur client. C'était un gros propriétaire possédant quarante-deux immeubles dans la ville, et que le défaut d'argent de certains de ses locataires obligeait à recourir très souvent au ministère de Malicorne. Cette fois, il venait l'entretenir d'une famille besogneuse qui était en retard de deux termes.

— Je ne peux plus attendre. Voilà six mois que je me contente de promesses. Qu'on en finisse.

Malicorne, non sans répugnance, fit l'effort de plaider la cause de ces mauvais locataires.

— Je me demande si votre intérêt ne serait pas de leur accorder encore des délais. Leurs meubles ne valent pas quatre sous. Le produit de la vente ne couvrira pas le dixième de votre créance[11].

— Je le sais bien, soupira Gorgerin. J'ai été trop bon. On est toujours trop bon. Ces gens-là en abusent. C'est pourquoi je viens vous demander de faire le nécessaire. Songez que j'ai cent cinquante et un locataires. Si le bruit venait à courir que je suis bon, je n'arriverais plus à encaisser seulement la moitié de mes loyers.

— C'est évident, convint Malicorne. En toutes choses, il faut considérer la fin. Mais, rassurez-vous, monsieur Gorgerin. Moi qui vois pas mal de monde, je n'ai entendu dire nulle part que vous étiez bon.

— Tant mieux, ma foi.

— D'une certaine façon, peut-être, en effet.

Malicorne n'osa pas achever sa pensée. Il rêvait à la situation confortable d'un pécheur arrivant devant le tribunal de Dieu, précédé de la rumeur de toute une ville qui témoignait de sa bonté. Après avoir reconduit son client jusqu'à la porte, il s'en fut tout droit à la cuisine et, en présence de sa femme épouvantée, dit à la servante :

— Mélanie, je vous augmente de cinquante francs par mois.

Sans attendre les remerciements, il revint à l'étude et écrivit sur son cahier, dans la colonne des bonnes actions : « J'ai, spontanément, augmenté de cinquante francs par mois ma servante Mélanie qui est pourtant un souillon[12]. » N'ayant plus personne à augmenter, il s'en alla dans les bas quartiers de la ville, où il visita quelques familles pauvres. Les hôtes ne le voyaient pas entrer sans appréhension[13] et l'accueillaient avec une réserve hostile, mais il se hâtait de les rassurer et laissait en partant un billet de cinquante francs. En général, lorsqu'il était sorti, ses obligés empochaient l'argent en grommelant : « Vieux voleur (ou vieil assassin, ou vieux grippe-sou), il peut bien faire la charité avec tout ce qu'il a gagné sur notre misère. » Mais c'était là plutôt une façon de parler qu'imposait la pudeur d'un revirement d'opinion.

Au soir de sa résurrection, Malicorne avait inscrit dans son cahier douze bonnes actions qui lui revenaient à six cents francs, et pas une mauvaise. Le lendemain et les jours suivants, il continua de distribuer de l'argent aux familles nécessiteuses. Il s'était imposé une moyenne quotidienne de douze bonnes actions, qu'il portait à quinze ou seize quand son foie ou son estomac lui inspirait des inquiétudes. Une digestion un peu laborieuse de l'huissier valut ainsi une nouvelle augmentation de cinquante francs à Bourrichon qui, naguère encore, redoutait ce genre de malaise dont il faisait presque toujours les frais.

Tant de bienfaits ne pouvaient passer inaperçus. Le bruit courut en ville que Malicorne préparait les voies à une candidature électorale, car on le connaissait de trop longue date pour admettre qu'il agissait dans un but désintéressé. Il eut un instant de

10. **équité** : justice.

11. **créance** : ce qui est dû et dont on peut exiger le paiement.

12. **souillon** : personne sale et négligée.

13. **appréhension** : crainte.

découragement, mais en songeant à l'importance de l'enjeu, il se ressaisit bien vite et redoubla de charités. Au lieu de borner sa générosité à des aumônes aux particuliers, il eut l'idée de faire des dons à l'œuvre des Dames Patronnesses de la ville, au curé de sa paroisse, à des sociétés de secours mutuels, à la Fraternelle des pompiers, à l'Amicale des anciens élèves du collège et à toutes les œuvres, chrétiennes ou laïques, constituées sous la présidence d'un personnage influent. En quatre mois, il eut dépensé ainsi près d'un dixième de sa fortune, mais sa réputation était solidement établie. On le donnait dans toute la ville comme un modèle de charité, et son exemple fut si entraînant que les dons se mirent à affluer de toutes parts aux entreprises philanthropiques, en sorte que les comités directeurs purent organiser de nombreux banquets où la chère[14] était fine, abondante, et où l'on tenait des propos édifiants. Les pauvres eux-mêmes ne marchandaient plus leur gratitude à Malicorne dont la bonté devint proverbiale. On disait couramment : « Bon comme Malicorne », et il arrivait même assez souvent, et de plus en plus, qu'à cette locution, sans trop y penser, on en substituât une autre, si étonnante et si insolite qu'elle sonnait à des oreilles étrangères comme une plaisanterie un peu agressive. On disait en effet : « Bon comme un huissier. »

Malicorne n'eut plus qu'à entretenir cette réputation et, tout en persévérant dans ses bonnes œuvres, attendit d'un cœur tranquille que Dieu voulût bien le rappeler à lui. Lorsqu'il apportait un don à l'œuvre des Dames Patronnesses, la présidente Mme de Saint-Onuphre, lui disait avec tendresse : « Monsieur Malicorne, vous êtes un saint. » Et il protestait avec humilité[15] : « Oh ! madame, un saint, c'est trop dire. J'en suis encore loin. »

Sa femme, ménagère pratique et économe, trouvait que toute cette bonté revenait cher. Elle se montrait d'autant plus irritée que la vraie raison de ces prodigalités[16] ne lui échappait pas. « Tu achètes ta part de paradis, disait-elle assez crûment, mais tu ne donnes pas un sou pour la mienne. Je reconnais bien là ton égoïsme. » [...]

Au bout d'un an, l'huissier, qui continuait à tenir registre de ses bonnes actions, en avait rempli six cachiers du format écolier. A chaque instant, il les sortait de leur tiroir, les soupesait avec bonheur et parfois s'attardait à les feuilleter. Rien n'était réconfortant comme la vue de toutes ces pages, où les bonnes œuvres s'inscrivaient en colonnes serrées, à côté des grandes marges blanches, dont la plupart étaient vierges de mauvaises actions. Malicorne, avec un avant-goût de béatitude, rêvait à l'heure où il comparaîtrait, chargé de ce bagage imposant.

Un matin qu'il venait de saisir les meubles d'un chômeur, l'huissier, tandis qu'il marchait par les ruelles du bas quartier, se sentit troublé et inquiet. C'était une espèce d'incertitude poignante et mélancolique ne se rapportant à aucun objet précis et qu'il ne lui souvenait pas d'avoir jamais éprouvée. Pourtant, il avait accompli son devoir sans peur et sans vaine pitié et, après l'opération, en faisant au chômeur la charité d'un billet de cinquante francs, il n'avait même pas été ému.

Rue de la Poterne, il franchit le seuil d'une vieille maison de misère, humide et puante, qui appartenait à son client, M. Gorgerin. Il la connaissait de longue date pour avoir instrumenté contre plusieurs locataires, et il y était venu la veille distribuer quelques aumônes. Il lui restait à visiter le troisième étage. Après avoir suivi un couloir obscur, aux murailles poisseuses[17] et grimpé trois rampes, il déboucha dans une étrange lumière de grenier. Le troisième et dernier étage n'était éclairé que par une lucarne qui s'ouvrait dans un renfoncement du toit mansardé. Malicorne, un peu essoufflé par la montée, s'arrêta un instant à examiner les lieux. Le plâtre des cloisons mansardées, sous l'effet de l'humidité, formait des boursouflures dont plusieurs avaient éclaté, laissant apparaître, comme un fond d'abcès, le bois noir et pourri d'un chevron ou du lattis[18]. Sous la lucarne, une cuvette de fer et une serpillière posées à même le plancher que ces précautions ne protégeaient sans doute pas suffisamment des infiltration d'eau de

14. **chère** : nourriture.

15. **humilité** : vient de humble, modeste extrême.

16. **prodigalités** : largesses.

17. **poisseuses** : humides et collantes.

18. **lattis** : ensemble des lattes qui forment le plafond.

pluie, car il était rongé et vermoulu et avait, par endroits, le moelleux d'un tapis. Ni l'aspect de ce palier sombre et étroit, ni le relent fade qu'on y respirait, n'avaient de quoi surprendre l'huissier qui en avait vu bien d'autres au cours de sa carrière. Pourtant, son inquiétude était devenue plus lancinante[19], et il lui semblait qu'elle fût sur le point de prendre un sens. Il entendit pleurer un enfant dans l'un des deux logements qui ouvraient sur le palier, mais ne sut reconnaître avec certitude de quel côté venait la voix, et frappa au hasard à l'une des deux portes.

Le logement était de deux pièces en enfilade, étroites comme un couloir, et la première, qui ne recevait de jour que par la porte vitrée de communication, était encore plus sombre que le palier. Une femme mince, au visage très jeune, mais fatigué, accueillit Malicorne. Un enfant de deux ans se tenait dans ses jupes, les yeux humides et regardant le visiteur avec une curiosité qui, déjà, lui faisait oublier son chagrin. La seconde pièce, dans laquelle fut introduit l'huissier, était meublée d'un lit de sangle[20], d'une petite table en bois blanc, de deux chaises et d'une vieille machine à coudre placée devant la fenêtre mansardée qui donnait sur des toits. La misère de cet intérieur n'offrait rien non plus qu'il n'eût déjà vu ailleurs ; mais, pour la première fois de sa vie, Malicorne se sentait intimidé en entrant chez un pauvre.

Habituellement, ses visites de charité étaient des plus brèves. Sans s'asseoir, il posait quelques questions précises, débitait une formule d'encouragement et, lâchant son aumône, prenait aussitôt la porte. Cette fois, il ne savait plus très bien pourquoi il était venu et ne pensait plus à mettre la main à son portefeuille. Les idées tremblaient dans sa tête et les paroles sur ses lèvres. Il osait à peine lever les yeux sur la petite couturière en songeant à sa profession d'huissier. De son côté, elle n'était pas moins intimidée, quoique sa réputation d'homme charitable lui fût connue depuis longtemps. L'enfant fit presque tous les frais de l'entretien. D'abord craintif, il ne tarda pas à s'apprivoiser et, de lui-même, monta sur les genoux de Malicorne. Celui-ci eut un regret si vif de n'avoir pas de bonbons qu'il sentit une petite envie de pleurer. Soudain, on entendit frapper rudement à la porte, comme à coups de canne. La couturière parut bouleversée et passa dans l'autre pièce dont elle ferma la porte de communication.

— Alors ? dit une grosse voix rogue, que Malicorne reconnut pour être celle de Gorgerin. Alors ? J'espère que c'est pour aujourd'hui ?

La réponse parvint à l'huissier comme un murmure indistinct, mais le sens était trop facile à saisir. Gorgerin se mit à rugir d'une voix terrible qui effraya l'enfant et dut emplir toute la maison :

— Ah ! non ! J'en ai assez, moi ! Vous ne me paierez plus avec des balivernes. Je veux mon argent. Donnez-moi mon argent, et tout de suite ! Allons, montrez-moi où vous mettez vos économies. Je veux les voir.

Dans un autre temps, Malicorne eût admiré en connaisseur l'entrain avec lequel Gorgerin menait la rude besogne qui consiste à encaisser les loyers des pauvres. Mais il éprouvait le même sentiment de crainte qui faisait battre le cœur de l'enfant réfugié dans ses bras.

— Allons, sortez votre argent ! clamait Gorgerin. Donnez-le, ou je saurai bien le trouver, moi !

L'huissier se leva et, posant l'enfant sur la chaise, passa dans l'autre pièce sans intention précise.

— Tiens ! s'écria Gorgerin. J'allais parler du loup, et le voilà qui sort du bois.

— Décampez ! ordonna l'huissier.

Interloqué, Gorgerin le considérait avec des yeux stupides[21].

— Décampez ! répéta Malicorne.

— Voyons, vous perdez la tête. Je suis le propriétaire.

Effectivement, Malicorne perdait la tête, car il se rua sur Gorgerin et le jeta hors du logis en vociférant :

— Un sale cochon de propriétaire, oui. A bas les propriétaires ! A bas les propriétaires !

19. **lancinante** : douloureuse.

20. **lit de sangle** : lit très rudimentaire fait de deux châssis croisés sur lesquels sont tendues des sangles (bandes de cuir ou de tissu).

21. **stupides** : fixes, par l'effet de la surprise.

Craignant pour sa vie, Gorgerin tira un revolver et, ajustant l'huissier, l'étendit roide mort sur le petit palier, à côté de la cuvette et de la serpillière.

Dieu se trouvait à passer par la salle d'audience, lorsque Malicorne fut admis à comparaître.

— Ah ! dit-il, voici revenir notre huissier. Et comment s'est-il comporté ?

— Ma foi, répondit saint Pierre, je vois que son compte ne sera pas long à régler.

— Voyons un peu ses bonnes œuvres.

— Oh ! ne parlons pas de ses bonnes œuvres. Il n'en a qu'une à son actif.

Ici, saint Pierre considéra Malicorne avec un sourire attendri. L'huissier voulut protester et faire état de toutes les bonnes actions inscrites dans ses cahiers, mais le saint ne lui laissa pas la parole.

— Oui, une seule bonne œuvre, mais qui est de poids. Il a crié, lui, un huissier : « A bas les propriétaires ! »

— Que c'est beau, murmura Dieu. Que c'est beau.

— Il l'a crié par deux fois, et il en est mort au moment même où il défendait une pauvresse contre la férocité de son propriétaire.

Dieu, émerveillé, commanda aux anges de jouer, en l'honneur de Malicorne, du luth, de la viole, du hautbois et du flageolet[22]. Ensuite, il fit ouvrir les portes du ciel à deux battants, comme cela se fait pour les déshérités, les clochards, les claque-dents et les condamnés à mort. Et l'huissier, porté par un air de musique, entra au Paradis avec un rond de lumière sur la tête.

Marcel AYMÉ.
Le Passe-Muraille.
Ed. Gallimard.

22. flageolet : petite flûte.

P. MABILLE

Lire et comprendre

Il n'est pas facile pour un huissier d'entrer au Paradis, comme le découvre Malicorne dans le conte plein de drôlerie et d'humour que M. Aymé a choisi pour illustrer l'éternelle lutte entre le *Bien* et le *Mal*.

- **Le premier jugement.**
  a) Avant d'être admis au Paradis, Malicorne passe en jugement devant Saint Pierre.
  - Quels points positifs lui présente-t-il pour le convaincre de l'admettre au Paradis ?
  - Quels points négatifs lui oppose Saint Pierre ?
  - A quoi le condamne-t-il ?
  - Pourquoi Dieu intervient-il ?

  b) Malicorne adopte un autre système de défense devant Dieu.
  - Comment justifie-t-il de sa conduite sur terre ?
  - Quels points positifs présente-t-il à Dieu.
  - Comment Dieu répare-t-il l'erreur de procédure de Saint Pierre ?

  c) La nouvelle vie de Malicorne.

  De retour sur la terre, Malicorne change radicalement de vie et consacre tout son temps à faire le bien.
  - Etablissez la liste de ses « bonnes actions ».
  - Combien de temps dure cette deuxième vie ?
  - Dans quelles circonstances meurt-il ?

- **Le deuxième jugement.**
  Cette nouvelle séance au tribunal céleste n'est pas très longue.
  - Pourquoi est-il admis si rapidement au Paradis ?

Réfléchir

Un conte est un récit d'aventures imaginaires et souvent merveilleuses.
– Relevez les passages qui semblent répondre à cette définition.
L'humour de M. Aymé apparaît tout au long du récit
– Quels sont les traits d'humour qui vous ont fait sourire ?

Au-delà du texte

Le métier d'huissier n'est pas un métier très populaire dans l'opinion publique. Connaissez-vous d'autres métiers et professions qui vous paraissent aussi impopulaires que le métier d'huissier ?
Faites-en une liste et essayez de les classer par ordre d'impopularité.

Prosper MÉRIMÉE (1803-1870).

Prosper Mérimée se rendit célèbre à 23 ans, par une mystification littéraire, en publiant *Le théâtre de Clara Gazul, comédienne espagnole*. Brillant esprit, sceptique et cultivé, il traversera la première moitié du XIXe siècle avec quelques nouvelles admirables avant de devenir un des notables du Second Empire.

Les détails essentiels de l'histoire de Mateo Falcone semblent bien provenir d'une anecdote terrible racontée par l'abbé Gaudin dans son *Voyage en Corse*. Mais la nouvelle de Mérimée, chef-d'œuvre de rigueur et de concision, se nourrit de la légende épique de la Corse, du souvenir du consul Brutus et de l'exaltation romantique de la couleur locale et des passions violentes et fatales.

Mateo Falcone.

En sortant de Porto-Vecchio et se dirigeant au nord-ouest, vers l'intérieur de l'île, on voit le terrain s'élever assez rapidement, et après trois heures de marche par des sentiers tortueux, obstrués par de gros quartiers de rocs, et quelquefois coupés par des ravins, on se trouve sur le bord d'un *maquis* très étendu. Le maquis est la patrie des bergers corses et de quiconque s'est brouillé avec la justice. Il faut savoir que le laboureur corse, pour s'épargner la peine de fumer son champ, met le feu à une certaine étendue de bois : tant pis si la flamme se répand plus loin que besoin n'est ; arrive que pourra ; on est sûr d'avoir une bonne récolte en semant sur cette terre fertilisée par les cendres des arbres qu'elle portait. Les épis enlevés, car on laisse la paille, qui donnerait de la peine à recueillir, les racines qui sont restées en terre sans se consumer poussent au printemps suivant, des cépées[1] très épaisses qui, en peu d'années, parviennent à une hauteur de sept ou huit pieds. C'est cette manière de taillis fourré que l'on nomme maquis. Différentes espèces d'arbres et d'arbrisseaux le composent, mêlés et confondus comme il plaît à Dieu. Ce n'est que la hache à la main que l'homme s'y ouvrirait un passage, et l'on voit des maquis si épais et si touffus que les mouflons[2] eux-mêmes ne peuvent y pénétrer.

1. **cépées** : touffes de jeunes pousses de bois.

2. **mouflon** : mammifère sauvage voisin de la chèvre et du mouton.

Si vous avez tué un homme, allez dans le maquis de Porto-Vecchio, et vous y vivrez en sûreté, avec un bon fusil, de la poudre et des balles ; n'oubliez pas un manteau brun garni d'un capuchon*, qui sert de couverture et de matelas. Les bergers vous donnent du lait, du fromage et des châtaignes, et vous n'aurez rien à craindre de la justice ou des parents du mort, si ce n'est quand il vous faudra descendre à la ville pour y renouveler vos munitions.

Mateo Falcone, quand j'étais en Corse en 18.., avait sa maison à une demi-lieue de ce maquis. C'était un homme assez riche pour le pays ; vivant noblement, c'est-à-dire sans rien faire, du produit de ses troupeaux, que des bergers, espèces de nomades, menaient paître çà et là sur les montagnes. Lorsque je le vis, deux années après l'événement que je vais raconter, il me parut âgé de cinquante ans tout au plus. Figurez-vous un homme petit, mais robuste, avec des cheveux crépus, noirs comme le jais, un nez aquilin, les lèvres minces, les yeux grands et vifs, et un teint couleur de revers de botte. Son habileté au tir du fusil passait pour extraordinaire, même dans son pays, où il y a tant de bons tireurs. Par exemple, Mateo n'aurait jamais tiré sur un mouflon avec des chevrotines ; mais, à cent vingt pas, il l'abattait d'une balle dans la tête ou dans l'épaule, à son choix. La nuit, il se servait de ses armes aussi facilement que le jour, et l'on m'a cité de lui ce trait d'adresse qui paraîtra peut-être incroyable à qui n'a

* Pilone. (Les notes appelées par des astérisques sont de Mérimée.)

pas voyagé en Corse. A quatre-vingts pas, on plaçait une chandelle allumée derrière un transparent de papier, large comme une assiette. Il mettait en joue, puis on éteignait la chandelle, et, au bout d'une minute dans l'obscurité la plus complète, il tirait et perçait le transparent trois fois sur quatre.

Avec un mérite aussi transcendant[3] Mateo Falcone s'était attiré une grande réputation. On le disait aussi bon ami que dangereux ennemi : d'ailleurs serviable et faisant l'aumône, il vivait en paix avec tout le monde dans le district de Porto-Vecchio. Mais on contait de lui qu'à Corte, où il avait pris femme, il s'était débarrassé fort vigoureusement d'un rival qui passait pour aussi redoutable en guerre qu'en amour : du moins on attribuait à Mateo certain coup de fusil qui surprit ce rival comme il était à se raser devant un petit miroir pendu à sa fenêtre. L'affaire assoupie, Mateo se maria. Sa femme Giuseppa lui avait donné d'abord trois filles (dont il enrageait), et enfin un fils, qu'il nomma Fortunato : c'était l'espoir de sa famille, l'héritier du nom. Les filles étaient bien mariées : leur père pouvait compter au besoin sur les poignards et les escopettes de ses gendres. Le fils n'avait que dix ans, mais il annonçait déjà d'heureuses dispositions.

3. transcendant : ici qui s'élève au-dessus d'un niveau donné, au-dessus du niveau moyen.

Un certain jour d'automne, Mateo sortit de bonne heure avec sa femme pour aller visiter un de ses troupeaux dans une clairière du maquis. Le petit Fortunato voulait l'accompagner, mais la clairière était trop loin ; d'ailleurs, il fallait bien que quelqu'un restât pour garder la maison ; le père refusa donc : on verra s'il n'eut pas lieu de s'en repentir.

Il était absent depuis quelques heures et le petit Fortunato était tranquillement étendu au soleil, regardant les montagnes bleues, et pensant que, le dimanche prochain, il irait dîner à la ville, chez son oncle le *caporal**, quand il fut soudainement interrompu dans ses méditations par l'explosion d'une arme à feu. Il se leva et se tourna du côté de la plaine d'où partait ce bruit. D'autres coups de fusil se succédèrent, tirés à intervalles inégaux, et toujours de plus en plus rapprochés ; enfin, dans le sentier qui menait de la plaine à la maison de Mateo parut un homme, coiffé d'un bonnet pointu comme en portent les montagnards, barbu, couvert de haillons, et se traînant avec peine en s'appuyant sur son fusil. Il venait de recevoir un coup de feu dans la cuisse.

Cet homme était un bandit**, qui étant parti de nuit pour aller chercher de la poudre à la ville, était tombé en route dans une embuscade de voltigeurs corses***. Après une vigoureuse défense, il était parvenu à faire sa retraite, vivement poursuivi et tiraillant de rocher en rocher. Mais il avait peu d'avance sur les soldats et sa blessure le mettait hors d'état de gagner le maquis avant d'être rejoint.

Il s'approcha de Fortunato et lui dit :

« Tu es le fils de Mateo Falcone ?

— Oui.

— Moi, je suis Gianetto Sanpiero. Je suis poursuivi par les collets jaunes****. Cache-moi, car je ne puis aller plus loin.

— Et que dira mon père si je te cache sans sa permission ?

— Il dira que tu as bien fait.

— Qui sait ?

— Cache-moi vite ; ils viennent.

— Attends que mon père soit revenu.

— Que j'attende ? malédiction ! Ils seront ici dans cinq minutes. Allons, cache-moi, ou je te tue. »

---

* Les caporaux furent autrefois les chefs que se donnèrent les communes corses quand elles s'insurgèrent contre les seigneurs féodaux. Aujourd'hui, on donne encore quelquefois ce nom à un homme qui, par ses propriétés, ses alliances et sa clientèle, exerce une influence et une sorte de magistrature effective sur une *pieve* ou un canton. Les Corses se divisent, par une ancienne habitude, en cinq castes : les *gentilshommes* (dont les uns sont *magnifiques*, les autres *signori*), les *caporali*, les *citoyens*, les *plébéiens* et les *étrangers*.

** Ce mot est ici synonyme de proscrit.

*** C'est un corps levé depuis peu d'années par le gouvernement, et qui sert concurremment avec la gendarmerie au maintien de la police.

**** L'uniforme des voltigeurs était alors un habit brun avec un collet jaune.

Fortunato lui répondit avec le plus grand sang-froid :

« Ton fusil est déchargé, et il n'y a plus de cartouches dans ta carchera*.

— J'ai mon stylet[4].

— Mais courras-tu aussi vite que moi ? »

Il fit un saut, et se mit hors d'atteinte.

« Tu n'es pas le fils de Mateo Falcone ! Me laisseras-tu donc arrêter devant ta maison ? »

L'enfant parut touché.

« Que me donneras-tu si je te cache ? » dit-il en se rapprochant.

Le bandit fouilla dans une poche de cuir qui pendait à sa ceinture, et il en tira une pièce de cinq francs qu'il avait réservée sans doute pour acheter de la poudre. Fortunato sourit à la vue de la pièce d'argent ; il s'en saisit, et dit à Gianetto :

« Ne crains rien. »

Aussitôt il fit un grand trou dans un tas de foin placé auprès de la maison. Gianetto s'y blottit, et l'enfant le recouvrit de manière à lui laisser un peu d'air pour respirer, sans qu'il fût possible cependant de soupçonner que ce foin cachât un homme. Il s'avisa, de plus, d'une finesse de sauvage assez ingénieuse. Il alla prendre une chatte et ses petits, et les établit sur le tas de foin pour faire croire qu'il n'avait pas été remué depuis peu. Ensuite, remarquant des traces de sang sur le sentier près de la maison, il les couvrit de poussière avec soin, et cela fait, il se recoucha au soleil avec la plus grande tranquillité.

Quelques minutes après, six hommes en uniforme brun à collet jaune, et commandés par un adjudant, étaient devant la porte de Mateo. Cet adjudant était quelque peu parent de Falcone. (On sait qu'en Corse on suit les degrés de parenté beaucoup plus loin qu'ailleurs.) Il se nommait Tiodoro Gamba : c'était un homme actif, fort redouté des bandits dont il avait déjà traqué plusieurs.

« Bonjour, petit cousin, dit-il à Fortunato en l'abordant ; comme te voilà grandi ! As-tu vu passer un homme tout à l'heure ?

— Oh ! je ne suis pas encore si grand que vous, mon cousin, répondit l'enfant d'un air niais.

— Cela viendra. Mais n'as-tu pas vu passer un homme, dis-moi ?

— Si j'ai vu passer un homme ?

— Oui, un homme avec un bonnet pointu en velours noir, et une veste brodée de rouge et de jaune ?

— Un homme avec un bonnet pointu, et une veste brodée de rouge et de jaune ?

— Oui, réponds vite, et ne répète pas mes questions.

— Ce matin, M. le curé est passé devant notre porte, sur son cheval Piero. Il m'a demandé comment papa se portait, et je lui ai répondu...

— Ah ! petit drôle, tu fais le malin ! Dis-moi vite par où est passé Gianetto, car c'est lui que nous cherchons ; et, j'en suis certain, il a pris par ce sentier.

— Qui sait ?

— Qui sait ? C'est moi qui sais que tu l'as vu.

— Est-ce qu'on voit les passants quand on dort ?

— Tu ne dormais pas, vaurien ; les coups de fusil t'ont réveillé.

— Vous croyez donc, mon cousin, que vos fusils font tant de bruit ? L'escopette de mon père en fait bien davantage.

— Que le diable te confonde, maudit garnement ! Je suis bien sûr que tu as vu le Gianetto. Peut-être même l'as-tu caché. Allons, camarades, entrez dans cette maison, et voyez si notre homme n'y est pas. Il n'allait plus que d'une patte, et il a trop de bon sens, le coquin, pour avoir cherché à gagner le maquis en clopinant. D'ailleurs, les traces de sang s'arrêtent ici.

4. stylet : poignard à lame mince et très pointue.

* Ceinture de cuir qui sert de giberne et de portefeuille.

— Et que dira papa ? demanda Fortunato en ricanant ; que dira-t-il s'il sait qu'on est entré dans sa maison pendant qu'il était sorti ?

— Vaurien ! dit l'adjudant Gamba en le prenant par l'oreille, sais-tu qu'il ne tient qu'à moi de te faire changer de note ? Peut-être qu'en te donnant une vingtaine de coups de plat de sabre tu parleras enfin. »

Et Fortunato ricanait toujours.

« Mon père est Mateo Falcone ! dit-il avec emphase.

— Sais-tu bien, petit drôle, que je puis t'emmener à Corte ou à Bastia. Je te ferai coucher dans un cachot, sur la paille, les fers aux pieds, et je te ferai guillotiner si tu ne dis où est Gianetto Sanpiero. »

L'enfant éclata de rire à cette ridicule menace. Il répéta :

« Mon père est Mateo Falcone !

— Adjudant, dit tout bas un des voltigeurs, ne nous brouillons pas avec Mateo. »

Gamba paraissait évidemment embarrassé. Il causait à voix basse avec ses soldats, qui avaient déjà visité toute la maison. Ce n'était pas une opération fort longue, car la cabane d'un Corse ne consiste qu'en une seule pièce carrée. L'ameublement se compose d'une table, de bancs, de coffres et d'ustensiles de chasse ou de ménage. Cependant le petit Fortunato caressait sa chatte, et semblait jouir malignement de la confusion des voltigeurs et de son cousin.

Un soldat s'approcha du tas de foin. Il vit la chatte, et donna un coup de baïonnette dans le foin avec négligence, et haussant les épaules, comme s'il sentait que sa précaution était ridicule. Rien ne remua ; et le visage de l'enfant ne trahit pas la plus légère émotion.

L'adjudant et sa troupe se donnaient au diable ; déjà ils regardaient sérieusement du côté de la plaine, comme disposés à s'en retourner par où ils étaient venus, quand leur chef, convaincu que les menaces ne produiraient aucune impression sur le fils de Falcone, voulut faire un dernier effort et tenter le pouvoir des caresses et des présents.

« Petit cousin, dit-il, tu me parais un gaillard bien éveillé ! Tu iras loin. Mais tu joues un vilain jeu avec moi ; et, si je ne craignais de faire de la peine à mon cousin Mateo, le diable m'emporte ! je t'emmènerais avec moi.

— Bah !

— Mais, quand mon cousin sera revenu, je lui conterai l'affaire, et, pour ta peine d'avoir menti, il te donnera le fouet jusqu'au sang.

— Savoir ?

— Tu verras... Mais tiens... sois brave garçon, et je te donnerai quelque chose.

— Moi, mon cousin, je vous donnerai un avis : c'est que, si vous tardez davantage, le Gianetto sera dans le maquis, et alors il faudra plus d'un luron[5] comme vous pour aller l'y chercher. »

L'adjudant tira de sa poche une montre d'argent qui valait bien dix écus ; et, remarquant que les yeux du petit Fortunato étincelaient en la regardant, il lui dit en tenant la montre suspendue au bout de sa chaîne d'acier :

« Fripon ! tu voudrais bien avoir une montre comme celle-ci suspendue à ton col, et tu te promènerais dans les rues de Porto-Vecchio, fier comme un paon ; et les gens te demanderaient : « Quelle heure est-il ? » et tu leur dirais : « Regardez à ma montre. »

— Quand je serai grand, mon oncle le caporal me donnera une montre.

— Oui ; mais le fils de ton oncle en a déjà une... pas aussi belle que celle-ci, à la vérité... Cependant il est plus jeune que toi. »

L'enfant soupira.

« Eh bien, la veux-tu cette montre, petit cousin ? »

Fortunato, lorgnant la montre du coin de l'œil, ressemblait à un chat à qui l'on présente un poulet tout entier. Et comme il sent

5. luron : personne vigoureuse et déterminée. Employé ironiquement.

qu'on se moque de lui, il n'ose y porter la griffe, et de temps en temps il détourne les yeux pour ne pas s'exposer à succomber à la tentation ; mais il se lèche les babines à tout moment, il a l'air de dire à son maître : « Que votre plaisanterie est cruelle ! »

Cependant l'adjudant Gamba semblait de bonne foi en présentant sa montre. Fortunato n'avança pas la main ; mais il lui dit avec un sourire amer :

« Pourquoi vous moquez-vous de moi* ?

— Par Dieu ! je ne me moque pas. Dis-moi seulement où est Gianetto, et cette montre est à toi. »

Fortunato laissa échapper un sourire d'incrédulité ; et, fixant ses yeux noirs sur ceux de l'adjudant, il s'efforçait d'y lire la foi qu'il devait avoir en ses paroles.

« Que je perde mon épaulette, s'écria l'adjudant, si je ne te donne pas la montre à cette condition ! Les camarades sont témoins ; et je ne puis m'en dédire. »

En parlant ainsi, il approchait toujours la montre, tant qu'elle touchait presque la joue pâle de l'enfant. Celui-ci montrait bien sur sa figure le combat que se livraient en son âme la convoitise et le respect dû à l'hospitalité. Sa poitrine nue se soulevait avec force, et il semblait près d'étouffer. Cependant la montre oscillait, tournait, et quelquefois lui heurtait le bout du nez. Enfin, peu à peu, sa main droite s'éleva vers la montre : le bout de ses doigts la toucha ; et elle pesait tout entière dans sa main sans que l'adjudant lâchât pourtant le bout de la chaîne... Le cadran était azuré... la boîte nouvellement fourbie[6]... au soleil, elle paraissait toute de feu... La tentation était trop forte.

Fortunato éleva aussi sa main gauche, et indiqua du pouce, par-dessus son épaule, le tas de foin auquel il était adossé. L'adjudant le comprit aussitôt. Il abandonna l'extrémité de la chaîne ; Fortunato se sentit seul possesseur de la montre. Il se leva avec l'agilité d'un daim, et s'éloigna de dix pas du tas de foin, que les voltigeurs se mirent aussitôt à culbuter.

On ne tarda pas à voir le foin s'agiter ; et un homme sanglant, le poignard à la main, en sortit ; mais, comme il essayait de se lever en pied, sa blessure refroidie ne lui permit plus de se tenir debout. Il tomba. L'adjudant se jeta sur lui et lui arracha son stylet. Aussitôt on le garrotta fortement malgré sa résistance.

Gianetto, couché par terre et lié comme un fagot, tourna la tête vers Fortunato qui s'était rapproché.

« Fils de... ! » lui dit-il avec plus de mépris que de colère.

L'enfant lui jeta la pièce d'argent qu'il en avait reçue, sentant qu'il avait cessé de la mériter ; mais le proscrit n'eut pas l'air de faire attention à ce mouvement. Il dit avec beaucoup de sang-froid à l'adjudant :

« Mon cher Gamba, je ne puis marcher ; vous allez être obligé de me porter à la ville.

— Tu courais tout à l'heure plus vite qu'un chevreuil, repartit le cruel vainqueur ; mais sois tranquille : je suis si content de te tenir, que je te porterais une lieue sur mon dos sans être fatigué. Au reste, mon camarade, nous allons te faire une litière avec des branches et ta capote ; et à la ferme de Crespoli nous trouverons des chevaux.

— Bien, dit le prisonnier ; vous mettrez aussi un peu de paille sur votre litière, pour que je sois plus commodément. »

Pendant que les voltigeurs s'occupaient, les uns à faire une espèce de brancard avec des branches de châtaignier, les autres à panser la blessure de Gianetto, Mateo Falcone et sa femme parurent tout d'un coup au détour d'un sentier qui conduisait au maquis. La femme s'avançait courbée péniblement sous le poids d'un énorme sac de châtaignes, tandis que son mari se prélassait, ne portant qu'un fusil à la main et un autre en bandoulière ; car il est indigne d'un homme de porter d'autre fardeau que ses armes.

6. **fourbir** : nettoyer un objet de métal de façon à le rendre brillant.

* « Perché me c... ? »

7. **particulier bien famé** : expression employée dans les rapports de gendarmerie pour désigner un individu ayant une bonne réputation.

A la vue des soldats, la première pensée de Mateo fut qu'ils venaient pour l'arrêter. Mais pourquoi cette idée ? Mateo avait-il donc quelques démêlés avec la justice ? Non. Il jouissait d'une bonne réputation. C'était, comme on dit, *un particulier bien famé*[7] ; mais il était Corse et montagnard, et il y a peu de Corses montagnards qui, en scrutant bien leur mémoire, n'y trouvent quelque peccadille, telle que coups de fusil, coups de stylet et autres bagatelles. Mateo, plus qu'un autre, avait la conscience nette ; car depuis plus de dix ans il n'avait dirigé son fusil contre un homme ; mais toutefois il était prudent, et il se mit en posture de faire une belle défense, s'il en était besoin.

« Femme, dit-il à Giuseppa, mets bas ton sac et tiens-toi prête. »

Elle obéit sur-le-champ. Il lui donna le fusil qu'il avait en bandoulière et qui aurait pu le gêner. Il arma celui qu'il avait à la main, et il s'avança lentement vers sa maison, longeant les arbres qui bordaient le chemin, et prêt, à la moindre démonstration hostile, à se jeter derrière le plus gros tronc, d'où il aurait pu faire feu à couvert. Sa femme marchait sur ses talons, tenant son fusil de rechange et sa giberne. L'emploi d'une bonne ménagère, en cas de combat, est de charger les armes de son mari.

D'un autre côté, l'adjudant était fort en peine en voyant Mateo s'avancer ainsi, à pas comptés, le fusil en avant et le doigt sur la détente.

« Si par hasard, pensa-t-il, Mateo se trouvait parent de Gianetto, ou s'il était son ami, et qu'il voulût le défendre, les bourres de ses deux fusils arriveraient à deux d'entre nous, aussi sûr qu'une lettre à la poste, et s'il me visait, nonobstant[8] la parenté !... »

8. **nonobstant** : malgré.

Dans cette perplexité, il prit un parti fort courageux, ce fut de s'avancer seul vers Mateo pour lui conter l'affaire, en l'abordant comme une vieille connaissance ; mais le court intervalle qui le séparait de Mateo lui parut terriblement long.

« Holà ! eh ! mon vieux camarade, criait-il, comment cela va-t-il, mon brave ? C'est moi, je suis Gamba, ton cousin. »

Mateo, sans répondre un mot, s'était arrêté, et, à mesure que l'autre parlait, il relevait doucement le canon de son fusil, de sorte qu'il était dirigé vers le ciel au moment où l'adjudant le joignit.

« Boujour, frère*, dit l'adjudant en lui tendant la main. Il y a bien longtemps que je ne t'ai vu.

— Bonjour, frère !

— J'étais venu pour te dire bonjour en passant, et à ma cousine Pepa. Nous avons fait une longue traite aujourd'hui ; mais il ne faut pas plaindre notre fatigue, car nous avons fait une fameuse prise. Nous venons d'empoigner Gianetto Sanpiero.

— Dieu soit loué ! s'écria Giuseppa. Il nous a volé une chèvre laitière la semaine passée. »

Ces mots réjouirent Gamba.

« Pauvre diable ! dit Mateo, il avait faim.

— Le drôle s'est défendu comme un lion, poursuivit l'adjudant un peu mortifié ; il m'a tué un de mes voltigeurs, et, non content de cela, il a cassé le bras au caporal Chardon ; mais il n'y a pas grand mal, ce n'était qu'un Français... Ensuite, il s'était si bien caché que le diable ne l'aurait pu découvrir. Sans mon petit cousin Fortunato, je ne l'aurais jamais pu trouver.

— Fortunato ! s'écria Mateo.

— Fortunato ! répéta Giuseppa.

— Oui, le Gianetto s'était caché sous ce tas de foin là-bas ; mais mon petit cousin m'a montré la malice. Aussi je le dirai à son oncle le caporal, afin qu'il lui envoie un beau cadeau pour sa peine. Et son nom et le tien seront dans le rapport que j'enverrai à M. l'avocat général.

— Malédiction ! » dit tout bas Mateo.

* *Buon giorno, fratello*, salut ordinaire des Corses.

Ils avaient rejoint le détachement. Gianetto était déjà couché sur la litière et prêt à partir. Quand il vit Mateo en la compagnie de Gamba, il sourit d'un sourire étrange ; puis, se tournant vers la porte de la maison, il cracha sur le seuil en disant :

« Maison d'un traître ! »

Il n'y avait qu'un homme décidé à mourir qui eût osé prononcer le mot de traître en l'appliquant à Falcone. Un bon coup de stylet, qui n'aurait pas eu besoin d'être répété, aurait immédiatement payé l'insulte. Cependant Mateo ne fit pas d'autre geste que celui de porter sa main à son front comme un homme accablé.

Fortunato était entré dans la maison en voyant arriver son père. Il reparut bientôt avec une jatte de lait, qu'il présenta les yeux baissés à Gianetto.

« Loin de moi ! » lui cria le proscrit d'une voix foudroyante.

Puis, se tournant vers un des voltigeurs :

« Camarade, donne-moi à boire », dit-il.

Le soldat remit sa gourde entre ses mains, et le bandit but l'eau que lui donnait un homme avec lequel il venait d'échanger des coups de fusil. Ensuite il demanda qu'on lui attachât les mains de manière qu'il les eût croisées sur sa poitrine, au lieu de les avoir liées derrière le dos.

« J'aime, disait-il, à être couché à mon aise. »

On s'empressa de le satisfaire ; puis l'adjudant donna le signal du départ, dit adieu à Mateo, qui ne lui répondit pas, et descendit au pas accéléré vers la plaine.

Il se passa près de dix minutes avant que Mateo ouvrît la bouche. L'enfant regardait d'un œil inquiet tantôt sa mère et tantôt son père, qui, s'appuyant sur son fusil, le considérait avec une expression de colère concentrée.

« Tu commences bien ! dit enfin Mateo d'une voix calme, mais effrayante pour qui connaissait l'homme.

— Mon père ! » s'écria l'enfant en s'avançant les larmes aux yeux comme pour se jeter à ses genoux.

Mais Mateo lui cria :

« Arrière de moi ! »

Et l'enfant s'arrêta et sanglota, immobile, à quelques pas de son père.

Giuseppa s'approcha. Elle venait d'apercevoir la chaîne de la montre, dont un bout sortait de la chemise de Fortunato.

« Qui t'a donné cette montre ? demanda-t-elle d'un air sévère.

— Mon cousin l'adjudant. »

Falcone saisit la montre, et, la jetant avec force contre une pierre, il la mit en mille pièces.

« Femme, dit-il, cet enfant est-il de moi ? »

Les joues brunes de Giuseppa devinrent d'un rouge de brique.

« Que dis-tu, Mateo ? et sais-tu bien à qui tu parles ?

— Eh bien, cet enfant est le premier de sa race qui ait fait une trahison. »

Les sanglots et les hoquets de Fortunato redoublèrent, et Falcone tenait ses yeux de lynx toujours attachés sur lui. Enfin il frappa la terre de la crosse de son fusil, puis le jeta sur son épaule et reprit le chemin du maquis en criant à Fortunato de le suivre. L'enfant obéit.

Giuseppa courut après Mateo et lui saisit le bras.

« C'est ton fils, lui dit-elle d'une voix tremblante en attachant ses yeux noirs sur ceux de son mari, comme pour lire ce qui se passait dans son âme.

— Laisse-moi, répondit Mateo : je suis son père. »

Giuseppa embrassa son fils et entra en pleurant dans sa cabane. Elle se jeta à genoux devant une image de la Vierge et pria avec ferveur. Cependant Falcone marcha quelque deux cents pas dans le sentier et ne s'arrêta que dans un petit ravin où il descendit. Il sonda la terre avec la crosse de son fusil et la trouva molle et facile à creuser. L'endroit lui parut convenable pour son dessein.

« Fortunato, va auprès de cette grosse pierre. »

L'enfant fit ce qu'il lui commandait, puis il s'agenouilla.

« Dis tes prières.

— Mon père, mon père, ne me tuez pas.

— Dis tes prières ! » répéta Mateo d'une voix terrible.

L'enfant, tout en balbutiant et en sanglotant, récita le *Pater* et le *Credo*. Le père, d'une voix forte, répondait *Amen !* à la fin de chaque prière.

« Sont-ce là toutes les prières que tu sais ?

— Mon père, je sais encore l'*Ave Maria* et la litanie que ma tante m'a apprise.

— Elle est bien longue, n'importe. »

L'enfant acheva la litanie d'une voix éteinte.

« As-tu fini ?

— Oh ! mon père, grâce ! pardonnez-moi ! Je ne le ferai plus ! Je prierai tant mon cousin le caporal qu'on fera grâce au Gianetto ! »

Il parlait encore ; Mateo avait armé son fusil et le couchait en joue en lui disant :

« Que Dieu te pardonne ! »

L'enfant fit un effort désespéré pour se relever et embrasser les genoux de son père ; mais il n'en eut pas le temps. Mateo fit feu, et Fortunato tomba roide mort.

Sans jeter un coup d'œil sur le cadavre, Mateo reprit le chemin de sa maison pour aller chercher une bêche afin d'enterrer son fils. Il avait fait à peine quelques pas qu'il rencontra Giuseppa, qui accourait alarmée du coup de feu.

« Qu'as-tu fait ? s'écria-t-elle.

— Justice.

— Où est-il ?

— Dans le ravin. Je vais l'enterrer. Il est mort en chrétien ; je lui ferai chanter une messe. Qu'on dise à mon gendre Tiodoro Bianchi de venir demeurer avec nous. »

Prosper MÉRIMÉE.
Mosaïque.

Lire et comprendre

Cette nouvelle célèbre a beaucoup frappé les imaginations et a contribué à créer et à populariser l'image que l'on se fait des Corses et de leur sens de l'honneur.

- **Une tragédie.**
  Reconstituez le déroulement de cette tragédie en en déterminant :
  - les *circonstances* : Où et quand s'est-elle déroulée ?
  - les *acteurs* : Quels en sont les cinq personnages principaux ?
  - l'*action* : Le bandit en fuite est sur le point d'être attrapé. Pourquoi ?
    Quels arguments utilise-t-il pour persuader Fortunato de le cacher ? Quel prix paye-t-il ?
    Quels arguments Gamba utilise-t-il à son tour pour convaincre Fortunato de livrer le bandit ?
    Quelle récompense obtient-il pour sa trahison ?
  - Le *dénouement* : Quel est le sort de Fortunato ?

Réfléchir

Deux personnages, deux comportements.

a) Tracez d'abord le portrait de Mateo Falcone en tant que : Corse – père – mari,
   - Pouvez-vous expliquer les mobiles de son acte ?
   - Est-ce que la sanction qu'il a appliquée est, à votre avis, en proportion avec la faute commise ?

b) Fortunato est un enfant de dix ans. Mérimée semble suggérer qu'il a agi par intérêt (pour de l'argent, pour une montre)
   - Pensez-vous qu'il ait eu d'autres raisons pour agir ainsi ?

Au-delà du texte

L'histoire aurait pu se terminer autrement, par exemple, les gendarmes ne retrouvent pas Gianetto ou Fortunato ne livre pas le bandit. Imaginez d'autres possibilités de dénouement.

Quelles sanctions auriez-vous proposées pour punir Fortunato ? Imaginez le procès de Mateo Falcone.
- Dressez l'acte d'accusation contre lui.
- Quels arguments pourrait utiliser l'avocat de la défense ?

Réunissez un jury et délibérez sur le sort de Mateo Falcone. Le sentiment de l'honneur et le sens de la justice ont-ils été dans votre pays à l'origine de faits analogues ?

Guy de MAUPASSANT (1850-1893).

Publié, pour la première fois, dans le journal *Le Gaulois* le 17 février 1884, ce conte est recueilli dans *Les contes du jour et de la nuit* en 1885.

Une sensibilité frémissante, née peut-être des rêves enfouis, sous-tend *La parure*, une des réussites de Maupassant, qui mêle, dans la perfection d'un genre définitivement conquis, le souvenir de *Madame Bovary* à la prescience des morales de l'absurde.

La parure.

C'était une de ces jolies et charmantes filles, nées, comme par une erreur du destin, dans une famille d'employés. Elle n'avait pas de dot, pas d'espérances, aucun moyen d'être connue, comprise, aimée, épousée par un homme riche et distingué ; elle se laissa marier avec un petit commis du ministère de l'Instruction publique.

Elle fut simple, ne pouvant être parée ; mais malheureuse comme une déclassée ; car les femmes n'ont point de caste[1] ni de race, leur beauté, leur grâce et leur charme leur servant de naissance et de famille. Leur finesse native, leur instinct d'élégance, leur souplesse d'esprit sont leur seule hiérarchie[2], et font des filles du peuple les égales des plus grandes dames.

Elle souffrait sans cesse, se sentant née pour toutes les délicatesses et tous les luxes. Elle souffrait de la pauvreté de son logement, de la misère des murs, de l'usure des sièges, de la laideur des étoffes. Toutes ces choses, dont une autre femme de sa caste ne se serait même pas aperçue, la torturaient et l'indignaient. La vue de la petite Bretonne qui faisait son humble ménage éveillait en elle des regrets désolés et des rêves éperdus. Elle songeait aux antichambres muettes, capitonnées avec des tentures orientales, éclairées par de hautes torchères[3] de bronze, et aux deux grands valets en culotte courte qui dorment dans les larges fauteuils, assoupis par la chaleur lourde du calorifère. Elle songeait aux grands salons vêtus de soie ancienne, aux meubles fins portant des bibelots inestimables, et aux petits salons coquets, parfumés, faits pour la causerie de cinq heures avec les amis les plus intimes, les hommes connus et recherchés dont toutes les femmes envient et désirent l'attention.

Quand elle s'asseyait, pour dîner, devant la table ronde couverte d'une nappe de trois jours, en face de son mari qui découvrait la soupière en déclarant d'un air enchanté : « Ah ! le bon pot-au-feu ! je ne sais rien de meilleur que cela... », elle songeait aux dîners fins, aux argenteries reluisantes, aux tapisseries peuplant les murailles de personnages anciens et d'oiseaux étranges au milieu d'une forêt de féerie ; elle songeait aux plats exquis servis en des vaisselles merveilleuses, aux galanteries chuchotées et écoutées avec un sourire de sphinx tout en mangeant la chair rose d'une truite ou des ailes de gelinotte[4].

Elle n'avait pas de toilettes, pas de bijoux, rien. Et elle n'aimait que cela ; elle se sentait faite pour cela. Elle eût tant désiré plaire, être enviée, être séduisante et recherchée.

Elle avait une amie riche, une camarade de couvent qu'elle ne voulait plus aller voir, tant elle souffrait en revenant. Et elle pleurait pendant des jours entiers, de chagrin, de regret, de désespoir et de détresse.

*
* *

Or, un soir, son mari rentra, l'air glorieux et tenant à la main une large enveloppe.

« Tiens, dit-il, voici quelque chose pour toi. »

. caste : groupe ocial fermé et qui ent à rester séparé es autres. Ici, le erme est employé lus précisément u sens de classe ociale.

. hiérarchie : chelle sociale.

. torchère : grand handelier recevant e gros flambeaux e cire ou vase de nétal où l'on fait rûler des matières ombustibles pour clairer.

. gelinotte : oiseau, ès voisin de la erdrix, qui constitue n mets très fin.

Elle déchira vivement le papier et en tira une carte imprimée qui portait ces mots :

« Le ministre de l'Instruction publique et Mme Georges Ramponneau prient M. et Mme Loisel de leur faire l'honneur de venir passer la soirée à l'hôtel du ministère, le lundi 18 janvier. »

Au lieu d'être ravie, comme l'espérait son mari, elle jeta avec dépit l'invitation sur la table, murmurant :

« Que veux-tu que je fasse de cela ?

— Mais, ma chérie, je pensais que tu serais contente. Tu ne sors jamais, et c'est une occasion, cela, une belle ! J'ai eu une peine infinie à l'obtenir. Tout le monde en veut ; c'est très recherché et on n'en donne pas beaucoup aux employés. Tu verras là tout le monde officiel. »

Elle le regardait d'un œil irrité, et elle déclara avec impatience :

« Que veux-tu que je me mette sur le dos pour aller là ? »

Il n'y avait pas songé, il balbutia :

« Mais la robe avec laquelle tu vas au théâtre. Elle me semble très bien, à moi... »

Il se tut, stupéfait, éperdu, en voyant que sa femme pleurait. Deux grosses larmes descendaient lentement des coins des yeux vers les coins de la bouche ; il bégaya :

« Qu'as-tu ? qu'as-tu ? »

Mais, par un effort violent, elle avait dompté sa peine et elle répondit d'une voix calme en essuyant ses joues humides :

« Rien. Seulement je n'ai pas de toilette et par conséquent je ne peux aller à cette fête. Donne ta carte à quelque collègue dont la femme sera mieux nippée que moi. »

Il était désolé. Il reprit :

« Voyons, Mathilde. Combien cela coûterait-il une toilette convenable, qui pourrait te servir encore en d'autres occasions, quelque chose de très simple ? »

Elle réfléchit quelques secondes, établissant ses comptes et songeant aussi à la somme qu'elle pouvait demander sans s'attirer un refus immédiat et une exclamation effarée du commis économe.

Enfin, elle répondit en hésitant :

« Je ne sais pas au juste, mais il me semble qu'avec quatre cents francs je pourrais arriver. »

Il avait un peu pâli, car il réservait juste cette somme pour acheter un fusil et s'offrir des parties de chasse, l'été suivant, dans la plaine de Nanterre, avec quelques amis qui allaient tirer des alouettes, par là, le dimanche.

Il dit cependant :

« Soit. Je te donne quatre cents francs. Mais tâche d'avoir une belle robe. »

*
* *

Le jour de la fête approchait, et Mme Loisel semblait triste, inquiète, anxieuse. Sa toilette était prête cependant. Son mari lui dit un soir :

« Qu'as-tu ? Voyons, tu es toute drôle depuis trois jours. »

Et elle répondit :

« Cela m'ennuie de n'avoir pas un bijou, pas une pierre, rien à mettre sur moi. J'aurai l'air misère comme tout. J'aimerais presque mieux ne pas aller à cette soirée. »

Il reprit :

« Tu mettras des fleurs naturelles. C'est très chic en cette saison-ci. Pour dix francs tu auras deux ou trois roses magnifiques. »

Elle n'était point convaincue.

« Non... il n'y a rien de plus humiliant que d'avoir l'air pauvre au milieu de femmes riches. »

Mais son mari s'écria :

« Que tu es bête ! Va trouver ton amie Mme Forestier et demande-lui de te prêter des bijoux. Tu es bien assez liée avec elle pour faire cela. »

Elle poussa un cri de joie.

« C'est vrai. Je n'y avais point pensé. »

Le lendemain, elle se rendit chez son amie et lui conta sa détresse.

Mme Forestier alla vers son armoire à glace, prit un large coffret, l'apporta, l'ouvrit, et dit à Mme Loisel :

« Choisis, ma chère. »

Elle vit d'abord des bracelets, puis un collier de perles, puis une croix vénitienne, or et pierreries, d'un admirable travail. Elle essayait les parures devant la glace, hésitait, ne pouvait se décider à les quitter, à les rendre. Elle demandait toujours :

« Tu n'as plus rien d'autre ?

— Mais si. Cherche. Je ne sais pas ce qui peut te plaire. »

Tout à coup elle découvrit, dans une boîte de satin noir, une superbe rivière de diamants[5] ; et son cœur se mit à battre d'un désir immodéré. Ses mains tremblaient en la prenant. Elle l'attacha autour de sa gorge, sur sa robe montante, et demeura en extase devant elle-même.

Puis, elle demanda, hésitante, pleine d'angoisse :

« Peux-tu me prêter cela, rien que cela ?

— Mais oui, certainement. »

Elle sauta au cou de son amie, l'embrassa avec emportement, puis s'enfuit avec son trésor.

5. **rivière de diamants** : collier de diamants montés en chatons.

*
* *

Le jour de la fête arriva. Mme Loisel eut un succès. Elle était plus jolie que toutes, élégante, gracieuse, souriante et folle de joie. Tous les hommes la regardaient, demandaient son nom, cherchaient à être présentés. Tous les attachés du cabinet voulaient valser avec elle. Le ministre la remarqua.

Elle dansait avec ivresse, avec emportement, grisée par le plaisir, ne pensant plus à rien, dans le triomphe de sa beauté, dans la gloire de son succès, dans une sorte de nuage de bonheur fait de tous ces hommages, de toutes ces admirations, de tous ces désirs éveillés, de cette victoire si complète et si douce au cœur des femmes.

Elle partit vers quatre heures du matin. Son mari, depuis minuit, dormait dans un petit salon désert avec trois autres messieurs dont les femmes s'amusaient beaucoup.

Il lui jeta sur les épaules les vêtements qu'il avait apportés pour la sortie, modestes vêtements de la vie ordinaire, dont la pauvreté jurait avec l'élégance de la toilette de bal. Elle le sentit et voulut s'enfuir, pour ne pas être remarquée par les autres femmes qui s'enveloppaient de riches fourrures.

Loisel la retenait :

« Attends donc. Tu vas attraper froid dehors. Je vais appeler un fiacre. »

Mais elle ne l'écoutait point et descendait rapidement l'escalier. Lorsqu'ils furent dans la rue, ils ne trouvèrent pas de voiture ; et ils se mirent à chercher, criant après les cochers qu'ils voyaient passer de loin.

Ils descendaient vers la Seine, désespérés, grelottants. Enfin ils trouvèrent sur le quai un de ces vieux coupés[6] noctambules qu'on ne voit dans Paris que la nuit venue, comme s'ils eussent été honteux de leur misère pendant le jour.

Il les ramena jusqu'à leur porte, rue des Martyrs, et ils remontèrent tristement chez eux. C'était fini, pour elle. Et il songeait, lui, qu'il lui faudrait être au Ministère à dix heures.

Elle ôta les vêtements dont elle s'était enveloppé les épaules, devant la glace, afin de se voir encore une fois dans sa gloire. Mais soudain elle poussa un cri. Elle n'avait plus sa rivière autour du cou.

Son mari, à moitié dévêtu déjà, demanda :

« Qu'est-ce que tu as ? »

Elle se tourna vers lui, affolée :

« J'ai... j'ai... je n'ai plus la rivière de Mme Forestier. »

6. **coupé** : voiture fermée à quatre roues et généralement à deux places.

Il se dressa, éperdu :

« Quoi !... comment !... Ce n'est pas possible ! »

Et ils cherchèrent dans les plis de la robe, dans les plis du manteau, dans les poches, partout. Ils ne la trouvèrent point.

Il demandait :

« Tu es sûre que tu l'avais encore en quittant le bal ?

— Oui, je l'ai touchée dans le vestibule du Ministère.

— Mais si tu l'avais perdue dans la rue, nous l'aurions entendue tomber. Elle doit être dans le fiacre.

— Oui. C'est probable. As-tu pris le numéro ?

— Non. Et toi, tu ne l'as pas regardé ?

— Non. »

Ils se contemplaient atterrés. Enfin Loisel se rhabilla.

« Je vais, dit-il, refaire tout le trajet que nous avons fait à pied, pour voir si je ne la retrouverai pas. »

Et il sortit. Elle demeura en toilette de soirée, sans force pour se coucher, abattue sur une chaise, sans feu, sans pensée.

Son mari rentra vers sept heures. Il n'avait rien trouvé.

Il se rendit à la Préfecture de police, aux journaux, pour faire promettre une récompense, aux compagnies de petites voitures, partout enfin où un soupçon d'espoir le poussait.

Elle attendit tout le jour, dans le même état d'effarement devant cet affreux désastre.

Loisel revint le soir, avec la figure creusée, pâlie ; il n'avait rien découvert.

« Il faut, dit-il, écrire à ton amie que tu as brisé la fermeture de sa rivière et que tu la fais réparer. Cela nous donnera le temps de nous retourner. »

Elle écrivit sous sa dictée.

*
* *

Au bout d'une semaine, ils avaient perdu toute espérance.

Et Loisel, vieilli de cinq ans, déclara :

« Il faut aviser à remplacer ce bijou. »

Ils prirent, le lendemain, la boîte qui l'avait renfermé, et se rendirent chez le joaillier, dont le nom se trouvait dedans. Il consulta ses livres.

« Ce n'est pas moi, madame, qui ai vendu cette rivière ; j'ai dû seulement fournir l'écrin. »

Alors ils allèrent de bijoutier en bijoutier, cherchant une parure pareille à l'autre, consultant leurs souvenirs, malades tous deux de chagrin et d'angoisse.

Ils trouvèrent, dans une boutique du Palais-Royal, un chapelet de diamants qui leur parut entièrement semblable à celui qu'ils cherchaient. Il valait quarante mille francs. On le leur laisserait à trente-six mille.

Ils prièrent donc le joaillier de ne pas le vendre avant trois jours. Et ils firent condition qu'on le reprendrait pour trente-quatre mille francs, si le premier était retrouvé avant la fin de février.

Loisel possédait dix-huit mille francs que lui avait laissés son père. Il emprunterait le reste.

Il emprunta, demandant mille francs à l'un, cinq cents à l'autre, cinq louis par-ci, trois louis par-là. Il fit des billets, prit des engagements ruineux, eut affaire aux usuriers[7], à toutes les races de prêteurs. Il compromit toute la fin de son existence, risqua sa signature sans savoir même s'il pourrait y faire honneur, et, épouvanté par les angoisses de l'avenir, par la noire misère qui allait s'abattre sur lui, par la perspective de toutes les privations physiques et de toutes les tortures morales, il alla chercher la rivière nouvelle, en déposant sur le comptoir du marchand trente-six mille francs.

Quand Mme Loisel reporta la parure à Mme Forestier, celle-ci lui dit, d'un air froissé :

« Tu aurais dû me la rendre plus tôt, car je pouvais en avoir besoin. »

7. **usurier** : personne qui prête de l'argent à des taux généralement abusifs.

Elle n'ouvrit pas l'écrin, ce que redoutait son amie. Si elle s'était aperçue de la substitution, qu'aurait-elle pensé ? qu'aurait-elle dit ? Ne l'aurait-elle pas prise pour une voleuse ?

*
* *

Mme Loisel connut la vie horrible des nécessiteux. Elle prit son parti, d'ailleurs, tout d'un coup, héroïquement. Il fallait payer cette dette effroyable. Elle payerait. On renvoya la bonne ; on changea de logement ; on loua sous les toits une mansarde.

Elle connut les gros travaux du ménage, les odieuses besognes de la cuisine. Elle lava la vaisselle, usant ses ongles roses sur les poteries grasses et le fond des casseroles. Elle savonna le linge sale, les chemises et les torchons, qu'elle faisait sécher sur une corde ; elle descendit à la rue, chaque matin, les ordures, et monta l'eau, s'arrêtant à chaque étage pour souffler. Et, vêtue comme une femme du peuple, elle alla chez le fruitier, chez l'épicier, chez le boucher, le panier au bras, marchandant, injuriée, défendant sou à sou son misérable argent.

Il fallait chaque mois payer des billets, en renouveler d'autres, obtenir du temps.

Le mari travaillait, le soir, à mettre au net les comptes d'un commerçant, et la nuit, souvent, il faisait de la copie à cinq sous la page.

Et cette vie dura dix ans.

Au bout de dix ans, ils avaient tout restitué, tout, avec le taux de l'usure, et l'accumulation des intérêts superposés.

Mme Loisel semblait vieille, maintenant. Elle était devenue la femme forte, et dure, et rude, des ménages pauvres. Mal peignée, avec les jupes de travers et les mains rouges, elle parlait haut, lavait à grande eau les planchers. Mais parfois, lorsque son mari était au bureau, elle s'asseyait auprès de la fenêtre, et elle songeait à cette soirée d'autrefois, à ce bal où elle avait été si belle et si fêtée.

Que serait-il arrivé si elle n'avait point perdu cette parure ? Qui sait ? qui sait ? Comme la vie est singulière, changeante ! Comme il faut peu de chose pour vous perdre ou vous sauver !

*
* *

Or, un dimanche, comme elle était allée faire un tour aux Champs-Elysées pour se délasser des besognes de la semaine, elle aperçut tout à coup une femme qui promenait un enfant. C'était Mme Forestier, toujours jeune, toujours belle, toujours séduisante. Mme Loisel se sentit émue. Allait-elle lui parler ? Oui, certes. Et maintenant qu'elle avait payé, elle lui dirait tout. Pourquoi pas ?

Elle s'approcha.

« Bonjour, Jeanne. »

L'autre ne la reconnaissait point, s'étonnant d'être appelée ainsi familièrement par cette bourgeoise. Elle balbutia :

« Mais... madame !... Je ne sais... Vous devez vous tromper.

— Non. Je suis Mathilde Loisel. »

Son amie poussa un cri :

« Oh !... ma pauvre Mathilde, comme tu es changée !...

— Oui, j'ai eu des jours bien durs, depuis que je ne t'ai vue ; et bien des misères... et cela à cause de toi !...

— De moi... Comment ça ?

— Tu te rappelles bien cette rivière de diamants que tu m'as prêtée pour aller à la fête du Ministère.

— Oui. Eh bien ?

— Eh bien, je l'ai perdue.

— Comment ! puisque tu me l'as rapportée.

— Je t'en ai rapporté une autre toute pareille. Et voilà dix ans que nous la payons. Tu comprends que ça n'a pas été aisé pour nous, qui n'avions rien. Enfin, c'est fini, et je suis rudement contente. »

Mme Forestier s'était arrêtée.

« Tu dis que tu as acheté une rivière de diamants pour remplacer la mienne ?

— Oui. Tu ne t'en étais pas aperçue, hein ? Elles étaient bien pareilles. »

Et elle souriait d'une joie orgueilleuse et naïve.

Mme Forestier, fort émue, lui prit les deux mains.

« Oh ! ma pauvre Mathilde ! Mais la mienne était fausse. Elle valait au plus cinq cents francs !... »

Guy de MAUPASSANT.
Contes du jour et de la nuit.
Éd. Albin Michel.

Lire et comprendre

- **L'architecture du récit.**
  Ce conte se divise en sept séquences. Où se situe la séquence du bal ? Est-ce par hasard ?

- **Le temps de la réalité et le temps du conte.**
  Ces sept séquences sont de longueur à peu près égales. Correspondent-elles dans la vie des Loisel à des durées égales ?
  Relevez toutes les indications concernant :
  – le temps que dure chaque séquence.
  – le temps qui s'écoule entre la séquence 2 et 4, 4 et 5, 5 et 6.
  Quelles conclusions en tirez-vous ?

- **Notre destin tient à un fil !**
  – Relevez les phrases que prononce Jeanne Forestier. Occupent-elles une place importante dans l'ensemble du conte ? Cette place est-elle en rapport avec le rôle que le personnage joue dans la vie des Loisel ?
  – Lisez l'un à la suite de l'autre les portraits que Maupassant trace dans les lignes 1 à 5 et dans les lignes 264 à 270.
  Pourrait-on penser qu'il s'agit de la même personne ?

- **Un conte moral ?...**
  – Dans les deux premières séquences, relevez tous les mots qui se rapportent à l'idée de souffrance et de tristesse.
  – Ces mêmes mots apparaissent-ils dans la séquence 6 ? Cela vous semble-t-il paradoxal ?
  – Notez au contraire les mots se rapportant à l'idée de joie dans la dernière page. De quelle nature est, à votre avis, cette joie ?

- **... ou un conte sur la cruauté absurde de la vie ?**
  Aux lignes 271 à 273, le narrateur interrompt son récit pour intervenir. Pourquoi, d'après vous, s'abstient-il de tout commentaire à la fin ?

Réfléchir

La vie quotidienne d'une femme à la fin du XIXe et de nos jours.
Relisez attentivement les lignes 246 à 255. Cette « vie horrible » ne ressemble-t-elle pas à la vie banale de bien des femmes autour de vous ?

Au-delà du texte

Si vous travaillez en groupes, supposez que vous êtes chargé de la préparation d'une émission radiophonique : *Au théâtre, ce soir.*
– Choisissez un récitant qui lira les parties racontées et des acteurs qui interpréteront les parties dialoguées (veillez à faire des coupures. Le texte, non dit, fournira des indications de mise en scène.)
– Introduisez autant que possible des bruitages, qui tantôt seront entendus en fond sonore, tantôt remplaceront certaines phrases du texte.

Pierre JAKEZ-HÉLIAS.

Né en 1914, fils de petits paysans bretons, agrégé de lettres classiques, professeur, Pierre Jakez-Hélias s'est fait connaître d'un large public avec *Le Cheval d'Orgueil* (1975). C'est dans le terreau de sa Bretagne natale qu'il trouve la matière de ses livres. Les *Contes à vivre debout* sont le deuxième volet d'un ensemble : *Les Autres et les miens :* contes pour ceux, nombreux, qui aiment entendre dire qu'il y avait une fois...

Un amour terrible.

Janig disait tous les jours à son mari : « Yann, je vous aime terriblement. Si vous veniez à mourir, je ne durerais pas un cheveu de temps après vous. J'étoufferais de douleur sur-le-champ, avant de voir tomber la première pelletée de terre sur votre cercueil. » Pendant des années, Yann lui répondit cordialement : « Moi aussi, Janig, je vous aime terriblement. » Et rien de plus, car c'était un homme prudent et, par ailleurs, il n'aimait pas entendre parler de sa mort, il avait bien le temps.

Or, un jour, Janig eut des paroles quelque peu différentes : « Mon pauvre Yann, si je pouvais m'en aller dans l'autre monde à votre place, je donnerais ma vie pour vous, tant je vous aime terriblement. — J'éprouve pour vous un amour terrible, Janig », répliqua Yann comme d'habitude, avec le ton qu'il aurait eu pour dire : « Oui, il fait beau temps. » Et aussitôt, le bourgeon d'une invention curieuse éclata dans sa tête.

A la nuit tombante, Yann revint à la maison, le front rembruni[1], et le voilà assis à table, devant son assiettée de soupe, sans mot dire ni rien avaler. « Qu'y a-t-il, mon cher Yann ? — Oh ! rien. — Mais pourquoi êtes-vous si estomaqué[2] ? — Rien du tout, je suis très bien. — Mangez votre souper, alors ! — Je n'ai pas faim. — C'est quelque mal qui cherche à prendre sur vous. — Je suis sain comme un poisson, Janig. » A la fin, Yann soupira : « C'est l'Autre que j'ai vu. Oui, j'ai rencontré l'Autre. — L'Autre ? Oh, mon Dieu, l'Ankou[3] ? — Oui. Il m'a dit qu'il viendrait me prendre à minuit. — Non ! non ! hurla Janig, je ne veux pas, moi ! Je vous cacherai. Allez dans l'étable, sous la paille fraîche. L'Ankou ne trouvera ici que moi. »

Et Yann s'en fut à la crèche. Là, il bondit sur un énorme coq qui était perché tout au fond et pluma le corps du pauvre animal, à l'exception de la queue et des grandes plumes des ailes. A minuit, il gagna la porte de la maison sans aucun bruit, l'ouvrit et jeta à l'intérieur le coq à demi dénudé, un vilain animal, je vous le dis, épouvantable à voir. Janig somnolait dans son lit, ayant allumé une chandelle de résine dans un sabot sur le banc. Quand elle entendit les criaillements du coq affolé, la pauvre femme se mit sur son séant, vit le « jabadao[4] » que menait l'animal déchaîné à travers la salle et crut que l'Ankou était arrivé au logis. Juste à ce moment, Yann fila sa voix la plus profonde à travers le trou de la serrure : « Janig, où est votre mari ? » Et elle de beugler : « Yann n'est pas ici. Allez plus loin, au nom de Dieu ! » Mais le coq, entendant sa voix stridente, partit en panique de plus belle, vola et sauta en l'air et en bas autour de la chandelle, tant et si bien que l'ombre géante de ses ailes se projetait sur les murs. A la fin, l'animal tomba sur le lumignon[5], se rôtit la queue, se démena comme le diable boiteux et renversa le sabot sur l'aire[6], baladaon ! Lumière éteinte, nuit noire, silence d'un seul coup ! Et de nouveau la voix de Yann, encore plus grave : « Dites-moi où est votre mari, Janig, autrement je vous emporte sur mon dos ! » Alors, on entendit la voix tremblante de l'épouse : « Peut-être bien qu'il est caché dans l'étable, sous la paille ! »

Yann riait jaune derrière la porte. Il s'en alla dormir dans sa cachette. Le lendemain, il ne fut question entre eux ni de l'Ankou

1. **rembruni** : sombre — triste.
2. **estomaqué** : suffoqué d'étonnement — ici : qui a le souffle et l'appétit coupés.
3. **l'Ankou** : personnage mystérieux des légendes bretonnes qui conduit la charrette des morts.
4. **jabadao** : sabbat au sens de tapage.
5. **lumignon** : petite lumière, bougie.
6. **l'aire** : terre battue où l'on battait le blé. Ici, le sol de la chambre.

ni du coq. Après ce coup-là, les deux époux continuèrent à s'aimer terriblement. Janig avait honte et Yann réfléchit, à part lui, que s'il avait été dans le lit à la place de sa femme, il aurait sans doute dénoncé Janig à l'Ankou, lui aussi. Mais jamais, par la suite, on n'entendit l'un ou l'autre soupirer : « Je vous aime terriblement. »

Cette fable m'a été contée à Poullaouen par un « merveilleur[7] » de pied en cap et c'était un charme de l'écouter. Un conteur breton de bonne race dispose d'un orgue dans sa gorge et il sait varier sa voix aussi souvent qu'il le désire. Son corps tout entier obéit à ses paroles, si joliment, qu'à l'entendre, on croirait voir une demi-douzaine de bons apôtres en train de jouer devant vous la désopilante[8] comédie de ce monde. Et quand il s'agit de conter le chahut du coq-Ankou, il n'y a pas assez du nez, des yeux, des oreilles du conteur, de ses épaules, de ses bras, de ses mains, pas assez de ses genoux, de ses jambes, de ses pieds, pas assez même de son arrière-train pour mener le travail à bonne fin.

Pierre JAKEZ-HÉLIAS.
Les Autres et les miens, 2e partie : *Contes à vivre debout,*
Éd. Plon.

7. **merveilleur** : conteur

8. **désopilante** : très drôle — qui fait beaucoup rire.

Lire et comprendre

- **Temps réel et temps du récit.**
  - A combien de temps correspondent dans la durée réelle de la vie des personnages les 7 premières lignes du récit ? Les 5 dernières lignes de l'avant-dernier paragraphe ?
  - En combien de temps se déroule l'épisode qui occupe le plus de place dans le récit ?

- **Des personnages à peine ébauchés.**
  - Yann et Janig sont-ils décrits avec précision (physique, caractère) ? A votre avis, pourquoi ?
  - *Le coq* : sur quelle caractéristique le conteur insiste-t-il tout particulièrement ? Pourquoi ?

- **L'histoire du « jabadao ».**
  - Un « one man show » : lisez attentivement les indications que nous donne l'auteur dans le dernier paragraphe sur les gestes et les mimiques du conteur, lorsqu'il en arrive à ce passage.
  - Montrez que les verbes annonçant les paroles des personnages ressemblent presque à des indications de mise en scène.

Réfléchir

- ***« Je vous aime terriblement ».***

Terrible vient du latin *terreo* qui signifie : faire très peur, inspirer la terreur. L'étymologie vous aide-t-elle à mieux comprendre l'histoire ?

- Cette fable a-t-elle, d'après vous, une morale ? Pourquoi Yann n'en veut-il pas à sa femme ? L'épisode du coq modifie-t-il profondément la relation entre les deux époux ?

Michel TOURNIER.

Dans un ouvrage publié en 1978 et intitulé *Le Coq de bruyère*, Michel Tournier a imaginé — en un chapitre — « La fin de Robinson Crusoe ».

Une fin triste, comme toutes les fins... nul ne guérit de son rêve, nostalgie poignante et meurtrière, qu'insulte un visage impitoyablement défiguré par le scalpel du Temps.

La fin de Robinson Crusoé.

— Elle était là ! Là, vous voyez, au large de la Trinité, à 9° *22*' de latitude nord. Y a pas d'erreur possible !

L'ivrogne frappait de son doigt noir un lambeau de carte géographique souillé de taches de graisse, et chacune de ses affirmations passionnées soulevait le rire des pêcheurs et des dockers qui entouraient notre table.

On le connaissait. Il jouissait d'un statut à part. Il faisait partie du folklore local. Nous l'avions invité à boire avec nous pour entendre de sa voix éraillée quelques-unes de ses histoires. Quant à son aventure, elle était exemplaire et navrante[1] à la fois, comme c'est souvent le cas.

Quarante ans plus tôt, il avait disparu en mer à la suite de tant d'autres. On avait inscrit son nom à l'intérieur de l'église avec ceux de l'équipage dont il faisait partie. Puis on l'avait oublié.

Pas au point cependant de ne pas le reconnaître, lorsqu'il avait reparu au bout de vingt-deux ans, hirsute[2] et véhément[3], en compagnie d'un nègre. L'histoire qu'il dégorgeait à toute occasion était stupéfiante. Unique survivant du naufrage de son bateau, il serait resté seul sur une île peuplée de chèvres et de perroquets, sans ce nègre qu'il avait, disait-il, sauvé d'une horde de cannibales. Enfin une goélette anglaise les avait recueillis, et il était revenu, non sans avoir eu le temps de gagner une petite fortune grâce à des trafics divers assez faciles dans les Caraïbes[4] de cette époque.

Tout le monde l'avait fêté. Il avait épousé une jeunesse qui aurait pu être sa fille, et la vie ordinaire avait apparemment recouvert cette parenthèse béante, incompréhensible, pleine de verdure luxuriante et de cris d'oiseaux, ouverte dans son passé par un caprice du destin.

Apparemment oui, car en vérité, d'année en année, un sourd ferment semblait ronger de l'intérieur la vie familiale de Robinson. Vendredi, le serviteur noir, avait succombé le premier. Après des mois de conduite irréprochable, il s'était mis à boire — discrètement d'abord, puis de façon de plus en plus tapageuse. Ensuite il y avait eu l'affaire des deux filles mères, recueillies par l'hospice du Saint-Esprit, et qui avaient donné naissance presque simultanément[5] à des bébés métis d'une évidente ressemblance. Le double crime n'était-il pas signé ?

Mais Robinson avait défendu Vendredi avec un étrange acharnement. Pourquoi ne le renvoyait-il pas ? Quel secret — inavouable peut-être — le liait-il au nègre ?

Enfin des sommes importantes avaient été volées chez leur voisin, et avant même qu'on eût soupçonné qui que ce soit, Vendredi avait disparu.

— L'imbécile ! avait commenté Robinson. S'il voulait de l'argent pour partir, il n'avait qu'à m'en demander !

Et il avait ajouté imprudemment :

— D'ailleurs, je sais bien où il est parti !

La victime du vol s'était emparée du propos et avait exigé de Robinson ou qu'il remboursât l'argent, ou alors qu'il livrât le voleur. Robinson, après une faible résistance, avait payé.

1. **navrante** : désolante, pitoyable, lamentable.
2. **hirsute** : échevelé, sauvage, bourru, rébarbatif.
3. **véhément** : violent.
4. **Caraïbes** : petites Antilles.
5. **simultanément** : en même temps.

Mais depuis ce jour, on l'avait vu, de plus en plus sombre, traîner sur les quais ou dans les bouchons[6] du port en répétant parfois :

– Il y est retourné, oui, j'en suis sûr, il y est ce voyou à cette heure !

Car il était vrai qu'un ineffable[7] secret l'unissait à Vendredi, et ce secret, c'était une certaine petite tache verte qu'il avait fait ajouter dès son retour par un cartographe du port sur le bleu océan des Caraïbes. Cette île, après tout, c'était sa jeunesse, sa belle aventure, son splendide et solitaire jardin ! Qu'attendait-il sous ce ciel pluvieux, dans cette ville gluante, parmi ces négociants et ces retraités ?

Sa jeune femme, qui possédait l'intelligence du cœur, fut la première à deviner son étrange et mortel chagrin.

– Tu t'ennuies, je le vois bien. Allons, avoue que tu la regrettes !

– Moi ? Tu es folle ! Je regrette qui, quoi ?

– Ton île déserte, bien sûr ! Et je sais ce qui te retient de partir dès demain, je le sais, va ! C'est moi !

Il protestait à grands cris, mais plus il criait fort, plus elle était sûre d'avoir raison.

Elle l'aimait tendrement et n'avait jamais rien su lui refuser. Elle mourut. Aussitôt il vendit sa maison et son champ, et fréta[8] un voilier pour les Caraïbes.

Des années passèrent encore. On recommença à l'oublier. Mais quand il revint de nouveau, il parut plus changé encore qu'après son premier voyage.

C'était comme aide-cuisinier à bord d'un vieux cargo qu'il avait fait la traversée. Un homme vieilli, brisé, à demi noyé dans l'alcool.

Ce qu'il dit souleva l'hilarité[9] générale. In-trou-vable ! Malgré des mois de recherche acharnée, son île était demeurée introuvable. Il s'était épuisé dans cette exploration vaine avec une rage désespérée, dépensant ses forces et son argent pour retrouver cette terre de bonheur et de liberté qui semblait engloutie à jamais.

– Et pourtant, elle était là ! répétait-il une fois de plus ce soir en frappant du doigt sur sa carte.

Alors un vieux timonier se détacha des autres et vint lui toucher l'épaule.

– Veux-tu que je te dise, Robinson ? Ton île déserte, bien sûr qu'elle est toujours là. Et même, je peux t'assurer que tu l'as bel et bien retrouvée !

– Retrouvée ? Robinson suffoquait. Mais puisque je te dis...

– Tu l'as retrouvée ! Tu es passé peut-être dix fois devant. Mais tu ne l'as pas reconnue.

– Pas reconnue ?

– Non, parce qu'elle a fait comme toi, ton île : elle a vieilli ! Eh oui, vois-tu, les fleurs deviennent fruits et les fruits deviennent bois, et le bois vert devient bois mort. Tout va très vite sous les tropiques. Et toi ? Regarde-toi dans une glace, idiot ! Et dis-moi si elle t'a reconnu, ton île, quand tu es passé devant ?

Robinson ne s'est pas regardé dans une glace, le conseil était superflu. Il a promené sur tous ces hommes un visage si triste et si hagard que la vague des rires qui repartait de plus belle s'est arrêtée net, et qu'un grand silence s'est fait dans le tripot.

Michel TOURNIER.
Le Coq de Bruyère.
Éd. Gallimard.

6. **bouchons** : cabarets, bistrots.

7. **ineffable** : qui ne peut pas être exprimé.

8. **fréta** : loua.

9. **l'hilarité** : gaîté bruyante.

Lire et comprendre

L'aventure de Robinson Crusoé est universellement connue. Michel Tournier a raconté, à sa façon, l'histoire de Robinson dans son roman *Robinson ou les limbes du Pacifique.* Dans le texte ci-dessus, il imagine une autre fin pour le héros.

Michel Tournier a construit ce texte comme le scénario d'un film à partir d'un *flash-back.* Essayez d'en retrouver le découpage.

- **Première scène.**
Où se déroule-t-elle ? – Qu'est devenu Robinson ? Pourquoi les gens qui l'écoutent se moquent-ils de lui ?

- **Le flashback.**
Grâce à ce retour en arrière dans la vie de Robinson nous découvrons les différentes étapes de cette vie (de la ligne 12 à la ligne 80). Voici ces différentes étapes résumées chacune par un titre. – A quel passage correspond chaque titre ?
– l'aventure de Robinson, de la ligne... à la ligne...
– le mariage, de la ligne... à la ligne...
– l'histoire de Vendredi, de la ligne... à la ligne
– la nostalgie de Robinson, de la ligne... à la ligne...
– le nouveau départ, de la ligne... à la ligne...
– Le retour, de la ligne... à la ligne...
A la fin du *flashback* nous revenons à la scène initiale.
Robinson ne comprend toujours pas pourquoi il n'a pas réussi à retrouver l'île. Comment cet échec lui est-il expliqué ?

Réfléchir

– Quel âge, environ, avait Robinson lorsqu'il raconte son étrange histoire ?
– Pourquoi à votre avis est-il devenu ivrogne ?
– Comment peut-on expliquer l'évolution de Vendredi, le bon sauvage, au contact de la civilisation ?
– Pour quelles raisons Robinson a-t-il voulu retourner dans son île ?
– Quelle est la réaction de Robinson lorsqu'on lui explique pourquoi il n'a pas retrouvé son île ?
– Pourquoi un grand silence est-il tombé sur ses clients du café du port ?

Au-delà du texte

– Les héros ont souvent des fins de vie tristes. Connaissez-vous d'autres exemples d'hommes célèbres (savants, artistes, écrivains, vedettes du cinéma, de la chanson, des sports) qui ont eu des fins aussi lamentables ?
– Une aventure comme celle de Robinson est-elle actuellement encore imaginable ? Reste-t-il encore dans l'univers des endroits inexplorés ?

Marguerite YOURCENAR

Marguerite Yourcenar (anagramme de son vrai nom Crayencour) est née à Bruxelles en 1903 d'une famille française fixée en Belgique. Elle eut très vite le goût de l'errance : elle part en Italie, en Suisse, en Grèce, aux États-Unis où elle s'établit en 1940 (elle prendra en 1947 la nationalité américaine). Elle fit une brillante carrière dont les œuvres maîtresses — *Les Mémoires d'Hadrien, L'Œuvre au noir, Le coup de grâce* — expriment la quête angoissée de l'homme seul face à la foule, ou seul devant la mort ce qui revient sans doute au même... Elle obtint en 1977 le Grand Prix de Littérature de l'Académie française, et reprendra la nationalité française en 1979 pour entrer à l'Académie où elle fut reçue le 21 janvier 1981. C'est la première femme académicien.

Le texte que nous vous proposons est extrait des *Nouvelles orientales* publiées en 1938 (la nouvelle édition est de 1963).

Cornélius Berg et l'amateur de tulipes.

Cornélius Berg « vieux peintre de portraits », revient après une longue errance dans son pays, à Haarlem en Hollande. L'âge, mais surtout l'alcool et le tabac ont rendu sa main tremblante... sa tête cependant déborde de souvenirs...

Ce vieillard, que la misère semblait gonfler, paraissait atteint d'une hydropisie[1] du cœur. Cornélius Berg, bâclant çà et là quelques piteux ouvrages, égalait Rembrandt par ses songes.

Il n'avait pas renoué avec ce qui lui restait de famille. Certains de ses parents ne l'avaient pas reconnu ; d'autres feignaient de l'ignorer. Le seul qui le saluât encore était le vieux Syndic[2] de Haarlem.

Il travailla durant tout un printemps dans cette petite ville claire et propre, où on l'employait à peindre de fausses boiseries sur le mur de l'église. Le soir, sa tâche finie, il ne refusait pas d'entrer chez ce vieil homme doucement abêti par les routines d'une existence sans hasards, qui vivait seul, livré aux soins douillets d'une servante, et ne connaissait rien aux choses de l'art. Il poussait la mince barrière de bois peint ; dans le jardinet, près du canal, l'amateur de tulipes l'attendait parmi les fleurs. Cornélius ne se passionnait guère pour ces oignons inestimables, mais il était habile à distinguer les moindres détails des formes, les moindres nuances des teintes, et il savait que le vieux Syndic ne l'invitait que pour avoir son opinion sur une variété nouvelle. Personne n'aurait pu désigner par des mots l'infinie diversité des blancs, des bleus, des roses et des mauves. Grêles, rigides, les calices patriciens[3] sortaient du sol gras et noir : une odeur mouillée, qui montait de la terre, flottait seule sur ces floraisons sans parfum. Le vieux Syndic prenait un pot sur ses genoux, et, tenant la tige entre deux doigts, comme par la taille, faisait, sans mot dire, admirer la délicate merveille. Ils échangeaient peu de paroles : Cornélius Berg donnait son avis d'un hochement de tête.

Ce jour-là, le Syndic était heureux d'une réussite plus rare que les autres : la fleur, blanche et violacée, avait presque les striures[4] d'un iris. Il la considérait, la tournait en tous sens, et, la déposant à ses pieds :

— Dieu, dit-il, est un grand peintre.

Cornélius Berg ne répondit pas. Le paisible vieil homme reprit :

— Dieu est le peintre de l'univers.

Cornélius Berg regardait alternativement la fleur et le canal. Ce terne miroir plombé ne reflétait que des plates-bandes, des murs de brique et la lessive des ménagères, mais le vieux vagabond fatigué y contemplait vaguement toute sa vie. Il revoyait certains traits de physionomie aperçus au cours de ses longs voyages,

1. **hydropisie** : gonflement par l'eau.

2. **Syndic** : sous l'Ancien Régime personne chargée de représenter une communauté d'habitants ou une corporation.

3. **patricien** : noble.

4. **striures** : rayures.

l'Orient sordide, le Sud débraillé, des expressions d'avarice, de sottise ou de férocité notées sous tant de beaux ciels, les gîtes misérables, les honteuses maladies, les rixes[5] à coups de couteau sur le seuil des tavernes, le visage sec des prêteurs sur gages et le beau corps gras de son modèle, Frédérique Gerritsdochter, étendu sur la table d'anatomie à l'école de médecine de Fribourg. Puis, un autre souvenir lui vint. À Constantinople, où il avait peint quelques portraits de Sultans pour l'ambassadeur des Provinces-Unies, il avait eu l'occasion d'admirer un autre jardin de tulipes, orgueil et joie d'un pacha qui comptait sur le peintre pour immortaliser, dans sa brève perfection, son harem floral. À l'intérieur d'une cour de marbre, les tulipes rassemblées palpitaient et bruissaient, eût-on dit, de couleurs éclatantes ou tendres. Sur une vasque[6], un oiseau chantait ; les pointes des cyprès perçaient le ciel pâlement bleu. Mais l'esclave qui par ordre de son maître montrait à l'étranger ces merveilles était borgne et sur l'œil récemment perdu des mouches s'amassaient. Alors, ôtant ses lunettes :

— Dieu est le peintre de l'univers.

Et, avec amertume, à voix basse :

— Quel malheur, monsieur le Syndic, que Dieu ne se soit pas borné à la peinture des paysages.

Marguerite YOURCENAR
Nouvelles orientales
Éd. Gallimard.

5. rixes : bagarres.

6. vasque : bassin rond et peu profond.

Lire et comprendre

- **Deux personnages.** Deux hommes âgés aux destinées très différentes.
L'auteur les désigne par des appellations diverses. Repérons-les, en relevant sous forme de colonnes, les expressions qui caractérisent chacun d'eux :

le paisible vieil homme	le vieux vagabond
le syndic de la ville	Cornélius Berg
l'amateur de tulipes	le peintre de portraits

– Ces expressions nous renseignent-elles sur leur personnalité ? L'histoire de leur vie ?

- **Le canal, un miroir magique.**
Par-delà l'espace et le temps, Cornélius Berg revoit dans l'eau du canal sa vie et ses souvenirs.
– Relevez (dans les lignes 38 à 48) les noms et adjectifs qui s'appliquent aux êtres humains qu'il a connus – Quelle impression générale en ressort-il ?

- **Une fable dans la fable.**
– Lisez les lignes 47 à 57 (« A Constantinople... s'amassaient »). Ces quelques lignes constituent en elles-mêmes une petite fable.
– Est-ce que la remarque finale de C. Berg pourrait en être la morale ?

- **« Dieu est le peintre de l'univers. »**
Les deux hommes prononcent tour à tour la même phrase. A-t-elle la même signification pour l'un et pour l'autre ?
– Pourquoi un si long passage sépare-t-il la remarque du syndic de la réponse de Berg ?
– Que pensez-vous de la « correction » finale ?

Réfléchir

- **Un conte symbolique sur la vie et le monde.**
– A votre avis, Marguerite Yourcenar porte-t-elle un jugement sur ses deux personnages ? Considère-t-elle que l'un a mieux réussi sa vie que l'autre ?
– D'après ce conte, diriez-vous que Marguerite Yourcenar a du monde une conception *pessimiste* ou *optimiste* ?

Jean MURO

Né à Bruxelles, Jean Muro est l'auteur d'une dizaine de romans et de nouvelles, placés pour la plupart sous le signe du bizarre ou du fantastique. Il a obtenu en 1979 l'un des plus grands prix littéraires belges (le prix Victor Rossel) pour son recueil de nouvelles *Histoires singulières* où le fantastique l'emporte.

La chaise.

Comme chaque fois qu'il séjournait à Nieuport-Bains, Frédéric retrouvait un sommeil d'enfant ; mais invariablement aussi, que sa nuit eût été longue ou brève, il se réveillait dès l'aube. Levé sans bruit pour ne point déranger Juliette, il passait une robe de chambre, gagnait la salle de séjour. La large baie vitrée donnait sur la plage et la mer. Les yeux de Frédéric flânaient d'un bout à l'autre du vaste paysage que baignait la lumière encore indécise du petit jour. En vérité, ils retardaient l'instant où il leur faudrait buter sur l'essentiel : une chaise, juste en face de l'immeuble – une très simple chaise au milieu de la plage déserte.

C'était curieux. Elle se trouvait là chaque matin, toujours au même endroit, non pas tristement échouée entre deux marées hautes, mais *posée* devant la mer comme un siège prêt à servir. Une chaise cannée, le dossier haut et droit, d'autant plus déplacée en ce lieu qu'elle paraissait intacte.

Il y avait plus étrange encore : cette chaise ne se trouvait là que pour disparaître. Cela se produisait plus ou moins vite, et d'une manière toujours inattendue. Elle profitait d'un bref moment de distraction ou d'une courte absence de Frédéric, si bien que celui-ci ne l'avait jamais *vue* disparaître. Chaque matin, depuis deux semaines, la chaise lui échappait. Il eût fallu pouvoir la tenir à l'œil sans désemparer, ne pas lâcher prise avant le plein jour ; mais il n'en avait ni la patience ni d'ailleurs le loisir[1].

Vous sortez du lit, la tête encore tout embuée de songe, et la réalité vous propose une énigme. Soit. Mais la même énigme, jour après jour, obstinément ! Qui donc, se demandait Frédéric, apporte ponctuellement la chaise avant cinq heures ? Qui l'apporte et qui la retire ? Pourquoi ?... Si au moins elle avait été occupée... Mais cette chaise vide et à éclipses, tantôt là, tantôt ailleurs, – quel ailleurs ? – plus vide que la plage et la mer et le ciel réunis !

A ruminer[2] des questions comme celles-là, la tête finit par se troubler. En certains lieux particulièrement déserts, en certaines saisons où la lumière de l'aube est particulièrement indécise, une chaise ne pourrait-elle être le support d'une présence invisible ?... Un matin, dès le saut du lit, sans même prendre le temps d'enfiler un manteau, Frédéric se précipita hors de l'appartement. Il avait eu une illumination : pour savoir si la chaise était ou non occupée, il suffisait d'aller s'asseoir dessus. C'était logique. Malheureusement, le temps de descendre les quatre étages, de traverser la digue[3], et l'étrange meuble n'était plus là. Une fois de plus, évaporé dans l'aube !

Comment faire pour surprendre la chaise ? Avec l'aide de Juliette ? mais elle dormait de si bon cœur. Comment faire, mon Dieu, Frédéric ne pensait plus qu'à cela, même au bureau, au point que sa ponctualité commençait d'en souffrir. Sur ces entrefaites, il se rappela qu'il était aussi chasseur d'images et fort capable, pourquoi pas ? de *prendre* la chaise au téléobjectif. N'avait-on pas photographié des fantômes ? Il soumettrait la pellicule à des révélateurs puissants, il la cuisinerait jusqu'à ce qu'elle avoue tout son mystère...

Malgré la lumière indécise, la photo fut parfaite, – quoique déconcertante. Quelques mètres carrés de plage banale étaient

1. **loisir** : temps.

2. **ruminer** : penser sans cesse à.

3. **digue** : construction destinée à contenir les eaux.

devenus un paysage lunaire où les modestes travaux des arénicoles[4] prenaient des proportions pyramidales. Quant à la chaise... Pas l'ombre d'une trace ! Tout au plus Frédéric croyait-il distinguer parmi d'autres les empreintes symétriques de ses quatre pieds ; mais Juliette, elle, ne voyait rien.

Cette fois, il ne fut pas loin de haïr la chaise, ou plutôt, car c'était absurde, celui qui se moquait de lui, jour après jour, en se servant de la chaise. On la lui montrait, on la lui cachait, pour qu'il perdît la tête. Une véritable technique d'affolement : cela relevait de la sorcellerie... Venues du tréfonds[5] de lui-même, des images primitives lui remontèrent à l'esprit, des visions de forêt vierge, et le soir, alors que la nuit était déjà tombée, il descendit sur la plage et se mit à creuser un trou dans le sable à l'endroit où la chaise avait l'habitude de se montrer. Un trou profond. Il masqua le piège d'un mince lattis de bois, un débris de clôture, sur lequel il étendit perfidement une couche de sable. Puis il attendit l'aube en cherchant vainement le sommeil... Mais quelques heures plus tard, dans la lumière indécise enfin revenue, quelle joie de constater que la fosse béait ! Quelle récompense !

La chaise se trouvait au fond et le regardait. Il l'empoigna sans ménagement. Cette fois, je te tiens ! Il la déposa brutalement sur le sable et, parce qu'elle basculait, pitoyable, il se mit à rire et lui décocha un grand coup de pied. Vaincue, et la patte brisée ! Ah ! Ah ! Ah ! Comme il se repenchait sur le trou, intrigué par une tache sombre – on aurait dit du sang –, il éprouva une sorte d'anxiété, un début de vertige. Il se redressa, respira profondément... La chaise ? Elle avait disparu ?

Alors une rage le prit, une véritable soif de meurtre. Cette fois, il l'écraserait !... Là-bas, cette ombre qui franchissait le brise-lames[6]... Il se mit à courir. C'était bien la chaise qui s'enfuyait tout de guingois[7], son grand dos secoué comme un battant de cloche. Ridicule ! Frédéric força l'allure, la distance diminuait à vue d'œil, déjà il tendait les deux bras pour la saisir et la briser !

Ensuite... Ce fut terrible. La chaise s'arrêta brusquement et, d'un même mouvement, elle fit volte-face. Trop tard pour l'éviter ! Emporté par son élan, Frédéric n'eut que le temps d'entrevoir les cornes menaçantes, sculptées en têtes de lions, avant de sentir le choc et cette morsure qui déchirait son flanc. Le monde bascula dans un grand cri. Puis le silence... Les yeux grands ouverts, cloué sur la plage déserte, le ventre tout poisseux d'une tiédeur suspecte, il ne voyait plus que le ciel. Il ne verrait plus rien d'autre. Et, le jour se levant, la triomphante lumière d'été, inexorable comme la douleur.

Jean MURO,
Nouvelle extraite de *Histoires singulières*,
Coll. « Écrits du Nord »,
Éd. Jacques Antoine, 1979.

4. **arénicoles** : vers vivant dans le sable.

5. **du tréfonds** : de son être le plus profond.

6. **brise-lames** : construction élevée à l'entrée d'un port pour le protéger contre les vagues.

7. **de guingois** : de travers.

Lire et comprendre

- **Dans un décor fait, à la fois** :
  - de réalisme quotidien : relevez les passages qui font allusion au cadre de vie de Frédéric.
  - d'éléments qui contribuent à créer un climat irréel : notez l'imprécision du décor extérieur.
- **Des personnages à peine esquissés**
  - Est-il possible de se faire d'après le texte une idée précise de la personnalité de Frédéric ?
  - Juliette joue-t-elle dans l'histoire un rôle important ?

- **Un seul personnage se dégage nettement : la chaise.** *La chaise, un être vivant ?*
  - Montrez que, dès le début, la chaise est présentée comme un être animé.
  - Observez comment ce caractère se précise au fur et à mesure du texte. Quel effet produisent notamment, dans la dernière partie, les mots « patte » et « sang » ?
- **Frédéric et la chaise**.
  a) Une énigme à résoudre :
    - Confronté à elle, Frédéric essaie de procéder de façon rationnelle. Analysez sa tactique. À quels moyens successifs a-t-il recours pour essayer de la résoudre ?

  b) De l'étonnement à la haine :
    - Étudiez la progression des sentiments de Frédéric à l'égard de la chaise.
- **La chaise qui tue** :
  - Pouvait-on s'attendre à un tel dénouement ? Y a-t-il dans l'ensemble de la nouvelle des indices qui nous y préparaient ?
  - Quels détails horribles l'auteur accumule-t-il ?

Réfléchir

- En relisant le texte, vous remarquerez qu'il baigne tout entier dans une « lumière indécise », expression qui revient comme un *leitmotiv*. Comment interprétez-vous alors la dernière phrase ?
- L'auteur a écrit un certain nombre de mots en italique. Quel effet cela produit-il ? A votre avis, quelle était son intention ?

Francis BEBEY

Né à Douala au Cameroun en 1929, Francis Bebey est à la fois romancier, nouvelliste, musicien et chanteur. Il décrit avec beaucoup d'humour la vie quotidienne de l'Afrique contemporaine, comme vous le découvrirez dans cet extrait tiré de *Embarras et Cie* publié en 1968.

Patrons...

Dans la nouvelle intitulée Assisastanas et le Commissaire de police, *Francis Bebey met en scène le pittoresque et redoutable commissaire de police de Douala, Monsieur Neuf, qu'une affaire d'adultère a conduit nuitamment jusqu'au « quartier Mozart » afin d'y arrêter le coupable, Evindi. Son arrivée va troubler une réunion fort animée...*

C'était la nuit.

Monsieur Neuf sauta aussitôt dans son panier à salade[1] et se rendit chez Evindi. Le commissaire n'avait pas besoin de guide la nuit, dans les quartiers noirs. Mais il fit un crochet jusqu'à la gendarmerie, et ordonna à trois gendarmes de se joindre à lui. Parmi ceux-ci il y avait notamment le géant Mbarga – bénie soit sa mémoire – une armoire à glace[2] dont tout Douala parlait alors...

Les flics[3] ne trouvèrent pas Evindi dans sa case, mais Monsieur Neuf et ses hommes savaient parfaitement où on pouvait rencontrer le malfaiteur à cette heure de la nuit. J'avoue que c'est parfois ennuyeux d'avoir un commissaire de police dans ses relations, car on n'est jamais sûr de pouvoir se cacher quelque part, même la nuit. Cet homme, qui vous connaît, vous et vos manières, ressemble beaucoup à une fenêtre perpétuellement ouverte de votre chambre. Mais peut-être aimez-vous exposer continuellement l'intimité de votre chambre à tous les passants ? Si oui, vous aimez sûrement Monsieur Neuf. Ce dernier et son équipe laissèrent leur voiture dans la rue, et s'engagèrent dans les ruelles du quartier New-Bell. Ils marchèrent un moment, croisant dans la nuit noire des gens qui ne les reconnaissaient guère, puis ils entrèrent dans une case.

Tout le monde était en train de boire. Le vin de palme coulait à flots, et l'on chantait à tue-tête[4].

Il y avait là le vieux Belibi qui racontait des histoires du temps où il était cuisinier du gouverneur allemand, avant 1914. C'était le bon temps. Tout coûtait bon marché, rien de comparable avec le mauvais temps qui courait maintenant. Et puis, ces messieurs, les Allemands, ne perdaient pas leur temps à prendre une voiture automobile : le cheval était infiniment plus digne. Et ils avaient de ces gros biscuits, vous en mangiez un, et vous étiez rassasié pour trois jours... Et tout le monde de crier à Belibi qu'il avait sûrement ajouté un ou deux jours à son addition. Et puis, les Allemands, c'étaient de braves gens : ils ne finissaient jamais leur repas à table, ils laissaient toujours quelque chose dans leur assiette pour le boy. Oui, de vrais patrons, tandis que maintenant... Et quand le gouverneur venait de Bouéa, qui était alors la capitale du Cameroun, il y avait à Douala ce qui s'appelait une fête. Et pas de nos petites rigolades de quatorze juillet ou de onze novembre. Il fallait voir comment les chevaux étaient harnachés, comment les soldats défilaient, il fallait entendre comment la fanfare jouait. Le soir, il fallait voir les illuminations de la ville de Douala. Ce jour-là, il fallait entrer dans la cuisine que tenait Belibi. Il y avait à manger pour sept années au moins. Et tout le monde de crier à l'exagération. Et puis, alors, quand Belibi rentrait chez lui avec les restes, le soir, le quartier de Nkané tout entier venait le voir et se retrouvait chez lui pour l'aider à finir

1. **panier à salade** (familier) : véhicule utilisé par la police pour transporter les personnes arrêtées.
2. **armoire à glace** (familier) : un homme très grand et très fort.
3. **flic** (familier) : un agent de police.
4. **à tue-tête** : très fort.

toute la bonne nourriture qu'il avait ramenée de chez les blancs. Chacun prenait sa cuisse de poulet, ou son morceau de lard en sauce, et il y avait du riz et de longs macaronis pour tout le monde. Puis on buvait du vin de palme, et la danse commençait, et ne se terminait qu'au petit jour. Voilà comment on recevait le gouverneur allemand... Les Français, venus après eux, étaient légers jusque dans leur démarche. Sans parler que leur langage ressemblait beaucoup à celui des oiseaux. Ces gens-là ne pouvaient vraiment pas avoir de poids, oh non, jamais... Une chose qu'il y avait avec les Allemands, c'était qu'ils savaient corriger quelqu'un lorsque celui-ci s'était mal conduit. Ils vous plongeaient la tête dans une tonnelle remplie d'eau, après vous avoir déshabillé. Ils vous laissaient votre arrière-train hors de l'eau, et se servaient d'une cravache pour vous le caresser. Le tarif était généralement de vingt-cinq coups. Tant pis si vous étouffiez dans l'eau de la tonnelle... Ah, ça au moins, c'étaient des patrons, les Allemands : vous saviez ce qui vous attendait si vous vous hasardiez dans le chemin du mal. Et cela faisait marcher droit. Tandis que maintenant, toute cette jeunesse qui suivait les traces de ses nouveaux maîtres, tous ces vauriens, tous ces vols dans le pays, tous ces crimes, toutes ces injustices...

– Oh, laisse-nous boire notre vin de palme, Belibi, dit Evindi en saisissant la coque de noix de coco taillée qui lui servait de verre.

Il en but, puis il ajouta :

– Ton temps est passé ; aujourd'hui, c'est notre tour. Laisse-nous boire et chanter comme il nous plaît.

Et les autres jeunes gens de dire aussi :

– Evindi a raison, laisse-nous la paix avec tes patrons allemands. Tu sais très bien qu'ils ont été vaincus à la guerre par les Français. Ne viens pas tout le temps nous raconter qu'ils étaient forts ; s'ils étaient forts, pourquoi n'auraient-ils pas vaincu les Français ?

Et Evindi d'ajouter :

– Du temps des Allemands, vous autres, vous ne pouviez même pas approcher une femme blanche, ni seulement la regarder en face. Tandis que maintenant, nous autres, jeunes d'aujourd'hui..., et il partit d'un éclat de rire significatif.

On commençait à acclamer Evindi pour les arguments qu'il avançait pour faire triompher le présent de ce passé dont parlait le vieux Belibi avec tant de regret. Ce fut à cet instant qu'entra Monsieur Neuf avec ses gardes du corps. Le Français ne pouvait pas être plus présent que ce soir-là, mais il ne semblait pas de très bonne humeur.

Francis BEBEY
Embarras et Cie,
Yaoundé, CLE, 1968.

Lire et comprendre

- **Un nostalgique de l'occupation allemande.**
Belibi raconte ses souvenirs de l'époque de la colonisation allemande au Cameroun avant la Première Guerre mondiale.
– Le métier qu'il exerçait lui procurait un certain nombre d'avantages : lesquels ?
– Quelles sont les « qualités » qu'il appréciait le plus chez les Allemands ?
– En quoi représentent-ils pour lui les vrais « patrons » ?
– Quelle est l'attitude des jeunes à l'égard de Belibi ?

Réfléchir

– Belibi a le goût de l'exagération. Pouvez-vous en relever quelques exemples dans ses propos ?
– Face à la colonisation, l'attitude de Belibi est assez surprenante. Vous paraît-elle représentative du sentiment qu'expriment la plupart des peuples colonisés ?

Pages de roman

Joseph KESSEL (1898-1979)

La production romanesque de Joseph Kessel, écrivain, journaliste, homme d'aventures est inégale. Mais il est l'auteur du *Lion* — un chef-d'œuvre qui mérite de durer autant qu les *Livres de la Jungle*.

Au terme d'un voyage, le narrateur s'arrête dans un parc royal du Kenya, administré pa John Bullit, où les bêtes vivent protégées et totalement libres. Fasciné par Patricia, la fill de John Bullit, qui est l'amie d'un lion, il décide de prolonger son séjour.

Patricia et le lion.

Tant que dura notre marche, Patricia ne fit pas un mouvement, pour ainsi dire, qui ne prît soin de moi. Elle écartait les fourrés, soulevait les arceaux d'épines, m'avertissait des passages difficiles et au besoin me frayait un chemin. La suivant, je contournai une colline, un marécage, gravis un piton, m'enfonçai dans une haute brousse qui semblait impénétrable. Il me fallut souvent avancer sur les genoux, et, de temps à autre, ramper.

Quand la petite fille, enfin, s'arrêta, nous étions dans un ravin au bord duquel poussaient des haies compactes et denses comme des murs. Patricia prêta longuement l'oreille, observa la direction du vent puis me dit de sa voix la plus feutrée :

– Ne bougez pas. Ne respirez plus avant que je ne vous appelle. Faites bien attention. C'est terriblement sérieux.

Elle s'enleva sans effort jusqu'au sommet du ravin et fut comme dévorée par les buissons. J'étais seul au milieu du silence le plus complet qui pèse sur la terre sauvage de l'Afrique aux abords de l'Équateur, quand le soleil a seulement dépassé son zénith et que l'air est nourri, embrasé et terni de sa flamme.

J'étais seul et perdu dans un dédale de jungle sèche, incapable de reconnaître un chemin quel qu'il fût et uniquement relié au monde habitable par une petite fille qui venait de fondre au milieu des épines.

Mais ce n'était pas la peur qui faisait courir le long de mon corps en sueur des frissons brefs et légers à une cadence de plus en plus rapide. Ou plutôt, c'était une peur en marge et au-delà de la peur ordinaire. Le sens du danger ne lui servait pas de source. Je tremblais parce que chaque seconde maintenant me rapprochait d'une rencontre, d'une alliance en dehors de la condition humaine. Car, si mon pressentiment était juste, et je savais maintenant qu'il l'était...

Je tremblais de plus en plus vite. Ma peur croissait d'instant en instant. Mais il n'y avait pas un bonheur au monde que j'aurais accepté d'échanger contre cette peur-là.

Un rire enfantin, haut et clair, ravi, merveilleux, sonna comme un tintement de clochettes dans le silence de la brousse. Et le rire qui lui répondit était plus merveilleux encore. Car c'était bien un rire. Du moins, je ne trouve pas dans mon esprit, ni dans mes sens, un autre mot, une autre impression pour ce grondement énorme et débonnaire, cette rauque, puissante et animale joie.

Cela ne pouvait pas être vrai. Cela tout simplement ne pouvait pas *être*.

A présent, les deux rires – clochettes et rugissements – résonnaient ensemble. Quand ils cessèrent, j'entendis Patricia m'appeler.

Glissant et trébuchant, je gravis la pente, me raccrochai aux arbustes, écartai la haie d'épineux avec des mains lardées[1] de ronces et sur lesquelles le sang perlait.

Au-delà du mur végétal, il y avait un ample espace d'herbes rases. Sur le seuil de cette savane[2], un seul arbre s'élevait. Il n'était pas très haut. Mais de son tronc noueux et trapu partaient, comme les rayons d'une roue, de longues, fortes et denses branches qui formaient un parasol géant. Dans son ombre, la tête tournée de mon côté. un lion était couché sur le flanc. Un lion dans toute la force terrible de l'espèce et dans sa robe superbe. Le flot de la crinière se répandait sur le mufle allongé contre le sol.

Et entre les pattes de devant, énormes, qui jouaient à sortir et à rentrer leurs griffes, je vis Patricia. Son dos était serré contre le poitrail du grand fauve. Son cou se trouvait à portée de la gueule entrouverte. Une de ses mains fourrageait[3] dans la monstrueuse toison.

– King le bien nommé. King, le Roi. Telle fut ma première pensée.

Cela montre combien, en cet instant, j'étais mal gardé par la raison et même par l'instinct.

Le lion releva la tête et gronda. Il m'avait vu. Une étrange torpeur[4] amollissait mes réflexes. Mais sa queue balaya l'air immobile et vint claquer comme une lanière de fouet contre son flanc. Alors je cessai de trembler : la peur vulgaire, la peur misérable avait contracté chacun de mes muscles. J'aperçus enfin, et dans le temps d'une seule clarté intérieure, toute la vérité : Patricia était folle et m'avait donné sa folie. Je ne sais quelle grâce la protégeait peut-être, mais pour moi...

Le lion gronda plus haut, sa queue claqua plus fort. Une voix dépourvue de vibrations, de timbre, de tonalité m'ordonna :

– Pas de mouvement... Pas de crainte... Attendez.

D'une main, Patricia tira violemment sur la crinière, de l'autre, elle se mit à gratter le mufle[5] du fauve entre les yeux. En même temps, elle lui disait en chantonnant un peu :

– Reste tranquille, King. Tu vas rester tranquille. C'est un nouvel ami. Un ami, King, King. Un ami... un ami...

Elle parla d'abord en anglais, puis elle usa de dialectes africains. Mais le mot « King » revenait sans cesse.

La queue menaçante retomba lentement sur le sol. Le grondement mourut peu à peu. Le mufle s'aplatit de nouveau contre l'herbe et, de nouveau, la crinière, un instant dressée, le recouvrit à moitié.

– Faites un pas, me dit la voix insonore.

J'obéis. Le lion demeurait immobile. Mais ses yeux, maintenant, ne me quittaient plus.

– Encore, dit la voix sans résonance.

J'avançai.

De commandement en commandement, de pas en pas, je voyais la distance diminuer d'une façon terrifiante entre le lion et ma propre chair dont il me semblait sentir le poids, le goût, le sang.

A quoi n'eus-je pas recours pour m'aider contre l'éclat jaune de ces yeux fixés sur moi ! Je me dis que les chiens les plus sauvages aiment et écoutent les enfants. Je me souvins d'un dompteur de Bohême qui était devenu mon camarade. Il mettait chaque soir sa tête entre les crocs d'un lion colossal[6]. Et son frère, qui soignait les fauves du cirque, quand, en voyage, il avait trop froid la nuit, il allait dormir entre deux tigres. Et enfin, à portée de secours, veillait Kihoro.

Mais j'avais beau m'entêter à ces images rassurantes, elles perdaient toute valeur et tout sens à mesure que la voix clandestine[7] m'attirait, me tirait vers le grand fauve étendu. Il

---

1. **lardées** : percées de coups → blessées.

2. **savane** : plaine couverte de hautes herbes.

3. **fourrageait** : le mot vient de « fourrage » → couper et entasser du fourrage. Sens figuré : mettre en désordre. (Ici, Patricia promenait sa main – n'importe comment – dans la crinière du lion).

4. **torpeur** : engourdissement.

5. **mufle** : extrémité du museau.

6. **colossal** : énorme, géant (comme un colosse).

7. **clandestin** : qui a lieu en cachette.

m'était impossible de lui désobéir. Cette voix, je le savais en toute certitude, était ma seule chance de vie, la seule force – et si précaire[8], si hasardeuse – qui nous tenait, Patricia, le fauve et moi dans un équilibre enchanté.

8. **précaire** : incertain.

Mais est-ce que cela pouvait durer ? Je venais de faire un pas de plus. A présent, si je tendais le bras, je touchais le lion.

Il ne gronda plus cette fois, mais sa gueule s'ouvrit comme un piège étincelant et il se dressa à demi.

– King ! cria Patricia. Stop, King !

Il me semblait entendre une voix inconnue, tellement celle-ci était chargée de volonté, imprégnée d'assurance, certaine de son pouvoir. Dans le même instant, Patricia asséna[9] de toutes ses forces un coup sur le front de la bête fauve.

9. **asséna** : donna (avec violence).

Le lion tourna la tête vers la petite fille, battit des paupières et s'allongea tranquillement.

– Votre main, vite, me dit Patricia.

Je fis comme elle voulait. Ma paume se trouva posée sur le cou de King, juste au défaut de la crinière.

– Ne bougez plus, dit Patricia.

Elle caressa en silence le mufle entre les deux yeux. Puis elle m'ordonna :

– Maintenant, frottez la nuque.

Je fis comme elle disait.

– Plus vite, plus fort, commanda Patricia.

Le lion tendit un peu le mufle pour me flairer de près, bâilla, ferma les yeux. Patricia laissa retomber sa main. Je continuai à caresser rudement la peau fauve. King ne bougeait pas.

– C'est bien, vous êtes amis, dit Patricia gravement.

Mais aussitôt elle se mit à rire, et l'innocente malice que j'aimais tant la rendit à la gaieté de l'enfance.

– Vous avez eu une grande peur, pas vrai ? me demanda-t-elle.

– La peur est toujours là, dis-je.

Au son de ma voix, le grand lion ouvrit un œil jaune et le fixa sur moi.

– N'arrêtez pas de lui frotter le cou et continuez à parler, vite, me dit Patricia.

Je répétai :

– La peur est toujours là... toujours là... toujours là...

Le lion m'écouta un instant, bâilla, s'étira (je sentis sous ma main les muscles énormes et noueux onduler), croisa ses pattes de devant et demeura immobile.

– Bien, dit Patricia. Maintenant il vous connaît. L'odeur, la peau, la voix... tout. Maintenant on peut s'installer et causer.

Je ralentis peu à peu le mouvement de la main sur le cou du lion, la laissai reposer, la retirai.

– Mettez-vous ici, dit Patricia.

Elle montrait un carré d'herbes sèches, situé à un pas des griffes de King. Je pliai les genoux pouce par pouce, m'appuyai au sol et m'assis enfin aussi lentement que cela me fut possible.

Le lion fit glisser son mufle de mon côté. Ses yeux allèrent une fois, deux fois, trois fois à mes mains, à mes épaules, à mon visage. Il m'étudiait. Alors, avec une stupeur[10] émerveillée, où, instant par instant, se dissipait ma crainte, je vis dans le regard que le grand lion du Kilimandjaro tenait fixé sur moi, je vis passer des expressions qui m'étaient lisibles, qui appartenaient à mon espèce, que je pouvais nommer une à une : la curiosité, la bonhomie, la bienveillance, la générosité du puissant.

10. **stupeur** : immobilité totale provoquée par un sentiment très fort (peur - étonnement...).

– Tout va bien, tout va très bien..., chantonnait Patricia.

Elle ne s'adressait plus à King : sa chanson était la voix de son accord avec le monde. Un monde qui ne connaissait ni barrières ni cloisons. Et ce monde, par l'intermédiaire, l'intercession[11] de Patricia, il devenait aussi le mien. Je découvrais, avec un bonheur où le sentiment de sécurité n'avait plus de place, que j'étais comme

11. **intercession** : intervention - médiation.

exorcisé : libéré d'un uvais sort.

immémorial : dont on a rdu le souvenir → très cien.

exorcisé[12] d'une incompréhension et d'une terreur immémoriales[13]. Et que l'échange, la familiarité qui s'établissaient entre le grand lion et l'homme montraient qu'ils ne relevaient pas chacun d'un règne interdit à l'autre, mais qu'ils se trouvaient placés, côte à côte, sur l'échelle unique et infinie des créatures.

Fasciné et seulement à demi conscient de mes gestes, je me penchai sur le mufle royal et, comme l'avait fait Patricia, j'effleurai du bout des ongles le triangle marron foncé qui séparait les grands yeux d'or. Un frisson léger courut dans la crinière de King. Ses pesantes babines frémirent, s'étirèrent. La gueule s'entrouvrit et les terribles crocs brillèrent doucement.

– Regardez, regardez bien, dit Patricia, il vous sourit.

Comment ne l'aurais-je pas cru ? N'avais-je pas, du ravin, entendu le rire de King ?

– J'ai choisi le meilleur moment pour vous faire rencontrer, dit Patricia. Il a bien mangé, il est repu. (Elle tapota le ventre puissant.) C'est l'heure la plus chaude. Il y a beaucoup d'ombre ici. Il est heureux.

Patricia se glissa entre les pattes de devant, mêla ses cheveux en boule à la toison énorme et dit :

– Vous le voyez, ce n'était pas terrible du tout. Ni difficile.

– A condition d'être avec vous.

A peine avais-je achevé ces mots que tout changea en moi et autour de moi. Je sortis de l'état de transe où m'avaient jeté une peur et une joie poussées à l'extrême et où le miracle n'était que naturel. Et ce fut sous une lumière et dans une perspective plus appropriées à ma condition ordinaire que je perçus soudain le caractère fabuleux de ce qui m'environnait : la savane, du monde isolée ; l'arbre des terres ingrates qui portait des épines pour feuilles ; et, sous le parasol de ses longues branches, le fauve royal, la bête de proie redoutable entre toutes en pleine liberté dans son domaine, à qui je caressais le front. Et tout cela était réel, véritable, contrôlé par les sens et la raison – mais seulement grâce à Patricia. Grâce à la petite fille en salopette grise qui faisait penser à un ver à soie lové[14] contre un poitrail de lion.

lové : enroulé (vient du rbe lover, terme de arine. Lover un câble, est le mettre en cerceaux).

Comment lui exprimer ce qu'exigeaient de moi une tendresse et une reconnaissance qui ne pouvaient ressembler à aucune autre ? Je ne trouvai que le plus banal des moyens. Je dis :

– Est-ce que je peux vous embrasser, Patricia ?

Peut-être la force de mon sentiment avait-elle imprégné ma voix, ou bien Patricia était peu habituée à cette sorte d'effusion, mais il lui vint aux joues cette exquise couleur faite de hâle et de rose qu'elles prenaient en rougissant de plaisir. La petite fille écarta vivement la patte énorme qui la recouvrait et vint me tendre son visage. Il sentait le savon de lavande, l'arôme de la brousse et l'odeur du fauve.

De ses grands yeux d'or, King suivait nos gestes avec une attention soutenue. Quand il vit ma tête se rapprocher de celle de Patricia et ma bouche effleurer sa figure, le mufle du grand lion eut de nouveau ce mouvement que Patricia appelait un sourire. Et quand la petite fille eut repris place entre ses pattes, King lui lécha les cheveux.

– Lui, il m'embrasse souvent, dit Patricia en riant.

– Ainsi, nous étions réunis tous les trois dans l'amitié de l'ombre et de la terre. Je demandai :

– Dites-moi Patricia, dites-moi comment tout ceci a commencé ?

La petite fille saisit soudain à pleines poignées, d'un mouvement presque convulsif, la crinière du lion, attira la tête massive et velue et sembla se mirer dans les yeux d'or.

– Il était si faible, si menu, vous n'avez pas idée, quand Kihoro m'en a fait cadeau, s'écria Patricia.

Elle considéra un instant encore le mufle de King et ses traits puérils prirent l'expression même – incrédule, attendrie, attristée – que l'on voit aux mères lorsque, devant un fils adulte, elles se souviennent du nouveau-né.

– En ce temps, reprit Patricia avec un soupir, Kihoro était déjà borgne, bien sûr, mais le rhinocéros ne l'avait pas encore écrasé contre l'arbre. Et puis, j'étais bien plus petite. Kihoro n'était pas encore tout à fait à moi. Alors, quand mon père faisait des inspections dans les endroits de ce Parc où jamais ne va personne, Kihoro s'en allait avec lui. Et alors, un matin, Kihoro – vous savez, il a pour les bêtes bien meilleur flair que mon père – Kihoro a trouvé au creux d'un fourré un tout petit lionceau – deux jours au plus, dit Kihoro – et tout seul et comme aveugle, et il pleurait.

Patricia frotta une de ses joues contre la crinière de King.

– Mais comment était-il abandonné ? demandai-je.

La petit fille plia un doigt et dit :

– Peut-être que ses parents ont poursuivi un gibier et sont sortis de ce Parc et que dans un endroit où mon père ne peut plus protéger les bêtes, des chasseurs les ont tués.

Elle plia un autre doigt :

– Il se peut, continua-t-elle, que la mère avait trop d'enfants et qu'elle était fatiguée pour s'occuper du plus faible.

La petite fille pressa plus fort sa joue contre la crinière majestueuse :

– Ou tout simplement, elle ne l'aimait pas assez, dit-elle.

Il y avait dans sa voix tout autant de pitié que si le lion énorme avait été encore sans défense ni recours contre les cruautés de la brousse.

– Vous n'avez jamais vu quelque chose d'aussi petit, s'écria Patricia qui s'agitait entre les pattes monumentales. Je vous jure que, alors, King était moins gros que les deux poings de mon père mis ensemble. Et il était tout maigre et tout nu, sans un poil. Et il gémissait de faim, de soif, de peur. Maman disait qu'il était comme un vrai bébé qui vient de naître. Et aussi, elle disait qu'il était trop chétif[15] pour vivre. Mais moi, je n'ai pas voulu qu'il meure.

15. **chétif** : faible.

Alors Patricia me raconta en détails, et avec une nostalgie singulière, comment elle avait soigné, fortifié, sauvé le bébé-lion. Elle avait commencé par le nourrir au biberon, puis elle lui avait donné beaucoup de sucre, elle l'avait habitué au porridge[16]. Il dormait avec elle, contre elle. Elle avait veillé à ce qu'il ne prît jamais froid. Quand il était en sueur, elle l'essuyait. Quand les soirées étaient fraîches, elle le couvrait de ses propres lainages. Quand il était devenu bien gras, bien lisse, Patricia avait donné une fête pour son baptême.

16. **porridge** : bouillie d'avoine très appréciée dans toute l'Angleterre

– C'est moi qui lui ai trouvé son nom, dit la petite fille. Je savais bien, et contre tout le monde, qu'un jour il serait un Roi, un vrai.

Patricia eut de nouveau son étrange soupir maternel, mais elle reprit avec une intonation tout enfantine :

– Vous ne pourriez pas croire comme ça pousse vite un lion. Je commençais juste à savoir bien m'occuper de lui qu'il était déjà aussi grand que moi.

Le visage de la petite fille retrouva d'un seul coup son âge véritable.

– Alors, dit Patricia, alors on s'est mis à jouer. Et King faisait tout ce que je voulais.

Patricia rejeta avec violence la patte qui pouvait d'un seul battement la réduire en pulpe et se dressa tendue, crispée et incroyablement fragile devant le grand fauve à moitié assoupi. Il était facile de deviner sur son visage, saisi tout d'un coup par la fièvre et l'exigence de possession, le dessein qui l'animait. Elle voulait me convaincre et, par là, surtout elle-même – que, dans la plénitude de sa force et de sa magnificence, King lui appartenait tout autant qu'à l'âge où, lionceau abandonné, il ne respirait que par ses soins. Elle cria :

– Il fait encore et toujours ce que je veux. Regardez ! Regardez !

Je ne croyais pas que j'étais capable, en cette journée, d'éprouver une forme nouvelle de l'effroi. Cependant, Patricia sut me l'inspirer. Mais c'est pour elle que je tremblai.

La petite fille, soudain, plia les genoux, sauta aussi haut qu'elle put et se laissa retomber, les pieds réunis, et d'un élan qui redoublait la violence de sa chute, sur le flanc du lion. Elle rebondit contre le sol et recommença plusieurs fois cet assaut. Puis, elle martela le ventre à coups de poings, à coups de tête. Puis elle se jeta sur la crinière, la saisit des deux mains et se mit à secouer en tous sens le mufle terrible. En même temps, elle criait :

– Allons, King ! Réponds, King ! Tu ne me fais pas peur, grande carcasse ! Allons, King ! Debout, King ! On verra bien qui est le plus fort.

Le grand lion roula sur le dos, étendit une patte et ouvrit sa gueule sombre.

« Kihoro ! Kihoro ! pensai-je intensément. Tire ! Tire donc ! Elle va se faire lacérer. »

Mais le rugissement de mort que j'attendais ne vint pas. A sa place résonna cette sorte de rumeur énorme, rauque et joyeuse, cette grondante allégresse qui servait de rire à King. La patte formidable, au lieu de s'abattre sur Patricia et la mettre en pièces, s'approcha d'elle tout doucement, les griffes rentrées, cueillit la petite fille et la coucha par terre avec gentillesse. Patricia chargea de nouveau et King riposta comme il venait de le faire. Mais il avait pris goût au jeu. Il ne se contenta plus d'envelopper de sa patte la taille de Patricia et de la déposer sur le sol. Il la renvoya comme une balle. Chacun de ses coups était un miracle d'élasticité, de mesure et de délicatesse. Il se servait du bout de sa patte ainsi que d'une raquette veloutée et frappait juste assez fort pour faire voler, sans lui infliger la moindre meurtrissure, un corps de petite fille.

Patricia tenta d'échapper à ce fléau mœlleux. En vain. Alors, elle se précipita sur les oreilles du lion, les tira sauvagement, enfonça les pouces dans ses yeux. Et King riait plus fort et secouait la tête et roulait sur Patricia, mais de telle manière qu'il ne risquait jamais de l'écraser sous sa masse. Et la petite fille reparaissait sur l'autre flanc du fauve et tout recommençait.

Enfin, à bout de souffle, en sueur, échevelée, sa salopette grise couverte de poils fauves, d'herbes sèches et de ronces, Patricia arrêta la partie et s'allongea, haletant doucement, près du fauve. Il lui lécha la main et la nuque. Patricia sourit, comblée. King avait montré toute son intelligence et toute sa soumission.

– J'ai eu très peur pour vous, dis-je à voix basse.

– Pour moi !

Elle se redressa sur un coude et me dévisagea, les sourcils rapprochés, les lèvres serrées comme si elle avait subi une insulte.

– Vous pensez que ce lion voudrait me faire mal ? Vous ne croyez pas que je peux tout sur lui ? demanda encore la petite fille.

Ses yeux avaient pris une expression étrange.

– Vous avez tort, dit-elle. Si je le désire, King vous mettra en morceaux tout de suite. On essaie ?

Avant que j'aie pu répondre, Patricia poussa la tête du lion de mon côté, me montra du doigt et sa gorge émit un son à la fois bas, sourd, bref et sifflant. King se dressa d'une seule ondulation musculaire. Je ne l'avais pas encore vu debout. Il me parut colossal. Sa crinière était droite et dure. Sa queue lui battait les flancs avec fureur. Ses yeux n'étaient plus d'or, mais d'un jaune glacé. Ses épaules se ramassèrent. Il allait...

– Non, King, non, dit Patricia.

Elle posa une main sur les narines dilatées par la colère et claqua de la langue plusieurs fois, avec douceur. King retint son élan.

Je devais être très pâle car Patricia, me regardant, se mit à rire avec une malice affectueuse.

– Ça vous apprendra, dit-elle, à ne plus avoir peur pour moi.

Elle massa la nuque du grand lion. Les muscles durcis frémissaient encore.

– Il vaut mieux vous en aller, reprit gaiement Patricia. Maintenant, King sera en méfiance avec vous pour toute la journée. Mais la prochaine fois, il aura oublié.

Patricia m'expliqua le chemin du retour. Je n'avais qu'à gagner le piton. Il était très visible, de l'autre côté du ravin. Ensuite, je n'avais qu'à marcher droit dans la direction du soleil.

Patricia sauta sur le dos de King. Je n'existai plus pour eux.

Joseph KESSEL.
Le Lion, Deuxième partie, chap. II.
Paris, Ed. Gallimard, 1958.

Lire et comprendre

- **Un récit qui pourrait être le script d'un film.**

  – Un découpage très net : combien de séquences comporte ce récit ? Sont-elles de longueur égale ?
  – Des descriptions aussi suggestives que des plans saisis par une caméra : relevez-en une ou deux particulièrement frappantes.
  – Un décor de film à grand spectacle : quels en sont les éléments les plus impressionnants ?
  – Un *flash-back :* l'histoire de King : en quoi vous permet-elle de mieux comprendre les rapports actuels de Patricia avec King ?

- **Temps réel et temps du récit.**
  – Quelle place occupe la description du chemin parcouru par le narrateur pour arriver jusqu'au lion ?
  – Comparer avec le passage consacré à son retour (cinq dernières lignes du texte).
  – Comment expliquez-vous cette différence ?

- **Une expérience à la fois fabuleuse et terrifiante :**
  – Quel sentiment fait-elle naître chez le narrateur ?
  – Un mot revient tout au long du texte, comme un leitmotiv : lequel ?

- **Patricia :**
  a) *une magicienne,* autoritaire et sûre d'elle : relevez dans la séquence de la rencontre les phrases qu'elle adresse au narrateur et à King. Pourquoi sont-elle si courtes ? A quel mode sont les verbes qu'elle emploie ? Pourquoi les mêmes mots sont-ils ainsi répétés ?
  b) *une enfant déjà femme :* relevez dans la séquence du flash-back et la séquence finale, des sentiments, des remarques, des comportements qui font davantage penser à un adulte qu'à un enfant.
  c) ... mais qui reste une *petite fille :* à quels moments ressemble-t-elle tout à fait à une enfant de son âge ?

Comparer

Cette histoire, présentée comme véritable, par Joseph Kessel se déroule au Kenya. Connaissez-vous des exemples d'amitiés étonnantes entre un animal et un être humain, enfant ou adulte ?

ndré MALRAUX (1901-1976)

'*Espoir* est le roman de l'élan lyrique, des dialogues et des confrontations. Les hommes nt enfin trouvé un dénominateur commun : vaincre Franco et le fascisme — et la ossibilité d'organiser un monde selon leur cœur.

n août 1936, au début de la guerre d'Espagne, dans l'ancien champ civil de Madrid, ſagnin, chef de l'escadrille internationale, est contraint d'imposer des épreuves très trictes aux pilotes, volontaires et mercenaires. Il faut être certain que les avions épublicains — très rares — seront parfaitement utilisés.

L'épreuve des pilotes.

L'épreuve des pilotes continuait.

Un volontaire, en chandail malgré la chaleur, s'approcha de Magnin dans le flamboiement tranquille de l'été.

– Capitaine Schreiner.

C'était un petit loup nerveux, au nez pointu et aux yeux durs, ancien commandant en second de l'escadrille Richtofen[1]. Magnin le regardait du haut de ses moustaches avec sympathie.

– Depuis combien de temps n'avez-vous pas piloté ?

– Depuis la guerre.

– Diable ! Il vous faudra combien de temps pour vous remettre en forme ?

– Je crois quelques heures.

Magnin le regarda sans rien dire.

« Je crois quelques heures », répéta Schreiner.

– Vous travailliez dans l'aviation ?

– Non. Aux mines d'Alès.

Schreiner ne regardait pas Magnin, à qui il répondait, mais l'avion d'essai dont les hélices tournaient. Les doigts de sa main droite tremblaient.

– Le mandat est arrivé trop tard, dit-il. Je suis venu jusqu'à Toulouse sur des camions.

Il ferma ses yeux minces, et écouta le moteur. Ses doigts, sans cesser de trembler, vinrent s'accrocher aux côtes de son chandail. La passion qu'avait Magnin des avions était assez forte pour qu'il se sentît lié à cet homme par ce chandail convulsivement trituré. Schreiner, sans rouvrir les yeux, respira l'air frémissant de bruit. Sans doute respire-t-on comme ça en sortant de prison, pensa Magnin. Celui-là pourrait commander (Magnin cherchait ses seconds) : sa voix avait la netteté commune à beaucoup de responsables communistes et aux militaires.

Le premier moniteur, Sibirsky, revenait à travers le champ tremblant de lumière ; le second appela Schreiner, qui partit vers l'avion d'essai, sans hâte, mais les doigts toujours crispés.

Du bar et de la piste, tous les pilotes regardaient.

Plusieurs d'entre eux avaient fait la guerre, et Magnin n'était pas sans inquiétude ; mais en face de cet homme qui avait abattu vingt-deux avions alliés, les mercenaires même, qui suivaient l'avion seconde par seconde, n'éprouvaient plus qu'un sentiment : la rivalité professionnelle.

Près du bar, Scali, Marcelino et Jaime Alvear se passaient des jumelles. Jaime Alvear, qui avait fait ses études en France, avait été affecté comme interprète combattant à l'aviaton internationale. Ce grand peau-rouge noir et bosselé, toujours giflé par ses mèches, était flanqué d'un petit peau-rouge cramoisi, Vegas, dit Saint Antoine, qui, au nom de l'U.G.T.[2], couvrait amicalement les

. **Baron Von Richthofen** : célèbre officier et aviateur llemand (1892-1918). Il nourut dans son avion abattu en 1918. Son escadrille prit aussitôt son om.

2. **l'U.G.T.** (Union Générale des Travailleurs) : syndicat ouvrier de tendance socialiste.

pélicans[3] de cigarettes et de disques de phono. Entre les deux, passait son long nez le basset noir de Jaime, Raplati, qui déjà tournait à la mascotte. Le père de Jaime était historien d'art, comme Scali.

De l'extrémité du champ où Karlitch éprouvait les mitrailleurs, vinrent quelques rafales. L'avion décolla, plus ou moins bien.

– Ce sera difficile avec les volontaires..., dit Sibirsky à Magnin.

Ce dernier savait du reste qu'il ne serait pas aisé de faire contrôler les mercenaires par les volontaires, si ceux-ci leur étaient professionnellement inférieurs.

– Merci de m'avoir fait assez confiance pour me choisir comme moniteur, monsieur Magnin...

Ils firent encore quelques pas sans se regarder : tous deux regardaient en l'air ; là-haut, l'avion volait.

« Vous me connaissez ?

– Je crois... »

Je ne connais rien du tout, pensait Magnin en même temps qu'il parlait, mâchonnant sa moustache gauloise. Il avait de la sympathie pour Sibirsky : malgré les cheveux blonds bouclés et la petite moustache de celui-ci, la tristesse de sa voix faisait croire à l'intelligence ou, tout au moins, à l'expérience. Magnin ne connaissait réellement de lui que sa valeur technique, qui était incontestable.

– Je veux vous dire, monsieur Magnin : ici, on dit que je suis un rouge... Enfin, c'est peut-être utile... Merci... Je voudrais que vous sachiez que je ne suis pas non plus un blanc. Ils ne connaissent pas grand-chose de la vie, tous ces aviateurs, même ceux qui ne sont pas des jeunes gens...

Sibirsky, gêné, regardait ses pieds. Il releva les yeux vers l'avion, le suivit du regard près d'une minute :

– Enfin, il vole, c'est tout ce qu'on peut dire...

Il parlait sans ironie : avec angoisse. Schreiner était un des pilotes les plus âgés ; et il n'y avait pas sur ce champ un seul aviateur qui attendît sans angoisse ce que quarante-six ans – dont dix d'usine – peuvent faire d'un grand pilote.

– Il faut au moins cinq avions pour la Sierra demain, dit Magnin, inquiet.

– Je détestais la vie que je menais chez mon oncle, en Sibérie. J'entendais toujours parler de combats, et je partais pour le lycée... Alors, quand les blancs sont venus, je suis parti avec eux... Ensuite, je suis venu à Paris. Chauffeur, puis mécanicien, puis, de nouveau aviateur. Je suis lieutenant dans l'armée française.

– Je sais. Vous voulez rentrer en Russie, n'est-ce pas ?

Beaucoup de Russes, blancs autrefois, qui servaient en Espagne, le faisaient pour prouver leur loyalisme, espérant regagner ensuite leur pays.

Une nouvelle rafale de mitrailleuse vint de l'extrémité du champ à travers la lumière.

– Oui. Mais pas comme communiste. Comme sans-parti. Je suis ici pour le contrat ; mais même pour le double, je ne serais pas allé chez les autres. Je suis ce que vous appelez un libéral. Karlitch, lui, aimait l'ordre ; il était blanc ; mainteant, nous avons l'ordre et la force chez nous, et il est rouge. Moi ce que j'aime, c'est la démocratie, les États-Unis, la France, l'Angleterre... Seulement, la Russie, c'est mon pays...

Il regarda de nouveau l'avion ; cette fois, pour ne pas rencontrer le regard de Magnin.

– Permettez-moi de vous demander une chose... Je voudrais n'avoir en aucun cas à bombarder des objectifs situés dans une ville. Pour la chasse, je ne suis peut-être plus assez jeune... Mais reconnaissance ou bombardement de front...

– Le bombardement des villes est exclu par le gouvernement espagnol.

3. **les pélicans** : argot de l'aviation. Ce terme désigne, dans une escadrille, le personnel travaillant au sol.

– Parce que, autrefois, j'ai eu mission de bombarder l'état-major – et les bombes sont tombées sur une école...

Magnin n'osa pas demander si l'état-major – et l'école – étaient allemands ou bolcheviks. L'avion de Schreiner prenait son terrain pour atterrir.

– Trop long ! grogna Magnin, les deux mains aux branches de ses lunettes.

– Peut-être va-t-il remettre la sauce...

Schreiner remettait les gaz, en effet, Magnin et Sibirsky cessèrent de marcher, ne quittant plus l'avion du regard : le champ était très grand, et, que le premier atterrissage eût été manqué de cette façon... Magnin avait l'habitude des épreuves : il avait été chef d'une des compagnies françaises d'aviation.

L'avion revint, prit son terrain un peu court ; le pilote tira sur le manche ; l'appareil bondit comme une pierre ricoche, et retomba de tout son poids, brisé.

L'avion d'essai était heureusement inutilisable pour la guerre, pensa Magnin.

Sibirsky courut vers l'avion, revint, Schreiner et le second moniteur derrière lui.

– Excusez-moi, dit Schreiner.

Le ton de sa voix était tel que Magnin ne regarda pas son visage.

– Je vous ai dit : il me faut deux heures... Ni deux heures ni deux jours. J'ai trop travaillé aux mines. Mes réflexes sont perdus.

Sibirsky et le second moniteur s'écartèrent.

– Nous parlerons tout à l'heure, dit Magnin.

– Inutile. Merci. Je ne peux plus *voir* un avion. Faites-moi incorporer aux milices. Je vous prie.

Dans le bruit des rafales de mitrailleuses de plus en plus rapprochées, les miliciens poussaient sur le champ un second avion d'essai : les appareils de tourisme des señoritos...

Schreiner repartait, les yeux dans le vide. Les pilotes s'écartaient de lui comme d'une agonie d'enfant, comme de toutes les catastrophes auprès desquelles les mots humains sont misérables. La guerre unissait les mercenaires aux volontaires dans le romanesque ; mais l'aviation les unissait comme les femmes sont unies dans la maternité. Leclerc et Séruzier avaient cessé de raconter des histoires. Chacun savait qu'il venait d'assister à ce qui serait un jour son propre destin. Et aucun regard n'osait rencontrer celui de l'Allemand – qui les fuyait tous.

Mais un regard était fixé sur Magnin : celui du pilote qui devait succéder à Schreiner, Marcelino.

– Il faut cinq avions demain pour la Sierra, répétait Magnin dans sa moustache.

La mitrailleuse tirait sept balles, dix balles, s'arrêtait. Quand Karlitch, le chef des mitrailleurs, vit venir Magnin, il alla à lui, le salua, l'entraîna à l'écart et, sans avoir dit un mot, tira de sa poche trois balles : les amorces portaient la trace du percuteur, mais les balles n'étaient pas parties :

– Fabrique de Tolède, dit Karlitch montrant de l'ongle la marque.

– Sabotage ?

– Non : mauvaise fabrication. Et pour désenrayer ça en l'air pendant le combat...

Karlitch était arrivé en Angleterre, déchu, humilié, et l'expérience de la misère avait détruit ce qu'il avait cru jusque-là ses convictions. Après plusieurs années à vau-l'eau, lui ancien champion de mitrailleuse de l'armée Wrangel[4], il avait adhéré au « Retour au pays », le mouvement de sympathie pour l'U.R.S.S. qui se développait parmi les émigrés. Peut-être était-il le seul volontaire pour qui l'ennemi fût haïssable par cela seul qu'il était l'ennemi.

. **Wrangel** : général russe 1878-1928), chef de armée blanche en 1920. Il ıtta contre les bolcheviks n Ukraine et en Crimée.

– Les mitrailleuses de terre ? demanda Magnin.Il faut des mitrailleuses pour la Sierra·au plus tôt.

Les miliciens[5] étaient incapables de se servir d'une mitrailleuse quelconque, et surtout de la réparer ; Magnin avait transformé ses meilleurs mitrailleurs en moniteurs, sous la direction de Karlitch. En même temps qu'on enseignait aux mitrailleurs de terre le tir d'avion, on enseignait à des miliciens choisis le tir à la mitrailleuse de terre et le désenrayage. Magnin souhaitait former un corps de motocyclistes mitrailleurs.

5. **les miliciens** : les membres de l'armée républicaine, l'armée du peuple.

– Les miliciens, dit Karlitch, c'est bien. On les a bien choisis. Ils sont disciplinés, ils sont sérieux, ils font attention. Ça, ça va bien. Wurtz, camarade Magnin, ça ne va pas : toujours au Parti, jamais au travail. Pour m'aider, c'est seulement Gardet. Les nôtres, ils connaissent maintenant la mitrailleuse d'avion. Pour leur expérience, je ne peux rien dire, je ne peux pas faire d'exercices en l'air : pas d'essence éthylée pas de mitrailleuse-photo[5*], pas de cibles à remorquer, à peine des balles ; et pas de bonnes. Des cibles, je peux en faire, à la rigueur ; mais de l'essence, je ne peux pas. Ils connaissent le maniement de leur tourelle : dans la tourelle arrière, je ne mettrai que ceux qui viennent de l'aviation, pour qu'ils n'aillent pas tirer dans la queue. L'entraînement, il faudra le faire sur l'ennemi.

Et Karlitch éclata d'un rire aigu, un peu enfantin, sourcils et houppe en l'air et nez joyeux. Il avait retrouvé ses mitrailleuses comme Schreiner eût retrouvé son avion. Scali, qui avait assisté à la fin de l'entretien, commençait à découvrir que la guerre est aussi physiologique.

5*. **Essence éthylée** : essence à base d'alcool. **Mitrailleuse-photo** : mitrailleuse équipée d'un appareil photo qu'on déclenchait en appuyant sur la détente. Chaque photo ainsi obtenue montrait si l'objectif avait été atteint.

⁂

Tous les pilotes révolutionnaires qui avaient abandonné par pacifisme leur entraînement militaire étaient ou à réentraîner ou à éliminer ; mais il ne s'agissait pas d'arrêter Franco l'année prochaine. Magnin ne pouvait compter que sur les anciens pilotes de ligne et sur ceux qui avaient accompli leurs périodes.

Il venait de liquider quelques pilotes de la guerre du Maroc, habitués aux vieux avions et à l'ennemi sans défense, que le retour des premiers blessés poussait à l'élévation de l'esprit : « Vous comprenez, nous, aller nous bagarrer avec ces types-là, qui ne nous ont rien fait, en somme... » Sans pourtant renoncer tout à fait à leurs contrats. En France, tout ça !

Au tour de Dugay, le premier des volontaires qui avait demandé à lui parler en particulier. Il avait cinquante ans, des moustaches blanches plus claires que son visage.

– Faut pas me renvoyer en France, camarade Magnin, disait-il. Croyez-moi : faut pas me renvoyer. J'ai été moniteur pendant la guerre. Je suis trop vieux pour refaire un pilote, bon, ça c'est juste. Faites-moi donner un chiffon et gardez-moi comme aide-mécanicien, comme ce que vous voudrez. Mais avec un zinc. Avec un zinc.

Sembrano arrivait à toutes pédales, agitant le bras droit.

– Dis, Magnin... Il faut un appareil tout de suite pour San Benito... Ils avancent sur Badajoz...

– Euh... alors oui... Tu sais que la chasse est partie. Sans chasse ?

– J'ai reçu l'ordre. Trois appareils, et je n'ai plus que deux Douglas.

– Bon, bon. C'est une colonne motorisée ?

– Oui.

– Bon.

Il téléphona. Sembrano repartit, lèvre inférieure en avant.

– Alors, camarade Magnin, dit Dugay,alors, pour moi ?

– Euh... bon, entendu, vous resterez. Qu'est-ce que j'oublie, voyons ?

Il n'oubliait rien : l'air « débordé » était chez lui une sorte de tic, comme cette phrase même ; mais son action était précise.

Dugay sortit, remplacé par quelques resquilleurs : « brevetés sur des avions de tourisme, ils étaient prêts à s'entraîner ». Après quoi vinrent plusieurs petits bourgeois avares, partis pour toucher une solde de mercenaire et résolus à tirer au flanc ; tout cela, dûment emballé, reprit la direction des Pyrénées.

Jaime entra, Raplati entre ses jambes. Magnin ne l'attendait pas.

– Camarade Magnin, je voudrais vous dire... Je ne viens pas comme traducteur, mais... Enfin voici : l'épreuve de Marcelino, évidemment... Seulement, camarade Magnin, peut-être ne savez-vous pas que Marcelino a fait deux ans de prison sous le fascisme...

Magnin écoutait amicalement ce grand type en combinaison serrée, au front et au menton avançants, au nez très courbe, dont l'amitié, sans prise sur ces traits bosselés et durs, semblait modifier seulement le regard.

– Il était pilote de ligne d'hydravion. Et alors, après la mort de Lauro de Bosis[6], il est allé lancer des tracts sur Milan. Il a été descendu par les avions de Balbo[7], évidemment : il avait un appareil de tourisme. Il a été condamné à six ans, puis il s'est évadé des Lipari[8]. Il n'a pas piloté un avion lourd depuis son procès, ni un avion de chasse depuis son départ de l'armée italienne. Il est... catastrophé. Et je voulais vous dire, camarade Magnin, – tout en n'intervenant nullement dans votre décision, et sans le remettre au pilotage, naturellement, – que, si on pouvait faire quelque chose pour lui, ça... ferait plaisir aux camarades espagnols qui sont ici.

– Ça me ferait plaisir aussi, dit Magnin.

Jaime partit : le capitaine Mercery entrait. Presque cinquante ans lui aussi. Une moustache grise en barre, l'air tanné d'un vieux pirate (complaisamment accentué) et des bottes sur un costume d'employé.

– Eh ! monsieur Magnin, c'est une question de technique, que voulez-vous ? Voilà : la technique...

– Vous rentrez en France ?

Mercery leva les bras au ciel.

– Monsieur Magnin, ma femme était ici le 16. Au congrès de philatélie. Le 20, elle m'a écrit : « Un homme ne peut tolérer l'indignité de ce qui se passe ici. » Une femme, monsieur Magnin ! Une femme ! Mais j'étais déjà parti. Je suis au service de l'Espagne. Dans n'importe quelle fonction : mais au service de l'Espagne. Il faut en finir avec le fascisme : comme je leur ai dit à Noisy-le-Sec, à nos « conservateurs » : ce ne sont pas les momies qui conservent l'Egypte, c'est l'Egypte qui conserve les momies, messieurs !

– Bon, bon... Vous êtes capitaine, voulez-vous que je vous mette à la disposition du ministère de la Guerre ?

– Oui, c'est-à-dire... Je suis capitaine, n'est-ce pas... Je pourrais parfaitement être officier de réserve, mais j'ai refusé de faire les périodes à cause de mes convictions...

On avait dit à Magnin que Mercery avait fait la guerre comme adjudant, qu'il était capitaine *de pompiers.* Magnin avait cru à une blague.

– Oui. Euh... évidemment.

– Mais permettez ! Je sais ce que c'est qu'une tranchée : j'ai fait la guerre.

Sous l'extravagance, la générosité était évidente... Après tout, pensa Magnin, un adjudant sérieux est aussi utile ici qu'un capitaine...

Au tour de Marcelino. Il arrivait en combinaison sans ceinture,

Lauro de Bosis : Adolfo ...uro de Bosis, poète et ...ique italien, (1901-1931), ...éral, il quitta l'Italie dès ...ènement du fascisme. ...ti de France le 3 octobre ...31 il survola Rome pour y ...cer des tracts ...ti-fascistes. Il disparut ... mer sur le chemin du ...our.

Balbo : Italo Balbo, ...réchal italien qui fut un ... piliers du fascisme et ...uverneur de Libye. Il ...urut en 1940.

Lipari : île principale des ... éoliennes qui donne ...uvent son nom à ...nsemble des îles. Elle ...vit à Mussolini de ...gne.

regardant ses pieds avec un air de Cruche cassée. Il leva les yeux tristement.

– La prison, vous savez... pour les réflexes, ça n'est pas bon...

Une rafale de mitrailleuses l'arrêta : Karlitch à l'autre bout du champ.

– Je connaissais bien le bombardement, reprit Marcelino. Ça doit marcher encore.

Quinze jours plus tôt, alors que Magnin, entre l'appel aux volontaires et le recrutement des mercenaires, tentait d'acheter pour le Gouvernement espagnol tout ce qui pouvait être trouvé sur le marché européen, il avait, en rentrant chez lui, – moustache pendante, chapeau en arrière, lunettes embuées, – trouvé ce garçon entre deux portes de son appartement. Tous téléphones sonnant, des visiteurs fébriles inconnus les uns des autres arpentant toutes les pièces, il avait assis Marcelino sur le lit de son petit garçon, le dos tourné à une armoire ouverte, et l'avait oublié. De retour vers deux heures de l'après-midi, il l'avait retrouvé entouré de toutes les marionnettes que le pilote italien avait tirées de l'armoire, et avec lesquelles il se racontait des histoires.

– Si je montais comme bombardier, je pourrais peut-être faire aussi un peu de double commande... Je suis sûr que je retrouverais vite ma forme...

Magnin observait ce visage aux cheveux ondulés de médaille vénitienne, et cette combinaison en sac.

– On fera demain un essai de bombardement avec des bombes en ciment.

Les Douglas[9] de Sembrano et un multiplace de Magnin gagnaient l'extrémité du champ.

Après la chute, en Algérie, des avions militaires italiens armés, plusieurs gouvernements avaient accepté de vendre des avions militaires, – de modèles anciens, désarmés ; mais ces avions qui roulaient vers l'extrémité de la piste ne dureraient pas longtemps contre les Savoia[10] modernes, si les pilotes italiens étaient résolus.

Magnin se tourna vers Schreiner qui venait de remplacer Marcelino. Le silence de celui-ci n'était ni l'entêtement timide du jeune italien, ni la confusion de Dugay c'était un silence d'animal.

– Cam'rade Magnin, j'ai réfléchi. Je vous ai dit : ne plus voir d'avions. Ne plus voir d'avions, ça ne va pas. Mais je suis bon tireur. Ça, je n'ai pas perdu : je sais, à cause des fêtes de village – et du revolver.

Son visage était immobile, mais sa voix suspendue n'était pas sans haine. Il avait fixé sur Magnin ses yeux étroits, la tête enfoncée entre les épaules comme un rapace qui guette. Magnin regardait une auto anarchiste qui passait devant les hangars : c'était la première fois qu'il voyait le drapeau noir.

– Les avions ne veulent plus de moi, bon. Faites-moi entrer dans la défense contre avions.

Encore trois ou quatre rafales.

– Je vous prie, dit Schreiner.

André MALRAUX
L'Espoir
Éd. Gallimard

9. les **Douglas** : avions américains. La compagni Douglas construisit, au cours de la Seconde Guerre mondiale, le célèb Dakota.

10. **Savoia-Marchetti** : avion italien. La compagnie Marchetti, fondée en 1915, fut célèb entre les deux guerres.

Lire et comprendre

- Dans une situation d'urgence, à une heure grave et décisive ;
  – Quels passages nous rappellent le caractère d'urgence ?
  – De quelles difficultés précises Magnin doit-il tenir compte ?

Photo Julien Segnaire.

:e photographie appartient à Julien Segnaire (à gauche, en uniforme, sur la photo), engagé volontaire dans ɔmbat contre le fascisme. Il a lutté, en Espagne, aux côtés d'André Malraux. Ce cliché — nous a-t-il précisé eprésente un groupe de l'escadrille « André Malraux » en décembre 1936, à Torrente, près de Valence, alors elle participait à la bataille de Téruel.

- Un personnage marque de sa présence tout le texte ; aucun portrait n'est tracé de lui, mais :
  - son nom est mentionné 48 fois,
  - il supervise tout (donnez-en quelques exemples),
  - sans cesser de contrôler une seule seconde la situation, il est disponible et fait preuve de sensibilité et de chaleur. Montrez-le.

- **Une succession de personnages :**
  - très divers, ils nous sont tous présentés en une série de courts portraits (par leur *nationalité*, leur *origine*, leurs *qualifications*, leurs *convictions*).

  Faites-en le répertoire sous forme de tableau en indiquant pour chacun les renseignements que l'on apprend.
  - à une seule exception près, ils sont tous solidaires dans la même passion, laquelle ? Observez la première rencontre entre Magnin et Schreiner et celle entre Magnin et Dugay.

- **Malraux, un narrateur extrêmement habile.**

  Il fera de son roman un film.
  - Ici, il nous présente des personnages en action : leur caractère se révèle dans leur manière d'agir et de réagir,
  - à travers les confidences qu'ils font tour à tour à Magnin. Montrez que chacun a une façon de parler bien caractéristique,
  - déjà à la manière d'un cinéaste, il ménage un jeu de va-et-vient entre des indications sur l'action et des « gros plans » sur les personnages principaux. Sur quels portaits s'attarde-t-il le plus longtemps ?

Réfléchir

- **Une magnifique leçon de courage**
  - Dans l'escadrille de Magnin, le courage ne consiste pas forcément à accomplir des exploits spectaculaires.
  - Montrez que ces hommes font preuve d'une humilité remarquable.
  - L'un des héros de « L'Espoir », roman d'où est extrait ce passage, déclare : « le courage aussi est une patrie ». Les pages que vous venez de lire vous semblent-elles correspondre à cette définition ?

Jules VERNE (1828-1905)

Jules Verne orchestre de nouveau, en écrivant *L'île mystérieuse*, le mythe de Robinson. Ai pendant la guerre de Sécession, des Nordistes — Cyrus Smith, ingénieur et savant, Nab, un noir s'est mis librement à son service, Gédéon Spilett, un journaliste, Pencroff, un marin, Harbert, un jeu orphelin de 15 ans et... le chien Top — se sont évadés, en ballon, de Richmond assiégé. Naufragés l'air, ils sont précipités, dans le plus total dénuement, sur une île du Pacifique qu'ils appelleront l Lincoln...

Granite-house.

LE PLAN DE CYRUS SMITH. – LA FAÇADE DE GRANITE-HOUSE.
L'ÉCHELLE DE CORDE. – LES RÊVES DE PENCROFF.
LES HERBES AROMATIQUES. – UNE GARENNE NATURELLE.
DÉRIVATION DES EAUX
POUR LES BESOINS DE LA NOUVELLE DEMEURE.
VUE QUE L'ON A DES FENÊTRES DE GRANITE-HOUSE.

Le lendemain, 22 mai, furent commencés les travaux destinés à l'appropriation spéciale de la nouvelle demeure. Il tardait aux colons, en effet, d'échanger, pour cette vaste et saine retraite, creusée en plein roc, à l'abri des eaux de la mer et du ciel, leur insuffisant abri des Cheminées[1]. Celles-ci ne devaient pas être entièrement abandonnées, cependant, et le projet de l'ingénieur était d'en faire un atelier pour les gros ouvrages.

1. **les cheminées** sont u amas de rochers, leur premier abri — précaire.

Le premier soin de Cyrus Smith fut de reconnaître sur quel point précis se développait la façade de Granite-house. Il se rendit sur la grève, au pied de l'énorme muraille, et, comme le pic, échappé des mains du reporter, avait dû tomber perpendiculairement, il suffisait de retrouver ce pic pour reconnaître l'endroit où le trou avait été percé dans le granit.

Le pic fut facilement retrouvé, et, en effet, un trou s'ouvrait en ligne perpendiculaire au-dessus du point où il s'était fiché dans le sable, à quatre-vingts pieds[2] environ au-dessus de la grève. Quelques pigeons de roche entraient et sortaient déjà par cette étroite ouverture. Il semblait vraiment que ce fût pour eux que l'on eût découvert Granite-house !

2. **un pied** : ancienne mesure équivalant à 33 c

L'intention de l'ingénieur était de diviser la portion droite de la caverne en plusieurs chambres précédées d'un couloir d'entrée, et de l'éclairer au moyen de cinq fenêtres et d'une porte percées sur la façade. Pencroff admettait bien les cinq fenêtres, mais il ne comprenait pas l'utilité de la porte, puisque l'ancien déversoir[3] offrait un escalier naturel, par lequel il serait toujours facile d'avoir accès dans Granite-house.

3. Granite-house, la caverne est l'ancien déversoir d'un lac. Gédé Spilett, avec un pic, a pe le mur antérieur de la caverne qui donne sur la falaise.

« Mon ami, lui répondit Cyrus Smith, s'il nous est facile d'arriver à notre demeure par le déversoir, cela sera également facile à d'autres que nous. Je compte, au contraire, obstruer ce déversoir à son orifice, le boucher hermétiquement, et, s'il le faut même, en dissimuler absolument l'entrée en provoquant, au moyen d'un barrage, un relèvement des eaux du lac.

– Et comment entrerons-nous ? demanda le marin.

– Par une échelle extérieure, répondit Cyrus Smith, une échelle de corde, qui, une fois retirée, rendra impossible l'accès de notre demeure.

– Mais pourquoi tant de précautions ? dit Pencroff. Jusqu'ici les animaux ne nous ont pas semblé être bien redoutables. Quant à être habitée par des indigènes, notre île ne l'est pas !

– En êtes-vous bien sûr, Pencroff ? demanda l'ingénieur, en regardant le marin.

– Nous n'en serons sûrs, évidemment, que lorsque nous l'aurons explorée dans toutes ses parties, répondit Pencroff.

– Oui, dit Cyrus Smith, car nous n'en connaissons encore qu'une petite portion. Mais, en tout cas, si nous n'avons pas d'ennemis au-dedans, ils peuvent venir du dehors, car ce sont de mauvais parages que ces parages du Pacifique. Prenons donc nos précautions contre toute éventualité. »

Cyrus Smith parlait sagement, et, sans faire aucune autre objection, Pencroff se prépara à exécuter ses ordres.

La façade de Granite-house allait donc être éclairée au moyen de cinq fenêtres et d'une porte, desservant ce qui constituait « l'appartement » proprement dit, et au moyen d'une large baie et d'œils-de-bœuf qui permettraient à la lumière d'entrer à profusion dans cette merveilleuse nef qui devait servir de grande salle. Cette façade, située à une hauteur de quatre-vingts pieds au-dessus du sol, était exposée à l'est, et le soleil levant la saluait de ses premiers rayons. Elle se développait sur cette portion de la courtine[4] comprise entre le saillant[5] faisant angle sur l'embouchure de la Mercy, et une ligne perpendiculairement tracée au-dessus de l'entassement de roches qui formaient les Cheminées. Ainsi les mauvais vents, c'est-à-dire ceux du nord-est, ne la frappaient que d'écharpe, car elle était protégée par l'orientation même du saillant. D'ailleurs, et en attendant que les châssis des fenêtres fussent faits, l'ingénieur avait l'intention de clore les ouvertures avec des volets épais, qui ne laisseraient passer ni le vent, ni la pluie, et qu'il pourrait dissimuler au besoin.

courtine : ...ur rectiligne.

le saillant : une avancée ... rochers.

Le premier travail consista donc à évider ces ouvertures. La manœuvre du pic sur cette roche dure eût été trop lente, et on sait que Cyrus Smith était l'homme des grands moyens. Il avait encore une certaine quantité de nitro-glycérine à sa disposition, et il l'employa utilement. L'effet de la substance explosive fut convenablement localisé, et, sous son effort, le granit se défonça aux places mêmes choisies par l'ingénieur. Puis, le pic et la pioche achevèrent le dessin ogival des cinq fenêtres, de la vaste baie, des œils-de-bœuf et de la porte, ils en dégauchirent[6] les encadrements, dont les profils furent assez capricieusement arrêtés, et, quelques jours après le commencement des travaux, Granite-house était largement éclairée par cette lumière du levant qui pénétrait jusque dans ses plus secrètes profondeurs.

dégauchir : aplanir, ...ndre droite la surface ...une pierre.

Suivant le plan arrêté par Cyrus Smith, l'appartement devait être divisé en cinq compartiments prenant vue sur la mer : à droite, une entrée desservie par une porte à laquelle aboutirait l'échelle, puis une première chambre-cuisine, large de trente pieds, une salle à manger, mesurant quarante pieds, une chambre-dortoir, d'égale largeur, et enfin une « chambre d'amis », réclamée par Pencroff, et qui confinait à la grande salle.

Ces chambres, ou plutôt cette suite de chambres, qui formaient l'appartement de Granite-house, ne devaient pas occuper toute la profondeur de la cavité. Elles devaient être desservies par un corridor ménagé entre elles et un long magasin, dans lequel les ustensiles, les provisions, les réserves, trouveraient largement place. Tous les produits recueillis dans l'île, ceux de la flore comme ceux de la faune, seraient là dans des conditions excellentes de conservation, et complètement à l'abri de l'humidité. L'espace ne manquait pas, et chaque objet pourrait être méthodiquement disposé. En outre, les colons avaient encore à leur disposition la petite grotte située au-dessus de la grande caverne, et qui serait comme le grenier de la nouvelle demeure.

Ce plan arrêté, il ne restait plus qu'à le mettre à exécution. Les mineurs redevinrent donc briquetiers ; puis, les briques furent apportées et déposées au pied de Granite-house.

Jusqu'alors Cyrus Smith et ses compagnons n'avaient eu accès dans la caverne que par l'ancien déversoir. Ce mode de communication les obligeait d'abord à monter sur le plateau de Grande-Vue en faisant un détour par la berge de la rivière, à descendre deux cents pieds par le couloir, puis à remonter d'autant quand ils voulaient revenir au plateau. De là, perte de temps et fatigues considérables. Cyrus Smith résolut donc de procéder sans retard à la fabrication d'une solide échelle de corde, qui, une fois relevée, rendrait l'entrée de Granite-house absolument inaccessible.

Cette échelle fut confectionnée avec un soin extrême, et ses montants, formés de fibres du « curry-jonc » tressées au moyen d'un moulinet, avaient la solidité d'un gros câble. Quant aux échelons, ce fut une sorte de cèdre rouge, aux branches légères et résistantes, qui les fournit, et l'appareil fut travaillé de main de maître par Pencroff.

D'autres cordes furent également fabriquées avec des fibres végétales, et une sorte de moufle[7] grossière fut installée à la porte. De cette façon, les briques purent être facilement enlevées jusqu'au niveau de Granite-house. Le transport des matériaux se trouvait ainsi très simplifié, et l'aménagement intérieur proprement dit commença aussitôt. La chaux ne manquait pas, et quelques milliers de briques étaient là, prêtes à être utilisées. On dressa aisément la charpente des cloisons, très rudimentaire d'ailleurs, et, en un temps très court, l'appartement fut divisé en chambres et en magasin, suivant le plan convenu.

7. **moufle** : système de poulies pour monter de lourds fardeaux.

Ces divers travaux se faisaient rapidement, sous la direction de l'ingénieur, qui maniait lui-même le marteau et la truelle. Aucune main-d'œuvre n'était étrangère à Cyrus Smith, qui donnait ainsi l'exemple à des compagnons intelligents et zélés. On travaillait avec confiance, gaiement même, Pencroff ayant toujours le mot pour rire, tantôt charpentier, tantôt cordier, tantôt maçon, et communiquant sa bonne humeur à tout ce petit monde. Sa foi dans l'ingénieur était absolue. Rien n'eût pu la troubler. Il le croyait capable de tout entreprendre et de réussir à tout. La question des vêtements et des chaussures – question grave assurément –, celle de l'éclairage pendant les nuits d'hiver, la mise en valeur des portions fertiles de l'île, la transformation de cette flore sauvage en une flore civilisée, tout lui paraissait facile, Cyrus Smith aidant, et tout se ferait en son temps. Il rêvait de rivières canalisées, facilitant le transport des richesses du sol, d'exploitations de carrières et de mines à entreprendre, de machines propres à toutes pratiques industrielles, de chemins de fer, oui, de chemin de fer ! dont le réseau couvrirait certainement un jour l'île Lincoln.

L'ingénieur laissait dire Pencroff. Il ne rabattait rien des exagérations de ce brave cœur. Il savait combien la confiance est communicative, il souriait même à l'entendre parler, et ne disait rien des inquiétudes que lui inspirait quelquefois l'avenir. En effet, dans cette partie du Pacifique, en dehors du passage des navires, il pouvait craindre de n'être jamais secouru. C'était donc sur eux-mêmes, sur eux seuls, que les colons devaient compter, car la distance de l'île Lincoln à toute autre terre était telle, que se hasarder sur un bateau, de construction nécessairement médiocre, serait chose grave et périlleuse.

« Mais, comme disait le marin, ils dépassaient de cent coudées les Robinson d'autrefois, pour qui tout était miracle à faire. »

Et en effet, ils « savaient », et l'homme qui « sait » réussit là où d'autres végéteraient et périraient inévitablement.

Pendant ces travaux, Harbert se distingua. Il était intelligent et actif, il comprenait vite, exécutait bien, et Cyrus Smith s'attachait de plus en plus à cet enfant. Harbert sentait pour l'ingénieur une vive et respectueuse amitié. Pencroff voyait bien l'étroite sympathie qui se formait entre ces deux êtres, mais il n'en était point jaloux.

Nab était Nab. Il était ce qu'il serait toujours, le courage, le zèle, le dévouement, l'abnégation[8] personnifiée. Il avait en son maître la même foi que Pencroff, mais il la manifestait moins bruyamment. Quand le marin s'enthousiasmait, Nab avait toujours l'air de lui répondre : « Mais rien n'est plus naturel. » Pencroff et lui s'aimaient beaucoup, et n'avaient pas tardé à se tutoyer.

abnégation : sacrifice volontaire de ses intérêts, dévouement.

Quant à Gédéon Spilett, il prenait sa part du travail commun, et n'était pas le plus maladroit, – ce dont s'étonnait toujours un peu le marin. Un « journaliste » habile, non pas seulement à tout comprendre, mais à tout exécuter !

Illustration de Férat, gravée par Barbant.

L'échelle fut définitivement installée le 28 mai. On n'y comptait pas moins de cent échelons sur cette hauteur perpendiculaire de quatre-vingts pieds qu'elle mesurait. Cyrus Smith avait pu, heureusement, la diviser en deux parties, en profitant d'un surplomb de la muraille qui faisait saillie à une quarantaine de pieds au-dessus du sol. Cette saillie, soigneusement nivelée par le pic, devint une sorte de palier auquel on fixa la première échelle, dont le ballant fut ainsi diminué de moitié, et qu'une corde permettait de relever jusqu'au niveau de Granite-house. Quant à la seconde échelle, on l'arrêta aussi bien à son extrémité inférieure, qui reposait sur la saillie, qu'à son extrémité supérieure, rattachée à la porte même. De la sorte, l'ascension devint notablement plus facile. D'ailleurs, Cyrus Smith comptait installer plus tard un ascenseur hydraulique qui éviterait toute fatigue et toute perte de temps aux habitants de Granite-house.

Les colons s'habituèrent promptement à se servir de cette échelle. Ils étaient lestes et adroits, et Pencroff, en sa qualité de marin, habitué à courir sur les enfléchures des haubans[9], put leur donner des leçons. Mais il fallut qu'il en donnât aussi à Top. Le pauvre chien, avec ses quatres pattes, n'était pas bâti pour cet exercice. Mais Pencroff était un maître si zélé, que Top finit par exécuter convenablement ses ascensions, et monta bientôt à l'échelle comme font couramment ses congénères dans les cirques. Si le marin fut fier de son élève, cela ne peut se dire. Mais pourtant, et plus d'une fois, Pencroff le monta sur son dos, ce dont Top ne se plaignit jamais.

9. **les haubans** sont des cordages pour assujetti les mâts et les enfléchur des cordages tendus horizontalement entre le haubans.

On fera observer ici que pendant ces travaux, qui furent cependant activement conduits, car la mauvaise saison approchait, la question alimentaire n'avait point été négligée. Tous les jours, le reporter et Harbert, devenus décidément les pourvoyeurs de la colonie, employaient quelques heures à la chasse. Ils n'exploitaient encore que les bois du Jacamar, sur la gauche de la rivière, car, faute de pont et de canot, la Mercy n'avait pas encore été franchie. Toutes ces immenses forêts auxquelles on avait donné le nom de forêts du Far West n'étaient donc point explorées. On réservait cette importante excursion pour les premiers beaux jours du printemps prochain. Mais les bois du Jacamar étaient suffisamment giboyeux ; kangourous et sangliers y abondaient, et les épieux ferrés, l'arc et les flèches des chasseurs faisaient merveille. De plus, Harbert découvrit, vers l'angle sud-ouest du lagon, une garenne naturelle, sorte de prairie légèrement humide, recouverte de saules et d'herbes aromatiques qui parfumaient l'air, telles que thym, serpolet, basilic, sarriette, toutes espèces odorantes de la famille des labiées, dont les lapins se montrent si friands.

Sur l'observation du reporter, que, puisque la table était servie pour des lapins, il serait étonnant que les lapins fissent défaut, les deux chasseurs explorèrent attentivement cette garenne. En tout cas, elle produisait en abondance des plantes utiles, et un naturaliste aurait eu là l'occasion d'étudier bien des spécimens du règne végétal. Harbert recueillit ainsi une certaine quantité de pousses de basilic, de romarin, de mélisse, de bétoine, etc., qui possèdent des propriétés thérapeutiques[10] diverses, les unes pectorales, astringentes, fébrifuges, les autres anti-spasmodiques ou anti-rhumatismales. Et quand, plus tard, Pencroff demanda à quoi servirait toute cette récolte d'herbes :

10. **thérapeutique** : (du grec thérapeia : soin) ap à soigner, à guérir.

« A nous soigner, répondit le jeune garçon, à nous traiter quand nous serons malades.

– Pourquoi serions-nous malades, puisqu'il n'y a pas de médecins dans l'île ? » répondit très sérieusement Pencroff.

A cela il n'y avait rien à répliquer, mais le jeune garçon n'en fit pas moins sa récolte, qui fut très bien accueillie à Granite-house. D'autant plus qu'à ces plantes médicinales, il put joindre une notable quantité de monardes didymes, qui sont connues dans l'Amérique septentrionale, sous le nom de « thé d'Oswego », et produisent une boisson excellente.

Enfin, ce jour-là, en cherchant bien, les deux chasseurs arrivèrent sur le véritable emplacement de la garenne. Le sol y était perforé comme une écumoire.

« Des terriers ! s'écria Harbert.

– Oui, répondit le reporter, je les vois bien.

– Mais sont-ils habités ?

– C'est la question. »

La question ne tarda pas à être résolue. Presque aussitôt, des centaines de petits animaux, semblables à des lapins, s'enfuirent dans toutes les directions, et avec une telle rapidité, que Top lui-même n'aurait pu les gagner de vitesse. Chasseurs et chien eurent beau courir, ces rongeurs leur échappèrent facilement.

Mais le reporter était bien résolu à ne pas quitter la place avant d'avoir capturé au moins une demi-douzaine de ces quadrupèdes. Il voulait en garnir l'office tout d'abord, quitte à domestiquer ceux que l'on prendrait plus tard. Avec quelques collets tendus à l'orifice des terriers, l'opération ne pouvait manquer de réussir. Mais en ce moment, pas de collets, ni de quoi en fabriquer. Il fallut donc se résigner à visiter chaque gîte, à le fouiller du bâton, à faire, à force de patience, ce qu'on ne pouvait faire autrement.

Enfin, après une heure de fouilles, quatre rongeurs furent pris au gîte. C'étaient des lapins assez semblables à leurs congénères d'Europe et qui sont vulgairement connus sous le nom de « lapins d'Amérique ».

Le produit de la chasse fut donc rapporté à Granite-house, et il figura au repas du soir. Les hôtes de cette garenne n'étaient point à dédaigner, car ils étaient délicieux. Ce fut là une précieuse ressource pour la colonie, et qui semblait devoir être inépuisable.

Le 31 mai, les cloisons étaient achevées. Il ne restait plus qu'à meubler les chambres, ce qui serait l'ouvrage des longs jours d'hiver. Une cheminée fut établie dans la première chambre, qui servait de cuisine. Le tuyau destiné à conduire la fumée au-dehors donna quelque travail aux fumistes improvisés. Il parut plus simple à Cyrus Smith de le fabriquer en terre de brique ; comme il ne fallait pas songer à lui donner issue par le plateau supérieur, on perça un trou dans le granit au-dessus de la fenêtre de ladite cuisine, et c'est à ce trou que le tuyau, obliquement dirigé, aboutit comme celui d'un poêle en tôle. Peut-être, sans doute même, par les grands vents d'est qui battaient directement la façade, la cheminée fumerait, mais ces vents étaient rares, et, d'ailleurs, maître Nab, le cuisinier, n'y regardait pas de si près.

Quand ces aménagements intérieurs eurent été achevés, l'ingénieur s'occupa d'obstruer l'orifice de l'ancien déversoir qui aboutissait au lac, de manière à interdire tout accès par cette voie. Des quartiers de roches furent roulés à l'ouverture et cimentés fortement. Cyrus Smith ne réalisa pas encore le projet qu'il avait formé de noyer cet orifice sous les eaux du lac en les ramenant à leur premier niveau par un barrage. Il se contenta de dissimuler l'obstruction au moyen d'herbes, arbustes ou broussailles, qui furent plantés dans les interstices des roches, et que le printemps prochain devait développer avec exubérance.

Toutefois, il utilisa le déversoir de manière à amener jusqu'à la nouvelle demeure un filet des eaux douces du lac. Une petite saignée, faite au-dessous de leur niveau, produisit ce résultat, et cette dérivation d'une source pure et intarissable donna un rendement de vingt-cinq à trente gallons[11] par jour. L'eau ne devait donc jamais manquer à Granite-house.

1. **un gallon** vaut environ … litres et demi.

Enfin, tout fut terminé, et il était temps, car la mauvaise saison arrivait. D'épais volets permettaient de fermer les fenêtres de la façade, en attendant que l'ingénieur eût eu le temps de fabriquer du verre à vitre.

Gédéon Spilett avait très artistement disposé, dans les saillies du roc, autour des fenêtres, des plantes d'espèces variées, ainsi que de longues herbes flottantes, et, de cette façon, les ouvertures étaient encadrées d'une pittoresque verdure d'un effet charmant.

Les habitants de la solide, saine et sûre demeure, ne pouvaient donc être qu'enchantés de leur ouvrage. Les fenêtres permettaient à leur regard de s'étendre sur un horizon sans limite, que les deux caps Mandibule fermaient au nord et le cap Griffe au sud. Toute la baie de l'Union se développait magnifiquement devant eux. Oui, ces braves colons avaient lieu d'être satisfaits, et Pencroff ne marchandait pas les éloges à ce qu'il appelait humoristiquement « son appartement au cinquième au-dessus de l'entresol ! »

Jules VERNE.
L'île mystérieuse, Première partie, chap. XIX, Paris, Éd. Hetzel et Cie.

Lire et comprendre

- **Au Sommaire :**
Jules Verne a lui-même donné un nom aux différentes parties qui composent ce chapitre.
– Repérez-les au fur et à mesure de votre lecture.
– Occupent-elles dans le texte une place égale ?
– Si vous deviez-faire un découpage du chapitre, serait-il le même que celui de Jules Verne ?

- **Une société en miniature.**
Bien que naufragés et partageant un sort commun sur cette île déserte, ces cinq hommes gardent la place qu'ils avaient dans la société.
– Quels sont les personnages dont le nom figure au sommaire ?
– Pourquoi, à votre avis ?
– Ils conservent également le même mode de relations : observez le jeu du tutoiement et du vouvoiement entre les différents personnages.
– Cinq personnages à la personnalité et à la fonction bien précises ; faites un tableau et précisez pour chacun ce qu'on apprend de son caractère et de son rôle.

Réfléchir

- **Une vision très optimiste du monde**
La lecture de ce chapitre laisse au lecteur un sentiment de satisfaction ; et cela sans doute pour plusieurs raisons :
– l'efficacité des bâtisseurs : les travaux sont exécutés rapidement et sans problèmes. Remarquez à quelle date commencent les travaux. Quand tout est-il prêt ? Pourquoi l'auteur utilise-t-il si fréquemment la forme passive ou le pronom **on** pour décrire la réalisation des travaux ?
– la confiance absolue de chacun en Cyrus Smith, qui symbolise l'intelligence humaine. Relevez dans tout le texte les indications que nous fournit l'auteur sur l'ingénieur.

- **Une vision à la fois idéaliste et en même temps très conservatrice des relations humaines**
Tout le monde s'entend bien, chacun reste à sa place ; les personnages ont des qualités complémentaires mais aussi savent garder leur rang, tous ces hommes s'aiment et s'estiment. Observez ce que l'auteur nous dit des rapports affectifs des différents personnages.

- **Un roman d'aventures instructif.**
Jules Verne, dans ses romans, s'adressait à des enfants et adolescents qu'il voulait instruire tout en les distrayant. Le texte contient une leçon de « bricolage » et une leçon de choses. Relevez-en tous les éléments.

Blaise CENDRARS (1887-1961)

Blaise Cendrars est un écrivain suisse dont le vrai nom est Frédéric Sauser-Hall. Engagé volontaire dans l'armée française, il a le bras droit emporté par un obus en septembre 1915.

L'Or — ouvrage duquel sont tirés les fragments que nous vous citons — est son premier roman, publié en 1925 ; un roman qui, souvent, se fait fable...

Le héros, Johann Auguste Suter, un Suisse, a émigré aux États-Unis ; en 1838 il part de Fort Indépendance pour la Californie qui « n'attire encore l'attention ni de l'Europe, ni des États-Unis. C'est un pays d'une richesse incroyable. » (chap. 9.)

L'or.

– Et où voulez-vous vous établir ? lui demande le gouverneur.
– Dans la vallée du Sacramento, à l'embouchure du Rio de los Americanos.
– Comment appellerez-vous votre ranch ?
– *La Nouvelle-Helvétie.*
– Pourquoi ?
– Je suis Suisse et républicain.
– Bon. Faites ce que vous voulez. Je vous accorde une première concession de dix ans.

20

Suter et sa troupe remontent la vallée du Sacramento.

En tête naviguent trois ex-baleiniers qui sont encore en tenue de marins et qui ont à bord une petite pièce de canon. Puis viennent les cent cinquante Canaques[1] vêtus d'une courte chemise à raies transversales qui leur descend jusqu'aux genoux. Ils se sont fait d'étranges petits chapeaux pointus avec les feuilles des tulipiers. Sur la rive et dans les marais, suivent trente wagons chargés de vivres, de semences, de munitions, une cinquantaine de chevaux, 75 mulets, 5 taureaux, 200 vaches, 5 troupeaux de moutons. L'arrière-garde, à cheval ou en canoë, le rifle[2] en bandoulière, le chapeau de cuir sur l'oreille, est en serre-file et pousse tout le monde dans les mauvais pas.

1. **Canaques** : habitants de la Nouvelle-Calédonie (exactement, ce sont les Mélanésiens qui constituent 47 % de la population de l'archipel).

2. **rifle** : carabine à long canon (on dit « 22 long rifle » parce que le diamètre de son canon est de 22/100 de pouce, soit 5,58 mm).

21

Six semaines plus tard, la vallée offre un spectacle hallucinant. Le feu est passé là, le feu qui a couvé sous la fumée âcre et basse des fougères et des arbrisseaux. Puis le feu a jailli comme une torche, haute, droite, implacable, d'un seul coup. De tous les côtés se dressent maintenant des moignons fumants, l'écorce tordue, les branches éclatées. Les grands solitaires sont encore debout, fendus, roussis par la flamme.

Et l'on travaille.

Les bœufs vont et viennent. Les mulets sont à la charrue. Les semences volent. On n'a même pas le temps d'arracher les souches noircies et les sillons les contournent. Les bêtes à cornes pataugent déjà dans les prairies marécageuses, les moutons sont sur les collines, les chevaux paissent dans un enclos entouré d'épines. Au confluent des deux rivières on élève des terrassements et le ranch s'édifie. Des arbres à peine équarris, des planches de six pouces d'épaisseur entrent dans sa construction. Tout est solide, grand, vaste, conçu pour l'avenir. Les bâtiments s'alignent, granges, magasins, réserves. Les ateliers sont au bord de l'eau ; le village canaque dans une ravine.

Suter s'occupe de tout, dirige tout, surveille l'exécution des travaux jusque dans leurs moindres détails, il est sur tous les chantiers à la fois et n'hésite pas à donner personnellement un coup de main quand un homme fait défaut dans telle ou telle équipe. Des ponts sont jetés, des pistes tracées, des marais désséchés, des étangs creusés, un puits, des abreuvoirs, des canalisations d'eau. Une première palissade protège déjà la ferme ; un fortin est prévu. Des émissaires parcourent les villages indiens, et 250 anciens protégés des Missions sont occupés dans les différents travaux avec leurs femmes et leurs enfants. Tous les trois mois arrivent de nouveaux convois de Canaques et les terres cultivées s'étendent à perte de vue. Une trentaine de Blancs établis dans le pays sont venus se mettre à son service. Ce sont des Mormons. Suter les paie trois piastres par jour.

Et la prospérité ne tarde pas.

4 000 bœufs, 1 200 vaches, 1 500 chevaux et mulets, 12 000 moutons s'égaillent autour de la Nouvelle-Helvétie, à quelques journées de marche à la ronde. Les moissons rapportent du 530 % et les greniers sont pleins à crever.

Dès la fin de la deuxième année, Suter achète aux Russes qui se retirent les belles fermes sur la côte, près de fort Bodega. Il les paie 40. 000 dollars comptant. Il se propose d'y faire de l'élevage en grand et, particulièrement, d'y améliorer la race bovine.

27

Rêverie. Calme. Repos.
C'est la paix.
Non. Non. Non. Non. Non. Non. Non. Non. Non : c'est l'OR !
C'est l'or.
Le rush.
La fièvre de l'or qui s'abat sur le monde.
La grande ruée de 1848, 49, 50, 51 et qui durera quinze ans.
SAN FRANCISCO !

. . . .

31

« Vers le milieu du mois de janvier 1848, M. Marshall de New Jersey, mon charpentier pour la construction de mes moulins, travaillait à ma nouvelle scierie de Coloma, en haut, dans la montagne, à dix-huit heures du fort. Quand la charpente fut dressée, j'envoyai M. Wimmer et famille, plus quelques ouvriers, là-haut ; M. Bennet, d'Oregon, les accompagnait pour s'occuper des attelages et de l'installation mécanique. Mme Wimmer faisait la cuisine pour tout le monde. J'avais encore besoin d'une scierie, car il me manquait des planches pour mon grand moulin à vapeur qui était également en construction, à Brighton, et dont la chaudière et la machinerie venaient d'arriver après dix-huit mois de voyage. Dieu soit béni, jamais je n'aurais cru voir réussir cette entreprise et tous les bœufs vont bien, merci. J'avais également besoin de planches pour la construction d'autres bâtiments et surtout pour établir la clôture du village de Yerba Buena, au fond de la baie, car il y a beaucoup de navires maintenant, et les équipages sont turbulents, maraudeurs, et des bestiaux et beaucoup de marchandises disparaissent on ne sait comment.

« C'était par un après-midi pluvieux. J'étais assis dans ma chambre au fort et j'écrivais une longue lettre à un vieil ami de Lucerne. Tout à coup M. Marshall fit irruption dans ma pièce. Il était trempé. J'étais très surpris de le voir déjà de retour, car je venais justement d'envoyer à Coloma un wagon chargé de vivres et de ferrailles. Il me dit qu'il avait quelque chose de très important à me communiquer, qu'il désirait me le dire tout à fait secrètement et qu'il me priait de le mener dans un endroit isolé, loin de tout indiscret qui pourrait nous surprendre. Nous montâmes à l'étage supérieur, il insista tant que nous nous enfermâmes dans une chambre bien qu'il n'y eût personne d'autre au ranch que le comptable, en bas, dans son bureau. Il lui manquait encore quelque chose, à Marshall, je redescendis, et je crois bien que j'allai lui chercher un verre d'eau, mais en rentrant, j'oubliai de refermer la porte à clef. Marshall venait justement de sortir un bout de chiffon de sa poche et était en train de me montrer une espèce de métal jaunâtre qui y était enveloppé, quand mon comptable pénétra dans la pièce pour me demander un renseignement. Marshall dissimula rapidement le métal dans sa poche. Le comptable s'excusa de nous avoir dérangés et sortit. – « Est-ce que je ne vous avais pas dit de fermer la porte, nom de Dieu ! » criait Marshall. Il était dans tous ses états et j'eus toutes les peines du monde à le calmer et à le convaincre que le comptable était entré pour affaire et non pas pour nous surprendre. Cette fois-ci nous verrouillâmes la porte et poussâmes même une armoire devant. Et Marshall ressortit son métal. Il y avait plusieurs petits grains d'environ 4 onces chacun. Il me raconta qu'il avait dit aux ouvriers que c'était peut-être de l'or, mais tout le monde s'était moqué de lui et l'avait traité d'idiot. J'essayai le métal à l'eau régale[3], puis je lus tout le long article sur « l'or » dans l'*Encyclopedia Americana.* Là-dessus je déclarai à Marshall que son métal était de l'or, de l'or pur.

3. **eau régale** : mélange d'acides chlorydrique et azotique dont on se sert pour dissoudre l'or et le platine.

« Le pauvre garçon était comme fou. Il voulait remonter immédiatement à cheval, repartir pour Coloma. Il me suppliait de l'accompagner dare-dare. Je lui fis remarquer qu'il faisait déjà sombre et lui dis qu'il ferait mieux de passer la nuit au fort. Je lui promis de l'accompagner le lendemain matin ; mais il ne voulut pas entendre raison et partit ventre à terre en me criant « Venez demain, demain de bonne heure ! » Il pleuvait à torrents et il n'avait pas même voulu casser la croûte.

« La nuit tomba d'un seul coup. Je rentrai dans ma chambre. Cette découverte de l'or dans le ruisseau, dans les fondations de ma scierie ne me laissait pas indifférent, non, mais je la prenais comme toutes les bonnes et les mauvaises fortunes de ma vie avec pas mal d'indifférence ; toutefois je ne pus dormir de la nuit, je me représentais les suites terribles et les répercussions fatales que cette découverte pouvait avoir pour moi, mais je n'imaginais tout de même pas la ruine de ma Nouvelle-Helvétie ! Le lendemain matin je distribuai des instructions détaillées à mes nombreuses équipes d'ouvriers et partis, à 7 heures, accompagné de quelques soldats et d'un cow-boy.

« Nous montions la route en lacet qui mène à Coloma, quand nous rencontrâmes à mi-chemin un cheval sans cavalier. Un peu plus haut, Marshall sortit du sous-bois. Il avait été arrêté par l'orage et n'avait pas pu continuer plus avant dans la nuit. Il était transi et mourait de faim. Son exaltation de la veille n'était toutefois pas tombée.

« Nous continuâmes la montée et arrivâmes dans ce fameux Eldorado. Le temps s'était un peu découvert. Dans la soirée nous fîmes un tour sur les rives du canal qui charriait à pleins bords des eaux gonflées par la pluie. Je fis fonctionner les écluses, instantanément il se vida et nous descendîmes alors dans son lit à la recherche de l'or. Nous trouvâmes beaucoup de petites parcelles, et M. Marshall et quelques ouvriers me remirent même des petits grains. Je leur dis que j'en ferais faire une bague aussitôt que cela serait possible en Californie et, en effet, je fis faire cette

Blaise Cendrars a voulu montrer
qu'avec l'or naissent la corruption
et la dégradation des valeurs.
De même dans l'admirable film
de John Huston
Le Trésor de la Sierra Madre,
d'après le roman de B. Traven,
l'or engendre la peur,
la haine et le sommeil de la raison.

Il est un trésor qui ne te paraît point mériter la peine d'un voyage, et qui se trouve être pourtant ce « trésor véritable » pour la recherche de quoi ta vie te semble trop courte. Le trésor étincelant auquel tu songes est exactement à l'opposé de celui-là.

B. Traven

Dobbs (Humphrey Bogart)
pris par la fièvre de l'or
court à sa perte.

bague beaucoup plus tard, en forme de chevalière : à défaut d'armes, j'y fis graver la marque d'édition de mon père, un phénix se consumant, et à l'intérieur de l'anneau il y avait l'inscription suivante :

LE PREMIER OR DÉCOUVERT
EN JANVIER 1848.

Trois crosses d'évêque, la croix bâloise et mon nom : SUTER.

« Le lendemain je visitai Coloma dans toute son étendue, prenant bonne note de sa situation et de son assiette, et remarquant particulièrement les cours d'eau, puis je rassemblai tout mon monde. Je fis comprendre aux hommes qu'il était nécessaire de garder cette découverte secrète pendant cinq ou six semaines encore, le temps de parachever la construction de ma scierie pour laquelle j'avais dépensé 24 000 dollars. Quand j'eus leur parole d'honneur, je redescendis à la maison. J'étais malheureux et ne savais comment me tirer de cette maudite découverte d'or. J'étais sûr qu'une telle affaire ne pouvait rester secrète.

« Et ainsi fut-il. Deux semaines s'étaient à peine écoulées, j'envoyai un Blanc à Coloma avec un chargement de vivres et des outils, quelques jeunes garçons indiens l'accompagnaient. Mme Wimmer lui raconta toute l'histoire et ses enfants lui donnèrent quelques grains d'or. De retour au fort cet homme se rendit immédiatement aux magasins qui se trouvaient en dehors de mon enceinte. Il demanda à Smith une bouteille d'eau-de-vie. Il voulut la payer avec ces grains d'or rapporté de Coloma. Smith lui demanda s'il le prenait pour un dingo. Le charretier l'adressa à moi pour renseignements. Que pouvais-je faire ? Je racontai toute l'histoire à Smith. Son associé, M. Brannan, vint aussitôt me trouver et me poser des tas de questions auxquelles je répondis en lui disant la vérité. Il sortit en courant, sans même refermer la porte. Dans la nuit, Smith et lui chargèrent toutes leurs marchandises sur des wagons, me volèrent des chevaux et partirent en hâte pour Coloma.

« Alors mes ouvriers commencèrent à se sauver.

« Je restai bientôt tout seul au fort avec quelques mécaniciens fidèles et 8 invalides.

« Mes employés mormons me quittèrent plus difficilement ; mais quand la fièvre de l'or les gagna, ils perdirent eux aussi tout scrupule.

« Maintenant c'était sous mes fenêtres un défilé ininterrompu. Tout ce qui pouvait marcher montait de San Francisco et des autres vilayets de la côte. Chacun fermait sa hutte, sa baraque, sa ferme, son établissement et montait au Fort Suter, puis continuait sur Coloma. A Monterey et dans les autres villes du Sud, on crut d'abord à une invention de ma part pour m'attirer de nouveaux colons. Le défilé sur la route s'arrêta quelques jours, puis il reprit de plus belle, ces villes aussi marchaient. Elles se vidaient ; mon pauvre domaine était submergé.

« Mon malheur commençait.

« Mes moulins étaient arrêtés.On me vola jusqu'à la pierre des meules. Mes tanneries étaient désertes. De grandes quantités de cuir en préparation moisissaient dans les cuves. Les peaux brutes se décomposaient. Mes Indiens et mes Canaques se sauvèrent avec leurs enfants. Ils ramassaient tous de l'or qu'ils échangeaient contre de l'eau-de-vie. Mes bergers abandonnèrent les troupeaux, mes planteurs, les plantations, les ouvriers, leur ouvrage. Mes blés pourrissaient sur pied ; personne pour faire la cueillette dans mes vergers ; dans mes étables, mes plus belles vaches laitières beuglaient à la mort. Jusqu'à ma fidèle brigade qui s'enfuit. Que pouvais-je faire ? Les hommes vinrent me trouver, ils me supplièrent de partir avec eux, de monter à Coloma, d'aller chercher de l'or. Dieu, que cela m'était pénible ! Je partis avec eux. Je n'avais plus rien d'autre à faire.

« Je chargeai des marchandises et des vivres sur des wagons, et, accompagné d'un commis, d'une centaine d'Indiens et de 50 Canaques, j'allai établir mon camp de laveur d'or, dans la montagne, sur les rives du torrent qui porte aujourd'hui mon nom.

« Au début cela allait très bien. Mais bientôt, des quantités de gens sans aveu s'abattirent sur nous. Ils établirent des distilleries et firent la connaissance de mes hommes. Je levais mon camp et m'établissais toujours plus haut dans la montagne, j'avais beau faire, cette satanée engeance de distillateurs nous suivait partout et je ne pouvais empêcher mes pauvres Indiens et mes pauvres sauvages des Iles de goûter à une volupté nouvelle. Bientôt mes hommes furent incapables de fournir le moindre travail, ils buvaient et jouaient leur solde ou l'or ramassé, et étaient les trois quarts du temps ivres morts.

« Du sommet de ces montagnes, je voyais tout l'immense pays que j'avais fertilisé livré au pillage et aux incendies. Des coups de feu montaient jusque dans ma solitude et le brouhaha des foules en marche qui venaient de l'ouest. Au fond de la baie, je voyais s'édifier une ville inconnue qui grandissait à vue d'œil et au large, la mer était pleine de vaisseaux.

« Je n'y pus plus tenir.

« Je redescendis au fort. Je licenciai tous ceux qui s'étaient sauvés et qui ne voulaient pas m'accompagner. Je résiliai tous les contrats. Je réglai tous les comptes.

« J'étais ruiné.

Blaise CENDRARS.
L'Or, Paris, Ed. Denoël.

Lire et comprendre

- **Un récit éclaté.**
  - Ce récit est divisé en « séquences » numérotées par l'auteur. Or les cinq séquences sont très différentes par leur longueur, leur ton, leur forme.
  - A quelle personne est fait le récit dans les séquences 20 et 21, dans la séquence 31 ?
  - Ce narrateur se retrouve-t-il dans la séquence 27 ?
  - A votre avis, à quoi correspondent les guillemets qui ouvrent et ferment la séquence 31 ? S'agit-il d'une lettre, d'une page de carnet de bord ?

- **Les séquences 20 et 21. – Chronique d'une conquête pacifique ?**
  - Suter « fertilise » la plaine, se livre à des travaux de pionnier, agriculteur et bâtisseur. Relevez tout ce qui, dans ce récit, contribue à donner une impression de transformation rapide et de prospérité. Y a-t-il beaucoup de verbes ? Pourquoi tant d'énumérations ? La syntaxe est-elle compliquée ? Comparez le bilan chiffré qui termine la séquence 21 avec les chiffres cités dans la séquence 20.
  - Parallèlement à l'impression de miracle, il se dégage de ce passage une impression pénible : relevez tous les détails évoquant la violence, la destruction, l'exploitation de la main-d'œuvre humaine.

- **La séquence 27 :**
  - la typographie correspond-elle à celle d'un paragraphe ordinaire de récit ? A quoi nous fait-elle songer ?
  - quel effet produisent les trois premiers mots, immédiatement après le bilan chiffré de la séquence 21 ?
  - pourquoi n'y a-t-il pas de verbes ? Quels sont les mots en majuscule ?

- **La séquence 31.**
  - *L'apparition de l'or.* Une longue mise en scène pleine de détails précède l'entrée en scène de l'or. On y découvre deux hommes, deux attitudes opposées : Suter et Marshall. Notez l'*agitation* de Marshall et le *calme* de Suter.
  - *La ruée vers l'or.* Du port à Coloma : l'action se déplace. Remarquez l'abondance de verbes. Relevez tous les verbes de mouvement. A quel temps sont-ils ?

Réfléchir

- **Suter :**
  - Un pionnier autoritaire, actif, inhumain.
  - Un colon mégalomane (notez l'épisode de la bague). Il donne son nom à deux lieux ; il fait tout le récit en fonction de *lui.* Relevez, notamment dans la fin, tous les adjectifs possessifs.

- **Un conte symbolique sur la vie.**
  En relisant l'ensemble du texte on y découvre trois grandes étapes : *avant l'or :* le dollar. – *l'or.* – *avec et après l'or :* l'alcool. A supposer que l'on retienne ce découpage, quel pourrait être alors le sens de ce récit ?

Robert SABATIER.

Robert Sabatier a obtenu le prix Goncourt pour *Les allumettes suédoises*. Dans le roman qui lui fait suite, *Trois sucettes à la menthe* (1972), son jeune héros, Olivier, a été adopté par son oncle et sa tante, M. et Mme Desrousseaux, riches industriels qui habitent un bel appartement, au Faubourg St-Martin. Il y découvre un autre monde... et y vit avec ses cousins : Jami, le plus jeune ; et l'aîné, Marceau, un adolescent fantasque qui revient d'un sanatorium.

Naissance d'une amitié.

Parfois, Marceau errait toute une matinée durant dans l'appartement, le pyjama ouvert, les cheveux sur les yeux, les mains pendantes comme des loques au bout des bras, hagard et chiffonné. Il refusait de faire sa toilette et ses joues ombrées d'un duvet brun paraissaient sales.

— Monsieur Marceau, il faudrait vous habiller, disait timidement Blanche, je dois faire votre chambre...

Il répondait grossièrement et ajoutait une explication à l'intention d'Olivier :

— C'est exprès...

Il s'asseyait sur le lit de l'enfant, contemplait ses longues mains blanches, saisissait sa tête et restait immobile, dans un état d'accablement ou de profonde concentration.

— Qu'est-ce que t'as ? finissait par demander Olivier.

— Tais-toi. Je pense.

— Ah ! bon.

Olivier apprenait ses leçons, se répétant un nom de montagne qui lui plaisait : *Gaurisankar*[1], en ajoutant *8.840 mètres.* Après de petits regards de côté, Marceau lui dit d'une voix aux intonations lasses :

— Tu ne penses pas, toi ?

— Si. Des fois.

— Qu'est-ce que tu penses ?

— Des trucs.

Mais Marceau voulait en savoir davantage et torturait l'enfant de questions, du genre : « Qui tu aimes mieux, mon père ou ma mère ? » ajoutant perfidement :

— Que penses-tu d'eux ?

— Y sont gentils. Y font *des sacrifices* pour moi.

— Tu parles !

« Des sacrifices. » Ce mot revenait couramment dans toutes les bouches. La tante disait à ses amis : « Que voulez-vous. Il fallait bien faire quelques *sacrifices...* » Et les bonnes, elles aussi, parlaient des sacrifices occasionnés par Olivier. Alors tout naturellement, il reprenait le mot.

Il arrivait à Marceau de se montrer cruel, de pousser Olivier dans ses retranchements secrets, de l'obliger à faire monter à la surface de lui-même ses peurs, ses obsessions, ses doutes. Il demandait à l'enfant :

— C'est vrai que ta mère avait des amants ?

Et quand Olivier était au bord des larmes, il changeait totalement d'attitude, le serrait contre lui, affirmait son amitié, lui donnait des livres. Un jour, il avait écrit sur un papier cloué au mur : *Je veux vivre pathétiquement !*

Il ouvrait pour Olivier des abîmes métaphysiques :

— Et si la Terre n'existait pas, qu'est-ce qu'il y aurait ?

— Le Soleil, les étoiles...

— Et s'il n'y avait ni soleil, ni étoiles, ni rien ?

— Ben, ben, y aurait rien.

— Et rien, c'est quoi ?

— Ben, disait Olivier, c'est rien. Du tout noir.

— Idiot. Le tout noir, c'est encore quelque chose. Alors ?

1. Gaurisankar : sommet, près de l'Everest dans l'Himalaya.

Olivier fermait les yeux, tentait d'imaginer le vide absolu, la non-existence, et il n'y parvenait pas. Alors, il regardait Marceau avec un air tragique.

— C'est angoissant, non ? disait Marceau.

Olivier réfléchissait encore. Des amas de nuit s'amoncelaient dans sa pensée. Et soudain, la lumière :

— Non, c'est pas angoissant !

— Pourquoi ?

— Parce qu'il y a quelque chose, tiens !

Marceau entrait alors dans une colère violente, traitait Olivier de cancre, de sagouin[2], de résidu, de peau d'hareng, de « triple terrine de gelée d'andouille ». « Marceau est dingue ! » se répétait Olivier en revenant à son Gaurisankar ou mont Everest (8.840 m)[3].

Une autre fois, Marceau arriva, tenant à la main une reliure à feuillets mobiles. Il la posa devant Olivier, sur sa table, et attendit. Comme Olivier ne disait rien, il dit avec une emphase[4] feinte :

— J'écris un roman !

Déjà prêt à l'admiration, Olivier secoua sa main droite à hauteur de menton :

— Ça, alors ! Ça doit être dur.

Avec un geste de modestie, Marceau ajouta :

— Mais j'ai des doutes. Et, plus brusquement : tiens, lis, lis ! Et il repartit dans sa chambre.

Il avait seulement écrit quelques phrases qu'Olivier lut à mi-voix : *Je suis né, comme tout le monde, d'un père et d'une mère. Et pourtant je ne suis pas comme tout le monde. Une question me hante : mon père et ma mère s'aiment-ils ? Si je devais être né d'une union sans amour, il vaudrait mieux que je meure.*

Mais il n'eut pas le temps de poursuivre sa réflexion car Marceau rentra en trombe :

— Tu as lu ?

— Heu... oui.

— Eh bien, il ne fallait pas. Tu es un salaud !

— Mais, tu m'as dit...

— Il ne fallait pas. Tu n'avais qu'à comprendre qu'il ne fallait pas. C'était un secret. Tiens !

Et Olivier reçut un coup de poing en haut du bras. Il poussa un gémissement de douleur et serrant les poings à son tour, il menaça :

— Fais gaffe ! C'est pas parce que t'es plus grand que moi...

— Et il frapperait un malade ! s'exclama Marceau en retournant dans sa chambre. Quel salaud, ce type !

Olivier répéta plusieurs fois pour lui seul une suite vengeresse de mots : dingo, cinglé, loufetingue... et, dégoûté, glissa ses mains dans les poches de son blouson. Il monta sur sa chaise, se regarda dans la glace, bomba le torse et dit :

— Je suis le costaud des Batignolles !

Un jour cependant il est victime d'une injustice et des brutalités de son cousin Marceau : il décide de partir... et va errer dans son ancien quartier, le XVIIIe, Montmartre... Quarante-huit heures après, on le retrouve épuisé, perdu, la faim au ventre.

Mais alors, où se trouvait-il ? Plus haut, c'étaient les gares de l'Est et du Nord, Barbès-Rochechouart, à droite le faubourg, la mairie du Xe arrondissement...

Comme un pigeon voyageur, il était revenu à son point de départ.

Il tricha avec lui-même, se dit qu'il voulait revoir une dernière fois le faubourg Saint-Martin, le Canal, avant de reprendre sa longue marche. Une phrase lui revint, celle qu'avait prononcée l'oncle Henri lors du départ de la rue Labat : *Au faubourg. Et après, au canal !*

Sur le canal, à hauteur du *Café de la Marine*, sur une péniche arrêtée, une grande fille blonde accrochait du linge multicolore. Du quai, Olivier lui cria, les mains en porte-voix :

— Vous avez pas besoin d'un marin ?

2. **sagouin** : ce mot désigne une personne grossière et malpropre.

3. **Everest** : En réalité, le Gaurisankar est un sommet distinct de l'Everest.

4. **emphase** : exagération dans le ton.

Elle crut à une plaisanterie, se mit à rire, ramassa sa bassine et descendit dans la cabine en chantant *Les Goélands.*[5] A un pêcheur à la ligne, Olivier posa la question traditionnelle : « Ça mord ? » et l'homme, engoncé sous un chapeau de paille, ne répondit pas. De l'autre côté du quai, Olivier lut *Papeteries Desrousseaux* et cela le détermina à enfiler la rue Alexandre-Parodi.

Il ne devait pas être loin de midi. On le sentait à l'animation du marché, à l'intensité de la lumière. Au bout de la rue, le faubourg grouillait de monde. Le loueur de voitures à bras, assis sur le bord du trottoir, faisait des mots croisés. Plus loin, à côté du garage, le grand Bédossian dédiait des amabilités à une gamine blonde.

Olivier passa sans rien dire. Il se sentait pétri de lassitude. Il marchait de plus en plus lentement, se sentait sale et abandonné. Arrivé au faubourg, il dut s'appuyer contre un arbre, puis contre une porte d'immeuble. Il attendit, repartit misérablement. A son accablement moral et physique s'ajoutait celui de la chaleur et le bruit lui parut insupportable.

Sa poitrine se soulevait, il respirait avec difficulté, ouvrait la bouche comme un poisson hors de l'eau. Il alla tant bien que mal, les bras ballants, bousculé par les ménagères, ne prenant plus garde à ce qui se passait autour de lui. Il finit par se laisser choir sur un banc qu'il enjamba pour s'affaler contre le dossier, la tête cachée dans son coude. Il était devenu une pauvre chose brisée, maladive, rien du tout.

*

* *

Une heure plus tard, ce fut Marceau qui le découvrit, un Marceau bien changé, celui des bons jours, transformé par le meilleur de lui-même.

En voyant Olivier sur son banc, il poussa un soupir de soulagement, s'assit près de lui et posa sa main, délicatement, sur son épaule. La masse des cheveux blonds bougea, Olivier montra ses yeux rouges, mais se cacha de nouveau dans son coude.

Ils restèrent immobiles, le soleil leur chauffait les épaules. Une vieille qui s'était assise à côté d'eux tricotait un fichu. Un enfant cria à un autre : « C'est toi qui t'y colles ! »

Puis, Marceau répéta : « Olivier, Olivier... », releva la tête de son cousin et la serra contre sa poitrine comme un oiseau blessé. Il lui caressa les cheveux, l'embrassa avec une douceur de mère. En silence, il passa ses doigts sur le visage humide de l'enfant, l'obligea à le regarder en face, lui tapota les joues.

— C'est fini, Olivier, c'est fini. Tout ce qui s'est passé, ça compte pour du beurre, tu sais. Viens, on t'attend à la maison.

Marceau entoura les épaules de son cousin, l'obligea à se lever et le guida en direction de l'immeuble. Puis il le prit par le bras pour le diriger parmi les passants étonnés avant de chercher sa main pour la prendre dans la sienne.

Ils marchèrent ainsi unis. Leurs ombres s'allongeaient sur le trottoir ensoleillé. Arrivés devant le 208 *ter*, Olivier hoqueta[6]. Ils se regardèrent gravement. Les paroles étaient bien inutiles : leurs yeux se racontaient tout et, dans une sarabande[7] de pensées, de regrets, de remords, de pardons, naissait une aurore fraternelle.

— Tu dois avoir faim ? dit Marceau.

— Non, répondit Olivier d'une voix à peine audible[8].

Marceau avait tellement eu peur ! Depuis la veille, il allait de rue en rue à la recherche de son cousin. Rue Labat, il avait trouvé sa trace pour la perdre aussitôt. La fatigue se lisait sur son visage amaigri et ses longues mèches pendantes lui donnaient l'aspect d'un Bonaparte triste.

Devant la cage de l'ascenseur, il s'arrêta en face d'Olivier, lui tint le menton comme à « je te tiens par la barbichette » et finit par prononcer une petite phrase qui ne lui ressemblait guère : « Fais risette, va ! » Il lui arrangea les cheveux et l'enfant tenta de sourire.

Alors, Marceau, pour effacer sa phrase attendrie, et aussi pour ne pas se laisser aller à trop d'émotion, dit :

5. **Les Goélands** : vieille chanson de L. Boyer chantée par Damia.

6. **hoqueta** : être secoué par un hoquet.

7. **sarabande** : danse, défilé.

8. **audible** : qui peut être entendu.

— Ducon la Joie !

Et Olivier, mi-riant, mi-pleurant, se serra contre lui en répondant :

— Du... Du... Duchnoque !

*
* *

Quelques jours plus tard, toute la famille partait à pied, en promenade. C'était le moment des vacances et Paris se vidait. Les Desrousseaux avaient différé[9] les départs de quelques jours et, avant qu'on se séparât pour aller, les parents et Jami à Montrichard, Marceau au sanatorium Sylvana, près de Lausanne, où on le soignerait à la tuberculine, les bonnes en Limousin, et Olivier à Saugues, ils avaient décidé de marcher, d'aller vers les Tuileries.

Le retour d'Olivier n'avait provoqué aucun drame. Marceau, en tirant la corde de l'ascenseur, avait dit à Olivier : « Tu verras, dans les grandes occasions, Victoria est formidable ! » En effet, la tante Victoria s'était contentée d'embrasser Olivier, de le retenir un instant contre elle, de lui ébouriffer les cheveux et de lui dire :

— Tu dois être fatigué, Olivier. Marguerite, tirez-lui donc un bain.

Et l'oncle Henri l'avait serré contre ses longues jambes en lui tapotant amicalement l'épaule sans rien dire. Marguerite, tout en lui savonnant le dos, avait murmuré : « Tu comprends, il fallait que je le dise, tu comprends ? » Oui, il comprenait. Et Marceau, par un brusque retour des choses, ne parlait plus que de la Suisse et des plaisirs de la montagne.

Jamais personne ne demanda à Olivier ce qu'il avait fait durant ces deux jours. Ce n'est que plus tard, par bribes, qu'il apprendrait par quelles angoisses étaient passés les membres de la famille et quelles recherches ils avaient tentées.

En s'arrêtant devant les baraques de la chiffonnière, au coin de la rue du Terrage, là où fleurissait encore un de ses vieux chapeaux, la tante Victoria adressa un signe malicieux à Olivier.

Elle portait un ensemble blanc, tout simple, avec un léger plissé à la jupe, et ses cheveux formaient une grosse natte de jais[10] descendant jusqu'au milieu du dos. Elle tenait légèrement le bras de l'oncle Henri en costume d'alpaga clair avec un canotier posé sur le côté. Marceau en fil-à-fil beige faisait l'élégant et Jami inaugurait avec orgueil son premier costume marin à béret Jean-Bart.

A la hauteur de la gare de l'Est, un chauffeur de taxi apostropha une grosse dame tassée dans une 5 CV Rosengart : « Eh ! Miss France, tu la gares, ta brouette ? » et cela fit sourire.

Avec ses arbres verts, ses terrasses pimpantes, ses joueurs de yo-yo, ses flâneurs, son soleil, Paris prenait un air de fête. Ils marchaient côte à côte, Olivier en costume de golf et en casquette, toujours quelque peu en retrait. Parfois l'enfant se prenait à rêvasser et traînait le pas. Où était-il ? Dans sa rue, à Saugues, dans ses livres ? Nul ne le savait. Alors, l'oncle Henri ou la tante Victoria se retournaient. Marceau disait : « Quel Jean de la Lune ! » et chacun semblait dire, avec fatalisme : « Que veux-tu ! Il est fait comme ça... »

— Olivier ! Olivier !

Il paraissait sortir d'un rêve, son visage s'illuminait d'un sourire plein de bonne volonté, et il courait, courait, pour reprendre sa place parmi les siens.

— Quelle belle journée ! dit l'oncle Henri.

Chacun souriait. Marceau présenta galamment son bras à sa mère et elle y posa légèrement sa main gantée de blanc. Olivier et Jami se firent une petite grimace gentille.

Boulevard de Strasbourg, l'oncle Henri entra dans une confiserie et acheta trois sucettes à la menthe, une pour chacun de *ses* enfants.

Robert SABATIER.
Trois sucettes à la menthe.
Ed. Albin Michel.

9. **différer** : remettre à plus tard.

10. **de jais** : très noire et brillante.

Lire et comprendre

- **La famille Desrousseaux**
Olivier a été adopté par son oncle et sa tante. Quels sont les différents membres de la famille Desrousseaux ? Il s'agit d'une famille bourgeoise. Pouvez-vous relever les indices qui nous renseignent sur leur richesse ?

- **Les relations de Marceau et d'Olivier**
Olivier est souvent la victime de Marceau qui le tyrannise. Que fait celui-ci pour faire souffrir son cousin ?

- **La fugue d'Olivier**
– Où retrouve-t-on Olivier après 48 heures de fugue ?
– Qui le retrouve ?
– La famille lui fait-elle des reproches à cause de sa fugue ?

- **Une fin heureuse**
Comment l'auteur montre-t-il qu'Olivier fait vraiment partie de la famille et qu'il ne reste plus ni le neveu ni le cousin ?

Réfléchir

- **La psychologie des jeunes adolescents.**
– Qu'est-ce qui peut expliquer le comportement de Marceau à l'égard d'Olivier ?
– Pouvez-vous imaginer les causes de la fugue d'Olivier ?

- Lorsque les deux garçons se retrouvent, au lieu de se dire des choses gentilles, ils semblent s'injurier en se traitant de « Ducon-la joie » et de « Duchnoque » (termes familiers et argotiques pour dire *imbécile, idiot*). Pourquoi utilisent-ils ces termes ?

- Après la lecture de ces passages, pouvez-vous expliquer pourquoi R. Sabatier a intitulé son roman « Trois sucettes à la menthe » ?

Au-delà du texte

- A l'aide d'un plan de Paris, cherchez à situer le quartier et les rues où se passent les épisodes du texte que vous venez de lire.

- Les fugues des jeunes sont assez nombreuses et quelquefois dramatiques. A quel âge fait-on des fugues ? Pour quelles raisons en fait-on ?

- Adopter un enfant pose souvent des problèmes. Lesquels ? Quel est votre avis sur l'adoption ?

Jean-Paul SARTRE (1905-1980).

Dans *« Les Mots »*, ouvrage publié en 1964, Jean-Paul Sartre nous conte son enfance et explique comment, à travers les mots — c'est-à-dire les livres, écrits ou lus — il a découvert l'existence.

Ici, il s'agit d'une anecdote plaisante... mais révélatrice de l'atmosphère familiale.

Un enfant prodige qui ne savait pas l'orthographe.

J'étais le premier, l'incomparable dans mon île aérienne ; je tombai au dernier rang quand on me soumit aux règles communes.

Mon grand-père avait décidé de m'inscrire au Lycée Montaigne. Un matin, il m'emmena chez le proviseur et lui vanta mes mérites : je n'avais que le défaut d'être *trop* avancé pour mon âge. Le proviseur donna les mains à tout : on me fit entrer en huitième et je pus croire que j'allais fréquenter les enfants de mon âge. Mais non : après la première dictée, mon grand-père fut convoqué en hâte par l'administration ; il revint enragé, tira de sa serviette un méchant papier couvert de gribouillis, de taches et le jeta sur la table : c'était la copie que j'avais remise. On avait attiré son attention sur l'orthographe — « le lapen çovache ême le ten[1] », — et tenté de lui faire comprendre que ma place était en dixième préparatoire. Devant « lapen çovache » ma mère prit le fou rire ; mon grand-père l'arrêta d'un regard terrible. Il commença par m'accuser de mauvaise volonté et par me gronder pour la première fois de ma vie, puis il déclara qu'on m'avait méconnu ; dès le lendemain, il me retirait du lycée et se brouillait avec le proviseur.

Je n'avais rien compris à cette affaire et mon échec ne m'avait pas affecté : j'étais un enfant prodige qui ne savait pas l'orthographe, voilà tout. Et puis, je retrouvai sans ennui ma solitude : j'aimais mon mal. J'avais perdu, sans même y prendre garde, l'occasion de devenir vrai : on chargea M. Liévin, un instituteur parisien, de me donner des leçons particulières ; il venait presque tous les jours. Mon grand-père m'avait acheté un petit bureau personnel, fait d'un banc et d'un pupitre de bois blanc. Je m'asseyais sur le banc et M. Liévin se promenait en dictant. Il ressemblait à Vincent Auriol et mon grand-père prétendait qu'il était frère Trois-Points[2] ; « quand je lui dis bonjour, nous disait-il avec la répugnance apeurée d'un honnête homme en butte aux avances d'un pédéraste, il trace avec son pouce le triangle maçonnique sur la paume de ma main ». Je le détestais parce qu'il oubliait de me choyer : je crois qu'il me prenait non sans raison pour un enfant retardé. Il disparut, je ne sais plus pourquoi : peut-être s'était-il ouvert à quelqu'un de son opinion sur moi.

Jean-Paul SARTRE.
Les Mots.
Éd. Gallimard.

1. Le lapin sauvage aime le thym.

2. frère Trois-Points : on désigne ainsi un membre de la Franc-Maçonnerie.

Lire et comprendre

- Le premier contact de Sartre avec l'école n'a pas été un succès. Pourquoi ?
- D'après ce passage pouvez-vous situer le milieu social dans lequel Sartre a été élevé ?
- Faites le portrait du grand-père et de son petit-fils et essayez d'imaginer leur relation.

René FALLET (1927-1983).

D'origine bourbonnaise, René Fallet, dont le père était cheminot, est né en 1927 à Villeneuve-Saint-Georges. A 17 ans, il s'engage dans l'armée de la Libération et, à son retour, sur la recommandation de Blaise Cendrars à qui il a envoyé ses premiers poèmes, il entre à la rédaction d'un journal né de la clandestinité. En 1946, à 19 ans, il écrit son premier roman : *Banlieue Sud-Est* — une œuvre forte, dense, poétique, le roman des J3. Par la suite, nombre de succès (*La grande ceinture, Un idiot à Paris, Les vieux de la vieille, La soupe aux choux*...) jalonnent son œuvre orientée vers le populisme et sous laquelle court encore la même veine poétique, toujours « fleur bleue » au fond, mais un peu plus truculente...

Il était un petit navire est un des romans de René Fallet qui nous est particulièrement cher parce qu'il déploie ses voiles sous les yeux de Pierrot, un gamin de onze ans. Et comme le déclare l'admirable Raimu dans *La fille du puisatier*, un film de Marcel Pagnol : « les plus belles choses du monde sont celles qui peuvent être dites devant les petits enfants ! »

Le vrai naufrage du cerf volant...

Victor Ploubaz, chef de train à Villeneuve-Triage, obtient, pour sa maquette de la frégate La Belle Poule, *le premier prix au Salon des cheminots de 1943. Enthousiasmé, le chef de gare, le pétulant Volabruque, lui commande un sloop marconi grandeur nature qu'il décommande 6 mois plus tard... à la suite d'une violente altercation avec Mme Volabruque. Victor Ploubaz décide alors de terminer le bateau pour son propre compte, fortement encouragé par son fils Pierrot qui, fervent lecteur de* L'île au trésor, *rêve de voir son père voguer vers l'île de la Tortue... Pris au jeu et pour ne pas perdre la face devant les copains, Victor Ploubaz promet de voguer dans le sillage évocateur de la vieille flibuste vers l'île, fameuse.*

Après bien des difficultés matérielles, le 13 juillet 1945, une grue de la S.N.C.F. dépose enfin le Cerf Volant *sur le canal et, à quinze jours du départ, fixé au 15 octobre, Victor Ploubaz décide « d'aller profiter d'un petit grain ». Bientôt, pris sur la Seine dans un violent orage, le futur navigateur solitaire est terrorisé mais son honneur d'homme et de père lui interdit désormais de se dérober. Il rentre hébété, et après une nuit d'insomnie, il apprend, au matin, que le* Cerf-Volant *a rompu ses amarres...*

L'équipe[1] se remit en route, écarquillant des yeux de hibou, le souci épinglé à l'estomac. Ils laissèrent le pont derrière eux, fouillèrent de la prunelle les roseaux, les criques, les accotements, redoutant d'y découvrir tout à coup les restes broyés du *Cerf-Volant*. Ils arpentaient la berge sans un mot, Tartinvil et Victor vêtus en cheminot semblant chercher dans les buées du petit matin une locomotive ô combien égarée.

Ils virent apparaître le fantôme d'un pêcheur, un bon vieux englouti dans une canadienne qui eût pu servir de housse à un buffet Henri II, le nez pointant hors d'un passe-montagne noir. Ils l'abordèrent, empressés.

— Oh ! pépère, vous auriez pas vu un bateau blanc, par là ?

— Blanc avec marqué *Cerf-Volant* sur le derrière, précisa Victor.

Le vieux ne l'entendait pas ainsi, la pêche était bonne, il le fit savoir avant toutes choses :

— Pour le chevesne[2], me demandez pas mes trucs, mes garçons, y a pas de trucs. Pour le chevesne, il faut une crue, et du sang. Du sang on en trouve à l'abattoir...

— Mais vous n'avez rien vu ? s'impatienta Tartinvil.

1. Il s'agit des copains de Ploubaz, Tartinvil, Coulibeux, Balloche, Charrue (à qui ses opinions politiques ont valu le surnom de « Staline ») qui sont venus le prévenir.

2. **chevesne** : poisson d'eau douce appelé aussi vandoise.

— Si ! Si ! fit l'autre outré en ouvrant sa musette, j'en ai cinq dont trois qui font bien leurs deux livres.

Ils durent contempler par politesse les poissons bouche bée couchés sur des herbes avant de reprendre en chœur :

— Un bateau blanc ! Il a cassé ses amarres !

L'ancien se moucha, puis bougonna :

— Ah ! oui, c'est vous qui cherchez un bateau. J'en ai bien vu un, mais je vous préviens que c'est pas une barque de pêche. Des bateaux comme ça, j'en ai même jamais vu sur Seine, et pourtant j'y pêche le chevesne depuis quarante ans. Je pêche que le chevesne, moi. On dit que c'est mauvais, mais si vous prélevez seulement les filets, on dirait du saumon. J'ai jamais mangé de saumon, mais mon voisin, M. Sabot que vous devez connaître...

Hors de lui, Coulibeux le secoua :

— On s'en fout ! On s'en fout ! Où il est, ce bateau, nom de Dieu, où il est, ou je vous fais bouffer vos asticots !

Le vieux se dégagea, offensé :

— Je pêche pas à l'asticot, mon petit gars. Je laisse ça aux jeunes. Le sang, y a que ça ! Le sang !

— Va y en avoir, du sang ! hurla Coulibeux.

Le vétéran lut le gérontocide[3] dans les yeux exorbités de son incompréhensif vis-à-vis et lâcha vivement :

— Il est à deux cents mètres en dessous, ce bateau. Mais je vous aurai prévenus, hein, c'est pas une barque de pêche. C'est que faut pas me brusquer, moi. Aux Eparges[4], en 15, je le disais déjà au lieutenant...

Ses agresseurs étaient déjà loin, lancés vers l'aval comme autant de boulets.

Le *Cerf-Volant* était bien là, pitoyable, défraîchi, retenu par les basses branches d'un arbre. Son bordé[5] de bâbord avait souffert d'un choc violent et par une fente du bois éclaté on apercevait la lunette du W.-C. marin. Le jarret flageolant, Victor foudroyé considéra ce voilier increvable qui, une fois réparé, partirait avec lui à la Tortue, mais n'y arriverait jamais. Les piles[6] de pont n'étaient pas charitables. Ses compagnons ravis se méprirent devant cet abattement qu'il ne pensait pas à déguiser.

— Fais pas cette tête-là, Victor, il est pas amoché terrible, ton bateau.

— C'est la barbouille qu'a dérouillé, surtout.

— Faut pas oublier qu'il pourrait être en bouillie. On a eu assez le trac de le voir transformé en cotrets[7].

Victor pantelant murmura :

— C'est pas pour ça...

Coulibeux s'étonna :

— C'est pour quoi, alors ?

Ploubaz se ressaisit et geignit :

— Je pourrai pas partir le 15, voilà tout.

Staline éclata :

— Ah ! là là, ce qu'il peut être pressé. T'as bien attendu cinquante ans pour la voir, la Tortue, tu peux bien attendre encore un mois.

— C'est vrai, ça, appuya Balloche. T'y serais jamais barré à la Tortue, si le sloop était mort, c'est ce qu'il faut se dire. T'es jamais content.

— Si, je suis content, fit Victor lamentable.

— C'est pour ton congé, que tu te fais du mouron ? Volabruque te le fera reculer au premier novembre.

Victor, las, repoussa cette suggestion de Tartinvil :

— T'es fou. Il me faut plus d'un mois pour réparer ça.

— Au premier décembre, alors.

— Pas possible. En décembre, y a la mousson.

Victor la transférait froidement de la mer des Indes à l'Atlantique, mais Coulibeux ne sourcilla pas. Il ajouta, désespéré :

— Si j'avais choisi de me tirer le 15 octobre, c'était pas pour des prunes. Toutes les bonnes conditions étaient réunies. C'est un coup très dur, les amis.

3. gérontocide : néologisme du grec *gerôn, gerontos* : vieillard et du latin *cide*, élément de **caedere** : tuer.

4. Les Eparges : commune de la Meuse, près de Verdun. Lieu de terribles combats pendant la première guerre mondiale.

5. bordé de babord : ensemble des bordages (planches épaisses ou tôles recouvrant la membrure d'un navire) du côté gauche du bateau en tournant le dos à la poupe.

6. les piles : les piliers de maçonnerie soutenant les arches des ponts.

7. cotret : petit fagot de bois court et de grosseur moyenne.

Ils adoptèrent des mines catastrophées, comprenant la douleur de Victor.

— Tu partiras quand, alors ? souffla Tartinvil.

Il y tenait, celui-là, à le voir partir !

— Au début de février, j'espère, grogna Ploubaz que consolait la perspective de passer les réveillons en famille une dernière fois.

Il retirait malgré tout un bénéfice de cette espérance déçue. Il n'aurait, certes, pas la vie sauve, mais gagnait toujours sa douzaine d'huîtres et son sapin de Noël.

— C'est pas de pot, c'est pas de pot, conclut le philosophe Coulibeux. Mais faut pas rester les deux pingots[8] dans la même chaussette. Le *Cerf-Volant,* il y est pas amarré avec des chaînes, dans son arbre. Vous voyez pas que, pendant qu'on pleurniche, il se refasse la valise ?

Ils s'agitèrent en tous sens, Victor le premier, qui avait saisi que vouloir laisser là le sloop sous de divers prétextes ne lui sauverait que deux ou trois jours au maximum. Ils l'auraient amarré si bien, les salauds, que relâcher le *Cerf-Volant* au fil du fleuve aurait été signé d'une main criminelle. Et Victor croyait de bonne foi que le crime se lit comme le nez au milieu de la figure.

— On va pouvoir le remonter au moteur, dit-il, mais vu le courant, faut pas compter grimper dedans à cinq.

— Sûr, approuva Coulibeux. On rentre à pied, nous autres. Vas-y tout seul.

— Ah ! non, protesta Victor craintif, je peux quand même en prendre un avec moi. Tu viens, Ricet ?

Tartinvil le suivit à bord pendant que les autres désempêtraient le voilier des branches avant de l'expédier de toutes leurs forces au large.

Le moteur gloussa et le bateau, après avoir décrit un cercle sur la Seine furieuse, se dirigea lentement vers l'amont. En sa qualité de meilleur ami, Tartinvil tenta d'atténuer le chagrin de Ploubaz :

— Faut pas avoir le bourdon, Victor. Ça te fait perdre gros de temps, cette affaire, je sais bien, mais qu'est-ce que tu y peux ? Rien ! T'iras, va, à la Tortue !

— Oh ! pour y aller, j'irai, gronda Victor sourdement. Personne m'empêchera d'y aller.

— On est tous avec toi, Victor...

— Ça aussi, je le sais, soupira Ploubaz.

À la réflexion, il lui paraissait invraisemblable que son gamin et ses meilleurs copains souhaitassent sa mort avec autant d'enthousiasme, mais c'était ainsi et ils tenaient ferme toutes les issues.

À la file indienne sur la rive, les autres suivaient le bateau qui peinait et crachotait dans sa lutte contre le fleuve. Victor revit le vieux pêcheur de chevesnes. Quel âge avait-il, ce bougre-là ? Soixante-dix ans ? Victor n'y parviendrait jamais, lui, à cet âge ma foi déjà supportable pour casser sa pipe. Au printemps, quand toutes les pommes de terre seraient plantées, il serait mort. Il est vrai qu'il ne périrait pas cet hiver. Il se promit de savourer ce sursis, de profiter des joies encore disponibles. Il coucherait avec Léontine[9] pour commencer. Un homme peut-il décemment trépasser sans avoir trompé un jour son épouse ? Tartinvil le regardait avec les yeux mouillés de tendresse du chien Vermicelle. Il eut envie de lui chuchoter : « Mais toi, Ricet, toi qui m'aimes bien, toi qu'on partageait nos fonds de poches pour se rouler une cigarette quand je fumais encore, toi qu'es mieux qu'un frère vu que mon frère c'était une savate, pourquoi que tu me veux du mal au point de vouloir m'envoyer en paquet recommandé aux requins et aux crabes, pourquoi ? » Mais il se tut. Tartinvil n'avait pas peur, lui. En 1939, il avait même eu la croix de guerre. Il n'aurait pas fallu lui dire deux fois, d'aller crever avec Victor ! Il n'aurait pas admis que son Victor n'aille pas crever tout seul d'un cœur léger. « Tu seras servi », songea Victor, non sans humeur.

8. **pingot** : argotique : pied.

9. **Léontine Fontaine** : la gérante de l'économat des cheminots qui« roule des yeux tendres » à Victor depuis que son projet l'a rendu célèbre à Villeneuve.

— Il en a gros sur la patate, ce pauvre vieux, déclarait Coulibeux. Forcé, il lui manquait pas un bouton de culotte pour lever l'ancre, et le voilà qui doit se remettre au turf.

— Quand même, faut que ça le tienne ! Moi, à sa place, je laisserais tomber.

— Toi, Staline, t'es une entérite[10], répliquait Balloche. Victor, c'est un Jules. On laisse pas glaner deux ans de tapin pour une contrariété.

10. entérite : ici colique (individu très ennuyeux).

— Je suis de ton avis, Balloche, hocha Coulibeux. C'est un marin, Victor, et des marins, moi, j'en ai vu quelques-uns, et des pas pourris.

— Pour ça, faut dire que c'est un zigue dans le genre de Thorez[11], apprécia Staline conciliant.

11. Maurice Thorez (1900-1964) : à l'époque secrétaire général du Parti Communiste.

Le sloop entra derechef dans les eaux calmes du canal. Les voisins en état d'alerte applaudirent à tout rompre le bateau prodigue devenu l'oriflamme du quartier.

Paulette embrassa son mari dès qu'il eut mis pied à terre.

— Comme tu as dû avoir peur, mon Victor.

— Peur, peur, c'est beaucoup dire. J'ai eu la trouille, quoi. Résultat, on passera Noël ensemble.

— Oh ! c'est chic ! s'écria-t-elle réjouie.

Puis elle se dit qu'elle était égoïste et ajouta, compatissante :

— Excuse-moi, ce n'est pas très gentil de ma part.

Il fit tout bas, malheureux :

— Mais si, Paulette, c'est gentil. Tu peux même pas savoir comme c'est gentil.

Il se tourna vers les camarades qui amarraient le sloop comme s'il eût été le *Koh-i-Noor*[12] soi-même et les invita à venir boire chez lui le verre qu'ils avaient sacrément mérité. [...]

12. Koh-i-Noor : diamant célèbre pour son poids et sa beauté.

*
* *

Ne pouvant plus reculer, surtout après une collecte organisée dans Villeneuve, fière de « son unique aventurier », Victor Ploubaz est désespéré. Comme le dit un des vigoureux protagonistes de cette histoire où, tout compte fait, on navigue plus sur le gros rouge que sur la grande bleue : « c'est à se poignarder avec une saucisse ».

. . . .

C'était la fin, cette fois. Elle était arrivée sur la pointe des pieds, jour après jour. Dans une quinzaine, le *Cerf-Volant* lèverait l'ancre pour son piteux destin.

Victor avait déjà quitté son enveloppe terrestre, ne dormait plus, ne mangeait plus, travaillait dans une brume, vivait dans une vapeur, agitait des pensées de fantôme. Ainsi le condamné à mort qui, au travers de ses barreaux, voit le soleil et se souvient que ce soleil était de la fête lorsqu'il avait dit « Je t'aime » à une fille, et compte les jours qui le séparent de la mort du soleil. Les cheveux de Ploubaz blanchissaient dare-dare. Il s'enfermait comme au fond d'une armoire dans un mutisme hargneux. Il n'en sortait que pour aller s'assommer au gros rouge chez Vigouroux[13], ce qui lui arriva jusqu'à trois fois en une semaine. Il fuyait alors les yeux tristes de Paulette qui mettait cela sur le dos de l'impatience et de l'appel du large.

13. le bistrot attitré des cheminots.

À table, un midi, il lâcha tout à trac sur un mode qu'il souhaitait plaisant :

— Dis donc, Pierrot, qu'est-ce que tu dirais si je ne partais pas, si je me dégonflais, par exemple ?

Le gosse rit de cette blague et répondit :

— Un Ploubaz ne se dégonfle jamais, voilà ce que je dirais.

Victor insista :

— Supposons, alors, supposons qu'au dernier moment j'aille crier partout : je reste ici ! J'ai plus envie d'aller à la Tortue !

— Eh bien, mon vieux, pouffa le gosse, j'aurais bonne mine, à l'école ! J'oserais plus me montrer dehors !

— Et qu'est-ce que tu penserais de moi ?

— Pas grand-chose. Je te causerais plus.

Victor hilare lui tapota la joue alors qu'il ressentait en lui l'impérieux besoin de l'étrangler.

Ce fut à cet instant que quelqu'un frappa à la porte et qu'un Tartinvil bouleversé entra dans la cuisine en clamant :

— Victor ! Faut pas partir dans quinze jours, faut pas, c'est impossible !

— Et pourquoi donc ? railla Victor, intéressé malgré tout.

— Parce que ! Tout à l'heure, Volabruque m'a montré une lettre de Dieppe : y a un bateau de pêche qu'a sauté sur une mine. Y reste encore des mines qui se baladent dans la Manche. Tu vois pas que t'en rencontres une ? Je devrais pas dire ça devant vous, Paulette, mais c'est plus fort que moi, faut que t'attendes encore un peu, Victor.

Victor lorgna son fils tendu comme une corde d'arc et bougonna :

— Arrête ton tir, Ricet. Ça va bientôt faire trois ans que j'ai commencé le *Cerf-Volant*. Ma parole, vous voulez me faire barrer à la Tortue quand je sucrerai les fraises, avec une grande barbouse qui trempera dans la flotte. J'en peux plus, moi, j'en peux plus de piétiner et de tourner en rond. Faut que ça se fasse, maintenant, et vite. Je sais encore pas si j'appareillerai pas le lundi au lieu du jeudi, tu vois. Alors, fous-moi la paix avec tes mines, sans ça, après, ça sera un passage de baleines qui m'empêchera, et puis après un vol de mouettes ploubazivores, et puis après, autre chose. Non, mon petit père, je pars !

Lorsque Tartinvil s'en alla, après avoir bu le café, ce fut pour aller répéter partout que Ploubaz était un dur, un héros, et que le moule était cassé, qui produisait de semblables bonshommes.

Timide, Paulette murmura qu'il n'était pas prudent, pour Victor, d'aller se jeter au-devant de ces mines. Son preux[14] de mari éclata plus fort qu'une de ces fameuses mines :

14. **preux** : brave, vaillant dans la langue de la chevalerie.

— Mais, cathédrale de bon Dieu, si j'étais prudent, je resterais dans mon lit, comme tout le monde !

— Et toc ! lança un Pierrot enthousiaste en sautant au cou de son père.

Volabruque freina, sauta de vélo, s'approcha de Ploubaz qui, en congé depuis le 1er, traînait dans les rues de Triage pour ne plus voir le *Cerf-Volant*.

— Mon vieux Ploubaz, ça n'a pas été sans mal une fois de plus, mais ça y est ! Demain matin, la grue chez vous pour remettre le sloop à l'eau.

Victor pâlit un peu puis souffla :

— C'est pas trop tôt. Je vous remercie bien, monsieur Volabruque.

— C'est la moindre des choses. Alors, c'est dans huit jours, le grand départ ?

— Eh oui, monsieur Volabruque, le grand départ !

— Et ça ne vous fait rien ?

— Qu'est-ce que ça me ferait ?

— Je sais pas, moi, un peu d'émotion, un peu d'appréhension, même. Il peut y avoir du danger, en mer.

— Pensez-vous !

— Vous avez raison. S'il fallait s'occuper de tout ça, on resterait chez soi. Alors entendu, Ploubaz, à demain ! Le bateau est vidangé, au moins, qu'on n'aille pas renverser l'essence en le transbahutant.

— Ayez pas peur, monsieur Volabruque.

Il demeura seul au milieu du trottoir. Le sursis expirait. Bientôt, ce serait son tour. Tête basse, frileux, fiévreux, il marcha au hasard des rues, traversa le pont Wilson sans y prendre garde, pénétra à la nuit tombée dans Villeneuve-Saint-Georges. Ses pas incertains le menèrent, sans qu'il y songeât seulement, devant la vitrine éclairée d'un marchand de jouets.

Dans cette vitrine trônait, éclaboussée de lumière, la maquette de *La Belle Poule* vendue depuis longtemps au boutiquier. Il ne l'avait jamais revue. Des larmes rentrées lui brûlèrent les cils. Chère *Belle Poule*! Elle n'avait pas vieilli, elle. Toujours aussi belle, toujours aussi fringante, image gracieuse de ces temps où il tutoyait le bonheur d'être en vie. Ahuri, il ramassa une allumette. Il ne referait pourtant plus de maquette. Jamais plus.

Lorsqu'il rentra, Paulette et les garçons étaient déjà à table. Il grignota du bout des dents, morose. Paulette osa enfin le questionner :

— Qu'est-ce qui ne va pas, Victor ?

Il se détacha de la contemplation stupide du bouton de porte :

— Rien du tout. Tout va pour le mieux.

— On ne le dirait pas.

— Je m'ennuie, quoi. Avant, quand je prenais un jour de congé, je trouvais toujours à m'occuper. Là, j'attends, j'attends. Je ne croyais pas que c'était aussi long de partir.

Il avait failli lâcher « de mourir », s'était repris à temps non sans rougir jusqu'aux deux oreilles. Il ajouta, vite :

— La grue vient demain matin. Moi, je vais me coucher.

Il serra la main de Lucien, qui était un homme, embrassa Pierrot et ils l'entendirent refermer sur lui la porte de sa chambre. Paulette murmura comme pour elle-même :

— C'est fou ce qu'il a changé, en quelques mois.

Pierrot s'anima :

— Evidemment : il mue. Il quitte sa peau de chef de train.

Elle sourit, un peu triste :

— Avant, il l'aimait bien, cette peau-là. C'était la sienne depuis tout le temps.

Le gosse la toisa avec pitié : les mères ne comprenaient donc pas davantage leurs époux que leurs enfants ?

— Faut croire, maman, qu'il devait s'y sentir à l'étroit. Ce qu'il lui faut, à lui, c'est l'espace, l'horizon, la mer, le vent. C'est un sacré type, papa. Pas vrai, Lulu ?

— Sûr, fit l'aîné qui retirait auprès des filles quelque considération, en tant que fils de Napoléon.

Comme d'habitude, Victor ne dormait pas et pensait, les yeux grands ouverts dans le noir. Etait-ce ainsi que l'on vivait, dans les cercueils ? Il n'aurait d'ailleurs pas de cercueil, lui. Les vagues le rouleraient, les bêtes le mangeraient. Les chiens, on leur creuse un trou. On ne creuse pas de trou dans l'eau. Ploubaz n'aurait ni messe ni cortège, ni chevaux ni couronnes, aucune de ces fanfreluches[15] qui sont la coquetterie des morts.

15. fanfreluche : ornement de peu de valeur.

Comme à peu près chaque nuit, il sentit couler des pleurs tièdes sur ses joues. Parfois, pourtant, il se disait qu'un miracle se produirait, qu'il arriverait malgré tout à la Tortue. Il existait des récits de navigations farfelues qui n'avaient pas tué leur homme. Lorsqu'il s'agrippait des dix ongles à cette bouée, il revivait en frissonnant la scène de la péniche. Il s'égarerait sur la route des paquebots et l'un d'eux le fracasserait comme un éléphant pulvérise un œuf. Lorsqu'il s'assoupissait, cette vision l'illuminait et il se dressait, plus enduit de sueur que d'huile un baigneur de Noël.

Il dissimula son visage, car Paulette entrait dans la chambre, se déshabillait.

Lorsqu'elle fut à ses côtés, il s'appliqua à respirer régulièrement pour lui faire croire qu'il dormait. Il savait qu'elle le guettait, qu'elle retenait, elle, sa respiration. C'est alors qu'il vit, mâchoires ouvertes, un requin fondre sur lui. Il ne put réprimer un soupir et Paulette parla :

— Qu'est-ce qu'il y a, Victor ?

— Rien.

— Si, il y a quelque chose.

— Mais non, dors.

— Dis-le-moi, à moi.

— Je n'ai rien à dire.

— Si, Victor. Je te connais, moi. Et je t'aime bien. Je suis la seule à t'aimer pour ce que tu as toujours été, un brave homme de petit cheminot. Je ne t'ai jamais poussé, moi, à jouer les zigotos sur la mer. Dis-moi ce que tu as, mon Victor.

Elle le tenait entre ses bras chauds et Ploubaz mollissait, sentait qu'il n'avait pas le droit de faiblir, puis faiblissait quand même. Elle soupçonna qu'il fléchissait, se fit pressante, chuchotant :

— Qu'est-ce que tu as, Victor ? Qu'est-ce que tu as, Victor ?

Il résista encore :

— Non, Paulette, j'ai honte.

— De quoi ?

— Non, je ne veux pas le dire, laisse-moi.

— Honte de quoi ?

Il sombra et souffla, épouvanté :

— J'ai peur.

Il en fut bizarrement soulagé, cela ressemblait à un abcès qui perce, répugnant et voluptueux à la fois. Il entendit Paulette dire, calme, tout près de son oreille :

— Tu as peur de partir ?

— Oui.

— Ne pars pas. Je ne t'en voudrais pas, moi, bien au contraire. Je serais la plus heureuse de toutes si tu restais.

Il répondit, étourdi par cette complicité :

— Faut que je parte, Paulette, pour les autres, pour Pierrot. Ils me mépriseraient, eux. Toi, tu m'aimes, mais eux ils ne comprendraient pas, ils diraient partout que je suis un minable. Et Pierrot, tu l'as écouté, l'autre jour, il pourrait plus me regarder en face. Je suis forcé, t'entends, forcé de partir. Et je n'en reviendrai pas, j'en suis sûr.

Elle le serrait très fort, silencieuse. Son cœur battait et couvrait le tic-tac du réveille-matin. Il se pelotonna contre elle, vaincu, et elle était tiède et tendre comme une maman de petit garçon. Elle lui caressait les cheveux.

— Je te dégoûte, hein, Paulette ?

— C'est pas vrai, mon Victor. Tu es drôlement courageux de m'avoir dit ça.

— Tu te moques de moi ?

— Non. C'est plus courageux que de partir comme un bœuf à l'abattoir. Tu crois qu'il est si courageux que ça, le bœuf ? Dors, Victor, dors. Ça va s'arranger.

Il geignit :

— Comment veux-tu que ça s'arrange ? Demain, la grue sera là. Même pas le bon Dieu pourrait m'en tirer, du pétrin. J'ai plus qu'à mourir en beauté, je te dis, avec le grand pavois[16] au-dessus de la tête.

— Il faut dormir, Victor.

— Je peux pas.

— Si. Rappelle-toi quand tu avais mal aux dents, tu finissais toujours par t'endormir dans mon bras. Tu me disais : « Défends-moi, Paulette », et je te défendais.

Il était bien, elle le couvait, il s'engourdissait de douceur. Elle le berçait comme un gros bébé et il culbutait lentement, épuisé, béat, dans le néant. C'était Paulette, à présent, qui gardait les yeux grands ouverts dans le noir. Enfin, il coula et ronfla. Paulette le repoussa avec mille précautions et se leva.

. . . .

Des coups de poings s'abattirent sur les volets et la voix de Tartinvil retentit, affolée :

— Victor ! Victor !

Ploubaz se dressa, ahuri. Paulette fit la lumière.

— Réveille-toi, nom de Dieu, le bateau brûle ! T'entends, le batcau brûlc !

Victor hurla :

— Quoi ?

— Viens vite, vite, vite !

16. **grand pavois** : ensemble des pavillons (drapeaux) que l'on hisse sur un navire comme signal de réjouissance.

17. le voisin de Ploubaz, un agent de police.

Ils l'entendirent parler à quelqu'un :

— C'est vous, Ravasson[17] ? Prenez un seau, vite, vite ! Attendez, je vais plutôt brancher le tuyau sur la pompe !

Victor cria en enfilant ses pantoufles :

— J'arrive !

Il traversa en courant la salle à manger où les enfants éveillés en sursaut étaient droits sur leur lit, hébétés. Il ouvrit la porte et battit des paupières, aveuglé.

Le *Cerf-Volant* flambait comme un journal, fantastique étendard de feu dans la nuit. Il craquait, pétillait, jetant des flammes si hautes tout au long de son mât que la lune en reculait dans le ciel.

Tartinvil l'arrosait, dérisoire, avec le tuyau qui, jadis, arrosait les légumes. Victor arracha des mains d'un Ravasson en chemise de nuit bleu pâle le seau plein d'eau, projeta la gerbe sur la coque transformée en brasier. Il emplit encore le seau, le vida dix, vingt, trente fois dans ce tourbillon d'étincelles où se devinait à peine la forme du sloop.

— Il va rien en rester, rien, gueula-t-il, étouffé par les ardeurs de cette fournaise.

La corne des pompiers hulula au loin. Staline en pyjama arrivait sur son vélo, s'étalait sur les graviers du chemin par excès de précipitation.

Comme freinait à mort la voiture des pompiers devant le pavillon, le mât du *Cerf-Volant* se fendit, crépita, pirouetta sur lui-même et s'abattit, rompu en plusieurs tronçons, dans la nappe de feu. Un éclaboussement de brandons fit sauter les assistants en arrière. Livides sous les phosphorescences rouges, Staline, Tartinvil et Ravasson entouraient un Victor qu'avait frappé la foudre. Il entendit, tout près de lui, Pierrot sangloter.

Les lances des pompiers entrecroisaient leurs jets et l'eau, sur le sinistre, faisait un bruit de rames de papier qu'on déchire.

— Mon bateau, bredouilla Victor.

Ils ne disaient rien. Coulibeux et Balloche s'étaient joints au groupe pétrifié.

Coulibeux souffla à Ravasson :

— Surveillez Ploubaz. Il peut devenir fou.

Paulette prit Victor par la main.

Ploubaz ne bougeait pas et songeait vaguement à la guerre, où l'on tue pour ne pas être tué.

La terrible lueur décrut peu à peu et, bientôt, seuls les deux phares de l'auto des pompiers éclairèrent le désastre où luisaient des tisons. Les restes noircis du *Cerf-Volant* fumaient. Il avait brûlé comme un tas de copeaux.

Les camarades atterrés respectaient l'écrasant silence de Victor.

Balloche souffla enfin pour Tartinvil :

— Comment que ça a pu se faire, à ton avis ?

— Je sais pas. Une escarbille, des fois, tombée d'une cheminée. Y a toujours des vapeurs d'essence, dans un cockpit[18].

18. **cockpit** : creux dans le pont d'un bateau à voiles.

— Moi, ce soir, intervint Ravasson, j'ai vu passer un rôdeur. Même que j'ai dit à ma femme : Simone, sur le chemin, je viens de voir un lascar qu'a pas l'air très catholique.

On haussa discrètement les épaules. Ils connaissaient tous le dada de l'agent de police qui voyait chaque soir au moins un rôdeur rôder dans le quartier, et cela depuis des années.

— Ça, grinça Staline bouleversé, ça, c'est signé. C'est un coup des factieux[19].

19. **les factieux** : ici, agitateurs d'extrême-droite.

Mme Tartinvil se pencha sur Pierrot qui gémissait tout contre elle.

— Tais-toi, Pierrot, tais-toi. Ça sera à toi, plus tard, de consoler ton père qui a tant de chagrin.

Victor effondré considérait toujours les cendres de son œuvre. La voiture des pompiers tournait dans le chemin. Tartinvil et Coulibeux arrachèrent leur ami à sa funeste songerie :

— Viens, Victor. Faut pas te laisser aller, faut pas.

Ils l'escortèrent avec les délicatesses que l'on met à manier un somnambule, l'amenèrent dans sa cuisine, le firent asseoir.

— Donnez-lui un coup de rhum, Paulette, sans vous commander.

Ils en burent tous un demi-verre. Ils arboraient tous la mine de circonstances que l'on adopte pour veiller un défunt.

— Vous avez pas une cigarette ? murmura enfin Ploubaz.

Ils mirent tous la main à leur poche. Coulibeux fut le plus prompt, alluma la gauloise de Ploubaz. C'était la première depuis des mois et des mois.

Victor, abasourdi, savourait avec la fumée un délicieux goût de fruit sur ses lèvres, le goût de la vie. Il revoyait flamber le *Cerf-Volant* et tout autour de lui répétait que le sloop avait bien flambé. Il était innocent. Il l'aimait encore, le beau sloop marconi, mais de loin, de très loin, comme l'on dit : Superbe ! d'un tigre mort. Il soupira tout bas :

— J'en recommencerai un autre.

Ils ne comprirent pas et s'approchèrent. Tartinvil posa sa main sur le bras du malheureux :

— Qu'est-ce que t'as dit, Victor ? On a pas entendu.

Victor bredouilla :

— Je la verrai jamais, les gars, la Tortue. Jamais. C'est ça que j'avais dit.

. . . .

— Y a des mecs, comme ça, qu'ont pas de veine. Ils ont beau faire, ils ont pas de veine, affirma Staline en commandant de l'œil une chopine à Vigouroux.

— Staline a raison, fit Balloche. Victor, il a pas de veine, y a pas à dire.

— Parce que, trancha Coulibeux, parce que faut pas croire. Moi qui connais les bateaux et les marins, moi qu'ai navigué sur à peu près toutes les mers du globe, moi, je suis bien placé pour vous le dire : le père Victor, vous m'écoutez bien, le père Victor, comme il avait goupillé son affaire, il y arrivait comme une fleur, à la Tortue. Comme une fleur, dans un fauteuil et les doigts dans le nez ! C'est un spécialiste qui vous le dit. La Tortue, c'est pas dur, c'est comme s'il en était déjà revenu !

— Pauvre vieux Victor, grogna Balloche au bord des larmes, il a pas eu de veine.

— Balloche a raison, conclut Staline, on le répètera jamais assez, mais il a pas eu de pot, Victor.

Cette année-là, Victor Ploubaz récolta les plus belles, les plus grosses pommes de terre de Villeneuve-Triage. Au salon des Cheminots, un septième prix récompensa la maquette du sloop marconi le *Cerf-Volant* du chef de train Ploubaz Victor.

Thionne-Paris, 1961.

René FALLET,
Il était un petit navire
Éd. Denoël

L'île au trésor de R.L. Stevenson a fait rêver beaucoup de jeunes et aussi des moins jeunes comme ce cheminot (employé des chemins de fer) Victor Ploubaz, le « héros » du roman de R. Fallet. Comme vous avez pu le constater en lisant les extraits l'auteur utilise beaucoup de mots et de tournures populaires et argotiques. En voici les équivalents en français courant.

ligne 36 *on s'en fout :* on ne veut pas le savoir
ligne 37 *bouffer :* manger
ligne 58 *amoché terrible :* très abîmé
ligne 60 *c'est la barbouille qui a dérouillé :* c'est la peinture qui a souffert
ligne 67 *se barrer :* partir
ligne 77 *se faire du mouron :* se faire du souci

ligne 85	*pour des prunes :* pour rien
ligne 98	*le pot :* la chance
ligne 103	*se faire la valise :* partir
ligne 122	*avoir le bourdon :* être triste
ligne 147	*une savate :* quelqu'un qui est mou, sans personnalité
ligne 155	*en avoir gros sur la patate :* en avoir gros sur le cœur, être triste
ligne 157	*se remettre au turf :* se remettre au travail
ligne 161	*un jules :* quelqu'un de bien, de courageux
ligne 166	*un zigue :* quelqu'un
ligne 173	*avoir la trouille :* avoir très peur
	le gros rouge : le vin rouge ordinaire
	la grande bleue : la mer
ligne 202	*se dégonfler :* renoncer à faire quelque chose
ligne 229	*sucrer les fraises :* être vieux
ligne 229	*la barbouse :* la barbe
ligne 230	*la flotte :* l'eau
ligne 233	*fous-moi la paix :* laisse-moi tranquille
ligne 345	*jouer les zigotos :* faire les imbéciles
ligne 384	*le pétrin :* une situation difficile
ligne 457	*un lascar qu'a pas l'air très catholique :* quelqu'un qui a l'air suspect
ligne 503	*goupiller une affaire :* préparer soigneusement une affaire

Lire et comprendre

- **Le bateau perdu et retrouvé**

Victor et ses amis partent à la recherche du Cerf-Volant.
– le vieux pêcheur répond-il aux questions qu'on lui pose ?
– Est-ce qu'il les aide beaucoup ?
– Le bateau est-il très abîmé ?
– Combien de temps faudra-t-il à Victor pour le réparer ?
– Est-ce qu'il est content de ne pas pouvoir partir avant Noël ?

- **Les états d'âme de Victor**

Il a peur de partir
– Que fait-il pour calmer cette peur ?
– Pourquoi se sent-il obligé de partir ?
La veille de la mise à l'eau du bateau, Victor n'arrive pas à dormir ; depuis longtemps d'ailleurs il ne dort plus.
– Quelle confidence fait-il à sa femme Paulette ?
– Quelle est sa réaction ?

- **La fin du rêve ou la fin du cauchemar**

Au cours de cette nuit, Victor est réveillé brusquement par un de ses amis qui lui annonce que son bateau est en train de brûler.
– Comment cherche-t-il à éteindre l'incendie ?
– Etait-il possible de l'eteindre ?
– Comment les amis cherchent-ils à consoler Victor ?
– Est-ce qu'il construit un nouveau bateau ?

Réfléchir

- **Le destin de Victor**

– Est-ce qu'il a choisi lui-même de se lancer dans cette aventure ? Pourquoi a-t-il joué le jeu jusqu'au bout ? Par qui a-t-il été sauvé ?
– Pensez-vous que c'est une fin tragique ou heureuse pour Victor ?

Au-delà du texte

– Avez-vous déjà accompli ou connaissez-vous des gens qui ont accompli des actes extravagants à la suite d'un défi ou d'un pari ?
– Vous êtes correspondant d'un journal régional et vous rédigez un petit article d'une dizaine de lignes pour raconter l'histoire de Victor Ploubaz et de son bateau.

Georges SIMENON

Georges Simenon, né le 13 février 1903 à Liège, a exercé, après des études secondaires, divers petits métiers avant d'entrer comme modeste reporter à *La Gazette de Liège*. Ce métier le passionne et lui révèle les décors, les milieux et les caractères qui enrichissent le terreau où mûrit son œuvre à venir. En 1929, au moment où il crée le personnage du commissaire Maigret dont la célébrité amplifiée par le cinéma allait faire le tour du monde, il a déjà écrit, sous divers pseudonymes, plus de mille nouvelles et deux cents romans policiers.

Le cycle de Maigret qui s'étend sur une centaine de romans ne doit pas faire oublier que Georges Simenon a aussi composé, de 1930 à 1970, une œuvre romanesque particulièrement abondante, nourrie de ses nombreux voyages sur tous les continents*, souvent admirable, tout autant capitale (*La Marie du port, L'ainé des Ferchaux, Le chat, Trois chambres à Manhattan, Le Président* etc...) et dans laquelle il tend à montrer que « le métier d'homme est difficile »...

Les larmes de bougie.

Ce fut une des rares affaires qui eût pu être résolue sur plans et documents, par déduction et par les méthodes de police scientifiques. D'ailleurs, quand Maigret quitta le Quai des Orfèvres, il savait tout, *jusqu'aux tonneaux inclus.*

Il s'attendait à faire un bref voyage dans l'espace et il fit un voyage éreintant dans le temps. À cent kilomètres de Paris à peine, à Vitry-aux-Loges, déjà il descendait d'un petit train saugrenu[1] comme on n'en voit plus que sur les images d'Epinal et quand il parla de taxi on le regarda sévèrement, en croyant qu'il plaisantait. Il faillit faire le reste de la route dans la carriole du boulanger mais, à la dernière minute, il put décider le boucher à le conduire dans sa camionnette.

1. **saugrenu** : bizarre et un peu ridicule.

— Vous allez souvent là-bas ? demanda le commissaire en parlant du petit village où l'appelait son enquête.

— Deux fois par semaine... Grâce à vous, ça va leur faire une tournée de boucher supplémentaire...

Maigret était pourtant né à quarante kilomètres de là, sur les bords de la Loire ; il ne s'était pas attendu à trouver à la forêt d'Orléans un visage aussi tragique.

Car on était en pleine forêt. La camionnette parcourait une dizaine de kilomètres entre deux hautes futaies[2] avant d'atteindre un village planté au milieu d'une clairière.

2. **haute futaie** : forêt où les arbres sont parvenus à toute leur hauteur.

— C'est ici ?

— Le hameau suivant...

Il ne pleuvait pas, mais la forêt était humide, le ciel d'un blanc écrasant à force de crudité. Les arbres avaient perdu presque toutes leurs feuilles qui commençaient à pourrir tandis que des craquements s'entendaient de-ci de-là, et parfois un coup de feu lointain.

— On chasse beaucoup ?

— Ce doit être M. le duc...

Et voilà que dans une clairière plus petite que les précédentes, une trentaine de bicoques sans étage se pressaient autour d'une église au clocher pointu. Pas une de ces maisons, sans doute, qui eût moins d'un siècle et les toits d'ardoises noires en soulignaient encore le caractère rébarbatif[3].

3. **rébarbatif** : rude et rebutant.

— Vous m'arrêterez en face de chez les sœurs Potru...

— J'ai deviné. C'est devant l'église...

* Avant la guerre, il accomplira pour le journal *Paris Soir* de nombreux et importants reportages.

Maigret descendit tandis que le boucher, un peu plus loin, ouvrait le panneau arrière de sa voiture et attirait quelques commères qui ne se décidaient pas à acheter de la viande en dehors des jours consacrés.

Maigret avait tellement étudié le plan établi par les premiers enquêteurs qu'il aurait pu se diriger les yeux fermés dans la maison.

Et c'était presque cela qu'il fallait faire tant les pièces étaient sombres. C'était bien un voyage dans le temps que le commissaire effectuait en pénétrant dans la boutique qui semblait défier le siècle.

La lumière y était aussi parcimonieusement[4] distribuée que sur les toiles des vieux maîtres et les meubles, les murs avaient cette même couleur brune des tableaux anciens, avec des embruns, des taches grisâtres dans le clair-obscur et soudain un reflet sur un bocal ou sur du cuivre.

Depuis soixante-cinq ans, depuis qu'elles étaient nées, les demoiselles Potru (l'aînée du moins, car la seconde n'avait que soixante-deux ans), habitaient cette maison que leurs parents avaient toujours habitée avant elles.

Rien ne devait avoir changé, ni le comptoir avec sa balance et ses boîtes de bonbons, ni le rayon de mercerie, ni celui d'épicerie qui répandait une fade odeur de cannelle[5] et de chicorée, ni le carré de zinc sur lequel on servait à boire.

Dans un coin, un baril de pétrole près d'un baril plus petit contenant de l'huile comestible. Au fond, deux tables, une autre à gauche, des tables longues, vernies par le temps, flanquées de bancs sans dossier.

Une porte s'ouvrit, à gauche. Une femme de trente-deux ou trente-trois ans, qui tenait un bébé sur le bras, regarda Maigret.

— Qu'est-ce que c'est ?

— Ne vous occupez pas de moi... Je viens pour l'enquête... Vous êtes sans doute une voisine ?

Et elle, dont le ventre saillait sous le tablier, de répondre :

— Je suis Marie Lacore, la femme du forgeron...

Ce fut en apercevant une lampe à pétrole suspendue au plafond que Maigret s'avisa que le hameau n'avait pas l'électricité[6].

* * *

La seconde pièce, où il pénétra sans y être invité, était tellement obscure qu'on était heureux d'y trouver les flammes de deux bûches. C'est à cette lueur que Maigret aperçut un vaste lit aux nombreux matelas, à l'édredon rouge gonflé comme un ballon et, dans ce lit, une vieille femme immobile, un visage raide et blafard[7] dont les yeux seuls paraissaient doués de vie.

— Elle ne parle toujours pas ? demanda Maigret à Marie Lacore.

Celle-ci fit signe que non et le commissaire haussa les épaules, s'assit sur une chaise à fond de paille et sortit des documents de ses poches.

L'événement en lui-même, qui avait eu lieu cinq jours plus tôt, n'avait rien de sensationnel. Les sœurs Potru, qui vivaient seules dans la bicoque, passaient pour avoir des économies. Elles étaient même propriétaires de trois autres maisons du village et avaient une solide réputation d'avarice.

La nuit du vendredi au samedi, des voisins croyaient bien avoir entendu du bruit, mais ils ne s'étaient pas inquiétés. Le samedi au petit jour, un paysan voyait en passant la fenêtre de la chambre grande ouverte, s'approchait et appelait au secours.

Près de la fenêtre, Amélie Potru, en tenue de nuit, baignait dans une mare de sang. Sur le lit, la face tournée vers le mur, sa sœur Marguerite était morte, la poitrine transpercée de trois

4. parcimonieusement : avec parcimonie c'est-à-dire avec un sens de l'économie minutieuse qui confine à l'avarice.

5. la cannelle : écorce du cannelier qui constitue un condiment très odorant utilisé en cuisine.

6. la nouvelle a été rédigée en mai 1938.

7. blafard : d'une teinte pâle et sans éclat, terreux.

coups de couteau, la joue droite déchirée et l'œil à moitié crevé.

Amélie, elle, vivait. C'était elle qui avait tenté de donner l'alarme en ouvrant la fenêtre et qui était tombée alors, affaiblie par la perte de sang. Aucune de ses onze blessures n'était grave et presque toutes intéressaient l'épaule et le côté droit.

Le deuxième tiroir de la commode était ouvert, le linge éparpillé et, sur ce linge, on retrouva une vieille serviette de cuir tout verdi dans laquelle les deux sœurs devaient avoir l'habitude d'enfermer leurs documents. Par terre, un livret de caisse d'épargne, des titres de propriété, des baux[8] de location et des factures de fournisseurs.

*
* *

Orléans avait fait l'enquête. Maigret était non seulement en possession d'un plan détaillé des lieux, mais de photographies et du procès-verbal des interrogatoires.

La morte, Marguerite, avait été enterrée deux jours plus tard. Quant à Amélie, lorsqu'on avait parlé de l'emmener à l'hôpital, elle s'était débattue farouchement, se raccrochant des ongles aux draps de lit, ordonnant par ses regards qu'on la laissât chez elle.

Le médecin légiste[9] affirmait qu'aucun organe n'étant atteint, on ne pouvait mettre son mutisme soudain que sur le compte de la commotion. Voilà cinq jours en tout cas qu'aucun son n'était sorti de ses lèvres, qu'elle restait là, observant, malgré son immobilité et ses pansements, tout ce qui se passait autour d'elle. Et maintenant encore elle ne quittait pas Maigret du regard.

Toujours est-il que trois heures après l'enquête du Parquet d'Orléans un homme était arrêté, que tout désignait comme l'assassin. C'était Marcel, le fils naturel de celle des deux sœurs qui était morte. Car, à vingt-trois ans, elle avait eu un fils qui en avait maintenant trente-neuf et qui, après avoir été piqueur[10] chez le duc, comme tout le monde disait dans le pays, travaillait comme bûcheron dans la forêt et habitait une ferme en ruine à dix kilomètres de là, près de l'étang du Loup-Pendu.

Celui-là, Maigret était allé le voir dans sa cellule. C'était la brute dans toute l'acception[11] du mot et à plusieurs reprises il était resté des semaines sans donner signe de vie à sa femme et à ses cinq enfants qu'il nourrissait de coups plus que d'autre chose. Un ivrogne par surcroît[12], un être taré.

Maigret voulut, dans l'atmosphère où cela s'était passé, relire le compte-rendu que Marcel lui avait fait de la fameuse soirée.

— Je suis arrivé à vélo vers sept heures, alors que « les femmes » allaient se mettre à table. J'ai bu un coup au comptoir, puis je suis allé tuer un lapin dans la cour, je l'ai dépouillé et ma mère l'a fait cuire. Comme toujours, ma tante a râlé, vu qu'elle n'a jamais pu me sentir...

Les gens du pays confirmaient que Marcel avait l'habitude de venir ainsi faire bombance[13] chez sa mère, qui n'osait rien lui refuser et chez sa tante, qui avait peur de lui.

— Il y a eu une seconde dispute parce que j'ai pris un fromage dans la boutique et que je l'ai entamé...

— De quel vin a-t-on bu ? insista Maigret.

— De celui du magasin...

— Comment étiez-vous éclairés ?

— Par la lampe à pétrole... Après le repas, ma mère, qui avait ses douleurs, s'est couchée et m'a demandé de prendre ses papiers dans le deuxième tiroir de la commode. Elle m'a remis la clef. Je suis venu près d'elle avec les papiers et nous avons fait le compte des factures, à cause de la fin de mois...

— Qu'y avait-il d'autre dans la serviette ?

— Des titres... De la rente[14] et des obligations[15], un gros paquet, pour trente mille francs et plus...

— Vous n'êtes pas allé dans la remise ? Vous n'avez pas allumé la bougie ?

8. **un bail** : un contrat.

9. **Le médecin légiste** : médecin spécialisé dans la médecine légale et qui remplit les fonctions d'expert dans les affaires criminelles.

10. **piqueur** (en fait le terme exact est *piqueux)* : valet à cheval dirigeant la meute des chiens lors d'une chasse à courre.

11. **dans toute l'acception** : au plein sens du mot.

12. **par surcroît** : en plus.

13. **faire bombance** : faire un très bon repas où l'on mange même avec excès.

14. **la rente** : revenu annuel qui est dû pour de l'argent placé.

15. **obligation** : titre remis par une société à ceux qui lui ont prêté de l'argent avec intérêt.

16. **gnole** (familier) : eau-de-vie.

17. **terme** : époque à laquelle un locataire doit payer son loyer ; et par dérivation ce loyer lui-même.

18. **bougeoir** : chandelier ; support destiné à recevoir une bougie.

19. **sordide** (du latin *sordes* : saleté) : vil, bas, répugnant, ignoble.

— Jamais... A neuf heures et demie, j'ai remis les papiers dans le tiroir et je suis parti... J'ai encore bu un coup de gnole[16] en passant par la boutique... Si on vous raconte que j'ai tué les deux vieilles, c'est des mensonges... Vous feriez mieux d'interroger le Yougo...

Au grand étonnement de l'avocat de Marcel, Maigret n'insista même pas.

Quant à Yarko, qu'on appelait plus souvent le Yougo, parce qu'il était Yougoslave, c'était un autre phénomène, qui avait échoué dans le pays après la guerre et qui y était resté, vivant seul dans une aile de la maison voisine et exerçant la profession de charretier dans la forêt.

Un ivrogne, aussi, que, les derniers temps, les sœurs Potru avaient refusé de servir parce qu'il leur devait déjà trop d'argent. Une fois, Marcel, qui était là, s'était chargé de mettre le Yougo à la porte et lui avait fait saigner le nez.

Les demoiselles Potru le détestaient d'autant plus qu'elles lui avaient loué à bail une vieille écurie, au fond de leur cour, où il logeait ses chevaux et dont il ne payait pas le terme[17]. Le Yougo, à cette heure-ci, devait charrier des arbres dans la forêt.

Et Maigret, ses papiers à la main, suivait son idée, s'approchait de la cheminée où, le matin de la découverte du crime, on avait trouvé un fort couteau de cuisine parmi les cendres, le manche complètement brûlé. C'était évidemment l'arme qui avait servi et le feu empêchait d'y relever des empreintes.

Par contre, sur le tiroir de la commode et sur la serviette de cuir, les empreintes de Marcel — et les siennes seules ! — étaient nombreuses.

Sur le bougeoir[18] qu'on avait retrouvé sur la table, empreintes d'Amélie Potru seulement, qui suivait toujours Maigret de son regard glacé.

— Je suppose que vous ne vous décidez toujours pas à parler ? grogna-t-il à tout hasard en allumant sa pipe.

Et il se pencha pour marquer sur le plancher, à la craie, les traces de sang qui étaient portées sur son plan.

— Vous restez quelques minutes ? lui demanda Marie Lacore. Cela me permettrait d'aller mettre mon dîner au feu...

Si bien que le commissaire resta seul dans la maison avec la vieille. C'était sa première visite mais, auparavant, il avait travaillé une journée et une nuit sur le dossier, sur le plan. Orléans avait si bien fait les choses qu'il n'avait pas la moindre surprise, sinon celle, pénible, de trouver la réalité encore plus sordide[19] qu'il ne l'avait imaginée.

Et pourtant il était fils de paysans ! Il *savait* que certains hameaux vivent encore aujourd'hui comme au treizième ou au quatorzième siècle. Mais de se trouver plongé soudain dans ce village de forêt, dans cette maison, dans cette pièce, près de cette femme blessée dont il devinait l'esprit en éveil, il était aussi affecté que quand on visite certains hôpitaux ou certains hospices où l'on cache les pires monstruosités humaines.

Tout au début de son travail, à Paris, il avait noté quelques réflexions en marge du rapport :

« 1° Pourquoi Marcel aurait-il brûlé le couteau sans se soucier des empreintes laissées sur le meuble et sur la serviette ?

« 2° Pourquoi, s'il s'est servi de la bougie, l'a-t-il rapportée dans la chambre et l'a-t-il éteinte ?

« 3° Pourquoi les traces de sang ne forment-elles pas une ligne droite du lit à la fenêtre ?

« 4° Pourquoi, risquant d'être reconnu en quittant la maison à neuf heures et demie, Marcel est-il sorti par devant et non par la porte de la cour, qui donne sur la campagne ? »

Par contre, il y avait un élément qui décourageait l'avocat de Marcel : dans le lit même des deux demoiselles, on avait trouvé un des boutons de sa veste, qui était une vieille veste de chasse en velours à côtes, ornée de boutons caractéristiques.

— C'est en dépouillant le lapin que je me suis accroché et que j'ai perdu un bouton, prétendait-il.

Maigret, qui avait relu ses notes, se leva et regarda Amélie avec un drôle de sourire, car elle allait être dépitée de ne pouvoir le suivre des yeux. En effet, il ouvrit la porte de la remise, trouva un réduit à peine éclairé par une lucarne, des piles de bois et, à gauche, contre le mur, les fameux tonneaux.

Les deux premiers étaient pleins, l'un de vin rouge, l'autre de blanc. Les deux suivants étaient vides et, sur l'un d'eux, les spécialistes de l'identité judiciaire[20] avaient relevé des larmes de bougie qui appartenaient à la bougie trouvée dans la chambre.

Dans son rapport, le commissaire spécial d'Orléans disait :

« ... Il est probable que ces traces ont été laissées par Marcel quand celui-ci est venu boire... Sa femme admet qu'en rentrant chez lui il était complètement ivre et les traces zigzagantes de son vélo sur le chemin le confirment... »

Maigret chercha autour de lui quelque chose qu'il ne trouva pas, rentra dans la chambre, ouvrit la fenêtre, ne vit sur la place que deux gamins qui observaient la maison.

— Dis donc, petit, tu ne veux pas aller me chercher une scie ?

— Une scie à bois ?

Toujours ce visage exsangue[21], derrière lui, ces prunelles qui bougeaient en même temps que l'épaisse silhouette de Maigret. Le gamin revint avec deux scies de formats différents. En même temps, Marie Lacore rentra.

— Je ne vous ai pas fait attendre ?... J'ai laissé le petit à la maison... Maintenant, il va falloir que je la soigne...

— Attendez encore quelques minutes...

— Je vais toujours mettre l'eau à chauffer...

Oui ! Maigret aimait mieux échapper à cette scène. C'était assez ainsi ! Il pénétra à nouveau dans le réduit et, avisant la barrique aux larmes de bougie, il introduisit la scie dans la bonde[22] et commença son travail.

Il savait ce qu'il allait découvrir. Il était sûr de lui. Si, le matin encore, il avait pu douter, l'atmosphère de la maison l'avait confirmé dans son idée. Et Amélie Potru était bien celle qu'il s'était attendu à trouver !

Les murs ne suaient-ils pas non seulement l'avarice, mais la haine ? Et en entrant, le commissaire n'avait-il pas aperçu un tas de journaux sur le comptoir ? C'était très important et les rapports omettaient[23] de le signaler : les demoiselles Potru étaient dépositaires de journaux ! Amélie possédait des lunettes et n'en portait pas de la journée : donc, elle en avait besoin pour lire ! Donc, elle lisait..

Et le plus grand obstacle à la théorie du commissaire du coup disparaissait.

Une théorie basée sur la haine, la haine rancie au cours de longues années de tête à tête, de vie commune dans cette maison étroite, de nuits dans un même lit et d'intérêts similaires...

Marguerite avait eu un enfant, avait connu l'amour, tandis que sa sœur aînée n'avait même pas eu cette joie ! Pendant quinze ou vingt ans, le gamin avait traîné dans leurs jupes puis, livré à lui-même, était revenu souvent, toujours pour manger, pour boire, pour réclamer de l'argent.

De l'argent qui appartenait autant à Amélie qu'à Marguerite ! Davantage même, *puisqu'elle était l'aînée et qu'elle avait donc travaillé plus longtemps à le gagner !*

Une haine qu'attisaient les mille incidents de la vie quotidienne, comme ce lapin qu'on tuait pour Marcel, ce fromage qui était là pour être vendu et qu'il entamait cyniquement[24] sans que sa mère s'y opposât...

Oui, Amélie lisait les journaux ; elle devait dévorer le compte rendu des procès et elle savait donc l'importance des empreintes digitales !

Amélie avait peur de son neveu. Elle en voulait à sa sœur de lui avoir montré la cachette où se trouvait leur argent et, comme ce soir encore, de laisser les mains de Marcel toucher ces titres qu'il devait convoiter.

— Un jour, il viendra nous assassiner...

20. **Identité judiciaire** : service annexé à la police judiciaire pour la recherche et l'identification des malfaiteurs.

21. **exsangue** : si pâle qu'il semble vidé de son sang.

22. **la bonde** : trou rond dans un tonneau ou une barrique pour y verser le liquide.

23. **omettre** : oublier de dire ou de faire.

24. **cyniquement** : avec impudence, avec une insolence sans scrupule.

Maigret aurait juré que cette phrase avait été prononcée maintes fois dans la maison. Il sciait toujours. Il avait chaud et il retira son chapeau, son manteau, qu'il posa sur le tonneau voisin.

Le lapin... le fromage... Puis soudain cette pensée que Marcel venait d'apposer de lui-même ses empreintes digitales sur le tiroir de la commode et sur la serviette de cuir verdi...

Si cela n'eût pas suffi encore, il y avait ce bouton qui était tombé de sa veste et que sa mère, déjà couchée, ne pouvait lui recoudre.

Car, si Marcel avait tué, pourquoi eût-il dépouillé le contenu de la serviette sur les lieux plutôt que de tout emporter ? A plus forte raison Yarko qui, Maigret s'en était assuré, ne savait pas lire !

Les blessures d'Amélie, toutes du côté droit, trop nombreuses, trop peu profondes, avaient été le point de départ... Maigret l'avait imaginée, maladroite et lâche devant la douleur... Elle ne voulait pas mourir, ni souffrir longtemps, et elle comptait alerter les voisins en ouvrant la fenêtre et en criant...

Un assassin lui eût-il laissé le temps de courir à la fenêtre ?

Le sort s'était moqué d'elle en la faisant s'évanouir avant qu'on se fût inquiété de ses cris et en la laissant sans soins toute la nuit !

C'était cela ! Cela ne pouvait s'être passé qu'ainsi ! Elle avait tué sa sœur à moitié endormie, puis, la main sans doute entourée d'un chiffon, elle avait ouvert la commode, avait dépouillé la serviette car, pour que Marcel fût inquiété, *il fallait que l'argent eût disparu !*

D'où la bougie...

Après quoi, au bord du lit, elle s'était blessée, maladroitement, timidement, puis elle avait marché vers le foyer, comme le prouvaient les traces de sang, afin d'effacer les empreintes en brûlant le couteau !

Puis elle avait gagné la fenêtre et...

Maigret, qui arrivait au bout de son travail, se retourna brusquement. Des voix lui parvenaient, et comme le bruit d'une lutte. Il vit la porte s'ouvrir puis, dans l'encadrement, une silhouette à la fois baroque et sinistre se dessina, celle d'Amélie Potru, vêtue d'un étrange jupon, d'une camisole, les bras et le torse gonflés par des bandages, l'œil fixe tandis que, derrière elle, Marie Lacore protestait contre cette imprudence.

Eh bien ! Maigret ne trouva pas le courage de parler. Il préféra achever sa tâche et quand le tonneau, enfin, s'ouvrit en deux, il n'eut même pas un soupir de contentement en découvrant des rouleaux de papier qui n'étaient autres que des titres de rente et des obligations de chemin de fer qu'on avait introduits par la bonde.

Il aurait voulu s'en aller tout de suite ou, comme un vulgaire Marcel, aller boire une grande lampée de rhum à même la bouteille.

Amélie ne parlait toujours pas. Elle avait la bouche entr'ouverte. Si elle s'évanouissait, elle tomberait dans les bras de Marie Lacore qui était moins forte et que son état rendait fragile.

Tant pis ! C'était une scène d'un autre âge, d'un autre monde. Maigret s'empara des titres, s'avança tandis qu'Amélie reculait, posait enfin les papiers sur la table de la chambre.

— Allez me chercher le maire... dit-il d'une voix sèche — parce que sa gorge se serrait — à Marie Lacore. Il me servira de témoin...

Et, à Amélie :

— Vous, vous feriez mieux de vous coucher...

Malgré sa curiosité professionnelle et bien qu'il fût endurci, il préféra ne pas la regarder. Il entendit seulement grincer les ressorts du lit. Il resta là, le dos tourné, jusqu'à l'arrivée d'un fermier qui était maire du hameau et qui n'osait pas entrer.

Il n'y avait pas de téléphone au village. On dut envoyer un homme à vélo à Vitry-aux-Loges. Les gendarmes arrivèrent presque en même temps que la camionnette du boucher.

Le ciel était toujours aussi blanc et le vent d'ouest agitait les arbres.

— Vous avez trouvé quelque chose ?

Il répondit évasivement, sans joie, et pourtant il savait déjà que cette affaire-là ferait l'objet de longues études pour les archives criminelles, non seulement de Paris mais de Londres, de Berlin, de Vienne et même de New York.

À le voir, on aurait juré qu'il était ivre !

Georges SIMENON
Les nouvelles enquêtes de Maigret.
Éd. Gallimard

Lire et comprendre

- **Le lieu du crime.**
  Cette enquête a pour cadre un hameau d'une cinquantaine de petites maisons misérables (bicoques) et un univers primitif et pauvre.
  – Où se trouve le petit village de Vitry-aux-Loges ?
  – Comment Maigret s'y rend-il ?

- **Les personnages.**
  Quatre personnes sont mêlées à ce crime. Décrivez-les en indiquant leur âge, leur métier, leur caractère, leurs habitudes. Quelles relations existent entre elles ?

- **L'enquête.**
  L'enquête officielle a permis de trouver un coupable.
  – Quels indices ont convaincu la police locale que c'était Marcel qui avait commis le crime ?
  Maigret, comme d'habitude, n'est pas satisfait du résultat de l'enquête officielle.
  – Quel est l'indice matériel qui lui a permis de démasquer la vraie coupable ?

Réfléchir

- **L'art de Maigret :** *la psychologie avant les indices.*
  Maigret n'est pas un détective « scientifique » comme Sherlock Holmes. Il cherche à comprendre la psychologie des personnages. Quelle analyse fait-il du caractère et de la personnalité d'Amélie ? Cette analyse vous paraît-elle juste ?

- **Sur les traces de Maigret.**
  Etes-vous aussi perspicace que Maigret ? Pour en juger, fermez votre livre et essayez de répondre aux questions suivantes :
  – Est-ce qu'il y avait l'électricité dans le hameau ?
  – A quelle époque de l'année le crime a-t-il eu lieu ?
  – Est-ce qu'il y avait des empreintes sur le couteau du crime ?
  – Pourquoi les onze blessures d'Amélie étaient-elles légères ?

Louis-Ferdinand CÉLINE (1894-1961)

Louis-Ferdinand Destouches — qui prit pour pseudonyme le prénom de sa mère : Céline — publia en 1932 un roman qui allait marquer les lettres françaises : *Voyage au bout de la nuit.* Roman qui charrie toutes les grandes questions ; roman qui dénonce les plaies purulentes d'une civilisation sans espérance : la guerre, le colonialisme, la misère... où les pitreries clownesques des hommes-pantins frémissent des lueurs tragiques de Goya.

« Notre vie est un voyage
Dans l'hiver et dans la Nuit,
Nous cherchons notre passage
*Dans le Ciel où rien ne luit »**

Un garçon qui tutoie les anges...

Bardamu, le héros du Voyage au bout de la nuit, *a pu « s'échapper vivant d'un abattoir international en folie » — la grande guerre de 14-18 — il va partir oublier l'Europe en Afrique, au service de la « Compagnie Pordurière du Petit Togo »... C'est l'occasion pour Céline de dénoncer l'exploitation coloniale comme il a déjà dénoncé la guerre**. Mais dans cet univers liquéfié, fangeux, surgit — comme un miracle — le sergent au grand cœur...*

Avec Alcide, nous étions arrivés à très bien nous entendre. On essayait ensemble de pêcher des poissons-scies, ces manières de requins qui pullulaient devant la case. Il était aussi maladroit à ce jeu que moi-même. Nous n'attrapions rien.

Sa case n'était meublée que par son lit démontable, le mien et quelques caisses vides ou pleines. Il me semblait qu'il devait mettre pas mal d'argent de côté grâce à son petit commerce***.

— Où le mets-tu ?... lui demandai-je à plusieurs reprises. Où le caches-tu ton sale pognon ? — C'était pour le faire enrager. — Tu vas en faire une de ces Bon Dieu de Nouba en rentrant ? Je le taquinais. Et vingt fois au moins pendant que nous entamions l'immanquable « conserve de tomates », j'imaginais pour sa réjouissance les péripéties d'une virée phénoménale à sa rentrée à Bordeaux, de bobinard en bobinard. Il ne me répondait rien. Il rigolait seulement, comme si ça l'amusait que je lui dise ces choses-là.

À part l'exercice et les sessions de justice, il ne se passait vraiment rien à Topo, alors forcément, je reprenais le plus souvent possible ma même plaisanterie, faute d'autres sujets.

Sur les derniers temps, il me vint une fois l'envie d'écrire à M. Puta[1], pour le taper. Alcide se chargerait de poster ma lettre par le prochain *Papaoutah*[2]. Le matériel à écrire d'Alcide tenait dans une petite boîte à biscuits tout comme celle que j'avais connue à Branledore, tout à fait la même. Tous les sergents rengagés avaient donc la même habitude. Mais quand il me vit l'ouvrir sa boîte, Alcide, il eut un geste qui me surprit pour m'en empêcher. J'étais gêné. Je ne savais pas pourquoi il m'en empêchait, je la reposai donc sur la table. « Ah ! ouvre-la, va ! qu'il a dit enfin. Va ça ne fait rien ! » Tout de suite à l'envers du couvercle était collée une photo d'une petite fille. Rien que la tête, une petite figure bien douce d'ailleurs avec des longues boucles, comme on les portait dans ce temps-là. Je pris le papier, la plume et je refermai vivement la boîte. J'étais bien gêné par mon indiscrétion, mais je me demandais pourquoi aussi ça l'avait tant bouleversé.

1. **Puta** : un bijoutier de Paris, ancien patron de Bardamu... pour lequel la guerre est... une bonne affaire !
2. **Papaoutah** : petit cargo qui longe la côte.

* En exergue au *Voyage* : chanson des gardes suisses 1793
** Voir *Des mots et des images,* tome I, page 208.
*** « Il approvisionnait ce petit monde en tabac de traite, impitoyablement. Quand les miliciens avaient reçu leur part de tabac, il ne leur restait plus de solde à toucher, tout était fumé. » Céline, *Voyage...* Pléiade page 155.

J'imaginais tout de suite qu'il s'agissait d'un enfant, à lui, dont il avait évité de me parler jusque-là. Je n'en demandais pas davantage, mais je l'entendais derrière mon dos qui essayait de me raconter quelque chose au sujet de cette photo, avec une drôle de voix que je ne lui connaissais pas encore. Il bafouillait. Je ne savais plus où me mettre moi. Il fallait bien que je l'aide à me faire sa confidence. Pour passer ce moment je ne savais plus comment m'y prendre. Ça serait une confidence tout à fait pénible à écouter, j'en étais sûr. Je n'y tenais vraiment pas.

— C'est rien ! l'entendis-je enfin. C'est la fille de mon frère... Ils sont morts tous les deux...

— Ses parents ?...

— Oui, ses parents...

— Qui l'élève alors maintenant ? Ta mère ? que je demandai moi, comme ça, pour manifester de l'intérêt.

— Ma mère, je l'ai plus non plus...

— Qui alors ?

— Eh bien moi !

Il ricanait, cramoisi Alcide, comme s'il venait de faire quelque chose de pas convenable du tout. Il se reprit hâtif :

— C'est-à-dire je vais t'expliquer... Je la fais élever à Bordeaux chez les Sœurs... Mais pas des Sœurs pour les pauvres, tu me comprends hein !... Chez des Sœurs « bien »... Puisque c'est moi qui m'en occupe, alors tu peux être tranquille. Je veux que rien lui manque ! Ginette qu'elle s'appelle... C'est une gentille petite fille... Comme sa mère d'ailleurs... Elle m'écrit, elle fait des progrès, seulement, tu sais, les pensions comme ça, c'est cher... Surtout que maintenant elle a dix ans... Je voudrais qu'elle apprenne le piano en même temps... Qu'est-ce que t'en dis toi du piano ?... C'est bien, le piano, hein, pour les filles ?... Tu crois pas ?... Et l'anglais ? C'est utile l'anglais aussi ?... Tu sais l'anglais toi ?...

Je me mis à le regarder de bien plus près Alcide, à mesure qu'il s'avouait la faute de pas être assez généreux, avec sa petite moustache cosmétique[3], ses sourcils d'excentrique[4], sa peau calcinée. Pudique Alcide ! Comme il avait dû en faire des économies sur sa solde étriquée... sur ses primes faméliques[5] et sur son minuscule commerce clandestin... pendant des mois, des années, dans cet infernal Topo !... Je ne savais pas quoi lui répondre moi, je n'étais pas très compétent, mais il me dépassait tellement par le cœur que j'en devins tout rouge... À côté d'Alcide, rien qu'un mufle impuissant moi, épais, et vain j'étais... Y avait pas à chiquer. C'était net.

Je n'osais plus lui parler, je m'en sentais soudain énormément indigne de lui parler. Moi qui hier encore le négligeais et même le méprisais un peu, Alcide.

— Je n'ai pas eu de veine, poursuivait-il, sans se rendre compte qu'il m'embarrassait avec ses confidences. Imagine-toi qu'il y a deux ans, elle a eu la paralysie infantile... Figure-toi... Tu sais ce que c'est toi la paralysie infantile ?

Il m'expliqua alors que la jambe gauche de l'enfant demeurait atrophiée et qu'elle suivait un traitement d'électricité à Bordeaux, chez un spécialiste.

— Est-ce que ça revient, tu crois ?... qu'il s'inquiétait.

Je l'assurai que ça se rétablissait très bien, très complètement avec le temps et l'électricité. Il parlait de sa mère qui était morte et de son infirmité à la petite avec beaucoup de précautions. Il avait peur, même de loin, de lui faire du mal.

— As-tu été la voir depuis sa maladie ?

— Non... j'étais ici.

— Iras-tu bientôt ?

— Je crois que je ne pourrai pas avant trois ans... Tu comprends ici, je fais un peu de commerce... Alors ça lui aide bien... Si je partais en congé à présent, au retour la place serait prise... Surtout avec l'autre vache...[6]

3. **cosmétique** : produit pour fixer les cheveux (comme la laque).

4. **excentrique** : bizarre.

5. **faméliques** : qui a faim ; ici — tout juste bonnes à crever de faim.

6. allusion à son chef, le lieutenant Grappa.

Ainsi, Alcide demandait-il à redoubler son séjour, à faire six ans de suite à Topo, au lieu de trois, pour la petite nièce dont il ne possédait que quelques lettres et ce petit portrait. « Ce qui m'ennuie, reprit-il, quand nous nous couchâmes, c'est qu'elle n'a là-bas personne pour les vacances... C'est dur pour une petite enfant... »

Évidemment Alcide évoluait dans le sublime à son aise et pour ainsi dire familièrement, il tutoyait les anges, ce garçon, et il n'avait l'air de rien. Il avait offert sans presque s'en douter à une petite fille vaguement parente des années de torture, l'annihilement[7] de sa pauvre vie dans cette monotonie torride[8], sans conditions, sans marchandage, sans intérêt que celui de son bon cœur. Il offrait à cette petite fille lointaine assez de tendresse pour refaire un monde entier et cela ne se voyait pas.

Il s'endormit d'un coup, à la lueur de la bougie. Je finis par me relever pour bien regarder ses traits à la lumière. Il dormait comme tout le monde. Il avait l'air bien ordinaire. Ça serait pourtant pas si bête s'il y avait quelque chose pour distinguer les bons des méchants.

Louis-Ferdinand CÉLINE
Voyage au bout de la nuit
Éd. Gallimard.

7. annihilement : anéantissement, destruction.
8. torride : très chaud.

Lire et comprendre

Un peu de français populaire et argotique. Voici quelques mots et expressions utilisés dans ce passage.

ligne 9 *le pognon* : l'argent
ligne 10 *faire la nouba* : faire la fête (manger, boire, s'amuser)
ligne 27 *taper quelqu'un* : emprunter de l'argent à quelqu'un
ligne 75 *y avait pas à chiquer* : c'était clair, net, évident
ligne 98 *une vache* : quelqu'un de mauvais, de méchant.

Cette scène se passe dans une colonie d'Afrique.
– Quels détails le prouvent ?

- **Le secret d'Alcide.**
  Pour compléter sa solde de sous-officier (sergent) de l'armée coloniale, Alcide fait un petit commerce de tabac importé illégalement.
  – Pourquoi s'adonne-t-il à ce commerce ?
  – Où se trouve sa nièce ?
  – Quel âge a-t-elle ?
  – De quoi souffre-t-elle ?
  – Quel genre d'éducation veut-il lui donner ?
  – Comment Bardamu découvre-t-il son secret ?

Réfléchir

– Quelle est la réaction de Bardamu en découvrant la vraie nature d'Alcide ?
– « Un garçon qui tutoie les anges » : comment comprenez-vous cette expression poétique et suggestive de Céline ?
– Quel trait de caractère d'Alcide l'auteur veut-il souligner ?

« C'est de chimpanzés, dont nous avons besoin »

Bardamu s'enfuit d'Afrique et gagne — à travers bien des aventures ! — d'abord New York, puis Detroit « où, m'assurait-on, l'embauche était facile dans maints petits boulots pas trop prenants et bien payés ».

Ils m'ont parlé les passants comme le sergent m'avait parlé dans la forêt. « Voilà ! qu'ils m'ont dit. Vous pouvez pas vous tromper, c'est juste en face de vous. »

Et j'ai vu en effet des grands bâtiments trapus et vitrés, des sortes de cages à mouches sans fin, dans lesquelles on discernait des hommes à remuer, mais remuer à peine, comme s'ils ne se débattaient plus que faiblement contre je ne sais quoi d'impossible. C'était ça Ford ? Et puis tout autour et au-dessus jusqu'au ciel un bruit lourd et multiple et sourd de torrents d'appareils, dur, l'entêtement des mécaniques à tourner, rouler, gémir, toujours prêtes à casser et ne cassant jamais.

« C'est donc ici que je me suis dit... C'est pas excitant... » C'était même pire que tout le reste. Je me suis approché de plus près, jusqu'à la porte où c'était écrit sur une ardoise qu'on demandait du monde.

J'étais pas le seul à attendre. Un de ceux qui patientaient là m'a appris qu'il y était lui depuis deux jours, et au même endroit encore. Il était venu de Yougoslavie, ce brebis, pour se faire embaucher. Un autre miteux m'a adressé la parole, il venait bosser qu'il prétendait, rien que pour son plaisir, un maniaque, un bluffeur.

Dans cette foule presque personne ne parlait l'anglais. Ils s'épiaient entre eux comme des bêtes sans confiance, souvent battues. De leur masse montait l'odeur d'entrejambes urineux comme à l'hôpital. Quand ils vous parlaient on évitait leur bouche à cause que le dedans des pauvres sent déjà la mort.

Il pleuvait sur notre petite foule. Les files se tenaient comprimées sous les gouttières. C'est très compressible les gens qui cherchent du boulot. Ce qu'il trouvait de bien chez Ford, que m'a expliqué le vieux Russe aux confidences, c'est qu'on y embauchait n'importe qui et n'importe quoi. « Seulement, prends garde, qu'il a ajouté pour ma gouverne, faut pas crâner chez lui, parce que si tu crânes on te foutra à la porte en moins de deux et tu seras remplacé en moins de deux aussi par une des machines mécaniques qu'il a toujours prêtes et t'auras le bonsoir alors pour y retourner ! » Il parlait bien le parisien ce Russe, à cause qu'il avait été « taxi » pendant des années et qu'on l'avait vidé après une affaire de cocaïne à Bezons[1], et puis en fin de compte qu'il avait joué sa voiture au zanzi[2] avec un client à Biarritz et qu'il avait perdu.

C'était vrai, ce qu'il m'expliquait qu'on prenait n'importe qui chez Ford. Il avait pas menti. Je me méfiais quand même parce que les miteux ça délire facilement. Il y a un moment de la misère où l'esprit n'est plus déjà tout le temps avec le corps. Il s'y trouve vraiment trop mal. C'est déjà presque une âme qui vous parle. C'est pas responsable une âme.

À poil qu'on nous a mis pour commencer, bien entendu. La visite ça se passait dans une sorte de laboratoire. Nous défilions lentement. « Vous êtes bien mal foutu, qu'a constaté l'infirmier en me regardant d'abord, mais ça fait rien. »

Et moi qui avais eu peur qu'ils me refusent au boulot à cause des fièvres d'Afrique, rien qu'en s'en apercevant si par hasard ils

1. localité dans la banlieue nord de Paris.

2. **zanzi** : jeu de dés.

me tâtaient les foies ! Mais au contraire, ils semblaient l'air bien content de trouver des moches et des infirmes dans notre arrivage.

— Pour ce que vous ferez ici, ça n'a pas d'importance comment que vous êtes foutu ! m'a rassuré le médecin examinateur, tout de suite.

— Tant mieux que j'ai répondu moi, mais vous savez, monsieur, j'ai de l'instruction et même j'ai entrepris autrefois des études médicales...

Du coup, il m'a regardé avec un sale œil. J'ai senti que je venais de gaffer une fois de plus, et à mon détriment.

— Ça ne vous servira à rien ici vos études, mon garçon ! Vous n'êtes pas venu ici pour penser, mais pour faire les gestes qu'on vous commandera d'exécuter... Nous n'avons pas besoin d'imaginatifs dans notre usine. C'est de chimpanzés dont nous avons besoin... Un conseil encore. Ne nous parlez plus jamais de votre intelligence ! On pensera pour vous mon ami ! Tenez-vous-le pour dit.

Il avait raison de me prévenir. Valait mieux que je sache à quoi m'en tenir sur les habitudes de la maison. Des bêtises, j'en avais assez à mon actif tel quel pour dix ans au moins. Je tenais à passer désormais pour un petit peinard. Une fois rhabillés, nous fûmes répartis en files traînardes, par groupes hésitants en renfort vers ces endroits d'où nous arrivaient les fracas énormes de la mécanique. Tout tremblait dans l'immense édifice et soi-même des pieds aux oreilles possédé par le tremblement, il en venait des vitres et du plancher et de la ferraille, des secousses, vibré de haut en bas. On en devenait machine aussi soi-même à force et de toute sa viande encore tremblotante dans ce bruit de rage énorme qui vous prenait le dedans et le tour de la tête et plus bas vous agitant les tripes et remontait aux yeux par petits coups précipités, infinis, inlassables. À mesure qu'on avançait on les perdait les compagnons. On leur faisait un petit sourire à ceux-là en les quittant comme si tout ce qui se passait était bien gentil. On ne pouvait plus ni se parler ni s'entendre. Il en restait à chaque fois trois ou quatre autour d'une machine.

Louis-Ferdinand CÉLINE
Voyage au bout de la nuit.
Éd. Gallimard.

Lire et comprendre

Un jeu de vocabulaire familier et argotique

ligne 19 *miteux* : pauvre et misérable
ligne 19 *bosser* : travailler
ligne 33 *pour ma gouverne* : à mon intention, pour me donner un conseil
ligne 33 *crâner* : faire le fier, le vaniteux
ligne 47 *à poil* : nu
ligne 54 *moche* : laid, pas beau
ligne 63 *gaffer* : commettre une erreur, être maladroit
ligne 74 *peinard* : quelqu'un qui se tient tranquille, qui ne fait pas d'histoires.

- **L'embauche à l'usine Ford.**
  - Quel genre de personnes font la queue pour se faire embaucher ?
  - Pourquoi ont-ils besoin de chimpanzés pour travailler ?
  - Quelle image du monde du travail laisse ce texte au lecteur ?

Hervé BAZIN

Hervé Bazin s'est fait connaître par son roman *Vipère au poing* : succès immédiat et considérable qui lui valut le Prix des Lecteurs en 1948. Une verve vindicative anime ses personnages et secoue les idées reçues ou les bons sentiments... une littérature qui, parfois, gêne et dérange.

L'Huile sur le feu date de 1954 : on y découvre — petit à petit, indice par indice, comme dans un roman policier — un étrange pyromane qui révolte et émeut.

Étrange découverte

L'histoire est contée par Céline, la fille de Bertrand Colu, petit agent d'assurances de La Séquanaise, et pompier bénévole et héroïque dans la bourgade de Saint-Leup. De nombreux incendies suspects ont ravagé les environs... la population vit dans la peur.. le garde Besson fait une patrouille...

Besson reste un instant perplexe[1]. Un chien qui chasse, même muselé, aboie plus franchement, ne hurle pas ainsi. Une lanterne de braconnier se déplace lentement avec des tremblotements, des éclipses caractéristiques. Quant à l'association du chien et de la lanterne, elle semble incompréhensible. Un soupçon traverse l'esprit du garde qui bondit en avant. Le hurlement continue, s'éloigne, revient, suivi (ou précédé ?) de cette étrange lueur, de ce gros feu follet, qui apparaît, disparaît, fait de brusques écarts, décrit des cercles fous... Besson décroche son fusil, arme, épaule. Il était temps : une bête lancée à toute allure et qui traîne un objet enflammé passe par le travers à vingt-cinq mètres. Besson appuie sur la détente — sur la seconde : celle du canon gauche, chargé d'un bon 4[2] destiné aux lièvres —, et le coup de feu, le même pourtant qui en plein jour serait passé inaperçu, fend la nuit comme un coup de foudre, secoue l'écho avec une telle violence que, de proche en proche, il se répercute au moins une demi-douzaine de fois. Puis la nuit et le silence se referment. La bête ne hurle plus, ne gémit même pas. Elle a culbuté au pied d'un « replant », entraînant cette flamme qui a tournoyé trois fois comme une pièce d'artifice et qui continue à fuser[3] près du cadavre, l'éclairant assez pour permettre de voir qu'il s'agit bien d'un chien. Besson s'approche, tremblant, se défilant derrière les troncs. La chose va-t-elle éclater : le hurlement, la lueur ont surgi comme il arrivait. Le coupable a été surpris ; il doit l'observer, tapi dans quelque buisson, armé sans doute et attendant l'occasion de lui faire subir le sort du chien. Besson se jette à plat ventre, rampe vers sa victime... et soudain se relève. Des branches craquent, une ombre s'enfuit, là-bas, sur la droite, sautant de tronc en tronc, elle aussi. Besson croit distinguer un melon[4], une pèlerine. Les jambes coupées, sans viser, il lâche son coup droit, qui s'en va distribuer aux feuilles mortes une grêlée de petit plomb. Son flegme ordinaire l'a tout à fait quitté. Plus question de fredonner. Il recharge fiévreusement, arrachant de sa cartouchière n'importe quelles cartouches, aussitôt percutées, au hasard, pour faire du bruit, pour montrer que lui, Besson, le garde, a la force et qu'on peut avoir peur de sa peur. L'ombre a disparu depuis longtemps qu'il tire encore, fusillant les baliveaux avec du 4, avec des chevrotines, avec du 8... Il s'arrêtera quand il aura brûlé sa dernière cartouche. Alors seulement, rassuré, il s'approche du chien et comprend : à la queue est attachée une lampe à souder de petit modèle, qui crache toujours sa flamme sèche, régulière, presque bleue. Par bonheur, le chien affolé n'a divagué que dans cette partie du sous-bois bien connue des gamins et couverte de myrtilles. Il n'a pas atteint, il n'a pas eu le temps d'atteindre cette région pleine d'aiguilles, de pommes de pin, de broussailles bien sèches, qui auraient flambé comme de l'étoupe[5].

1. **perplexe** : indécis.

2 : le chiffre *4* désigne le calibre des plombs de la cartouche.

3. **fuser** : jaillir.

4. **melon** : chapeau-melon.

5. **étoupe** : matière composée de chanvre et de lin.

Le coup est manqué. Mais l'idée subsiste et surtout le danger. Une nouvelle vague de frayeur fait grelotter le menton de Besson, qui éteint la lampe en revissant la molette, charge à son tour le chien sur son épaule et s'enfuit, à toutes jambes, vers le château.

Hervé BAZIN,
L'Huile sur le feu,
Éd. Grasset.

Lire et comprendre

– Quelle étrange découverte fait le garde Besson après avoir tiré ?
– Une silhouette s'enfuit : quels détails a-t-il le temps d'apercevoir ?
– Pourquoi l'incendie de forêt n'a-t-il pas eu lieu ?

R.A.S.

Un soir, comme souvent, Bertrand Colu part pour faire une ronde : il est pompier, mais vigile aussi.

« Non, je ne t'emmène pas, — répond-il à sa fille — il ne s'agit pas d'une simple tournée, je ne rentrerai pas avant l'aube. Il faudra faire très attention, cette nuit. »

Mais la jeune Céline dont la curiosité est vivement piquée, sort, en cachette, sur les talons de son père.

1. **clenche** : barre de fer qui ferme le loquet d'une porte.

Le glissement sur l'herbe s'arrête, une clenche[1] tinte : Papa est entré dans le dernier jardin, celui qui borde la plaine à Bouvet et que personne ne cultive plus depuis deux ans. Je me glisse, courbée, jusqu'au portillon et me redresse juste assez pour mettre mes yeux au ras des aubépines. Pinçons-nous, je n'ai pas le droit de rêver, ce n'est pas vrai : ils sont deux ! Deux, vous dis-je, au milieu d'un fouillis d'arbres fruitiers qui ne connaissent plus la taille. Il y a mon père, bien reconnaissable au bout du canon de fusil qui oscille près de sa tempe. Et il y a l'autre, affublé du melon et de la houppelande décrite par Besson : immobile, il étend les bras comme pour barrer le passage au vigile qui s'approche de lui. Pince-toi plus fort, Céline, c'est absurde : ton père s'approche de lui à le frôler sans qu'il ferme les bras, plus raides que ceux des pèlerins en prière, ton père lui enlève son chapeau, le met sur sa tête. Sur sa tête. Sur sa tête. As-tu enfin compris ? L'incendiaire, par procuration, c'est l'épouvantail.

Un rire aigu traverse la nuit : ce n'est pas celui que j'espérais tout à l'heure, mais c'est tout de même le sien. Farce féroce ! Drame plein d'astuces qui vous empêchent de tomber sur les genoux ! Il a soigné les scènes, il a tout prévu, cet homme qui fait un bond en arrière et, au lieu de fuir, braque sur moi sa lampe électrique. A-t-il même prévu mon intervention ? A-t-il prévu mon rire ? Le sien éclate, écho vingt fois amplifié du mien, il enfle, il déferle, inattendu, inconnu, extrait d'un profond creux de poitrine, rotant une puissante, une effrayante gaieté. Éblouie, anéantie, je le vois qui s'avance en force, les épaules aussi largement déployées que son rire. Le rond de sa lampe se rétrécit sur mon blouson, devient grand comme une assiette, comme une soucoupe, comme une pièce de cent sous, n'est plus qu'un point lumineux sous le sein gauche, là où une balle fait si vite et si bien l'affaire. Mais le rire s'éteint, la lampe s'éteint, une voix calme prononce trois mots, de si près que j'en sens le souffle sur mon front :

« Eh bien, Céline. »

Aimable facétie[2] ! Une main s'avance, reprend le melon, me l'enfonce jusqu'aux oreilles, tandis que la même voix lâche cette phrase ambiguë :

2. **facétie** : plaisanterie.

« Tu vois, personne n'y avait pensé. »

Et me voici désarmée. Rien n'est prouvé, rien n'est sûr ; il a trouvé le seul joint, la seule attitude à prendre, il ne se défend pas, il est le bon vigile qui, devant mes yeux, par hasard, vient de trouver le vestiaire de l'ombre. Il est vraiment très fort. Ou innocent. Mais s'il est innocent pourquoi me reprend-il le melon, le jette-t-il dans le jardin au lieu de le conserver comme pièce à conviction ? Pourquoi a-t-il l'haleine si courte ? Pourquoi interrompt-il sa tournée et m'entraîne-t-il si vite vers le village ? Pourquoi ne fait-il aucun commentaire ? Pourquoi ne s'étonne-t-il même pas de ma présence, de ma sortie clandestine, de ma filature ? Tout se passe comme s'il se réfugiait dans l'inexprimé, comme s'il se donnait le temps de réfléchir pour fortifier hâtivement l'apparence. Place surprise, mais non prise ! L'ennemi n'est qu'une timide Céline qui a bien peur d'être odieuse et n'osera pas déclencher un tir de questions.

Je me laisse traîner, je bute contre des cailloux, des trognons, des touffes d'herbe, j'ai froid, j'ai chaud, je remonte et redescends la fermeture Eclair de mon blouson. *Eh bien, Céline... Tu vois, personne n'y avait pensé...* Si ! Puisque je suis là. Nous approchons du carrefour. Sous la tente, on joue de nouveau *La Veuve joyeuse.* Tout un programme pour cette danseuse si joliment enturbannée de bandes Velpeau !* Tout un programme, facile à réaliser, si elle t'avait vu tout à l'heure, Bertrand Colu, mon père ! Pourtant tu m'entraînes vers le village, vers la maison d'une main ferme, d'un pas net. Cœur complice, bouche cousue n'est-ce pas ? Quelle confiance en moi ! Nous voici sur la route, le brigadier est à cinquante mètres, et tu ne crains rien : je le déteste soudain, parce qu'il est là, parce qu'il nous a vus, parce qu'il crie avec une bonne humeur proche de l'ironie :

« Rien à signaler ?

— R.A.S. », répond Papa en détachant les lettres.

Hervé BAZIN,
L'Huile sur le feu,
Éd. Grasset.

Lire et comprendre

- R.A.S. est l'expression utilisée à l'armée lorsqu'une patrouille fait son rapport au chef. Relisez les deux dernières lignes du passage pour en comprendre le sens. Ce rapport correspond-il à la réalité telle que l'a vue Céline ?
- Quels vêtements portait l'épouvantail ?
- Comment le père a-t-il découvert la présence de sa fille ?

* Mme Colu — mère de Céline — est une très jolie femme qui exècre son mari... on l'appelle parfois dans les noces pour faire la cuisine, c'est le cas ici, malgré des blessures récentes. Après le repas, elle participe au bal... et c'est une cavalière recherchée !

Comment mourut Samson...

Un autre soir, un brasier dévore la scierie de Saint-Leup, une explosion fait voler en éclat le dépôt de Butagaz, menaçant de mettre le feu aux maisons du bourg...

Ce qu'il y a ! Regardez celui-ci qui s'avance, qui fend la foule, un curieux objet à la main. Écoutez-le crier :

« Méfiez-vous ! Chez moi aussi on a essayé de mettre le feu. Hé, Bertrand ! »

C'est Botraux le fermier de *La Courre* — dont les bâtiments bordent la route du Louroux. Lamorne[1] est déjà sur lui.

« Qu'est-ce que vous dites ?

— Un miracle, braille l'autre, que je sois passé dans ma grange ; voyez-moi ça : une bougie fichée dans une éponge imbibée de pétrole et posée sur ma paille. La bougie était aux trois quarts consumée : une demi-heure plus tard, la baraque flambait...

— Mais alors, dit M. Heaume[2], il s'agit d'un vrai système à retardement. Donc le coupable cherchait un alibi. Donc...

— Donc, il est parmi nous, jette la seule voix qui devrait se taire. Quel meilleur alibi que d'être au feu, cette nuit ? »

Répondant à l'appel de Botraux, Papa s'avance hâtivement jusqu'à nous, sa hache sur l'épaule. Parade ? Bravade ? Abandon ? Un peu de tout sans doute. Ils sont tous là les Bertrand Colu : le forcené qui donne un dernier coup de boutoir, le roublard qui sait que la vérité est souvent un abri pour celui qui l'énonce, le désespéré qui une fois de plus fournit un signe, essaie de se trahir.

« Je crois que vous avez raison », murmure le brigadier.

De saisissement, les voilà tous figés... L'incendie n'éclaire plus que des visage fermés, craintifs. M. Heaume me souffle dans le cou, avec passion, tandis que le docteur Clobe le regarde par en dessous et que mes jambes deviennent molles. Il suffirait d'un rien, d'un mot de plus pour rassembler les soupçons qui tourbillonnent encore dans le vide, et mes yeux qui ont enfin rencontré ceux de mon père le repoussent en arrière... le repoussent. Qu'il se livre, je ne le permettrai pas. Qu'il m'échappe, je ne le permettrai pas. Il le pourrait peut-être, mais ma présence même lui interdit toute défaillance. Et c'est pourquoi mes yeux le quittent, se fixent sur ces colonnes de flammes qui montent, qui s'épaississent toujours. Te souviens-tu, Céline, des questions d'histoire sainte ? *Comment mourut Samson ?* demandait le vicaire, une main glissée dans la ceinture et l'autre touchant le pompon noir de sa barrette[3]. Et Céline répondait : *Il secoua les colonnes du temple et périt sous leur chute...*

« Bertrand, Bertrand ! » crie Ralingue, débordé.

Large l'épaule ! Et sur l'épaule, toute luisante, la hache ! Papa se retourne.

« Excusez-moi, dit-il. Le feu n'attend pas. Nous verrons ça demain. »

Un pas. Il ne me voit plus, il ne me verra plus, il ajoute :

« Va donc te coucher, Céline... »

Pour ne pas voir ce qui suit, je sais ! Mais c'est une grâce que je ne peux m'accorder. Vite ! qu'il fasse vite ce qui lui reste à faire ! On s'assemble, on s'agite, on se pousse... Botraux est au milieu du cercle, et Calivelle, surexcité, tend la main en répétant :

« Montrez-moi, montrez-moi... »

Allons ! C'était bien l'heure ! Ce bout de bougie, planté dans son éponge, vaut une signature. Il hésite encore, l'instituteur, il ne sait plus très bien où il a déjà vu une bougie semblable plantée dans son bougeoir de cuivre guilloché[4]... pourvu qu'il ne me regarde pas ! Mes jambes me refusent tout service, je suis suspendue au bras de M. Heaume qui s'étonne et s'alarme : « Tu es crevée, Céline, tu devrais obéir à ton père. » Mais Calivelle a toujours en main ce bout de bougie qu'il retourne dans tous les sens,

1. **Lamorne** : le brigadier de gendarmerie.

2. **M. Heaume** : le châtelain du pays, un peu excentrique, mais parrain, au grand cœur, de Céline.

3. **barrette** : bonnet noir (à 3 ou 4 cornes) porté par les prêtres.

4. **guilloché** : orné de traits gravés dans le métal.

encouragé par Lamorne qui murmure : « Ça vous dit quelque chose ? » et, là-bas, au lieu de remonter discrètement sur son échelle, le sergent Colu s'attarde à des parlotes où il est question d'eau, de la nécessité de jeter la crépine[5] dans un autre puits... Le voilà qui se met à courir en criant : « J'y vais ! », mais c'est pour disparaître du côté de la Coopérative agricole — où il y a, en effet, un autre puits — en traînant des mètres de tuyaux... Il n'aura jamais le temps ! Calivelle me regarde, s'enhardit, ne semble plus retenu que par la crainte de dire une énorme sottise. Il se souvient, oui, il avait même dit : « Vous avez de beaux chandeliers anciens » ; il n'a pas pu ne pas remarquer ces bougies que nous fabriquons nous-mêmes, comme dans les temps, avec la cire de ce qui fut nos abeilles...

Papa revient, il court, il jette sa hache, il crie :

« Je remonte ! Envoyez le jus.

— Ce n'est pas possible ! » dit l'instituteur.

Et Papa s'élance juste au moment où Calivelle se décide à exprimer l'impossible :

« Non, c'est idiot, ce n'est pas Colu ! »

Trop tard ! La pompe fonctionne, mon père est déjà en haut de l'échelle. À la stupeur générale, il saute sur le pignon, il se retourne, la lance en main, la braque sur la foule en proclamant d'une voix forte, étrangement calme, qui domine l'immense crépitement rouge et or :

« Le baptême du feu, messieurs-dames ! »

Hervé BAZIN
L'huile sur le feu.
Éd. Grasset.

5. **crépine** : pièce métallique, trouée, servant de tamis ; on l'adapte à l'extrémité d'un tuyau.

Lire et comprendre

- **La découverte du coupable.**
  - Qu'a trouvé Botraux, le fermier de La Courre, dans sa grange ?
  - Pourquoi Céline ne tient-elle plus sur ses jambes ?
  - Pourquoi Bertrand Colu saute-t-il de l'échelle sur le pignon de la maison ?

- **Un personnage paradoxal.**
  Pompier et *pyromane* : sa mort est-elle dans la logique du personnage ?

Et le roman se termine par cette phrase splendide : « Une immense gerbe d'étincelles jaillit du foyer, monte, monte, s'enfonce au plus profond de la nuit, comme si elles voulaient rejoindre les étoiles, ces étincelles qui ne s'éteignent jamais et vont foutre le feu à l'infini. »

Sacha GUITRY (1885-1957)

Sacha Guitry, acteur, auteur dramatique, cinéaste, est l'auteur de plus de 140 pièces de théâtre et de 31 films (dont un chef-d'œuvre d'humour noir : *La Poison*, 1951). Longtemps son « parisianisme » a été jugé futile au même titre que le « folklore provençal » de Marcel Pagnol. C'est une erreur. L'œuvre de Sacha Guitry nous concerne tous : son horreur des conventions sociales et de l'hypocrisie, son humour souvent cynique ne sont rien d'autre qu'une loyauté de moraliste sans indulgence ni mépris.

Les champignons

S'il vous arrive de laisser tomber l'enfant
et de l'estropier, ayez soin de ne pas l'avouer ;
et s'il meurt, tout est sauvé.
J. SWIFT.

C'est toujours les meilleurs qui s'en vont.

Je suis né le 28 avril 1882, à Tortisambert, petit village bien joli du Calvaldos, dont on aperçoit le clocher à main gauche quand on va vers Troarn en quittant Livarot.

Mes parents tenaient un commerce d'épicerie qui leur laissait, bon an, mal an, cinq mille francs de bénéfice. Notre famille était nombreuse. D'un premier lit, ma mère avait eu deux enfants. Elle eut, avec mon père, un fils et quatre filles. Mon père avait sa mère, ma mère avait son père — ils étaient quittes, si j'ose dire — et nous avions, en outre, un oncle sourd-muet. Nous étions douze à table.

Du jour au lendemain, un plat de champignons me laissa seul au monde.

Seul, car j'avais volé huit sous dans le tiroir-caisse pour m'acheter des billes, et mon père, en courroux, s'était écrié :

« Puisque tu as volé, tu seras privé de champignons ! »

Ces végétaux mortels, c'était le sourd-muet qui les avait cueillis — et ce soir-là, il y eut onze cadavres à la maison.

Qui n'a pas vu onze cadavres à la fois ne peut se faire une idée du nombre de cadavres que cela fait.

Il y en avait partout.

Parlerai-je de mon chagrin ?

Disons plutôt la vérité. Je n'avais que douze ans, et l'on conviendra que c'était un malheur excessif pour mon âge. Oui, j'étais véritablement dépassé par cette catastrophe et n'ayant pas assez d'expérience pour en apprécier l'horreur, je m'en sentais, pour ainsi dire, indigne.

On peut pleurer sa mère, ou son père, ou son frère, mais comment voulez-vous pleurer onze personnes !

On ne sait plus où donner de la peine. Je n'ose parler de l'embarras du choix — et c'est un peu pourtant cela qui se passait. Ma douleur sollicitée à droite, à gauche, avait des sujets de distraction trop nombreux.

Le docteur Lavignac, appelé dans le courant de l'après-midi, ne cessa de prodiguer, pendant des heures et des heures, ses soins éclairés, mais, hélas ! inutiles. Ma famille s'éteignait inexorablement[1].

1. **inexorablement** : sans qu'on puisse s'y opposer. Fatalement.

M. le Curé, qui déjeunait ce jour-là chez le marquis de Beauvoir, est arrivé à bicyclette vers quatre heures. On allait avoir bien besoin de lui !

Dès cinq heures du soir, tout le village était chez nous. Le père Rousseau, paralysé depuis vingt ans, s'était fait porter jusque-là, et l'aveugle répétait en poussant les autres :

« Laissez-moi voir ! Laissez-moi voir ! »

J'avais été renvoyé de chambre en chambre par les voisines, aussitôt accourues, et, ne sachant plus où me fourrer, je m'étais craintivement dissimulé sous un comptoir dans la boutique. De là, j'entendais tout ce qui se disait, tout ce qui se murmurait.

Les premiers décès avaient été annoncés non sans une certaine componction[2], ainsi qu'il est de règle. Mais, dès la quatrième mort, les annonces devinrent brèves et, bientôt, laconiques[3] :

« Encore un ! »

Et tous ces villageois résignés et fourbus reprenaient de la vie devant tous ces morts. Il leur semblait, sans doute, que chacun d'eux allait avoir un peu plus d'air à respirer dorénavant.

Et je percevais des dialogues inouïs :

« Et la grand-mère ?

— Pas encore. Mais c'est l'affaire de vingt minutes.

— Il en reste combien ?

— Plus que quatre. »

L'oncle assassin, le sourd-muet, mourut le dernier dans d'horribles souffrances.

« Quel est celui qui crie comme ça ?

— C'est le muet », répondait-on.

Lorsque, à sept heures, tout fut fini, je sortis de ma cachette et je me trouvai nez à nez avec le docteur, éreinté, qui s'épongeait le front.

Il me vit, me regarda, me reconnut, n'en crut pas ses yeux, et me dit :

« Eh bien !... et toi ? »

Et il y avait dans sa voix une surprise immense, avec un rien de blâme.

D'ailleurs, il ajouta :

« Qu'est-ce que tu fais là ? »

Et ce « qu'est-ce que tu fais là ? » ne voulait pas dire : « Qu'est-ce que tu fais là, sous le comptoir ? » Non, il signifiait bien : « Qu'est-ce que tu fais là, sur la terre ? »

En effet, de quel droit n'étais-je pas mort, comme tout le monde ?

Il continua :

« Tu n'as pas mal ?

— Non, pas du tout.

— Mais comment se fait-il ? »

Et maintenant il me regardait, comme si j'étais un phénomène ou bien le diable. Ce garçon de douze ans qui absorbait impunément des champignons vénéneux, qui survivait à tous les siens, cela devenait très intéressant pour lui ! Quel champ d'expérience ! Et, comme il me sembla qu'il se voyait déjà penché sur mes viscères[4], j'avouai la vérité :

« Je n'en ai pas mangé.

— Pourquoi ? »

Et ce « pourquoi », parti très vite, était extraordinaire. Déformation professionnelle, je veux bien, mais je jure qu'il l'a dit sur un ton de reproche.

Et, comme il répétait : « Pourquoi ? Pourquoi ? » — j'ai préféré tout dire, j'ai raconté mon crime et j'ai dit quel avait été mon châtiment.

Alors, dans une esquisse de sourire, il eut un clignement d'œil, qui semblait dire :

« Toi, pas bête ! »

L'histoire fit rapidement le tour du village et je laisse à penser quels commentaires elle souleva.

2. **componction** : gravité, recueillement souvent affecté.

3. **laconique** : bref, court.

4. **viscères** : intestins, entrailles.

Le jour de l'enterrement, derrière ces onze cercueils que je suivais, la tête basse et les yeux secs, je me demandais si le fait d'avoir été miraculeusement épargné ne me donnait pas l'air un peu d'avoir assassiné tout ce monde, cependant que, dans mon dos, l'on chuchotait : « Savez-vous pourquoi le petit n'est pas mort ?... Parce qu'il a volé ! »

Oui, j'étais vivant, parce que j'avais volé. De là à en conclure que les autres étaient morts parce qu'ils étaient honnêtes...

Et, ce soir-là, m'endormant seul dans la maison déserte, je me suis fait sur la justice et sur le vol une opinion peut-être paradoxale[5], mais que quarante ans d'expérience n'ont pas modifiée.

5. **paradoxale** : contraire à l'opinion commune.

Sacha GUITRY
Mémoires d'un tricheur,
Éd. Gallimard.

Lire et comprendre

- Qui est le narrateur ? Pourquoi ? (Relisez la première phrase du premier paragraphe.)
- Où l'auteur situe-t-il cette histoire ?
- Quelle est la cause de toutes ces morts ?
- Qui meurt le dernier ?

Réfléchir

- *L'humour noir* : une histoire à pleurer racontée sur le mode humoristique. Relevez les traits à la fois cruels et drôles de ce récit.
- Quelle est la morale de cette histoire ? Qu'en pensez-vous ?

Françoise SAGAN

Françoise Quoirez (née en 1935) est la cadette d'une famille bourgeoise installée à Paris depuis la Libération. En 1953, ayant échoué à un examen, lasse de la petite guerre que lui livre sa mère, elle interrompt ses vacances, rentre à Paris et, dans la solitude de l'appartement familial, elle écrit, en deux mois et demi, *Bonjour tristesse*. En mars 1954, le roman édité par Julliard obtient un énorme succès. Le temps de Françoise Sagan commence.

Depuis, chorégraphe habile du ballet, rythmé par quelques notes de blues, des amours désenchantées et parfois mortelles, elle a accumulé les romans et les pièces de théâtre. Il n'en faut rien conclure, car à y regarder de plus près, il se pourrait bien qu'une certaine élégance de survivre* stylise avec discrétion un désespoir qui économise ses forces et son cri.

Bonjour tristesse

L'intrigue de ce court roman est intelligente et simple. Cécile, la narratrice (17 ans), passe des vacances heureuses, sur la Côte d'Azur, avec son père Raymond — veuf, riche, la quarantaine séduisante — qu'accompagne sa jeune maîtresse Elsa. La venue d'Anne Larsen (42 ans, cultivée, très belle encore) soulève un problème moral : Cécile est déchirée entre une amitié instinctive pour Anne et la crainte que cette présence ne trouble sa quiétude et son indépendance. Peu à peu, Raymond abandonnant Elsa, s'éprend d'Anne jusqu'à lui proposer le mariage ; et dans l'esprit de Cécile, qui déjà regimbe devant les habitudes de vie réglée imposée par Anne, la révolte enfin l'emporte. Usant de l'influence amoureuse qu'elle exerce sur Cyril, un jeune voisin, elle monte un scénario qui doit rejeter, par jalousie et vanité d'homme mûr, son père vers Elsa. Le mécanisme savamment mis en mouvement ne réussit que trop bien...

C'est alors qu'Anne apparut ; elle venait du bois. Elle courait, mal d'ailleurs, maladroitement, les coudes au corps. J'eus l'impression subite, indécente, que c'était une vieille dame qui courait, qu'elle allait tomber. Je restai sidérée[1] : elle disparut derrière la maison, vers le garage. Alors, je compris brusquement et me mis à courir, moi aussi, pour la rattraper.

Elle était déjà dans sa voiture, elle mettait le contact. J'arrivai en courant et m'abattis sur la portière.

« Anne, dis-je, Anne, ne partez pas, c'est une erreur, c'est ma faute, je vous expliquerai... »

Elle ne m'écoutait pas, ne me regardait pas, se penchait pour desserrer le frein :

« Anne, nous avons besoin de vous ! »

Elle se redressa alors, décomposée. Elle pleurait. Alors je compris brusquement que je m'étais attaquée à un être vivant et sensible et non pas à une entité[2]. Elle avait dû être une petite fille, un peu secrète, puis une adolescente, puis une femme. Elle avait quarante ans, elle était seule, elle aimait un homme et elle avait espéré être heureuse avec lui dix ans, vingt ans peut-être. Et moi... ce visage, ce visage, c'était mon œuvre. J'étais pétrifiée, je tremblais de tout mon corps contre la portière.

« Vous n'avez besoin de personne, murmura-t-elle, ni vous ni lui. »

Le moteur tournait. J'étais désespérée, elle ne pouvait partir ainsi :

« Pardonnez-moi, je vous en supplie...
— Vous pardonner quoi ? »

1. **sidérée** : frappée de stupeur ; d'étonnement.

2. **une entité** : une abstraction.

* Cette belle formule est de Pol Vandromme.

Les larmes roulaient inlassablement sur son visage. Elle ne semblait pas s'en rendre compte, le visage immobile :

« Ma pauvre petite fille !... »

Elle posa une seconde sa main sur ma joue et partit. Je vis la voiture disparaître au coin de la maison. J'étais perdue, égarée... Tout avait été si vite. Et ce visage qu'elle avait, ce visage...

J'entendis des pas derrière moi : c'était mon père. Il avait pris le temps d'enlever le rouge à lèvres d'Elsa, de brosser les aiguilles de pins de son costume. Je me retournai, me jetai contre lui :

« Salaud, salaud ! »

Je me mis à sangloter.

« Mais que se passe-t-il ? Est-ce qu'Anne ? Cécile, dis-moi, Cécile... » [...]

*

* *

À dix heures du soir, on leur annonce qu'Anne s'est tuée en voiture. Personne ne saura jamais si cet accident a été volontaire.

Du reste de cette nuit, je me souviens comme d'un cauchemar. La route surgissant sous les phares, le visage immobile de mon père, la porte de la clinique... Mon père ne voulut pas que je la revoie. J'étais assise dans la salle d'attente, sur une banquette, je regardais une lithographie[3] représentant Venise. Je ne pensais à rien. Une infirmière me raconta que c'était le sixième accident à cet endroit depuis le début de l'été. Mon père ne revenait pas.

Alors je pensai que, par sa mort, — une fois de plus — Anne se distinguait de nous. Si nous nous étions suicidés — en admettant que nous en ayons le courage — mon père et moi, c'eût été d'une balle dans la tête, en laissant une notice explicative destinée à troubler à jamais le sang et le sommeil des responsables. Mais Anne nous avait fait ce cadeau somptueux de nous laisser une énorme chance de croire à un accident : un endroit dangereux, l'instabilité de sa voiture. Ce cadeau que nous serions vite assez faibles pour accepter. Et d'ailleurs, si je parle de suicide aujourd'hui, c'est bien romanesque de ma part. Peut-on se suicider pour des êtres comme mon père et moi, des êtres qui n'ont besoin de personne, ni vivant ni mort ? Avec mon père d'ailleurs, nous n'avons jamais parlé que d'un accident.

Le lendemain nous rentrâmes à la maison vers trois heures de l'après-midi. Elsa et Cyril[4] nous y attendaient, assis sur les marches de l'escalier. Ils se dressèrent devant nous comme deux personnages falots[5] et oubliés : ni l'un ni l'autre n'avaient connu Anne ni ne l'avaient aimée. Ils étaient là, avec leurs petites histoires de cœur, le double appât de leur beauté, leur gêne. Cyril fit un pas vers moi et posa sa main sur mon bras. Je le regardai : je ne l'avais jamais aimé. Je l'avais trouvé bon et attirant ; j'avais aimé le plaisir qu'il me donnait ; mais je n'avais pas besoin de lui. J'allais partir, quitter cette maison, ce garçon et cet été. Mon père était avec moi, il me prit le bras à son tour et nous rentrâmes dans la maison.

Dans la maison, il y avait la veste d'Anne, ses fleurs, sa chambre, son parfum. Mon père ferma les volets, prit une bouteille dans le Frigidaire et deux verres. C'était le seul remède à notre portée. Nos lettres d'excuses traînaient encore sur la table[6]. Je les poussai de la main, elles voltigèrent sur le parquet. Mon père qui revenait vers moi, avec le verre rempli, hésita, puis évita de marcher dessus. Je trouvais tout ça symbolique et de mauvais goût. Je pris mon verre dans mes mains et l'avalai d'un trait. La pièce était dans une demi-obscurité, je voyais l'ombre de mon père devant la fenêtre. La mer battait sur la plage.

Françoise SAGAN
Bonjour tristesse,
Éd. Julliard

3. une lithographie : une gravure (la lithographie est la reproduction par impression d'un dessin tracé sur une pierre de calcaire).

4. Cyril : étudiant en droit, 25 ans. Au milieu de cet été-là, il a été le premier amant de Cécile.

5. falots : ici insignifiants.

6. Avant d'apprendre l'accident, ils avaient décidé d'écrire à Anne pour lui « demander pardon ».

À Paris, après l'enterrement d'Anne, la vie « recommence comme avant » mais Cécile conclut son récit par ces phrases : « Seulement quand je suis dans mon lit, à l'aube, avec le seul bruit des voitures dans Paris, ma mémoire parfois me trahit : l'été revient et tous mes souvenirs. Anne, Anne ! Je repète ce nom très bas et très longtemps dans le noir. Quelque chose monte alors en moi que j'accueille par son nom, les yeux fermés : Bonjour Tristesse. »

Lire et comprendre

- **Le départ d'Anne**
  - D'où venait-elle lorsque Cécile l'a aperçue ?
  - Veut-elle prendre congé de Cécile ?
  - Comment apparaît-elle à Cécile ?
  - Est-ce que le père de Cécile revoit Anne avant son départ ?

- **La mort d'Anne.**
  - Accident ou suicide ? Pourquoi peut-on croire à un accident ?
  - Quelle est l'attitude de Cécile envers Cyril le lendemain de l'accident ?
  - Que font le père et la fille en rentrant de l'hôpital ?

Réfléchir

- Pourquoi Cécile trouve-t-elle Anne indécente ? (ligne 4)
- Pouvez-vous imaginer le scénario que Cécile a inventé pour faire partir Anne ? (Vous trouverez quelques indices de la ligne 34 à la ligne 36)
- Quels sont les mobiles qui ont poussé Cécile à agir ainsi ? Qu'en pensez-vous ?
- Croyez-vous que la vie, pour le père et la fille, puisse « recommencer comme avant » après ces vacances ?
- Comment Cécile juge-t-elle son père et comment se juge-t-elle ?
- Quel milieu social est décrit dans ce roman ?

Roger VAILLAND (1907-1965)

La vie et l'œuvre de Roger Vailland s'étagent en « saisons ». La première, qui commence en 1928*, s'enroule, un temps, autour de la révolte surréaliste et se consume dans l'opium et « l'Amour fou ». La seconde coïncide avec son entrée dans la Résistance et se termine à Chavannes où il écrit son premier roman : *Drôle de Jeu* (1944). Troisième saison : il s'engage dans les rangs du Parti communiste et il compose *Les Mauvais Coups* (1948), *Beau Masque* (1954), *325 000 francs* (1955)... Mais son rêve d'être à la fois un révolutionnaire et un libertin se brise, en 1956, à la révélation publique des crimes de Staline** et il entre, alors, dans sa dernière saison. Il s'est « désintéressé », comme don Cesare le patriarche de *La Loi* (1957)... il est devenu le spectateur des autres et de lui-même. Lorsqu'il reprend goût au monde et à la fraternité, un cancer des voies respiratoires le terrasse et le tue.

La loi

À Porto Manacore, petite ville du sud de l'Italie, la société, en 1956, est encore fortement hiérarchisée. Tout en haut se tient don Cesare, un grand propriétaire terrien de 72 ans, qui règne sur un immense domaine et la foule misérable des paysans et des pêcheurs. Au-dessous de lui évoluent les notables, tels le juge et le commissaire. Derrière les notables, Matteo Brigante, homme habile et dur, « contrôle » toutes les activités de Porto Manacore tandis que, tout en bas de l'échelle, stagnent les « désoccupés » — les chômeurs...

L'adjoint apparut sur le pas de la porte.

« C'est encore Mario le maçon. Il insiste pour vous parler.

— Je n'ai pas le temps », dit le commissaire.

Une voix forte s'éleva dans la pièce voisine.

« Voilà deux ans que j'attends. Je réclame mon passeport. C'est mon droit.

— Viens là », cria le commissaire.

L'homme entra, grand et fort, pantalon de toile, semelles de corde. La chemise effrangée au col et aux poignets.

« Excusez-moi, *caro amico*[1], dit le commissaire au juge. Voilà un homme qui a des droits. Dans une démocratie, l'homme qui a des droits est roi. »

1. Caro amico : Cher ami (*carissimo* : très cher).

Le juge ne répondit pas. Il alluma une nouvelle cigarette, tira une bouffée, fit la grimace et écrasa la cigarette.

L'homme s'avança. Il tenait son chapeau à la main. Il resta debout devant le bureau du commissaire.

« Alors ? demanda le commissaire.

— Il y aura dans une semaine deux ans, j'ai fait la demande d'un passeport pour la France, avec toutes les pièces à l'appui, y compris le certificat de mon employeur à l'étranger.

— Et alors ?

— Je n'ai pas encore reçu mon passeport.

— Qu'est-ce que tu veux que j'y fasse ?

— La constitution italienne donne à tout citoyen le droit d'aller librement à l'étranger.

— Tu connais bien la constitution !

— Oui, monsieur le commissaire.

— Tu n'as jamais été condamné ?

— J'ai été condamné à quinze jours de prison, pour avoir participé à l'occupation des terres en friche[2] de don Ottavio, le 15 mars 1949.

2. terres en friches : incultes, non cultivées.

— Tu étais le meneur.

— J'ai en effet encouragé les désoccupés à s'installer sur les terres en friche. Je l'ai reconnu devant le tribunal. Mais la condam-

* Depuis 1928, il est journaliste à *Paris-Midi* puis à *Paris-Soir*.
** Le 21 mai 1956, il confie dans une lettre : « j'en reste un peu comme mort ».

nation a été amnistiée[3]. Elle n'est pas mentionnée sur l'extrait de casier judiciaire que j'ai joint à ma demande de passeport. Donc, j'ai droit à mon passeport.

— Ce n'est sans doute pas l'avis de la préfecture.

— Je suis désoccupé. J'ai trouvé du travail en France. Je réclame mon droit.

— Réclame ton droit à la préfecture. C'est elle qui décide.

— La préfecture me renvoie à vous, dit l'homme.

— Il y en a qui savent s'arranger mieux que toi, dit le commissaire.

— Je ne comprends pas.

— Tu te souviens de Pietro, le charpentier ?

— Non.

— On répond : non, monsieur le commissaire.

— Non, monsieur le commissaire, répéta l'homme.

— Moi, reprit le commissaire, je crois que tu t'en souviens.

— Non, monsieur le commissaire.

— Pietro était un Rouge comme toi.

— Je ne sais pas, monsieur le commissaire.

— Moi, je le sais. Je le sais, parce qu'il est venu ici avec la carte de son parti, de ton parti, et il l'a déchirée devant moi.

— Je ne sais pas, monsieur le commissaire.

— La préfecture lui a accordé son passeport.

— J'exige mon droit », dit l'homme.

Le commissaire se tourna vers le juge.

« Vous voyez, *carissimo*, comme il est inutile d'essayer de rendre service aux gens. »

Le juge jouait avec la cigarette éteinte. Il ne répondit pas.

« Je prendrai un avocat, dit l'homme.

— Je te conseille de prendre un bon avocat.

— Je ne prendrai pas un avocat de Porto Manacore. »

Le commissaire sourit. Il était en mauvais termes avec les deux avocats de Porto Manacore.

« Je te souhaite bonne chance », dit-il.

L'homme ne bougeait pas.

« Je n'ai plus rien à dire. »

L'adjoint entraîna l'homme vers l'autre pièce, bras par-dessus l'épaule. L'homme se laissa lentement emmener.

« Tête de mule, lui disait le sous-commissaire en l'entraînant. Sacrée tête de mule. On te souffle ce qu'il faut faire. Tu ne comprends rien à ton intérêt... »

Ils passèrent dans l'autre pièce.

« Vous ne respectez pas la loi », dit le juge.

Le commissaire repoussa son fauteuil.

« *Gentile amico*[4], commença-t-il.

— Si ceux qui sont chargés de faire respecter la loi, coupa le juge, si ceux-ci précisément... »

Le commissaire se leva et, sur la pointe des pieds, courut fermer la porte. Il se retourna, le doigt sur la bouche. Puis il leva les bras au ciel. Il esquissa toute une mimique du désespoir. Puis il rit.

« On croirait, *carissimo amico*, que vous avez juré de finir votre carrière à Porto Manacore.

— Pourquoi pas ? demanda le juge.

— Feu Frédéric de Souabe[5] ne vous fera pas avancer d'un échelon.

— Cet homme que vous empêchez d'aller gagner sa vie à l'étranger, dit le juge, a des enfants qui crèvent de faim. »

Le commissaire se pencha vers le juge et le saisit par les épaules.

« Et nous, juge, et nous, ne sommes-nous pas en train de crever, dans cette ville dont personne n'a jamais réussi à s'échapper ? »

Roger VAILLAND
La Loi
Éd. Gallimard.

3. amnistie : acte du pouvoir législatif qui a pour but d'effacer un fait punissable ou une condamnation.

4. « Gentile amico » : (italianisme) littéralement « gentil ami ».

5. Frédéric de Souabe : Frédéric II de Souabe, roi de l'Italie du sud au XIIIe siècle, est le héros du juge Alessandro atteint de la malaria et dominé par sa femme, la grande et forte donna Lucrezia.

Lire et comprendre

- **Le pouvoir de l'Administration**
  - Que vient réclamer le maçon Mario ?
  - Pourquoi veut-il partir en France ?
  - Comment l'administration s'y prend-elle pour l'empêcher de partir ?
  - Pourquoi a-t-il été condamné à quinze jours de prison ?
  - Comment Pietro le charpentier a-t-il réussi à obtenir son passeport ?
  - Est-ce que Mario accepte de faire comme lui ?

Réfléchir

- Trois personnages : deux notables et un ouvrier.
  - Faites le portrait psychologique du commissaire, du juge et de Mario.
  - Auquel de ces personnages va la sympathie de l'auteur ?
  - Quelle impression générale se dégage de ce texte et de la description de la vie dans la petite ville de Porto Manacore ?

Au-delà du texte

- Le problème du chômage et de l'émigration se pose-t-il dans votre pays ? Dans quelles régions et dans quelles industries y a-t-il le plus de chômeurs ?
- L'émigration est-elle une solution au problème du chômage ?
- Quels sont les principaux pays d'accueil pour les émigrés ?

Le seul échec de Matteo Brigante

À Porto Manacore, un vol d'un million de lires a été commis (un portefeuille dérobé à un touriste). La coupable est la belle et jeune Mariette, vierge que convoitent trois hommes. Alors qu'elle s'est réfugiée dans la resserre pour fuir la colère et la jalousie de sa mère et de sa sœur, arrive Matteo Brigante avec une idée bien arrêtée...

Il entra dans la resserre et referma la porte derrière lui, sans prononcer un mot.

Mariette ne posa pas de question. Elle se leva d'un bond et s'accota au mur, les mains dans la poche de sa blouse, le regard aussi dur que celui de Brigante.

Brigante fut ravi de ce regard.

Il retira tranquillement, posément, sa veste d'alpaga[1] bleu pétrole et la posa, les épaules bien en place, sur le dossier de la chaise...

Puis il s'avança à petits pas.

« Couche-toi », dit-il.

Elle ne bougea pas, ne répondit pas. Elle fixait sur lui son regard dur. Aucune peur. Il aima cela.

Il fit encore deux pas et la gifla à toute volée, une fois sur chaque joue. C'est ainsi qu'il procède. On ne peut rien sur une vierge récalcitrante si d'abord on ne l'assomme pas.

Elle ne bougea pas, sauf d'osciller sous chaque gifle, ne baissa pas les yeux. Il répéta :

« Couche-toi ! »

Mariette avança d'un pas. Il fut surpris. Allait-elle se coucher ? Il n'attendait pas cela d'elle.

Elle avança encore d'un pas et se trouva tout contre lui.

« Ton greffoir[2] », dit-elle.

Brigante n'eut pas le temps de comprendre. Le poing de la jeune fille jaillit de la blouse, armé d'un ergot d'acier et barra sa joue de deux traits en croix. Elle fit deux pas en arrière et se retrouva accotée au mur.

Il passa sur son visage sa main qu'il retira dégoulinante de sang. Dans le même instant, il entendit un déclic. Mariette venait d'ouvrir le greffoir, qu'elle tenait fermement en main. Il aperçut la lame, aiguisée comme un rasoir, et au dos de la lame l'ergot (qui sert à soulever l'écorce après l'incision) rouge de son sang. Il recula rapidement vers la porte.

Mariette marcha lentement vers lui, le greffoir en main. Elle lui laissa le temps d'ouvrir la porte, allant à petits pas, mais sans cesser de s'avancer vers lui, le front incliné, comme prête à charger, le regard *en dessous*, le bras replié à l'horizontale, en garde comme un boxeur, avec au bout du poing la lame, tendue à hauteur de gorge.

Brigante tourna le dos et passa la porte en courant. Mariette referma rapidement la porte derrière lui et tourna la clef dans la serrure. Puis elle alla se poster derrière la lucarne. À genoux devant la source, il était en train de laver sa blessure. Il se redressa et elle vit la croix qu'elle venait d'inciser dans sa joue, deux traits bien nets, qui se coupaient à angle droit, juste assez profonds pour durer autant que Matteo Brigante.

Mariette se détourna de la lucarne et alla examiner la porte. Les chambranles étaient vermoulus, les gonds rouillés, on voyait le ciel entre les ais[3], il aurait suffi d'un levier quelconque, une des fourches qui traînaient dans le jardin, pour les faire sauter. Elle reprit en main le greffoir qu'elle avait posé sur la table. Sur le sol de terre battue, les gouttes de sang tombées de la joue de Matteo Brigante avaient encore le beau rouge vif du sang qui n'a pas séché. Elle aperçut le veston d'alpaga bleu pétrole posé sur le dossier de la chaise.

1. **alpaga** : tissu mixte et léger autrefois à base de laine d'alpaga (mammifère voisin du lama) et aujourd'hui de soie et de laine.

2. **un greffoir** : couteau à greffer à la lame légèrement recourbée.

3. **Les ais** : (mot vieilli) les planches.

Elle n'a pas du tout réfléchi. *Ha agito con la stessa rapidità che il pensiero*[4]. Elle a tiré de dessous les sacs de toile un portefeuille de cuir fauve incrusté d'initiales d'or, elle a tiré de la poche intérieure du veston de Brigante un portefeuille de cuir noir et elle a mis l'un à la place de l'autre, celui de cuir fauve dans la poche du veston, celui de cuir noir sous les sacs. Puis elle est revenue près de la lucarne et elle a attendu.

4. Elle a agi aussi vite qu'elle a pensé.

Brigante revint vers la resserre et s'arrêta devant la lucarne. Mariette se tenait un peu en retrait. Ils se regardèrent un moment en silence. La croix sur la joue ne saignait presque plus. Seulement quelques gouttes qui gonflaient lentement entre les lèvres de la plaie, comme des cloques.

« *Dio boia,* jura Brigante, dieu bourreau ! Tu m'as marqué pour la vie. »

Elle eut une petite lueur dans les yeux, comme d'amusement.

« Je te retrouverai, dit-il.

— C'est avec ton greffoir, dit-elle, ton greffoir à la marque des Deux Bœufs...

— *Porco Giuda,* jura-t-il, cochon de Judas ! Je n'ai jamais rencontré pareille garce.

— Je le garde, dit-elle, ça peut resservir.

— Laisse-moi entrer, demanda-t-il, que je reprenne mon veston. »

Elle fit passer la lame à hauteur de ses yeux.

« Si tu essaies d'entrer, dit-elle, je t'ouvrirai la gorge.

— Tu en es bien capable », dit-il.

Il la regardait en dessous, comme elle-même avait fait.

« Essaie voir, dit-elle.

— Je te laisserai tranquille, dit-il. Laisse-moi entrer juste le temps que je reprenne mon veston.

— Je te vois venir, dit-elle.

— Qu'est-ce que tu risques ? Je n'ai rien dans les mains... »

Il retourna les poches de son pantalon.

« ... Rien dans les poches. C'est moi qui devrais avoir peur de toi.

— Tu ferais bien », dit-elle.

Ils s'observèrent en silence.

« Tous les deux, dit-il, il vaudrait mieux qu'on soit amis...

— Essuie plutôt ta joue... »

Plusieurs des gouttes-cloques avaient éclaté entre les lèvres des plaies et de minces filets rouges coulaient le long de la joue. Brigante essuya sa joue avec son mouchoir qu'il avait déjà lavé et relavé dans le bassin de la source.

« Écoute... », dit-il.

Sa voix était de nouveau dure.

« ... Tu m'as marqué, tu dois payer. Tu n'as qu'une manière de te faire pardonner. Laisse-moi entrer et couche-toi... »

Elle rit silencieusement.

« Ouvre la porte !

— Je vais te donner ton veston », dit-elle.

Elle alla prendre le veston sur le dossier de la chaise et se rapprocha de la lucarne. D'une main elle tenait le veston, de l'autre le greffoir ouvert.

« Je vais te le donner, dit-elle. Mais fais bien attention. Si tu passes la main, je coupe. »

Elle lui tendit le veston à travers la lucarne et il le prit sans essayer de saisir le bras.

« Tu commences à comprendre », dit-elle.

Il mit le veston.

« Si tu voulais... », dit-il.

La voix avait molli.

« ... Je n'ai jamais rencontré pareille garce... »

La voix s'était faite presque tendre.

« ... À nous deux... Nous partirions ensemble dans le Nord. Une fille comme toi... Le monde serait à nous. Je suis riche, tu sais. Qu'est-ce que nous ne ferions pas ?... »

Elle rit silencieusement. Et puis, tranquillement, ferma la lucarne, un volet de bois, qu'on pousse de l'intérieur.

Brigante frappa à petits coups sur le volet de bois.

« Je suis riche, tu sais, Mariette, très riche. »

Pas de réponse. Il s'en alla.

Roger VAILLAND,
La Loi
Éd. Gallimard.

La loi, film de Jules Dassin (1959)
tiré de l'œuvre de Roger Vailland.

Photo Cinémathèque française

Matteo Brigante (Yves Montand) « contrôle » le petit monde de Porto Manacore.

Lire et comprendre

- **Le pouvoir de Mariette**
  - Sûr de lui et se croyant irrésistible, Matteo Brigante entre dans la resserre où s'est réfugiée Mariette.
  - Quel effet produit sur elle la proposition de Matteo ?
  - Comment y réagit-elle concrètement ?
  - Avant de renoncer, Matteo joue sa dernière carte. Laquelle ?

Réfléchir

- Peut-on expliquer le comportement de Mariette face à son agresseur et séducteur ?
- Quels sentiments lui inspire-t-elle ?

Une confidence de don Cesare.

Mariette n'a pas tout à fait 17 ans, elle se donne à Pippo le chef des « guaglioni » qui a un peu plus de 16 ans... Le lendemain, elle avoue son vol à don Cesare qui se meurt ; l'audace et la beauté de Mariette font l'admiration de don Cesare qui, décidé à couvrir le vol devant le juge, lui lègue une part de ses terres. Alors, le regard de Mariette — « le regard dur des filles pauvres » — lui rappelle Lucienne, une française, qu'en 1919 il a passionnément aimée...*

Lucienne[1] était avide. Elle disparaissait des journées entières, revenant avec un nouveau chapeau, une fourrure, une robe, une fleur. Les aviateurs l'emmenaient au Bois, dans des Voisin[2] carrossées sport. Pour la première fois de sa vie, don Cesare fut jaloux. Devant les autres, il gardait le masque impassible et souriant, fruit de la bonne éducation, mais quand ils rentraient rue Spontini, au lever du soleil, il lui faisait des reproches, pendant des heures. Il mit en lambeaux des robes dont elle ne pouvait justifier l'achat. Elle le regardait durement : « Quand tu seras retourné en Italie, tu ne t'inquiéteras pas de savoir qui m'habille. — Je t'emmènerai. — Jamais. Je ne veux pas finir ma jeunesse à manger des macaronis dans les Pouilles[3]. » Quand il s'était épuisé à l'injurier, elle se laissait prendre, froidement, sans que son regard fléchît. Cette froideur l'empêchait de la quitter comme il croyait que son honneur l'y obligeait. Sûr de sa virilité, il était persuadé qu'il finirait par lui faire connaître le plaisir qu'elle s'obstinait à ne pas même feindre d'éprouver. Alors seulement, selon sa conception manacoréenne de l'amour, il la possédera ; ce sera son tour à elle d'être jalouse. En attendant, comme un joueur qui se ruine en s'obstinant dans une impossible martingale[4], il subissait chaque nuit des humiliations plus grandes.

« Il est arrivé, dit don Cesare à Mariette, il est arrivé qu'une femme me fît la loi... Il y a très longtemps de cela ; ta mère n'avait encore que quatorze ans et je vivais dans une capitale étrangère, à *Parigi...* »

Mariette le regarda avec étonnement. Ce n'était pas dans la manière de don Cesare de faire des confidences à une fille de sa maison. Elle pensa qu'il faiblissait, effet fatal de la maladie qui venait de lui nouer les membres. Elle sentit les larmes lui monter de nouveau aux yeux.

Don Cesare essaya de faire à la jeune fille le récit de son unique passion malheureuse. Ce n'était pas facile. Elle n'avait jamais quitté Porto Manacore ni vu contester la souveraineté de son maître.

Elle réagit vivement quand il évoqua les infidélités de Lucienne.

« Il fallait la chasser ! » s'écria-t-elle.

Il avait en effet chassé Lucienne. Ce jour-là, elle ne l'avait pas mortifié[5] plus cruellement que d'habitude. À quelqu'un qu'il ne connaissait pas, elle avait répondu, devant lui, au téléphone, par des badinages et des provocations. C'était bien la moindre des humiliations qu'elle lui eût infligée. Mais lui, dans le même instant, s'était aperçu qu'il ne subissait plus sa loi. Il l'avait brusquement vue et lui-même à côté d'elle, dans leur garçonnière de la rue Spontini, lui assis sur le lit et elle au téléphone, tels qu'ils étaient en effet, mais comme il aurait vu deux amants qui n'eussent été ni lui ni elle, par exemple sur la scène d'un théâtre ou à la manière du diable boiteux[6], en soulevant le toit d'une maison.

1. Lucienne, blonde très belle, est la femme d'un de ses collègues de la Commission d'armistice : un officier français, pauvre. Lucienne ne résiste pas longtemps aux assauts de don Cesare ; il l'installe « dans deux pièces, rue Spontini ».

2. **une Voisin :** automobile de luxe de l'époque.

3. **les Pouilles :** région du Sud de l'Italie sur le littoral adriatique où se trouve Porto Manacore.

4. **une martingale :** une combinaison plus ou moins scientifique (calcul des probabilités) qui permettrait de gagner au jeu.

5. **mortifier :** humilier, faire cruellement souffrir quelqu'un dans son amour-propre.

6. **Le diable boiteux :** roman espagnol (1641) de Luis Velez de Guevara repris en français par Lesage en 1707. Asmodée, le diable boiteux, soulève le toit des maisons et montre ce qui s'y passe.

* Les « jeunes » en lutte contre les « adultes ». Pippo a aidé Mariette à voler le portefeuille du Suisse.

Sur la Piave[7], il avait reçu une balle autrichienne dans la cuisse ; deux jours s'étaient passés avant qu'on pût le conduire dans une ambulance ; pendant ces deux jours, la balle, avec toute la souffrance qui irradiait d'elle, avait été la partie la plus sienne de lui-même ; par moments, il s'identifiait complètement avec cette lancinante chair de bronze inscrite dans sa chair d'homme ; on l'endormit ; quand il se réveilla, la balle était posée sur la table de chevet, corps étranger, désarmé, inoffensif. Ainsi en avait-il été brusquement de sa passion, dans l'instant qu'il avait cessé d'en subir la loi. Il avait regardé avec étonnement Lucienne et cet homme qui avait aimé Lucienne à la passion, lui et elle, deux étrangers désormais. Il avait aussitôt chassé la maîtresse infidèle.

Il l'avait regardée, qui descendait l'escalier, traînant ses bagages après soi. Elle s'était retournée, le visage inondé de larmes, ce visage dont la veille encore chaque expression s'inscrivait au creux de sa poitrine, le remplissant d'angoisse ou de bonheur ; c'était la première fois qu'il la voyait pleurer. Mais il était déjà *désintéressé* d'elle.

Elle était revenue quelquefois dans ses rêves du sommeil, le punissant de jalousie, comme au temps de sa passion. Il la voyait descendre l'escalier, comme le jour du départ, mais c'était un visage joyeux qu'elle tournait vers lui. « Je vais rejoindre mon amant », disait-elle. Puis de ses rêves aussi il l'avait effacée.

« Dieu sait si elle vit encore, dit Mariette.

— Je n'ai plus jamais pensé à elle », dit don Cesare.

Il y repensait seulement à l'heure de sa mort, parce que le regard dur de Mariette lui avait rappelé le regard dur de Lucienne.

Pourquoi Mariette avait-elle glissé le portefeuille du Suisse dans la poche de Matteo Brigante ? Pippo a un regard de flamme et de tendresse ; c'est lui le romantique chef de brigands. Un jour viendra, pensa don Cesare, un jour prochain sans doute, où Mariette demandera à Matteo Brigante de s'associer à elle pour imposer plus impitoyablement sa loi aux travailleurs de son olivaie et de ses jardins.

Roger VAILLAND
La loi
Éd. Gallimard

7. **la Piave** : fleuve italien, à la frontière autrichienne, théâtre de nombreuses batailles en 14-18.

Lire et comprendre

- **Le pouvoir de Lucienne.**
  Sur son lit de mort don Cesare fait des confidences à Mariette sur son amour impossible pour Lucienne.
  – Faites le portrait de Lucienne. – Dans quelles circonstances l'a-t-il rencontrée ? – Quel genre de personne était-elle ?
  – Quels étaient les relations entre Lucienne et don Cesare.
  – Pourquoi l'a-t-il chassée ?

Réfléchir

- *La déchirure d'un amour* : observez la comparaison entre la blessure de don Cesare et son amour pour Lucienne.
- Dans les trois extraits du roman de R. Vailland que vous venez de lire, il semble que quelqu'un cherche toujours à imposer sa « loi » à quelqu'un d'autre. Essayez de déterminer et de décrire ces lois : celle du commissaire, celle de Mariette et celle de Lucienne. Rapports humains, rapports de forces : voilà comment sont présentés les rapports entre les différents personnages du roman. Les concevez-vous de la même manière ?

COLETTE (1873-1954).

Colette, c'est avant tout un œil qui cerne, avec une rare intelligence, ce dont elle a besoin pour créer son univers, et une écriture, à la fois pleine et frémissante comme la chair, fruit d'un long travail de lime, d'un choix méticuleux des mots. Elle ne parle que de ce qu'elle connaît : la femme, l'amour (« ces plaisirs qu'à la légère on appelle physiques »), la nature et les bêtes, mais elle en parle avec une perfection jamais encore égalée.

Le Blé en herbe (1923), œuvre de la cinquantaine, est une éducation sentimentale où dialoguent les sens et le cœur et dont la pureté rayonne — une pureté qui « est celle de la nature, non de la morale* ».

La crevette.

— Tu vas à la pêche, Vinca ?

D'un signe de tête hautain, la Pervenche, Vinca aux yeux couleur de pluie printanière, répondit qu'elle allait, en effet, à la pêche. Son chandail reprisé en témoignait, et ses espadrilles racornies[1] par le sel. On savait que sa jupe à carreaux bleus et verts, qui datait de trois ans et laissait voir ses genoux, appartenait à la crevette et aux crabes. Et ces deux havenets[2] sur l'épaule, et ce béret de laine hérissé et bleuâtre comme un chardon[3] des dunes constituaient-ils une panoplie de pêche, oui ou non ?

Elle dépassa celui qui l'avait hélée. Elle descendit vers les rochers, à grandes enjambées de ses fuseaux maigres et bien tournés, couleur de terre cuite. Philippe la regardait marcher, comparant l'une à l'autre Vinca de cette année et Vinca des dernières vacances. A-t-elle fini de grandir ? Il est temps qu'elle s'arrête. Elle n'a pas plus de chair que l'autre année. Ses cheveux courts s'éparpillent en paille raide et bien dorée, qu'elle laisse pousser depuis quatre mois, mais qu'on ne peut ni tresser ni rouler. Elle a les joues et les mains noires de hâle, le cou blanc comme lait sous ses cheveux, le sourire contraint, le rire éclatant, et si elle ferme étroitement, sur une gorge absente, blousons et chandails, elle trousse jupe et culotte pour descendre à l'eau, aussi haut qu'elle peut, avec une sérénité de petit garçon...

Le camarade qui l'épiait, couché sur la dune à longs poils d'herbe, berçait sur ses bras croisés son menton fendu d'une fossette. Il compte seize ans et demi, puisque Vinca atteint ses quinze ans et demi. Toute leur enfance les a unis, l'adolescence les sépare. L'an passé, déjà, ils échangeaient des répliques aigres, des horions[4] sournois ; maintenant le silence, à tout moment, tombe entre eux si lourdement qu'ils préfèrent une bouderie à l'effort de la conversation. Mais Philippe, subtil, né pour la chasse et la tromperie, habille de mystère son mutisme, et s'arme de tout ce qui le gêne. Il ébauche des gestes désabusés, risque des « À quoi bon ?... Tu ne peux pas comprendre... », tandis que Vinca ne sait que se taire, souffrir de ce qu'elle tait, de ce qu'elle voudrait apprendre, et se raidir contre le précoce, l'impérieux instinct de tout donner, contre la crainte que Philippe, de jour en jour changé, d'heure en heure plus fort, ne rompe la frêle amarre qui le ramène, tous les ans, de juillet en octobre, au bois touffu incliné sur la mer, aux rochers chevelus de fucus[5] noir. Déjà il a une manière funeste de regarder son amie fixement, sans la voir, comme si Vinca était transparente, fluide, négligeable...

C'est peut-être l'an prochain qu'elle tombera à ses pieds et qu'elle lui dira des paroles de femme : « Phil ! ne sois pas

1. **racornies** : durcies, usées et rétrécies.

2. **havenet** : filet utilisé pour la pêche à la crevette.

3. **chardon des dunes** : plante épineuse à fleurs bleues.

4. **horion** : coup (mot vieilli).

5. **fucus** : algue brune.

* Claude Pichois, Préface au *Blé en herbe*, Éd. Garnier-Flammarion.

méchant... Je t'aime, Phil, fais de moi ce que tu voudras... Parle-moi, Phil... » Mais cette année elle garde encore la dignité revêche[6] des enfants, elle résiste, et Phil n'aime pas cette résistance.

Il regardait la plate et gracieuse fille, qui descendait à cette heure vers la mer. Il n'avait pas plus l'envie de la caresser que de la battre, mais il la voulait confiante, promise à lui seul, et disponible comme ces trésors dont il rougissait — pétales séchés, billes d'agate[7], coquilles et graines, images, petite montre d'argent...

— Attends-moi, Vinca ! Je vais à la pêche avec toi ! cria-t-il.

Elle ralentit le pas sans se retourner. Il l'atteignit en quelques bonds et s'empara d'un des havenets.

— Pourquoi en avais-tu pris deux ?

— J'ai pris la petite poche pour les trous étroits, et mon havenet à moi, comme d'habitude.

Il plongea dans les yeux bleus son plus doux regard noir :

— Alors ce n'était pas pour moi ?

En même temps il lui offrait la main pour franchir le mauvais couloir de rochers, et le sang monta sous le hâle des joues de Vinca. Un geste nouveau, un regard nouveau suffisaient à la confondre. Hier, ils battaient les falaises, sondaient les trous côte à côte — à chacun son risque... Aussi leste que lui, elle ne se souvenait pas d'avoir requis l'aide de Phil...

— Un peu de douceur, Vinca ! pria-t-il en souriant, parce qu'elle a retiré sa main d'un trop grand geste anguleux. Qu'est-ce que tu as donc contre moi ?

Elle mordit ses lèvres, fendillées par les plongeons quotidiens, et chemina sur les rochers hérissés de balanes[8]. Elle réfléchissait et se sentait pleine de doute. Qu'a-t-il donc lui-même ? Le voici prévenant, charmant, et il vient de lui offrir la main comme à une dame... Elle abaissa lentement la poche de filet dans une cavité où l'eau marine, immobile, révélait des algues, des holothuries[9], des « loups »[10], rascasses[11] tout en tête et en nageoires, des crabes noirs à passe-poils[12] rouges et des crevettes... L'ombre de Phil obscurcit la flaque ensoleillée.

— Ote-toi donc ! Tu mets ton ombre sur les crevettes, et puis c'est à moi, ce grand trou-là !

Il n'insista pas et elle pêcha toute seule, impatiente, moins adroite que de coutume. Dix crevettes, vingt crevettes échappèrent à son coup de filet trop brusque, pour se tapir dans les fissures d'où leurs barbes[13] fines tâtent l'eau et narguent[14] l'engin...

— Phil ! Viens, Phil ! C'en est rempli, de crevettes, et elles ne veulent pas se laisser prendre !

Il approcha, nonchalant[15], se pencha sur le petit abîme pullulant :

— Naturellement ! C'est que tu ne sais pas...

— Je sais très bien, cria Vinca aigrement, seulement je n'ai pas la patience.

Phil enfonça le havenet dans l'eau et le tint immobile.

— Dans la fente de rocher, chuchota Vinca derrière son épaule, il y en a de belles, belles... Tu ne vois pas leurs cornes ?

— Non. Ça n'a pas d'importance. Elles viendront bien.

— Tu crois ça !

— Mais oui. Regarde.

Elle se pencha davantage, et ses cheveux battirent, comme une aile courte et prisonnière, la joue de son compagnon. Elle recula, puis revint d'un mouvement insensible, pour reculer encore. Il ne parut pas s'en apercevoir, mais sa main libre attira le bras nu, hâlé et salé, de Vinca.

— Regarde, Vinca... La plus belle, qui vient...

Le bras de Vinca, qu'elle déroba, glissa jusqu'au poignet dans la main de Phil comme dans un bracelet, car il ne le serrait pas.

— Tu ne l'auras pas, Phil, elle est repartie...

Pour suivre mieux le jeu de la crevette, Vinca rendit son bras, jusqu'au coude, à la main demi-fermée. Dans l'eau verte, la longue crevette d'agate grise tâtait du bout des pattes, du bout des barbes, le bord du havenet. Un coup de poignet, et... Mais le pêcheur tardait, savourant peut-être l'immobilité du bras docile à

6. **revêche** : peu aimable, peu engageante, rebutante.

7. **agate** : pierre (quartz) aux couleurs variées.

8. **balane** : crustacé qui vit dans les trous des rochers.

9. **holothurie** : petit animal marin de la famille des oursins et des étoiles de mer ; appelé aussi, à cause de sa forme, *concombre de mer*.

10. **loup** : poisson de mer.

11. **rascasse** : poisson comestible mais couvert d'épines venimeuses.

12. **passe-poils** : bordure de tissu qui dépasse entre deux pièces cousues. Ici, les bordures rouges du crabe.

13. **barbe** : cartilage servant de nageoire.

14. **narguer** : défier en se moquant.

15. **nonchalant** : avec une lenteur et une insouciance affectée, en signe de supériorité.

sa main, le poids d'une tête voilée de cheveux qui s'appuya, un moment vaincue, à son épaule, puis s'écarta, farouche...

– Vite, Phil, vite, relève le filet !... Oh ! elle est partie ! Pourquoi l'as-tu laissée partir ?

Phil respira, laissa tomber sur son amie un regard où l'orgueil, étonné, méprisait un peu sa victoire ; il délivra le bras mince, qui ne réclamait point de liberté, et brouillant, à coups de havenet, toute la flaque claire :

– Oh ! elle reviendra... Il n'y a qu'à attendre...

COLETTE,
Le Blé en herbe
Éd. Flammarion.

Lire et comprendre

- **Deux jeunes adolescents : Vinca et Phil**
  - Quel âge ont-ils ?
  - Faites le portrait physique de Vinca. Quelle impression s'en dégage ?
  - Quelles relations unissent les deux adolescents ?

- **La pêche à la crevette : un mode de relation.**
  - Pourquoi y vont-ils ? – Cette pêche est-elle fructueuse ?
  - Peut-on expliquer leur maladresse ?

Réfléchir

- **Un amour naissant.**
  Vinca et Phil éprouvent de doux sentiments l'un à l'égard de l'autre, mais ils n'osent pas les exprimer. Recherchez dans le texte tous les indices qui confirment l'existence de ces sentiments (paroles, gestes, silences, etc.).
- Pouvez-vous expliquer, à partir de ce passage, un des sens du titre du roman : « Le blé en herbe » ?

Jacques CHESSEX

Jacques Chessex est né en 1934 en Suisse. Fils d'un professeur de latin et de grec qui se suicide en 1956, il devient à son tour professeur de littérature française au gymnase de Lausanne.

En 1973, après avoir publié des poésies et plusieurs récits, il obtient le Prix Goncourt pour son roman *L'Ogre*.

L'Ogre.

C'était une scène très ancienne, mais qui s'était reproduite des milliers de fois au temps où il vivait auprès de sa famille, à Lutry, au bord du lac, dans la maison bouleversée de cris de dispute sous le vent des peupliers et des sapins. On s'était assis pour le repas du soir. Le père, immense, présidait au bout de la table. La lumière du couchant rougissait son front luisant et doré, ses bras épais luisaient aussi de lumière orange, sa force était visible, heureuse, les muscles et la graisse ferme de sa poitrine soulevaient la chemise ouverte sur la forêt de poils gris entre les mamelles dont les aéroles faisaient deux pointes sous le coton. Autour de lui, la salle semblait plongée dans la nuit. Mais au-devant de l'ombre qui montait du sol et des coins éloignés de la grande pièce, il y avait cette masse éclairée, concentrée, cet autre soleil infaillible et détestable qui rougissait, qui brillait, qui s'illuminait de tout son pouvoir.

Assis à l'autre bout de la table, Jean Calmet écoutait avec répugnance[1] les bruits de bouche de son père occupé à manger. Ces chuintements, ces succions le dégoûtaient comme un aveu sale. On parlait peu, les frères et les sœurs s'observaient, la mère mangeait très vite, se levait sans cesse, trottait de la cuisine à la chambre, souris grise, apeurée. Martha, l'aide de ménage suisse allemande, fixait son assiette avec un air de réprobation. Le docteur mâchait et déglutissait[2] sans arrêt, mais son regard implacable se posait sur chacun des siens, il parcourait la tablée, de haut en bas, de bas en haut, et Jean Calmet se désespérait d'être une fois de plus transpercé par ces yeux tout-puissants qui le fouillaient et le devinaient. Sous leur feu bleu il devenait livide, tout de suite il se sentait transparent, complètement désarmé, incapable de dissimuler quoi que ce fût à ces terribles prunelles. Le docteur savait tout de lui, le docteur lisait en lui parce qu'il était le maître, et le maître demeurait épais, massif, impénétrable dans sa force serrée et rubiconde[3] au soleil du soir.

La honte et le désespoir poignaient le cœur de Jean Calmet. Son père connaissait ses désirs de larve[4]. Il connaissait la cachette aux mouchoirs gluants. Il voyait tout d'un seul regard. Jean Calmet baissait les yeux sur son couvert sans pouvoir échapper à l'inquisiteur[5]. La tristesse lui serrait la gorge et il avait envie de se jeter au cou du vieillard, de pleurer toutes les larmes de son corps sur sa poitrine ample et sonore. Car Jean Calmet aimait son père. Il l'aimait, il aimait cette force massive et guetteuse, il détestait et il jalousait cet appétit, il aimait cette voix dominatrice en même temps qu'il en avait peur. Une crainte un peu lâche le retenait de courir au docteur, de se blottir dans ses bras. Il était honteux de cette lâcheté comme d'une trahison.

Le souper était fini depuis longtemps, le docteur buvait bruyamment son café sans que personne osât se lever. La servante s'affairait sur la pointe des pieds. Enfin on allumait les lampes, c'était le signal, après un rapide bonsoir chacun sortait précipitamment de la pièce et fuyait se cacher dans sa chambre comme dans un terrier[6] secret. Mais Jean Calmet ne se remettait

1. **répugnance** : profond dégoût.

2. **déglutir** : avaler.

3. **rubiconde** : très rouge.

4. **larve** : ici, être inférieur, méprisable.

5. **inquisiteur** : juge qui pose des questions très indiscrètes de façon autoritaire.

6. **terrier** : trou que creusent certains animaux pour en faire leur habitation.

pas de l'épreuve. Il avait l'impression que le regard de son juge le suivait, le scrutait à travers les murs. Tard dans la soirée, il cherchait encore dans ses livres un refuge ou une distraction. Il se couchait. S'il succombait à son désir, toute sa fibre[7] se crispait à l'idée que son père allait le surprendre, pire : qu'il l'avait vu, qu'il l'observait.

Il avait quinze ans.

Jacques CHESSEX,
L'Ogre,
Éd. Grasset.

7. **sa fibre** : ici, toute sa personne.

Lire et comprendre

Juste après la mort de son père, le narrateur revit une scène de son adolescence, le repas du soir.

• Une scène symbolique.

– Quelle place occupe le père à table ? Il est physiquement très présent : quelle impression essentielle se dégage de son portrait physique ?
– Pourquoi la scène se déroule-t-elle dans un tel silence ? Quelle atmosphère règne ?
– Face au père, tous les autres membres de la famille sont réduits à l'état de figurants. Qui sont-ils ? Comment sont-ils caractérisés (démarche-silence) ?
– Ombre et lumière : il semble que, dans ce « tableau », tout l'éclairage soit concentré sur le personnage du père. Relevez toutes les expressions qui indiquent cet effet.

• Un père à l'image de Dieu.

– Il voit tout ; rien ne lui échappe – Montrez-le. Observez la répétition du mot regard.
– Il sait tout. Notez que, pour son fils, il se confond avec l'« œil de la conscience ».
– Il juge. Observez le sentiment de culpabilité de Jean.
Or, ce Dieu conserve des caractéristiques « humaines » : sur quels détails, triviaux, presque dégoûtants, le narrateur insiste-t-il ?
A votre avis, pourquoi Jean les ressent-il avec tant d'intensité ?

Réfléchir

Ce père inspire à son jeune fils de quinze ans des sentiments extrêmement contradictoires. Lesquels ? A votre avis, lequel de ces sentiments prédomine ?

Quelques mois ont passé depuis la mort du père, et arrivent pour Jean, professeur, les vacances de Noël.

Il y eut Noël.

Il se terra.

Il s'encoconna[1] dans la convention, les habitudes de sa famille, la tiédeur un peu louche de Lutry, l'affection inquiète de sa mère, la musique, les repas, les cloches. Il y eut le sapin comme chaque année, depuis toujours. Il y eut ses sœurs, ses frères, les cris de ses neveux surexcités, la mélancolie des cadeaux, les yeux brillants de larmes dans la lumière des bougies. Il y eut la chaise vide du père. Il y eut la grande horloge dressée dans son cercueil derrière le fantôme.

Il y eut le 31 décembre.

Il se mit au lit.

Le lendemain il se promena au bord du lac. Encore cette douceur un peu écœurante de la rive attiédie au soleil d'hiver. Des mimosas fleurissaient dans les jardins. Dans des serres vaguement opaques luisaient des œillets, des bégonias, des cyclamens, taches rougeâtres, un peu effrayantes comme des tampons ensanglantés sous le verre chaud. Des palmiers se dressaient dans le ciel bleu entre des sapins et des platanes aux branches nues. Des gens traînaient à petits pas dans les allées. Sur le quai, à Lutry, on prenait déjà l'apéritif en plein air, et les femmes avaient ces lèvres ouvertes, pulpeuses[2], qu'on leur voit au printemps, sur les terrasses de la Côte.

Jean Calmet s'arrêta aux Peupliers, auprès de sa mère, puis il rentra à pied à Lausanne. Il songeait à la vieille demeure sous ses arbres. Quel silence, aujourd'hui, dans la grande pièce ensoleillée où sa mère passait ses journées entre l'horloge et le lac scintillant devant la Savoie. Une pitié tendre lui venait de cette petite femme grise complètement désœuvrée, désemparée, qui trottinait de la cuisine à son fauteuil, une théière à la main, puis elle se versait son thé précautionneusement et grignotait des fluettes[3] au sel en s'excusant de faire trop de buit avec son nouveau dentier.

Il ne l'avait jamais connue, cette femme. La compassion le poignait. Elle aussi, elle plus que chacun d'eux, avait plié sous le tyran, s'était cassée, s'était détruite. Elle se taisait. Mais son sourire triste disait tout. Elle ne s'était pas plainte une fois, et l'absence du docteur la laissait désertée comme une ville détruite. Elle avait ouvert de vieux albums de photos. Elle n'avait pas pleuré. Mais elle demeurait dans son fauteuil, l'album ouvert sur ses genoux, l'œil fixe, perdu dans la lumière de la fenêtre qu'elle ne voyait pas, scrutant les présences fantomatiques qui avaient peuplé son passé. Oh ! destin de Samaritaine déchue. Infirmière oubliée au fond de l'hôpital désaffecté. En ce moment le soir tombait sur Lutry, elle devait être demeurée à la même place, sous les barres rouges du soleil couchant, le regard immobile devant sa théière froide. Mme Jeanne-Aimée Calmet, née Rossier. Elle était venue des campagnes perdues, au pied du Jura, elle avait été servante, elle avait quitté les fermes, les pâturages, les bergeries, elle était devenue la servante de son père. Jeanne ! Mes lunettes ! Jeanne ! Ma valise ! Ma canne ! Un pot de café ! Et ces sales gosses que tu élèves mal. Et ces repas que je ne viendrai pas prendre. Attends-moi donc. Tu es faite pour m'attendre, Jeanne. Tes mains ont tourné la soupe, cuit la viande, ouvert la bouteille. Je ne viendrai pas. Je rôde. Je suis le maître. J'ouvre des ventres, moi. Je fouille dans la chair. Je tranche[4]. C'est moi qui menace, qui console, qui guéris, moi qui donne l'espoir, moi qui veille à la porte de l'empire de la mort. Elle n'ose pas se montrer, la mort, la pauvre ! Elle recule quand j'arrive, elle bat en retraite[5], elle se terre dans ses domaines ! Je coupe, je pince, je fouille, je redresse, j'attache, j'arrache, je recouds, je suis un soldat infatigable, un mercenaire, un légionnaire, allez, la mort, tu ne fais pas peur.

1. **s'encoconner** : s'isoler du monde extérieur.

2. **pulpeuses** : appétissantes comme un fruit.

3. **fluettes** : biscuits très légers.

4. **trancher** : couper, tailler et aussi prendre les décisions de façon autoritaire.

5. **battre en retraite** (terme militaire) : céder.

6. **foutez-moi la paix** : laissez-moi tranquille (argot).

7. **minables** : qui font pitié, lamentables.

8. **ratatinée** : rapetissée par la vieillesse.

9. **collation** : repas léger.

10. **urne** : ici, urne funéraire : vase dans lequel on recueille les cendres d'un mort.

Alors, vous avez compris, foutez-moi la paix[6] avec vos horaires et vos airs minables[7], j'ai tous les droits, moi le guerrier, le maître de la vie, vous n'avez qu'à m'attendre et me subir. Jeanne dessert la table intacte et va se coucher seule dans le grand lit. Jeanne passe l'été à attendre le docteur qui guerroie par monts et vaux. Les enfants reviennent, repartent, l'été finit, le temps s'englue dans l'automne, le lac sent le poisson pourri au seuil de l'hiver, Jeanne prépare la fête de Noël, la Saint-Sylvestre, elle regarde les anciennes photographies. Jeanne Calmet. Ma mère. J'ai été son benjamin, son petit cadet, sa consolation et sa joie. Son herbe verte. Son air frais. Je me suis échappé à mon tour. Je ne retournais pas aux Peupliers. J'y reviendrai plus souvent. Sa consolation. Sa joie. Je lui survivrai. Elle mourra dans la pièce au grand lit, menue, ratatinée[8] sur la pile des ses oreillers, — des blancs oreillers de la chanson. Adieu, mère, tendre jeune fille des campagnes de neige. On te brûlera. Il y aura les mêmes fleurs, les mêmes couronnes qu'au mois de septembre. Les mêmes figures aux honneurs. On prendra la même collation[9] au Reposoir, vin blanc, thé, flûtes, bricelets, et dans la semaine, un beau soir, tes enfants s'attableront aux Peupliers, autour d'un catalogue des Pompes funèbres où ils choisiront ton urne[10]. Adieu, mère, douce Jurassienne austère, tu allais à l'église en tremblant et le ciel t'est tombé sur la tête.

Il y eut la rentrée de janvier.

Des conférences pédagogiques, des piles de versions à corriger. L'ennui plat.

Un moins passa. Rien à dire. Puis ce fut le 21 février, et Jean Calmet rencontra la Fille au Chat.

Jacques CHESSEX,
L'Ogre,
Éd. Grasset.

Lire et comprendre

- **L'existence du narrateur : un enchaînement monotone d'événements dérisoires.**
  - A quelle expression verbale le narrateur recourt-il sans cesse ? Les éléments qu'elle introduit sont-ils d'importance égale ? A votre avis qu'a voulu suggérer l'auteur en les mettant ainsi sur le même plan ?
- **Le Père, un absent, plus présent que jamais :**
  Comment se manifeste la présence du père ? Qui, dans la première partie du texte, parle à la 1er personne ? A qui s'adresse cette voix autoritaire ?
- **La mère, une *« morte-vivante »***
  - Faites un relevé des termes et dénominations qu'utilise Jean pour désigner sa mère. Quelles conclusions en tirez-vous ?
  - Le tableau que Jean se représente en imagination de sa mère morte est-il réellement plus triste que la réalité présente ? Comment l'expliquez-vous ?

Réfléchir

- Comparez le long portrait qui est fait de la mère par son fils dans ce deuxième extrait avec l'évocation qu'il faisait d'elle, à la scène du dîner. Qu'en concluez-vous ?
- Les rapports du fils et de sa mère ont-ils été modifiés par la mort du père ? Porte-t-il sur elle le même regard qu'auparavant ?

Anne HÉBERT

Anne Hébert est née en 1916 au Québec où elle a passé son enfance, fait ses études et commencé sa carrière d'écrivain. Bien qu'installée à Paris depuis plusieurs années, elle n'a cessé de chanter son pays natal. Elle a obtenu plusieurs prix littéraires, en particulier le prix des Libraires en 1971 pour son roman *Kamouraska* dont un film a été tiré et le prix Femina en 1982 pour *Les Fous de Bassan* dont sont extraits les pages suivantes.

Les Fous de Bassan.

Lettres de Stevens Brown à Michael Hotchkiss

Au cours de l'été 1936 deux adolescentes disparaissent sur la grève près du village de Griffin Creek. Anne Hébert raconte cette mystérieuse disparition, à travers le récit qu'en font différents personnages impliqués dans ce drame. Stevens Brown, un des personnages principaux du roman, rentre au pays quelque temps avant la fin tragique des deux adolescentes, après un séjour de cinq ans aux Etats-Unis où il a rencontré Michael Hotchkiss à qui il adresse les lettres suivantes.

30 juin.

Après cinq ans d'absence me voici de retour au bercail. Je me suis assis au bord du ruisseau qui porte mon nom : Brown Stream. C'est écrit en noir avec du goudron sur une planchette clouée sur un poteau. Ça m'a fait plaisir de voir mon nom écrit à l'entrée du village, pour me signifier que j'étais vraiment arrivé chez moi, après toutes ces pérégrinations dans les pays étrangers. Assis sur ma roche, au bord du ruisseau bouillonnant et limpide, j'ai mesuré le temps qui s'était écoulé, depuis mon départ. J'ai mesuré mon corps d'homme, de la tête aux pieds, et j'éprouvais quelque chose d'obscur, de très fort et d'irréfutable à l'intérieur de moi ; la présence intacte de mon corps d'enfant, avec ses joies, ses peines et ses peurs. J'étais comme une femme enceinte, au bord d'un chemin, qui reprend souffle, après avoir beaucoup marché, et qui est lourde de son fruit. Longtemps j'ai regardé le village, avant de me décider à y descendre. J'étais en haut de la côte de sable, le village se trouvait tout en bas, entre la mer et la montagne, ses maisons précaires et blanches, posées de travers pour contrecarrer le nordais[1]. Pour me rassurer je me répétais que le sang qui coulait dans mes veines n'était plus le même, ni ma peau, ayant été renouvelé de par tout mon corps, plusieurs fois, depuis mon départ. Mais je n'ai retrouvé tout mon aplomb et mon assurance qu'en pensant à mes bottes et à mon chapeau. Je me suis dit qu'un homme n'a rien à craindre, chaussé de bottes viriles, été comme hiver, le chapeau vissé sur la tête, ne se découvrant ni pour l'église, ni pour les femmes. Les maisons vues de loin, du haut de la côte, j'aurais pu les prendre dans mes mains, les tourner et les retourner, en faire sortir les petits personnages, les tenir entre le pouce et l'index. Mais trop de nouveautés sans doute là-dedans, trop de métamorphoses, les naissances et la mort, les signes du temps partout. Le visage de ma mère s'est-il flétri[2], les colères de mon père le réchauffent-elles toujours, l'empêchant de sombrer tout à fait dans l'ennui et le mépris ? Un instant, l'idée consolatrice et folle d'aller me jeter aux pieds de Felicity, ma grand-mère, et de lui demander de me bénir et de m'absoudre. Sa vieille main sur mon front, fourrageant dans mes cheveux. Pour elle seule j'enlèverais mon chapeau et je baiserais le bas de sa robe. Surtout ne pas commencer par la maison des parents, remettre à plus tard la salutation et la confrontation avec

1. **nordais** : vent du nord-est

2. **flétri** : fané, changé

les auteurs de mes jours. Flâner un peu, hésiter entre les maisons, bien choisir ma porte et mon perron, avant d'entrer. L'embêtant avec le village c'est qu'il suffit d'un seuil franchi, dans la solitude apparente, pour que surgissent aussitôt, dans les fenêtres voisines, sur le pas des portes, des yeux pointus comme autant de petites serres pour vous agripper et vous saisir.

La maison de mes grands-parents c'est la dernière, là, tout au bout, avec une clôture verte et un abat-vent de bois, non loin de la sécherie de harengs. J'irai trouver ma grand-mère, chapeau bas, je mettrai un genou en terre devant elle et je lui dirai : C'est moi Stevens ton petit-fils, je suis de retour et je te salue. Peut-être ne me reconnaîtra-t-elle pas ? Et si personne ne me reconnaissait dans le village ? Je n'aurais qu'à rebrousser chemin comme quelqu'un qui se rend compte que la rue devant lui est barrée, comme un cheval qui bute sur un obstacle infranchissable. Sac au dos je reprendrais la route et je parcourrais l'Amérique du Nord, en long et en large, vivant de travaux saisonniers et des saisons elles-mêmes qui sont différentes d'une province à l'autre, d'un État à l'autre. Tout un continent pour vivre et mourir à l'aise, le monde presque entier pour respirer, par le nez, par la bouche, par tous les pores de la peau, l'air immense, tel un océan où s'immerger et devenir de plus en plus vivant et remuant, pareil à un poisson dans l'eau.

Du haut de la côte je contemple le village. Les bras croisés sous la tête, étendu de tout mon long sur ma roche plate, au bord du ruisseau, je lève la jambe, je cligne des yeux, je pose mon pied, avec sa botte poussiéreuse, sur le village que je cache entièrement. Mon pied est énorme et le village tout petit dessous. Le village est si petit que je pourrai ne plus jamais y rentrer, avec mes grosses bottes et ma taille d'homme. On doit étouffer là-dedans. Je pose mon pied sur le village que je fais disparaître, puis je le découvre à nouveau, dans sa petitesse et sa fragilité. Je joue à posséder le village et à le perdre à volonté. Tout cela parce que je n'arrive pas à me décider à descendre la côte et à cogner à l'une des portes de ce village minuscule et endormi. Je n'aurais pourtant qu'à taper à l'une de ces portes pour que l'on m'ouvre aussitôt, je n'aurais qu'à dire : Voilà, c'est moi, Stevens, je suis de retour...

Voici qu'une silhouette, qu'on dirait découpée dans du papier noir ou marron, vient de surgir derrière la clôture verte de mes grands-parents. L'ombre se déplace difficilement sur des jambes maladroites. Je crois que c'est mon grand-père que l'âge alourdit et rend chambranlant[3]. Il se dirige vers la sécherie, examine ses harengs, les retourne, rutilants comme du bronze doré, dans le soleil, s'imprègne de leur puanteur et revient s'asseoir sous un sapin, derrière la clôture verte, dans le petit jardin. Si je ferme un œil et pose à nouveau mon pied sur les maisons, au bas de la côte de sable, je fais disparaître mon grand-père qui somnole, adossé à un sapin. Sous ma botte je m'imagine sa petite vie de vieux, il a bien soixante-dix ans. Je pourrais l'écraser comme une coquerelle[4]. Mais je le laisse dormir et rêver, sous ma semelle, ses rêves montent le long de ma jambe comme autant de petites fourmis diligentes, éclatent dans ma tête en bulles légères. Je sais à quoi pense mon grand-père comme si j'avais bu dans son verre. Il se colle au sapin, la résine, chauffée tout le jour, embaume et pénètre ses vêtements, sa peau, son épine dorsale. Il adhère parfaitement au tronc rugueux. Mon grand-père devient arbre tant l'idée d'arbre est forte dans son esprit, avec ses mères branches, ses maîtresses branches, ses branches gourmandes, ses branchettes et ses ramilles à l'infini. Tant de rejetons pour un seul homme, les légitimes et les autres, il y a de quoi rester vert et ne jamais mourir. Les enfants, les petits-enfants et même les arrière-petits-enfants, depuis que Isabel... Béni, tout cela est béni. Mon grand-père s'embrouille, fait le compte des feux du village, on dirait qu'il recense une myriade de prunelles bleues, sorties d'une source vive, au milieu de son ventre d'homme. Il a beau geindre, et se dire qu'il est vieux à présent, trop lourd et trop gras, grosse bedaine[5], plus de graines, sa descendance est là devant lui, répan-

3. **chambranlant** : peu stable, peu solide.

4. **coquerelle** : fleur qui a des effets toxiques.

5. **bedaine** : ventre.

due jusqu'au-delà du village, sur toute la côte, comme le sable des grèves de par ici, granuleux et gris, et qu'il est inutile d'essayer de les compter.

J'ai le pouvoir de faire exister mon grand-père, au bout de mon pied, ou de l'abandonner au silence d'un sommeil opaque. J'opte pour cette dernière solution. Je suis fatigué de vivre par procuration. Mon vrai problème c'est de savoir par quel bout aborder le village, sans réveiller la meute[6], sans l'avoir à mes trousses, mes parents en tête, avides et curieux. Pressé de questions, je serai pressé de questions comme Lazare au sortir du tombeau et comme Lazare je ne saurai quoi répondre, car la vraie vie est semblable à la mort, impénétrable et profonde.

6. **meute** : troupe de chiens dressés pour la chasse ; au sens figuré : groupe de gens acharnés contre quelqu'un.

Si je me décide pour Maureen Macdonald, née Brown, c'est que la veuve de mon cousin Jack possède une toute petite demeure, cachée sous les arbres, tout en bas, et que c'est la première maison à main droite, en descendant la côte de sable. Je commencerai donc par Maureen.

Anne HÉBERT
Les Fous de Bassan,
Éd. Le Seuil.

Lire et comprendre

- **Le retour au pays.**
  Avant d'entrer dans le village, Stevens fait une halte au sommet de la colline qui domine Griffin Creek.
  Quelles réflexions se fait-il ? Qu'est-ce qui montre qu'il a mûri, qu'il est devenu un homme ?
  Quelles sont les trois personnes qui occupent sa pensée ? Pour laquelle éprouve-t-il le plus d'affection ?
  Pourquoi hésite-t-il à entrer dans le village ?

- **Des bottes de géant.**
  Stevens se voit comme un géant chaussé d'énormes bottes sous lesquelles il pourrait écraser le village.
  Pourquoi, à votre avis, éprouve-t-il ce désir de détruire ?
  Il observe tout particulièrement la maison de ses grands-parents et s'attarde surtout sur son grand-père. Quel portrait trace-t-il du vieillard ?
  Pourquoi décide-t-il d'aller tout d'abord chez Maureen Macdonald ?

15 juillet.

Inutile de chercher des raisons extraordinaires. Si je suis revenu c'est juste pour voir. Par curiosité, te dis-je. Par désœuvrement. Par nostalgie sans doute. J'ai revu ma grand-mère qui m'a embrassé et offert du plum-cake[1] et du thé.

1. **plum-cake** (mot anglais) : gâteau aux fruits secs.

Dès qu'elle m'a vu dans la porte d'entrée, elle a poussé une sorte de cri, plein de mots tendres et sauvages, s'entrechoquant les uns les autres.

– Stevens ! Mon petit, mon grand garçon, si grand, mon petit-fils, plus beau que son père, si grand, plus intelligent que sa mère, fin, fin dans sa tête, comme un fil fin, dur dans son cœur comme un fil de plomb, les yeux de tante Agnès, le nez de son grand-père, mes cheveux à moi, sa grand-mère, les cheveux de ma jeunesse à moi, là, sur la tête de mon garçon, en masse blonde sur sa tête dure... Stevens, mon petit Stevens...

Elle m'a examiné, trait par trait. Un portrait qu'on regarde à la loupe. Un profond soupir. L'excitation de ma grand-mère tombe, se résorbe doucement dans ce soupir, pareil à un grand vent qui s'apaise tout d'un coup, ayant épuisé sa force et son élan. Tout bas maintenant, en serrant les dents, elle affirme que je ne suis pas plus fiable que mon grand-père et que tous les hommes sont des cochons.

Le thé de ma grand-mère est noir comme de l'encre, âcre sur la langue, longtemps après qu'on l'a avalé. Elle me parle de mes cousines Nora et Olivia. J'apprends que trois hommes jaloux gardent Olivia dans une grande maison avec une galerie de bois ouvragé tout le tour. Depuis la mort de sa mère elle n'a jamais été moins libre, malgré ses dix-sept ans, un père et deux frères à nourrir, blanchir, repasser et repriser, sa mère mourante lui ayant fait promettre de les bien soigner, tous les trois, et d'être parfaitement obéissante.

Ma grand-mère me recommande de bien m'essuyer les pieds, la prochaine fois que je viendrai la voir.

Ma grand-mère a toujours préféré les filles.

9 août.

C'est décidé, j'irai voir mes parents, ce soir même. J'ai emprunté à Maureen les habits de son défunt qu'elle a sortis de la naphtaline. Il a fallu rallonger le bas du pantalon et les manches de la veste. Je me suis rasé de près et Maureen m'a coupé les cheveux avec ses grands ciseaux à couture. Ça me fait une drôle de ligne blanche sur le cou, entre les cheveux et la peau hâlée. Je peux voir dans la glace la ligne blanche et les coups de ciseau de Maureen, visibles dans mes cheveux, grapillés, par-ci par-là. Maureen a de la chance car au lieu de me fâcher j'éclate de rire. Mais là où les choses se gâtent tout à fait entre nous, je lui fais part de mon intention de garder mon chapeau sur ma tête durant toute la soirée, chez mes parents. Endimanché comme je suis, avec un costume d'homme et un chapeau d'homme, je ne suis pas pour me découvrir devant mes parent pareil à un enfant tout nu qui penche la tête et attend sa punition. Je les domine à présent de toute ma taille d'homme, de tous mes habits d'homme, de tout mon chapeau d'homme, de toutes mes bottes d'homme, et il faut qu'ils le sachent. La visite que je leur fais, ce soir, est une visite officielle, en costume officiel, mon costume d'homme officiel, un peu comme un militaire avec ses boutons dorés et ses épaulettes, ou un pasteur avec son col de clergyman. Le moins qu'on puisse dire, c'est que ces grands messieurs n'enlèvent pas les insignes de leur état en mettant le pied chez leurs parents. Maureen n'est pas convaincue, mais plutôt incrédule et navrée. Ma dernière raison je la lui donne, juste avant de passer le seuil de la porte, un peu à la légère, comme si ça n'avait pas tellement d'importance.

– Et puis, rapport à mon chapeau, je crois que ça va les faire enrager.

Me voici avec eux dans le petit salon réservé aux visiteurs. Nous buvons de la bière. Nous essayons de faire le conversation, assis sur de petites chaises incommodes, les pieds sur la catalogne[2], les mains à plat sur les genoux. Mais le temps ne passe pas entre nous, s'éternise et s'alourdit. On dirait qu'une présence invisible grandit dans l'ombre, prend tout l'air autour de nous, peu à peu nous empêche de respirer. La scène est là, dans la cuisine, tout à côté, qui s'étale et reprend vie. Je n'aurais qu'à regarder par la porte ouverte pour apercevoir le linoléum vert et brun et les lignes blanches indiquant la position exacte des personnages. Ainsi font les policiers après un drame afin de bien délimiter l'emplacement des corps sur le sol. Pour Béatrice, ma mère, c'est facile à reconnaître car elle est debout, il n'y a que la marque de ses semelles par terre. Les deux autres corps sont au sol, emmêlés et confondus, figés au moment de leur bataille, dans leurs gestes de bataille et de haine. Des cris et des grognements, des râles pétrifiés au moment de leur éructation persistent, dans une éternelle, muette grimace.

Nous buvons à petites gorgées. Plus un seul mot n'est possible entre nous. La présence envahissante respire derrière la cloison de la cuisine. Tintements de verres, passage de la bière, du verre à

2. catalogne : au Canada, étoffe tissée artisanalement servant ici de tapis.

nos bouches, claquements de langue, tous ces petits bruits s'étiolent dans l'air épais. Un certain moment de notre vie commune, à tous trois, est là, fixé à jamais. La fureur immobile comme un étang.

Le père a usé de son droit de correction et le fils s'est défendu. Ni vainqueur ni vaincu. Les deux protagonistes sont d'égale force. La mère a beau s'époumoner et les supplier de ne pas se battre, ils iront jusqu'à la limite de leur souffle. Sans soigner mes plaies et mes bosses, je suis parti et j'ai traversé l'Amérique, à la petite semaine. Il s'agissait de faire vite avant que le père ne reprenne ses esprits et ne prononce la sentence de malédiction.

Et nous sommes là, tous les trois, cinq ans après, assis sur nos petites chaises, guindés et bien élevés, tandis que John Brown mâchonne la sentence non prononcée contre son fils, la promène d'un côté à l'autre de sa bouche, entre ses dents, comme une chique.

Perceval et les jumelles font irruption dans la maison en criant, entrent dans la cuisine, passent en plein milieu de l'ombre lourde, étendue par terre, sans la voir, ni même la sentir, la traversent tel un nuage transparent, laissent éclater leur joie de me voir. Ils me font fête, tous les trois. Les bras de Pam autour de mon cou, j'étale ma richesse, mes trésors de bonté et de tendresse, sous le nez de mes parents.

John Brown me sert de nouveau à boire. Sa main tremble. J'ai vingt ans et je suis le plus fort.

Anne HÉBERT
Les Fous de Bassan,
Éd. Le Seuil.

Lire et comprendre

- **La visite à la grand-mère.**
  - Dans quel climat s'est déroulée cette visite ?
  - Quel portrait la grand-mère fait-elle de son petit-fils ?
  - Comment le traite-t-elle ? Observez particulièrement la description de la fin de la visite.

- **La visite aux parents.**
  Six semaines après son arrivée au village, Stevens se décide enfin à aller voir ses parents.
  - Les préparatifs de la visite : en quoi consistent-ils ?
  - Pourquoi toute cette préparation et cette mise en scène ?

- **L'épreuve de la visite.**
  - Quelle atmosphère règne au cours de cette visite ?
  - Comment se termine-t-elle ?
  - Quels sentiments éprouve-t-il à l'égard de ses parents après ces cinq années d'absence ?
  - Pouvez-vous deviner les raisons pour lesquelles il avait quitté ses parents et son village natal ?

Réfléchir

- **La relation père-fils.**
  - Pensez-vous que Stevens puisse se réconcilier avec son père ?
  - Croyez-vous qu'il va retourner à la maison ?
  - Dans quel milieu social cette histoire se déroule-t-elle ?
  - De quoi ou comment a pu vivre Stevens au cours des cinq ans passés aux Etats-Unis ?

Au-delà du texte.

Que feriez-vous pour vivre si, du jour au lendemain, vous vous retrouviez sans ressources ou sans l'appui financier de vos parents ?

Mongo BETI

De son vrai nom Alexandre Biyidi, ce romancier est né au Cameroun en 1932. Il vit actuellement en France où il est professeur de lettres. Il a publié plusieurs romans qui décrivent les méfaits de la colonisation. Dans son premier roman *Ville cruelle,* paru en 1954, Mongo Beti dénonce avec âpreté les ravages consécutifs à la présence occidentale au Cameroun, et il y montre comment l'exploitation des richesses naturelles de son pays est assurée conjointement par les fonctionnaires européens et par leurs auxiliaires indigènes.

La vente du cacao.

Dans les pages que nous proposons, Banda, le héros de Ville cruelle, *se voit brusquement frustré du produit de sa récolte de cacao par des commis brutaux et malhonnêtes.*

Banda vidait lentement son sac dans l'appareil de bois. Il ne pouvait détacher ses yeux des fèves[1] qui, en roulant les unes sur les autres, faisaient un bruit de feuilles mortes qu'on piétine. Comme il les aimait, ces fèves-là ! Il lui semblait qu'elles étaient sorties de son sein tant il avait mis de lui-même pour les obtenir, pour les créer, et en faire ce qu'elles étaient aujourd'hui, si rouges, si sèches. Son cacao était bon, incontestablement. Ses yeux rencontrèrent ceux du fonctionnaire. Celui-ci plongea son bras jusqu'au coude dans les fèves. Il y fourragea[2] longuement, retira une pleine poignée qu'il étreignit plusieurs fois de sa main... Il ne disait rien. Pour être sèches, elles sont sèches, songea le jeune homme qui décrocha un bref regard triomphal à Sabina. Le contrôleur s'était mis à sélectionner les fèves, une à une, sans arrêt, avec application ; son couteau lançait de menus éclairs. Il avait le visage fermé, l'œil rétréci. Banda, de plus en plus nerveux, s'accroupit, plaça le sac béant à l'endroit de l'ouverture pour récupérer les fèves. Il ne se releva pas : il attendait, tenant à deux mains son sac par les bords. Au dessus de sa tête les craquements secs lui indiquaient que le contrôleur n'avait pas terminé. Comme il était long : Ça c'est mauvais signe, constata Banda qui, n'y tenant plus, se releva brusquement. De nouveau, leurs yeux se croisèrent. L'autre maintint les siens ; Banda aussi, quoiqu'il eût atrocement peur maintenant.

– J'ai cinq autres charges avec moi, fit-il pour dire quelque chose.

Aussitôt, il se reprocha d'avoir dit ça. Il avait parlé sans avoir été interrogé, comme autrefois à l'école lorsqu'il était menacé d'une correction. Le souvenir de ces années de constante dissimulation et de peur lui fit mal au cœur.

– Est-ce le même cacao ?

– Oui...

– Exactement le même ?

– Mais oui !

Il n'ignorait pas tous les égards qu'il devait au fonctionnaire du Contrôle, à M. le Contrôleur. Mais à dessein, il lui parlait avec nervosité, s'appliquait à crâner pour se venger d'avoir laissé paraître sa peur.

– Montre-le moi toujours.

Pour sûr qu'il était bon son cacao. Autrement, pourquoi aurait-il dit ça : « Montre-le moi toujours » ?

Les cinq femmes s'étaient sagement groupées autour du contrôleur et suivaient l'opération non sans intérêt. Il prenait une pleine poignée de fèves dans chaque hotte : il les sectionnait toutes jusqu'à la dernière. Parfois, il sectionnait des moitiés ou des quarts de fèves.

1. **fèves** : graines de cacao.

2. **fourrager** : fouiller, chercher en remuant.

Tout à coup Banda songea de nouveau à la phrase : « Montre-le-moi toujours. » Et peut-être qu'il était mauvais aussi, son cacao. A cette idée, il sentit comme une aiguille s'enfoncer lentement dans son cœur. Est-ce que vraiment il pourrait être mauvais, son cacao ? A son tour, il puisa une poignée de fèves dans une hotte et les pressa dans la paume de sa main. Pour être sèches, elles étaient sèches. Mais alors quoi ? Est-ce qu'elles étaient moisies au-dedans ? Il n'eut pas le temps de se trouver une réponse à cette question. En un tour de main, les costauds du contrôleur s'étaient emparés des cinq charges de cacao qu'ils emmenaient vers le monceau de fèves d'où partait la fumée. Que venait donc de dire le contrôleur ?

- Mauvais, ce cacao... très mauvais. Au feu !...

Banda frémit de colère. Ses yeux s'embuèrent de larmes.

- Non, rugit-il, ce n'est pas vrai ! Mon cacao est bon !

Il bondit après les costauds du contrôleur. On aurait dit que les gardes régionaux n'attendaient que ce geste. Ils se ruèrent sur lui. Il y eut une mêlée confuse, rapide. On vit des poings, des matraques[3] s'élever et s'abattre. Le corps gigantesque d'un garde roula par terre. Les cinq femmes qui avaient accompagné Banda s'interposèrent courageusement.

- Vous ne pouvez pas vous battre à quatre contre lui tout seul. Vous n'êtes donc pas des hommes ? disaient-elles.

- Nous ne voulons pas nous battre contre lui, répondaient les gardes régionaux. Nous l'emmenons au commissariat de police, un point c'est tout.

Ils venaient de le maîtriser. Ils l'obligèrent à se relever et lui mirent des menottes. La foule silencieuse était tout yeux et tout oreilles pour le jeune homme. Il avait un œil poché. Un filet de sang pendait à ses lèvres. Une rumeur monta vers lui, par vagues, comme des messages de sympathie.

Instinctivement, il se débattait, essayant de se débarrasser des menottes, jusqu'au moment où il s'aperçut qu'elles étaient en acier. Il ne les avait jamais vues que de loin. Lorsqu'ils étaient venus le prendre à Bamila pour l'envoyer dans un chantier, c'est une corde qu'ils avaient enroulée autour de lui, au niveau de la ceinture. Sa vue était trouble. Il se sentait très las. Il avait soif.

Les cinq femmes pleuraient autour des gardes régionaux qu'elles suppliaient d'avoir la générosité de lui pardonner. Elles s'humiliaient au point de dire qu'il avait eu tort, lui, Banda, et qu'il leur saurait gré toute sa vie s'ils voulaient bien ne pas tenir compte de son petit mouvement d'humeur. Sabina prétendit même que c'était son fils : elle demandait pitié non plus pour lui, mais pour elle, pour la mère. Est-ce qu'ils n'avaient pas une mère, eux ?

— Apprends à ton fils à se mieux tenir, lui fut-il répondu.

L'une d'elles se détacha et vint près du contrôleur qu'elle se mit à implorer d'une voix lamentable et en étendant les bras. Elle faisait pitié ; elle inspirait le dégoût, cette femme qui implorait pour l'enfant d'une autre. Elle faisait pitié mais elle était vraiment sublime : elle évoquait par son attitude des fantômes de femmes à jamais disparues. A aucun moment, le contrôleur, courbé sur sa machine, ne lui accorda l'aumône d'une œillade.

— Arrête donc, Régina ! lui cria Banda. Ce n'est pas un homme que tu vois là. C'est une bête.

Le mot de Banda provoqua une confusion de murmures et d'éclats de rire.

Il aperçut soudain le monceau de fèves d'où s'échappait la fumée : il lui semblait encore voir les costauds du contrôleur verser ses propres fèves dessus. Ce spectaculaire panache de fumée apparut à Banda comme un miracle, un mensonge : il cherchait en vain à apercevoir le feu qui devait en être l'origine. S'il y était, ce feu, il ne brûlait pas avec une flamme.

Le tas de fèves affectait la forme d'une pyramide à base énorme, à corps effilé, à crête insignifiante. Dans tous les cas, le feu ou la fumée qui s'en élevait, ne pouvait toucher qu'une infime partie des fèves. Banda vit tout cela ; il se le rappellera plus tard

3. **matraques** : bâtons ou autres instruments utilisés pour frapper quelqu'un.

quand on lui révélera que le « mauvais cacao » était en réalité promis à un destin moins purificateur que le feu ; qu'il faisait l'objet, la nuit venue, de diverses opérations de récupération, supervisées par les fonctionnaires du service du Contrôle.

Pendant que les gardes régionaux le conduisaient au commissariat de police, il éprouvait un profond, très profond sentiment de frustration ; cette impression non plus n'était pas nouvelle dans sa vie. A maintes circonstances déjà, il lui avait semblé éprouver cette même chose : seulement, à cet instant elle prenait une forme suraiguë. Elle s'accompagnait aujourd'hui, comme avant, de cette autre impression, elle aussi rendue aiguë par les circonstances, que la sécurité s'était retirée à jamais de la grande forêt.

Il crut avoir touché du doigt le fond de la cruauté humaine, ne se doutant pas qu'elle fût insondable.

« Mauvais cacao... Au feu !... » Comme un bloc de pierre, les mots l'avaient terrassé et le tenaient sous eux, impuissant. Ils le remplissaient entièrement.

Ils étaient dans son ventre : il sentait la constipation déplacer ses viscères.

Ils étaient dans ses poumons : la terreur de Bamila, knock-outé pour la première fois de sa vie, cherchait le souffle et ne le trouvait pas.

Ils étaient dans son cerveau dont ils brouillaient le mécanisme : Banda avait l'impression de se trouver en terre étrangère, à une distance incommensurable[4] de son pays natal, des siens.

Ils étaient dans ses yeux : des myriades d'étincelles scintillaient et éblouissaient Banda dans cet univers qui n'était pas le sien.

« Mauvais cacao... Au feu ! »

Il se sentait comme ce jour à Bamila où il pensa mourir tellement il avait reçu de coups, tellement il avait frappé. Une étrangère de passage dans le village l'avait pris en amitié, tandis que, manifestement, elle dédaignait les autres jeunes gens. Ces derniers s'étaient avisés d'infliger une correction aux fanfaronnades[5] et à la vantardise de Banda — c'est ainsi qu'ils parlaient. En conséquence, ils avaient monté contre lui une espèce de métèque[6] dont on disait couramment dans le pays qu'il était fort comme un fleuve. Au moins, était-il, lui Banda, sorti victorieux de cette lutte, quoique meurtri. Son antagoniste garda le lit des semaines durant...

Il était encore si plein d'espérance ce matin. C'est peut-être lorsqu'on croit le bonheur proche qu'il vous arrive des coups de ce genre-là, songea-t-il.

Derrière lui, il entendait les semelles des gardes régionaux grincer sur le gravier de la chaussée. Il les entendait rire aux éclats : ils avaient oublié l'incident, eux ; ou bien ils le narguaient[7]. Est-ce qu'ils le narguaient ? Il voulut en avoir le cœur net et écouta attentivement. Ils parlaient haut un dialecte qu'il ne comprenait pas. C'est vrai qu'ils n'étaient pas du pays. Ils venaient du Nord. Pas un seul instant, il ne lui sembla qu'ils le narguaient. Pourquoi les recrutait-on toujours dans le Nord ? Peut-être parce qu'ils étaient plus grands et plus forts là-bas ? Peut-être aussi parce que stupides comme ils étaient, ils montraient plus de docilité ?... S'ils étaient plus dociles, ce n'était peut-être pas à cause de la stupidité ?... C'est peut-être uniquement parce qu'ici ce n'était pas leur pays. Si on prenait les gars d'ici pour être gardes régionaux là-bas, peut-être bien qu'ils seraient pareils ; peut-être bien qu'ils seraient aussi insensibles. Ça serait curieux de savoir qui assurait l'ordre dans le Nord, dans le pays de ces deux gars qui le conduisaient devant un commissaire de police, Monsieur le Commissaire de police, un Blanc ! Qu'est-ce qu'il allait lui dire, celui-là ? [...] Et peut-être que le commissaire de police le souffletterait[8] du moment qu'il avait osé se battre avec ses hommes ? Oui, peut-être qu'il allait le souffleter. Il ferait bien attention de tenir ses bras serrés contre son corps, parce que si le Blanc le frappait, lui, Banda, risquait beaucoup de lui rendre ça, de le frapper aussi. Il n'avait jamais supporté un soufflet, ça n'allait pas être la première fois. Mais alors, il serait perdu s'il frappait le Blanc ; perdu pour

4. **incommensurable** : considérable, très grand.

5. **fanfaronnade** : vantardise.

6. **métèque** (péjoratif) : un étranger installé dans un autre pays que le sien.

7. **narguer** : se moquer de quelqu'un de façon provocante.

8. **souffletterait** : donnerait des gifles.

toujours. Ce serait un chagrin pour sa malheureuse mère, ce symbole de la souffrance. Ouais ! il ferait attention quand le commissaire de police le souffletterait, autrement il se battrait avec lui. Et alors, ce serait fini....

Avant de pénétrer dans le bureau du commissaire, il revit une dernière fois l'image de sa mère, une pauvre chose, maigre, noire, misérable, dégoûtante, inhumaine et digne de pitié, qui gisait sur un lit de bambou.

Mongo BETI
Ville cruelle,
Paris, Éditions Africaines, 1954.
(Réédition Présence Africaine, 1971).

Lire et comprendre

- **La sélection du cacao.**
  – Comment s'opère-t-elle ? Pourquoi dure-t-elle si longtemps ?
  – A votre avis le cacao de Banda était-il vraiment de mauvaise qualité ?

- **L'arrestation de Banda.**
  – Comment expliquez-vous la violence de la réaction de Banda ?
  – Un désarroi de bête blessée : comment se manifeste-t-il chez lui ?
  – Observez le caractère concret de sa description.

Réfléchir

- **Un exemple précis de l'exploitation des indigènes par les colons.**
  A votre avis le cacao a-t-il été brûlé ?

- **Sagesse et résignation d'un colonisé.**
  Notez la préparation psychologique à laquelle se livre Banda avant de pénétrer dans le bureau du commissaire.

Simone SCHWARZ-BART

Simone Schwarz-Bart est née en 1938. Originaire de la Guadeloupe, elle a fait ses études à Pointe-à-Pitre, puis à Paris et à Dakar. Elle se fit d'abord connaître avec un roman, écrit avec André Schwarz-Bart, *Un plat de porc aux bananes vertes,* publié en 1967. *Pluie et vent sur Télumée miracle* lui a valu en 1973 le prix des lectrices de *Elle*.

Pluit et vent sur Télumée-miracle.

Le pays dépend bien souvent du cœur de l'homme : il est minuscule si le cœur est petit, et immense si le cœur est grand. Je n'ai jamais souffert de l'exiguïté[1] de mon pays, sans pour autant prétendre que j'aie un grand cœur. Si on m'en donnait le pouvoir, c'est ici même, en Guadeloupe, que je choisirais de renaître, souffrir et mourir. Pourtant, il n'y a guère, mes ancêtres furent esclaves en cette île à volcans, à cyclones et moustiques, à mauvaise mentalité. Mais je ne suis pas venue sur terre pour soupeser toute la tristesse du monde. A cela, je préfère rêver, encore et encore, debout au milieu de mon jardin, comme le font toutes les vieilles de mon âge, jusqu'à ce que la mort me prenne dans mon rêve, avec toute ma joie...

Dans mon enfance, ma mère Victoire me parlait souvent de mon aïeule, la négresse Toussine. Elle en parlait avec ferveur et vénération[2], car, disait-elle, tout éclairée par son évocation, Toussine était une femme qui vous aidait à ne pas baisser la tête devant la vie, et rares sont les personnes à posséder ce don. Ma mère la vénérait tant que j'en étais venue à considérer Toussine, ma grand-mère, comme un être mythique, habitant ailleurs que sur terre, si bien que toute vivante elle était entrée, pour moi, dans la légende.

J'avais pris l'habitude d'appeler ma grand-mère du nom que les hommes lui avaient donné, Reine Sans Nom ; mais de son vrai nom de jeune fille, elle s'appelait autrefois Toussine Lougandor.

Quand nous redescendions à Fond-Zombi, nous nous sentions encore flotter dans l'air, par-dessus les cases perdues, les âmes offensées, indécises, en friche[3] des nègres, au gré du vent qui soulevait nos corps tels des cerfs-volants. La brise nous déposait devant la case de Reine Sans Nom, au pied des marches de terre battue, lisse et rose, et une large bande de soleil couchant s'engouffrait par la porte sur la vieille qui se tenait presque au ras du sol, sur son banc minuscule, drapée dans son éternelle robe à fronces, et balançant lentement son corps, les yeux ailleurs. Elie allait chercher du bois pour le père Abel, j'étendais mon linge pour la nuit, et Reine Sans Nom se mettait à faire une sauce d'écrevisse[4] à se mettre à genoux, crier pardon merci. Çà et là, mèches baissées, quelques lampes brûlaient déjà au loin, et les poules commençaient à monter aux arbres, pour la nuit. Elie revenait en courant et grand-mère haussait la mèche de son fanal, afin que nous décortiquions[5] à l'aise nos écrevisses. Et puis grand-mère déposait précautionneusement sa carcasse dans la berceuse[6] dodine, nous nous asseyions à ses pieds, de part et d'autre, sur de vieux sacs de farine, et après un de profundis pour ses morts, Jérémie, Xango, Minerve et sa fille Méranée, elle nous disait quelques contes sur lesquels s'achevaient nos jeudis. Au-dessus de nos têtes, le vent de terre faisait craquer les tôles[7] rouillées du toit, la voix de Reine Sans Nom était rayonnante, lointaine, un vague sourire plissait ses yeux tandis qu'elle ouvrait devant nous le monde où les arbres crient, les poissons volent, les oiseaux captivent le chasseur et le nègre est enfant de Dieu. Elle sentait ses

1. **exiguïté** : petitesse.
2. **vénération** : profond respect.
3. **en friche** : qui n'a reçu aucune instruction, sans culture.
4. **écrevisse** : crustacé d'eau douce.
5. **décortiquer** : enlever la carapace.
6. **berceuse** : siège dans lequel on peut se balancer.
7. **tôle** : plaque de métal.

mots, ses phrases, possédait l'art de les arranger en images et en sons, en musique pure, en exaltation. Elle savait parler, elle aimait parler pour ses deux enfants, Elie et moi... avec une parole, on empêche un homme de se briser, ainsi s'exprimait-elle. Les contes étaient disposés en elle comme les pages d'un livre, elle nous en racontait cinq tous les jeudis, mais le cinquième était toujours le même, celui de la fin, le conte de l'Homme qui voulait vivre à l'odeur :

– ... Enfants, commençait-elle, savez-vous une chose, une toute petite chose ?... la façon dont le cœur de l'homme est monté dans sa poitrine, c'est la façon dont il regarde la vie. Si votre cœur est bien monté, vous voyez la vie comme on doit la voir, avec la même humeur qu'un brave en équilibre sur une boule et qui va tomber, mais il durera le plus longtemps possible, voilà. Maintenant écoutez autre chose : les biens de la terre restent à la terre, et l'homme ne possède même pas la peau qui l'enveloppe. Tout ce qu'il possède : les sentiments de son cœur...

A cet endroit, elle s'interrompait brusquement, disant :

– La cour dort ?

– Non, non, la Reine, la cour écoute, elle ne dort pas, faisions-nous avec empressement.

– ... eh bien mes enfants, puisque vous avez un cœur et des oreilles bien posées, apprenez qu'au commencement était la terre, une terre toute parée, avec ses arbres et ses montagnes, son soleil et sa lune, ses fleuves, ses étoiles. Mais Dieu la trouva nue, et il la trouva vaine, sans ornement aucun, c'est pourquoi il l'habilla d'hommes. Alors il se retira au ciel, entre deux cœurs, voulant rire et voulant pleurer et il se dit : ce qui est fait est bien fait, et là-dessus il s'endormit. A l'instant même, le cœur des hommes sauta d'émotion, ils levèrent la tête, virent un ciel tout rose et se sentirent heureux. Mais déjà ils étaient autres et beaucoup de visages ne rayonnaient plus. Ils devinrent lâches, malfaisants, corrupteurs et certains incarnaient si parfaitement leur vice qu'ils en perdaient forme humaine pour être : l'avarice même, la méchanceté même, la profitation même. Cependant, les autres continuaient la lignée humaine, pleuraient, trimaient, regardaient un ciel rose et riaient. En ce temps où le diable était encore un petit garçon, vivait à Fond-Zombi un nommé Wvabor Hautes Jambes, un très bel homme qui avait une couleur terre de Sienne, de longues jambes musclées, et une chevelure verte que tout le monde lui enviait. Plus il observait les hommes, plus il les trouvait *pervers* et la méchanceté qu'il voyait en eux l'empêchait d'admirer quoi que ce fût. Puisque les hommes n'étaient pas bons, les fleurs n'étaient pas belles, la musique de la rivière n'était qu'un coassement de crapauds. Il avait des terres, une belle maison de pierre que les cyclones ne pouvaient renverser, et il jetait sur tout cela un regard de dégoût. Une seule compagnie lui agréait[8], celle de sa jument qu'il avait appelée Mes Deux Yeux. Il la chérissait plus que tout, lui donnait tous les droits : elle s'asseyait dans sa berceuse, ruait sur ses tapis, mangeait dans une baignoire en argent. Un jour de grande nostalgie, tôt levé, il vit le soleil qui apparaissait à l'horizon et sans savoir pourquoi, il enfourcha Mes Deux Yeux et s'en alla de sa demeure. Une grande souffrance était en lui, il se sentait misérable et se laissait emporter au gré de l'animal. On le voyait passer de morne[9] en morne, de plaine en plaine et rien ne parvenait à l'égayer. Il vit des contrées que l'œil humain n'a jamais contemplées, des étangs couverts de fleurs rares, mais il pensait à l'homme et à son mal et rien ne le charmait. Il ne descendait même plus de sa monture, il dormait, mangeait, pensait depuis le dos de Mes Deux Yeux. Un jour qu'il se promenait ainsi sur la jument, il aperçut une femme aux yeux sereins, l'aima, tenta alors de mettre pied à terre, mais il était trop tard. La jument se mit à braire, à ruer et prenant la cavalcade, l'entraîna ailleurs, bien loin de la femme, en un galop forcené qu'il ne pouvait arrêter. La bête était devenue son maître.

Et s'interrompant une seconde fois, grand-mère disait d'une voix lente, pour nous faire sentir la gravité de la question :

8. agréer : plaire.

9. morne : petite montagne.

10. braise : bois réduit en charbon. Ici terme d'affection.

11. las : fatigué.

12. se languir de : avoir la nostalgie de.

13. ruade : coup de jambe (patte) d'un cheval.

14. prendre ses jambes à son cou : s'enfuir précipitamment.

15. échasses : longs bâtons munis d'étriers sur lesquels on pose les pieds pour marcher dans des terres marécageuses.

– Mes petites braises[10], dites-moi, l'homme est-il un oignon ?

– Non, non, disions-nous, fort savants dans ce domaine, l'homme n'est pas un oignon qui s'épluche, il n'est pas ça.

Et elle reprenait alors très vite, satisfaite...

– ... Alors, voyez-vous, l'Homme qui vivait à l'odeur, du haut de sa jument, un jour il fut las[11] d'errer et se languit[12] de sa terre, de sa maison, du chant des rivières, mais l'animal l'entraînait ailleurs, toujours ailleurs. Le visage défait, plus lugubre que la mort, l'homme gémissait de ville en ville, de campagne en campagne et puis il disparut. Où ? Comment ? Personne ne le sait, mais on ne le revit jamais plus. Ce soir pourtant, alors que je rentrais ton linge, Télumée, j'entendis un bruit de galop derrière la case, juste sous la touffe du bambou. Aussitôt je tournai la tête dans cette direction, mais la bête me lança une telle ruade[13] que je me suis retrouvée ici, assise dans ma berceuse à vous raconter cette histoire...

La lueur du fanal déclinait, grand-mère se confondait avec le soir et Elie nous saluait, l'air inquiet, regardait la nuit au-dehors, sur la route, et soudain prenait ses jambes à son cou[14] pour s'engouffrer dans la boutique de père Abel. Nous n'avions pas bougé, grand-mère et moi, et sa voix se faisait insolite, dans l'ombre, tandis qu'elle commençait à me faire les nattes... si grand que soit le mal, l'homme doit se faire encore plus grand, dût-il s'ajuster des échasses[15]:: J'écoutais sans comprendre, venais sur ses genoux où elle me berçait comme une enfant, en ces anciens jeudis finissants... ma petite braise, chuchotait-elle, si tu enfourches un cheval, garde ses brides bien en main, afin qu'il ne te conduise pas. Et, tandis que je me serrais contre elle, respirant son odeur de muscade, Reine Sans Nom soupirait, me caressait et reprenait lentement, en détachant ses mots, comme pour les graver au fond de mon esprit... derrière une peine il y a une autre peine, la misère est une vague sans fin, mais le cheval ne doit pas te conduire, c'est toi qui dois conduire le cheval.

Simone SCHWARZ-BART
Pluie et vent sur Télumée – miracle,
Le Seuil, coll. Point.

Lire et comprendre

- **Le cadre du récit.**
  - « En mangeant des écrevisses à la lumière des torches » : la Guadeloupe est présentée ici comme une terre un peu féerique, même si on y vit pauvrement. Relevez les détails qui indiquent le caractère humble de cette existence. A quoi tient pourtant l'impression d'un paradis terrestre ?
  - Un décor comme planté pour le conte. Relevez tous les éléments merveilleux qui interviennent dans cette soirée. Quels rapports entretient la grand-mère avec les éléments surnaturels ?

- **Le cérémonial du récit.**
  - Pour la grand-mère et ses deux petits-enfants, il s'agit chaque jeudi de la célébration d'un rite. Relevez tous les détails qui l'indiquent.
  - Quelle très jolie expression la grand-mère utilise-t-elle pour s'assurer de l'attention de son auditoire ?
    A quelles formules recourt-elle pour s'adresser à ses petits-enfants ?

- **La figure de la conteuse.**
  – Une véritable « Reine » – quelles places occupent la conteuse et son auditoire ?
  – qui se double d'une grand-mère tendre, douce, sensuelle. Observez ses gestes. Quels souvenirs très précis l'auteur garde-t-elle de la présence charnelle de sa grand-mère ? Dans quel climat baignent les relations de la grand-mère avec la petite fille ?

- **Le cinquième conte de Reine sans nom.**
  – Une version très farfelue de la Genèse. Recherchez dans le conte les passages qui racontent la création du monde et l'apparition du mal.
  – L'histoire de *Wvabor Hautes Jambes* et de *Mes Deux Yeux* est-elle facile à résumer ou même à raconter ?
  – c'est que le conte est d'abord, pour la grand-mère, le prétexte à donner à ses petits-enfants une leçon de vie qui doit s'inscrire dans leur cœur. Laquelle ? Quelle formule résume cette leçon ? Comment la comprenez-vous ?

Réfléchir

L'auteur écrit à la fin de cette page : « J'écoutais sans comprendre ». Après avoir relu la première page du livre, pouvez-vous juger si la leçon de la grand-mère a porté ses fruits ? A votre avis, est-ce le conte lui-même ou Reine-sans-Nom qui a influencé à ce point la personnalité de l'auteur ?

Récits

Pierre DANINOS

Le nom de Pierre DANINOS évoque irrésistiblement celui du Major Thompson qui – comme le Persan de Montesquieu – met le doigt sur nos travers, un doigt qui égratigne mais finement et sans méchanceté.

Pochet aux toros.

Le martyre de Pochet en Espagne a commencé dès Saint-Sébastien. Au volant de sa voiture, Pochet, qui venait d'affûter[1] son espagnol, avait demandé à un agent avec un accent qu'il ne semblait pas mécontent du tout de sortir devant la famille :

« *Puede usted indicarme la carretera de Bilbao, por favor ?*[2]

– Pouvez causer français, dit l'agent : j'suis resté dix ans à Montmartre. Prenez la première à droite et c'est tout droit, à part que ça tourne tout le temps... »

La famille, qui avait mal étouffé ses rires en entendant son chef hispaniser[3], libéra franchement sa rate avec la réponse de l'agent, tandis que Pochet, décontenancé, rentrait son espagnol. Capricieux, celui-ci ne voulut plus sortir lorsque, trois jours plus tard, enfoncé dans les profondeurs de la Castille, notre ami en eut besoin. Voilà pourquoi Pochet, ayant décroché le téléphone de sa chambre pour demander Trudaine 24-67, obtint au bout d'une heure deux œufs sur le plat. Il s'interrogeait pour savoir si, en réclamant une omelette, il obtiendrait Botzaris[4], lorsque nous arrivâmes pour aller avec lui aux toros.

« Rejoignez-nous donc en Castille pour voir une bonne corrida, nous avait-il écrit. A Saint-Sébastien, il y a trop de Français, cela manque de cachet. » On mesurera sa déconvenue[5] quand, tout heureux de nous faire les honneurs d'arènes typiquement espagnoles, et coiffé d'un superbe sombrero de papier orange à ruban vert acheté à l'entrée de la *plaza*, il entendit l'exclamation d'un nouvel arrivant suivi d'une grappe de touristes français :

« C'est ça leurs arènes ? Ben dis, p'tit Jules, j'aime encore mieux celles de Collioures[6] ! »

Émise à haute voix avec une gouaille[7] très parisienne, la constatation fit souffler sur ce coin de Castille un air de grande banlieue qui balaya la couleur locale. Cependant M. Jules avait pris place à côté de Pochet, flairé le Français, engagé la conversation (« *J'reste à Suresnes, et vous ?* ») et commencé à raconter son Espagne. A ces gens qui avaient avalé la Sierra de Guadarrama dans la matinée, gobé Séville et Grenade, percé le Portugal en deux points et ne se rappelaient plus très bien s'ils avaient couché à Almodar del Pinar ou à Motilla de Palamar, Pochet ne pouvait opposer que les grottes d'Altamira et un petit bout de corniche : c'était maigre. Quant aux corridas...

« Il faut voir ça à Séville, dit M. Jules. Ça c'est champion, mais ici y n'envoient qu' des vaches ! »

Pour se donner une contenance, voire quelque supériorité, Pochet sortit sa camera, cette merveille grâce à laquelle il peut, l'œil collé au viseur, voir le taureau réduit aux dimensions d'un timbre-poste alors que d'autres, sans rien, le voient grandeur nature.

« Vous travaillez sans filtre par ce soleil ! » observa son voisin, sceptique.

Et presque aussitôt M. Jules exhiba[8] une camera dernier modèle avec téléobjectif et tourelle, sur laquelle, malgré lui, loucha Pochet.

1. **affûter** : aiguiser un outil (ici, à peu près synonyme de perfectionner).
2. **traduction** : pouvez-vous m'indiquer la route de Bilbao ?
3. **hispaniser** : faire de l'espagnol.
4. **Botzaris** : ancien indicatif téléphonique, remplacé aujourd'hui par des numéros.
5. **déconvenue** : déception.
6. **Collioures** : station sur la Côte Vermeille, près de Perpignan.
7. **gouaille** : ton de la raillerie. Le nom est tiré du verbe *gouailler* : se moquer de, plaisanter.
8. **exhiba** : présenta avec ostentation.

« Vous ouvrez à combien ? » demanda M. Jules.

Pochet fit comme s'il n'avait pas entendu. A dire vrai, il ne semblait plus sûr de rien.

« Prends donc comme tu as l'habitude de prendre et ne t'occupe pas de ces gens ! » lui souffla Mme Pochet tandis que les picadors fouillaient de leurs piques la chair du taureau sous les huées du public.

Pochet prit tant et si bien qu'à la deuxième mise à mort il ne lui restait plus de pellicule.

« C'est toujours comme ça, me dit Mme Pochet, agitant nerveusement son éventail de course. Lucien a tellement peur de manquer un détail qu'il prend tout. Résultat : quand il y a vraiment quelque chose, il ne lui reste rien ! »

Logique sans faille, mais Pochet était-il fautif ? Rien de tel que d'avoir les nerfs en pelote pour vider ses bobines à tort et à travers. Tandis que son voisin était encore plein de ressources pelliculaires, Pochet devait se rabattre sur ses jumelles (en voyage, décidément, il répugne à voir les choses à l'œil nu). Or, quand on contemple un spectacle en se disant : « Dire que j'aurais pu prendre ça avec ma camera et que ce type l'aura, pas moi », on n'en profite plus aussi sereinement[9].

9. **sereinement** : calmement, tranquillement.

« Vous viendrez voir la mise à mort chez moi, à Suresnes, lui dit M. Jules pour le consoler. Vous connaissez la rue des Parigots ?... Écoutez, c'est très simple : mettons que vous arriviez de Puteaux... Bon... Vous suivez le boulevard Washington... »

Les adieux furent froids.

« Nous descendons sur Barcelone, dit Jules, et vous ? »

Pochet, grave, répondit que ses affaires le rappelaient en France (on le vit un instant faire marcher le pays pendant que les autres se baladaient à l'étranger) : il remontait *sur* Bayonne. Puis, ironique :

« Je laisse, dit-il, l'Espagne aux Espagnols ! »

Pierre DANINOS.
Vacances à tout prix. Paris, Éd. Hachette.

Lire et comprendre

- **« Vacances à tout prix ».**
  Notez que c'est le titre du livre dont ce passage est extrait. La première phrase du texte vous paraît-elle s'accorder avec l'idée que vous vous faites des vacances ?

  Relevez tous les détails qui montrent que Cochet ne profite pas du tout de ses vacances.

- **C'est que, même en vacances, un Français doit montrer sa supériorité...**
  Un véritable match s'engage entre Pochet et Jules. Comptez les points. Qui finit par gagner ?

- **Des mots pour nous surprendre et nous faire rire.**
  Daninos emploie à plusieurs reprises un *verbe* et un *complément* alors qu'on attendrait tout à fait autre chose (ex : au début du texte : *affûter son espagnol*). Trouvez d'autres associations comiques du même genre.

Comparer

- **Le touriste français et son attirail.**
  Dans ce texte, les touristes français sont présentés, munis d'un certain nombre d'objets. Lesquels ? quel rôle jouent-ils ? vous font-il sourire et pourquoi ?

  Si votre pays est un pays touristique, amusez-vous à classer les touristes par nationalité, d'après leurs accessoires.

Au-delà du texte

Si l'on décidait de tourner ces scènes pour un film, combien d'acteurs faudrait-il engager ? Lesquels ? L'auteur figurerait-il parmi les acteurs ? Y aurait-il des figurants ?

Si vous étiez le metteur en scène, quel âge et quel physique imagineriez-vous pour chaque rôle principal ?

« Je n'hésite pas à considérer les *Carnets du Major Thompson* comme un chef d'œuvre. Il y a, à mon avis, deux instruments de précision dans la pénétration psychologique : *la poésie et l'humour*. Je ne crois pas que l'on puisse parler avec plus de finesse et de pénétration de la psychologie française. »

A. Siegfried.

Si on avait un gouvernement...

« Si on avait un gouvernement...
– Il y en a un, mais c'est comme s'il n'y en avait pas.
– Ce qu'il nous faudrait, c'est un gouvernement qui gouverne...
– Vous en demandez trop !
– Un homme à poigne...
– Je te balancerais tout ça ! Un bon coup de torchon !
– En attendant, ils sont là !
– Je pense bien ! Et ils y restent !
– Ils ne pensent qu'à s'en mettre plein les poches !
– L'assiette au beurre !
– Et les voyages aux frais de la princesse... vous avez vu cette soi-disant mission parlementaire en Afrique Noire ?... Pfuitt ! Qui est-ce qui paie tout ça, je vous le demande un peu ?
– C'est nous !
– C'est vous !
– C'est moi !
– Mais bien sûr ! Ah ! non, ils y vont fort ! Quelle honte ! Notre beau pays.
– Si riche !
– Et qui ne demanderait qu'à marcher !
– Ils finiront bien par le mettre à plat !
– Ils en seraient capables !
– Enfin, regardez... cette voiture, ça n'est pas une honte ? Quand je pense qu'il y a des étrangers qui voyagent ! Quelle opinion ils doivent avoir ! (Des yeux se tournèrent vers moi comme pour s'excuser... « Que l'Angleterre nous pardonne ! »...)
– J'écrirai à la compagnie...
– Vous pouvez bien leur écrire, allez !... Ils ne la liront même pas, votre lettre ! »

Comme le contrôleur passait à cet instant, la dame au petit chien l'attaqua :

« C'est une honte, vous entendez, une honte ! Remboursez-moi mon billet !
– Si vous avez une réclamation à faire, madame, dit l'employé, il faut écrire à la S.N.C.F.
– Alors vous, vous servez à quoi ?
– Je contrôle les billets, madame... Votre billet, s'il vous plaît ! »

1. Il s'agit, de la **rosette** (rouge) de la légion d'honneur

2. Expression familière (et désuète) qui signifie : « je vous le promets », « je vous en donne l'assurance ».

Le monsieur à rosette[1], qui brûlait d'intervenir, se jeta dans la bagarre :

« Je vous prie d'être poli avec madame !

– Je suis poli, monsieur, et d'ailleurs je ne vous ai rien demandé. Votre billet, s'il vous plaît !

– Eh bien, je ne le présenterai pas !

– C'est ce qu'on va voir... Si vous voulez jouer au plus fin...

– Ça, c'est trop fort ! Vous me le paierez cher, mon ami*... Et d'abord (il fit sauter un porte-mine en or au bout de sa chaîne), laissez-moi relever votre numéro... »

Le monsieur se souleva vers la tête du contrôleur tout en ajustant son lorgnon, léchant sa mine :

« ...Trois mille neuf cent quatre-vingt-sept... Eh bien, le 3987 ne perd rien pour attendre, je vous en fiche mon billet[2]... que voici... en attendant mieux, mon ami, beaucoup mieux ! »

Le contrôleur sourit, tranquille, et, clic-clac, poinçonna.

« Rira bien qui rira le dernier, dit la rosette...

– En attendant, présentons les billets, s'il vous plaît ! »

De mauvais gré, les voyageurs, marmonnant, s'exécutèrent. Dès que l'employé eut refermé la porte du compartiment, la dame au chien dit dans un sifflement derrière sa voilette :

« Tss... Quel esprit ! Jamais on n'aurait vu ça avant la guerre ! Et ils sont tous comme celui-là !

– Pires, madame !

– Tout se tient, allez ! »

Pierre DANINOS.
Les *Carnets du Major Thompson*, Paris, Éd. Hachette.

---

* Quand un Français dit « mon ami » à un autre français de cette façon, c'est qu'il le considère déjà comme son ennemi. *(Note du Major.)*

Lire et comprendre

- *Une conversation typiquement française dans un compartiment de chemin de fer...* à quel moment comprenons-nous que la scène se passe dans un train ?
  ... entre des voyageurs qui ne se connaissent pas mais sont tous d'accord. Quel reproche essentiel font-ils au gouvernement ? Que représente ce « ils » qui revient dans toutes les bouches ?
  ... qui s'expriment par expressions toutes faites. Cherchez par exemple ce que signifie : « *aux frais de la princesse.* »

- **L'incident**.
  – Quels sont les trois personnages de ce petit drame ?
  – Y a-t-il dans le texte des éléments qui vous permettent de les imaginer (âge, classe sociale) ?
  – La colère qui se déchaîne contre le contrôleur est-elle justifiée ?

- **Une peinture pleine d'ironie des défauts typiquement français.**
  – Quels sont-ils ?

La France au volant.

Il faut se méfier des Français en général, mais sur la route en particulier.

Pour un Anglais qui arrive en France, il est indispensable de savoir d'abord qu'il existe deux sortes de Français : les à-pied et les en-voiture. Les à-pied exècrent[1] les en-voiture, et les en-voiture terrorisent les à-pied, les premiers passant instantanément dans le camp des seconds si on leur met un volant entre les mains. (Il en est ainsi au théâtre avec les retardataires qui, après avoir dérangé douze personnes pour s'asseoir, sont les premiers à protester contre ceux qui ont le toupet d'arriver plus tard).

Les Anglais conduisent plutôt mal, mais prudemment. Les Français conduisent plutôt bien, mais follement. La proportion des accidents est à peu près la même dans les deux pays. Mais je me sens plus tranquille avec des gens qui font mal des choses bien qu'avec ceux qui font bien de mauvaises choses.

Les Anglais (et les Américains) sont depuis longtemps convaincus que la voiture va moins vite que l'avion. Les Français (et la plupart des Latins) semblent encore vouloir prouver le contraire.

Il y a, au fond de beaucoup de Français, un Campbell[2] qui sommeille et que réveille le simple contact du pied sur l'accélérateur. Le citoyen paisible qui vous a obligeamment invité à prendre place dans sa voiture peut se métamorphoser sous vos yeux en pilote démoniaque[3]. Jérôme Charnelet, ce bon père de famille qui n'écraserait pas une mouche contre une vitre, est tout prêt à écraser un piéton au kilomètre pourvu qu'il se sente *dans son droit.* Au signal vert, il voit rouge. Rien ne l'arrête plus, pas même le jaune. Sur la route, cet homme, qui passe pour rangé, ne se range pas du tout. Ce n'est qu'à bout de ressources, et après avoir subi une klaxonnade nourrie, qu'il consentira, de mauvaise grâce, à abandonner le milieu de la chaussée. (Les Anglais tiennent leur gauche. La plupart des peuples leur droite. Les Français, eux, sont pour le milieu qui, cette fois, n'est pas le juste). Le seul fait d'être dépassé rend M. Charnelet d'une humeur exécrable. Il ne recouvre sa sérénité[4] qu'en doublant un nouveau rival. Entre-temps, sa petite famille n'a qu'à bien se tenir. Malheur à Mme Charnelet si elle ne trouve pas dans la voiture, au commandement de son mari, la « Moitié de la France-Sud » (qu'il a oubliée, avec le porte-cartes, sur la cheminée du salon). Malheur à elle si elle ne répond pas dans l'instant à la question : « Avallon-Chalon, combien ? » – et même si elle y répond, car M. Charnelet, sadique au petit pied (sur l'accélérateur), savoure d'avance le plaisir qu'il aura à lui démontrer que son calcul est faux. Les enfants eux-mêmes sont dressés. « Quand votre père aura soif, vous boirez ! »

Surtout pas d'arrêt intempestif[5] ! « Vous n'aviez, dit M. Charnelet, qu'à faire ça avant », et l'on souffre en silence pour honorer cette toute-puissante déesse du Français moyen : la Moyenne.

Pierre DANINOS.
Les *Carnets du Major Thompson*, Paris, Éd. Hachette.

1. **exécrer** : détester.
2. **Campbell** : Sud-Afric à la fois poète et aventurier. Sa vie est un roman d'aventure et d'originalité... il est mor en 1957.
3. **démoniaque** : qui tie du diable.
4. **sérénité** : calme, tranquillité.
5. **intempestif** : qui ne se situe pas dans le temps prévu.

Lire et comprendre

- **Daninos ou l'art de jongler avec les mots.**
  – Relevez dans le deuxième paragraphe l'emploi que fait l'auteur des adverbes « bien » et « mal ».
  – Observez dans le début du troisième paragraphe, les jeux de mots sur les couleurs.
- **Jérôme Charnelet ou le Français moyen au volant.**
  Relevez des détails prouvant qu'il s'agit davantage d'une caricature que d'un portrait.

Étrange nation...

J'étais allé l'autre soir dans un petit théâtre où l'on jouait une de ces pièces dites d'avant-garde parce qu'on ne les comprend qu'après coup. Le dialogue fourmillait de perles de ce calibre :

« Est-ce un fantassin ?

– Non, c'est un hexagone. »

A chaque trouvaille de ce genre, ma voisine, une initiée sans doute, émettait un petit gloussement, un hoquet de gallinacé. Je la vis à l'entracte au milieu d'un groupe de connaisseurs qui se répandaient en *extrhaordinaire* et *rhemâr-quhâble-quoi ?* Il y a, au pays de Descartes, une petite *intelligentzia* qui ne trouve la lumière que dans l'obscurité. Quelqu'un passa cependant – quelque « plouk » obscur avide de clarté... – qui avoua n'y rien comprendre.

« Mais pourquoi diable, lui dit ma voisine, voulez-vous à toute force comprendre quelque chose ? Vous êtes d'un bourgeois ! »

Quel étrange pays ! Les ouvriers vitupèrent les bourgeois. Les intellectuels les tournent en ridicule. Les aristocrates les méprisent. Mais les plus prompts à dénigrer la bourgeoisie et à se souffleter du seul mot de bourgeois, ce sont les bourgeois. Et le plus fort, c'est que, des plombiers aux marquis en passant par les explorateurs, les journalistes et les acteurs, le pays tout entier, roulé dans la vague universelle de sécurité sociale, s'embourgeoise chaque jour davantage.

La France ? Une nation de bourgeois qui se défendent de l'être en attaquant les autres parce qu'ils le sont.

Pierre DANINOS.
Les *Carnets du Major Thompson*, Paris, Éd. Hachette.

Réfléchir

- **Les carnets du Major Thompson et le procédé traditionnel de la satire.**
  Le narrateur des trois textes que vous venez de lire est un Anglais... ou plus exactement, Daninos s'abrite derrière ce masque pour critiquer ses compatriotes.
  – À votre avis, quel avantage cela présente-t-il pour l'auteur ?
  – En quoi ce procédé lui permet-il de critiquer plus ouvertement les Français tout en les faisant rire ?

Au-delà du texte

- **Et si le Major Thompson faisait un voyage dans votre pays et y écrivait la suite de ses carnets...**
  Rédigez quelques passages de ses carnets, en vous moquant, sur le même ton, de certaines manies, de certains travers bien connus de vos compatriotes.

En voyage.

Tout en faisant semblant de lire mon journal, je ne pouvais m'empêcher de penser à toutes les notions élémentaires qui me font défaut. Un exemple : les points cardinaux. C'est fou ce qu'il y a de gens, l'été, sur les plages, qui peuvent dire en un clin d'œil si le vent est sud-sud-est ou nord-nord-ouest. Eh bien, l'avouerai-je ? je serais incapable, à quarante-cinq ans, de dire avec certitude, en un point quelconque du globe, où se lève et où se couche le soleil. Est ? Ouest ? Une fois par an, en général pendant les grandes vacances, quelqu'un me renseigne – et puis j'oublie.

Tandis que je réfléchissais avec inquiétude à l'étendue de mes manques, le train s'arrêta en gare de X... Vint prendre place dans notre compartiment une dame entre deux âges, conmme on dit de celles qui sont plus près du second que du premier, genre cossu, avec petit nécessaire de voyage en peau de porc. C'était une de ces voyageuses qui aiment à être rassurées. A voir le nombre de voyageurs qui veulent être rassurés dans les trains, que ce soit sur leur correspondance (« Aurai-je bien *ma* correspondance à Limoges, vous croyez, monsieur ? »), sur le temps qu'ils ont pour aller chercher un sandwich dans une gare, sur la situation de leurs bagages, sur les courants d'air, voire sur le sens de la marche ou sur la direction même du convoi, je finis par me demander si seuls les êtres atteints d'inquiétude pathologique voyagent, comme s'il n'y avait que les gens qui toussent pour aller au théâtre. Prenons le problème de la fumée. Rien de tel qu'un train pour vous faire trouver des gens qui se déclarent incommodés par la fumée. Il y a de la fumée partout : dans la rue, dans les maisons, dans les boîtes de nuit, dans les restaurants, dans n'importe quel endroit public. Mais voit-on jamais quelqu'un se plaindre de la fumée dans un salon et demander que l'on ne fume plus ? Non. En revanche, il suffit de monter dans un train pour rencontrer des hypersensibles que la moindre fumée de cigarette menace de mort.

Notre voyageuse, elle, était une inquiète d'un genre particulier : elle avait l'anxiété du wagon-restaurant. Un certain nombre de voyageurs sont ainsi tenaillés par l'envie de dîner dès quatre heures de l'après-midi parce qu'ils viennent d'apprendre qu'il n'y a pas de wagon-restaurant. Trois personnes la rassurèrent. Il faut croire pourtant qu'elle ne se sentait pas tranquille puisque, au passage du contrôleur – dont la tâche principale est de confirmer aux inquiets ce qu'ils savent déjà –, elle demande de nouveau, comme par besoin de garantie officielle : « Il y a bien un wagon-restaurant, n'est-ce pas ? » Question assez désobligeante pour les personnes qui l'avaient renseignée. Comme pour s'excuser, elle expliqua : « C'est que c'est très important pour moi... »

Pierre DANINOS.
Un certain Monsieur Blot. Les autres. Paris, Éd. Hachette.

.ntoine de SAINT-EXUPERY (1900-1944)

ntoine de Saint-Exupéry écrit *Le Petit Prince* en 1943, quinze mois avant de disparaître, au ›urs d'une mission, sous le soleil et dans la mer. Il dit dans ce merveilleux texte ses ésillusions, ses regrets et ses espoirs et il illustre avec une terrible lucidité — celle des ıfants et des poètes, ceux qui voient les boas ouverts et les moutons à travers les caisses · la phrase d'Henri Michaux : « L'enfance est l'âge d'or des questions, rien n'est pire que être achevé ».

ɘ Petit Prince vit sur une planète minuscule, à peine plus grande qu'une maison ; il la uitte à cause d'une fleur. Il voyage et sur la Terre rencontre le renard. Alors il choisit de ıourir pour retrouver sa rose, le jour anniversaire de sa chute, mordu par le serpent mince ɔmme un doigt mais plus puissant qu'un roi.

La rose et le Petit Prince.

Il y avait toujours eu, sur la planète du petit prince, des fleurs très simples, ornées d'un seul rang de pétales, et qui ne tenaient point de place, et qui ne dérangeaient personne. Elles apparaissaient un matin dans l'herbe, et puis elles s'éteignaient le soir. Mais celle-là avait germé un jour, d'une graine apportée d'on ne sait où, et le petit prince avait surveillé de très près cette brindille qui ne ressemblait pas aux autres brindilles. Ça pouvait être un nouveau genre de baobab. Mais l'arbuste cessa vite de croître, et commença de préparer une fleur. Le petit prince, qui assistait à l'installation d'un bouton énorme, sentait bien qu'il en sortirait une apparition miraculeuse, mais la fleur n'en finissait pas de se préparer à être belle, à l'abri de sa chambre verte. Elle choisissait avec soin ses couleurs. Elle s'habillait lentement, elle ajustait un à un ses pétales. Elle ne voulait pas sortir toute fripée comme les coquelicots. Elle ne voulait apparaître que dans le plein rayonnement de sa beauté. Eh ! oui. Elle était très coquette ! Sa toilette mystérieuse avait donc duré des jours et des jours. Et puis voici qu'un matin, justement à l'heure du lever du soleil, elle s'était montrée.

Et elle, qui avait travaillé avec tant de précision, dit en bâillant :

– Ah ! je me réveille à peine... Je vous demande pardon... Je suis encore toute décoiffée...

Le petit prince, alors, ne put contenir son admiration :

– Que vous êtes belle !

– N'est-ce pas, répondit doucement la fleur. Et je suis née en même temps que le soleil...

Le petit prince devina bien qu'elle n'était pas trop modeste, mais elle était si émouvante !

– C'est l'heure, je crois, du petit déjeuner, avait-elle bientôt ajouté, auriez-vous la bonté de penser à moi...

Et le petit prince, tout confus, ayant été chercher un arrosoir d'eau fraîche, avait servi la fleur.

Ainsi l'avait-elle bien vite tourmenté par sa vanité un peu ombrageuse. Un jour, par exemple, parlant de ses quatre épines, elle avait dit au petit prince :

– Ils peuvent venir, les tigres, avec leurs griffes !

– Il n'y a pas de tigres sur ma planète, avait objecté le petit prince, et puis les tigres ne mangent pas d'herbe.

– Je ne suis pas une herbe, avait doucement répondu la fleur.

– Pardonnez-moi...

– Je ne crains rien des tigres, mais j'ai horreur des courants d'air. Vous n'auriez pas un paravent ?

« Horreur des courants d'air... ce n'est pas de chance, pour une plante, avait remarqué le petit prince. Cette fleur est bien compliquée... »

– Le soir vous me mettrez sous globe. Il fait très froid chez vous. C'est mal installé. Là d'où je viens...

Mais elle s'était interrompue. Elle était venue sous forme de graine. Elle n'avait rien pu connaître des autres mondes. Humiliée de s'être laissée surprendre à préparer un mensonge aussi naïf, elle avait toussé deux ou trois fois, pour mettre le petit prince dans son tort :

– Ce paravent ?...

– J'allais le chercher mais vous me parliez !

Mais elle avait forcé sa toux pour lui infliger quand même des remords.

Ainsi le petit prince, malgré la bonne volonté de son amour avait vite douté d'elle. Il avait pris au sérieux des mots sans importance et était devenu très malheureux.

« J'aurais dû ne pas l'écouter, me confia-t-il un jour, il ne faut jamais écouter les fleurs. Il faut les regarder et les respirer. La mienne embaumait ma planète, mais je ne savais pas m'en réjouir. Cette histoire de griffes, qui m'avait tellement agacé, eût dû m'attendrir... »

Il me confia encore :

« Je n'ai alors rien su comprendre ! J'aurais dû la juger sur les actes et non sur les mots. Elle m'embaumait et m'éclairait. Je n'aurais jamais dû m'enfuir ! J'aurais dû deviner sa tendresse derrière ses pauvres ruses. Les fleurs sont si contradictoires ! Mais j'étais trop jeune pour savoir l'aimer. »

Antoine de SAINT-EXUPÉRY.
Le Petit Prince, ch. VIII.
Paris, Éd. Gallimard.

Lire et Comprendre

- **Dans un cadre extraordinaire sur une planète bizarre...**
  - Quels détails nous permettent de nous faire une idée de la planète du Petit Prince ?
  - De quels ustensiles dispose-t-il là-bas ?
- **... un couple étrange...**
  - *Le Petit Prince*, un amoureux tendre et naïf, mais qui conserve un certain bon sens : observez les réflexions qu'il se fait à lui-même, en aparté.
  - *La rose*
  - Une coquette d'abord préoccupée d'elle-même : relevez dans le premier paragraphe toutes les indications concernant sa toilette.
  - à la fois agaçante et émouvante. L'auteur nous indique clairement certains traits de son caractère. Lesquels ? Complétez son portrait d'après les paroles qu'elle prononce et sa façon d'agir avec le Petit Prince.
- ... **vit une histoire d'amour qui finit mal.**
  - À quoi le comprenons-nous ? (Observez le mode des verbes utilisés par le Petit Prince dans le dernier paragraphe).
  - Le Petit Prince rend-il la fleur responsable de l'échec de cet amour ?

Réfléchir

Un renard que le Petit Prince avait rencontré lui avait révélé un secret : « *L'essentiel est invisible pour les yeux. On ne voit bien qu'avec le cœur.* » Comparez cette phase avec les réflexions du Petit Prince dans les deux derniers paragraphes de ce texte. Vous permettent-elles de vous faire une idée de la conception de l'amour, selon Saint-Exupéry ?

SEMPÉ et GOSCINNY (GOSCINNY : 1926-1977).

Est-il besoin de présenter ces humoristes si familiers à tous les publics ? Goscinny, père d'Astérix, a créé, avec son ami Sempé, le petit Nicolas...

Une studieuse année scolaire s'est terminée. Nicolas a remporté le prix d'éloquence, qui récompense chez lui la quantité, sinon la qualité, et il a quitté ses condisciples qui ont nom : Alceste, Rufus, Eudes, Geoffroy, Maixent, Joachim, Clotaire et Agnan. Les livres et les cahiers sont rangés, et c'est aux vacances qu'il s'agit de penser maintenant.

Et chez Nicolas, le choix de l'endroit où l'on va passer ces vacances n'est pas un problème, car...

C'est papa qui décide.

Tous les ans, c'est-à-dire le dernier et l'autre, parce qu'avant c'est trop vieux et je ne me rappelle pas, Papa et Maman se disputent beaucoup pour savoir où aller en vacances, et puis Maman se met à pleurer et elle dit qu'elle va aller chez sa maman, et moi je pleure aussi parce que j'aime bien Mémé, mais chez elle il n'y a pas de plage, et à la fin on va où veut Maman et ce n'est pas chez Mémé.

Hier, après le dîner, Papa nous a regardés, l'air fâché et il a dit :

— Écoutez-moi bien ! Cette année, je ne veux pas de discussions, c'est moi qui décide ! Nous irons dans le Midi. J'ai l'adresse d'une villa à louer à Plage-les-Pins. Trois pièces, eau courante, électricité. Je ne veux rien savoir pour aller à l'hôtel et manger de la nourriture minable.

— Eh bien, mon chéri, a dit Maman, ça me paraît une très bonne idée.

— Chic ! j'ai dit et je me suis mis à courir autour de la table parce que quand on est content, c'est dur de rester assis.

Papa, il a ouvert des grands yeux, comme il fait quand il est étonné, et il a dit : « Ah ? Bon. »

Pendant que Maman débarrassait la table, Papa est allé chercher son masque de pêche sous-marine dans le placard.

— Tu vas voir, Nicolas, m'a dit Papa, nous allons faire des parties de pêches terribles, tous les deux.

Moi, ça m'a fait un peu peur, parce que je ne sais pas encore très bien nager ; si on me met bien sur l'eau je fais la planche, mais Papa m'a dit de ne pas m'inquiéter, qu'il allait m'apprendre à nager et qu'il avait été champion interrégional de nage libre quand il était plus jeune, et qu'il pourrait encore battre des records s'il avait le temps de s'entraîner.

— Papa va m'apprendre à faire de la pêche sous-marine ! j'ai dit à Maman quand elle est revenue de la cuisine.

— C'est très bien, mon chéri, m'a répondu Maman, bien qu'en Méditerranée il paraît qu'il n'y a plus beaucoup de poissons. Il y a trop de pêcheurs.

— C'est pas vrai ! a dit Papa ; mais Maman lui a demandé de ne pas la contredire devant le petit et que si elle disait ça, c'est parce qu'elle l'avait lu dans un journal ; et puis elle s'est mise à son tricot, un tricot qu'elle a commencé ça fait des tas de jours.

— Mais alors, j'ai dit à Papa, on va avoir l'air de deux guignols sous l'eau, s'il n'y a pas de poissons !

Moi, j'ai demandé si l'Atlantique c'était loin de là où nous allions, mais Papa m'a dit que si j'étudiais un peu mieux à l'école, je ne poserais pas de questions comme ça et ce n'est pas très juste, parce qu'à l'école on n'a pas de classes de pêche sous-marine ; mais je n'ai rien dit, j'ai vu que Papa n'avait pas trop envie de parler.

— Il faudra faire la liste des choses à emporter, a dit Maman.

— Ah ! non ! a crié Papa. Cette année, nous n'allons pas partir déguisés en camion de déménagement. Des slips de bain, des shorts, des vêtements simples, quelques lainages...

— Et puis des casseroles, la cafetière électrique, la couverture rouge et un peu de vaisselle, a dit Maman.

Papa, il s'est levé d'un coup, tout fâché, il a ouvert la bouche, mais il n'a pas pu parler, parce que Maman l'a fait à sa place.

— Tu sais bien, a dit Maman, ce que nous ont raconté les Blédurt quand ils ont loué une villa l'année dernière. Pour toute vaisselle, il y avait trois assiettes ébréchées et à la cuisine deux petites casseroles dont une avait un trou au fond. Ils ont dû acheter sur place à prix d'or ce dont ils avaient besoin.

— Blédurt ne sait pas se débrouiller, a dit Papa. Et il s'est rassis.

— Possible, a dit Maman, mais si tu veux une soupe de poisson, je ne peux pas la faire dans une casserole trouée, même si on arrive à se procurer du poisson.

Alors, moi je me suis mis à pleurer, parce que c'est vrai ça, c'est pas drôle d'aller à une mer où il n'y a pas de poissons, alors que pas loin il y a les Atlantiques où c'en est plein. Maman a laissé son tricot, elle m'a pris dans ses bras et elle m'a dit qu'il ne fallait pas être triste à cause des vilains poissons et que je serai bien content tous les matins quand je verrai la mer de la fenêtre de ma jolie chambre.

— C'est-à-dire, a expliqué Papa, que la mer on ne la voit pas de la villa. Mais elle n'est pas très loin, à deux kilomètres. C'est la dernière villa qui restait à louer à Plage-les-Pins.

— Mais bien sûr, mon chéri, a dit Maman. Et puis elle m'a embrassé et je suis allé jouer sur le tapis avec les deux billes que j'ai gagnées à Eudes à l'école.

— Et la plage, c'est des galets ? a demandé Maman.

— Non, madame ! Pas du tout ! a crié Papa tout content. C'est une plage de sable ! De sable très fin ! On ne trouve pas un seul galet sur cette plage !

— Tant mieux, a dit Maman ; comme ça, Nicolas ne passera pas son temps à faire ricocher des galets sur l'eau. Depuis que tu lui as appris à faire ça, c'est une véritable passion chez lui.

Et moi j'ai recommencé à pleurer, parce que c'est vrai que c'est chouette de faire ricocher des galets sur l'eau ; j'arrive à les faire sauter jusqu'à quatre fois, et ce n'est pas juste, à la fin, d'aller dans cette vieille villa avec des casseroles trouées, loin de la mer, là où il n'y a ni galets ni poissons.

— Je vais chez Mémé ! j'ai crié, et j'ai donné un coup de pied à une des billes d'Eudes.

Maman m'a pris de nouveau dans ses bras et elle m'a dit de ne pas pleurer, que Papa était celui qui avait le plus besoin de vacances dans la famille et que même si c'était moche là où il voulait aller, il fallait y aller en faisant semblant d'être contents.

— Mais, mais, mais..., a dit Papa.

— Moi je veux faire des ricochets ! j'ai crié.

— Tu en feras peut-être l'année prochaine, m'a dit Maman, si Papa décide de nous emmener à Bains-les-Mers.

— Où ça ? a demandé Papa, qui est resté avec la bouche ouverte.

— A Bains-les-Mers, a dit Maman, en Bretagne, là où il y a l'Atlantique, beaucoup de poissons et un gentil petit hôtel qui donne sur une plage de sable et de galets.

— Moi je veux aller à Bains-les-Mers ! j'ai crié. Moi je veux aller à Bains-les-Mers !

— Mais, mon chéri, a dit Maman, il faut être raisonnable, c'est Papa qui décide.

Papa s'est passé la main sur la figure, il a poussé un gros soupir et il a dit :

— Bon, ça va ! j'ai compris. Il s'appelle comment ton hôtel ?

— Beau-Rivage, mon chéri, a dit Maman.

Papa a dit que bon, qu'il allait écrire pour voir s'il restait encore des chambres.

— Ce n'est pas la peine, mon chéri, a dit Maman, c'est déjà fait. Nous avons la chambre 29, face à la mer, avec salle de bains.

Et Maman a demandé à Papa de ne pas bouger parce qu'elle voulait voir si la longueur du pull-over qu'elle tricotait était bien. Il paraît que les nuits en Bretagne sont un peu fraîches.

SEMPÉ-GOSCINNY.
Les vacances du petit Nicolas,
Éd. Denoël.

Lire et comprendre

- **Le narrateur est un enfant ;** on le remarque :
  - à un langage d'enfant, une syntaxe d'enfant : absence de liens de cause à effets ; accumulation de *il dit, elle dit* ; succession de : *et puis, et, alors.*
  - à un ton uniforme qui constitue un des éléments du comique.
- **Un enfant qui ne s'aperçoit pas que c'est lui le moteur de l'action.** Notez toutes les phrases (« et moi j'ai commencé à pleurer ») qui appellent toutes la même réaction de la mère – laquelle ? – et font progresser d'un pas l'intrigue.
- **L'enjeu est connu** (*où ira-t-on en vacances ?*) et la réponse déjà donnée par le préambule : « à la fin on va où veut maman ». Comparez au titre. Les mots du titre réapparaissent plusieurs fois dans le récit ; dans la bouche de qui ?
- **Une bataille gagnée d'avance** : Deux détails dans le texte nous prouvent que la mère était sûre de gagner ; lesquels ? L'intérêt du récit est moins dans ce qui va se passer que dans le COMMENT ? Relevez les phrases que la mère adresse à son mari. Le contredit-elle ? Par quel mot commence-t-elle presque toujours ? Remarquez le signe de ponctuation à la fin de chacune de ses phrases. Pourquoi n'y a-t-il jamais de point d'exclamation ou d'interrogation ?

Réfléchir

À supposer que vous vouliez jouer cette scène :
a) Remarquez que la mise en scène est déjà réglée.
b) Soulignez toutes les indications concernant
- Les gestes et attitudes des personnages (Papa s'est levé tout à coup)
- le ton sur lequel ils parlent (il dit, il crie)
- les mimiques (a ouvert de grands yeux)

Antoine de SAINT-EXUPÉRY (1900-1944).

Terre des hommes (1939), bouquet de souvenirs avec lesquels Saint-Exupéry fait le point de son expérience de pilote et d'homme, est composé de récits qui deviennent prétexte à méditations. L'unité profonde de l'ouvrage se construit autour des grands thèmes chers à la pensée de l'auteur : l'importance du métier, la responsabilité, la fraternité.

Guillaumet, pilote de l'Aéropostale, pris dans une tempête de neige au-dessus des Andes, pose son Potez 25 à 3 280 mètres d'altitude et capote. Alors, il marche cinq jours et cinq nuits, résistant à la fatigue, au froid, au sommeil, descend de la Haute Montagne et arrive, épuisé, près de Mendoza...

Être homme, c'est être responsable...

« Ce que j'ai fait, je le jure, jamais aucune bête ne l'aurait fait. » Cette phrase, la plus noble que je connaisse, cette phrase qui situe l'homme, qui l'honore, qui rétablit les hiérarchies[1] vraies, me revenait à la mémoire. Tu t'endormais enfin, ta conscience était abolie[2] mais de ce corps démantelé, fripé, brûlé, elle allait renaître au réveil, et de nouveau le dominer. Le corps, alors, n'est plus qu'un bon outil, le corps n'est plus qu'un serviteur. Et, cet orgueil du bon outil, tu savais l'exprimer aussi, Guillaumet :

« Privé de nourriture, tu t'imagines bien qu'au troisième jour de marche... mon cœur, ça n'allait plus très fort... Eh bien ! le long d'une pente verticale, sur laquelle je progressais, suspendu au-dessus du vide, creusant des trous pour loger mes poings, voilà que mon cœur tombe en panne. Ça hésite, ça repart. Ça bat de travers. Je sens que s'il hésite une seconde de trop, je lâche. Je ne bouge plus et j'écoute en moi. Jamais, tu m'entends ? Jamais en avion je ne me suis senti accroché d'aussi près à mon moteur, que je ne me suis senti, pendant ces quelques minutes-là, suspendu à mon cœur. Je lui disais : « Allons, un effort ! Tâche de battre encore... » Mais c'était un cœur de bonne qualité ! Il hésitait, puis repartait toujours... Si tu savais combien j'étais fier de ce cœur ! »

1. **hiérarchie** : ici, classification par rangs, ordre.
2. **abolir** : réduire à néant, supprimer.

Dans la chambre de Mendoza[3] où je te veillais, tu t'endormais enfin d'un sommeil essoufflé. Et je pensais : « Si on lui parlait de son courage, Guillaumet hausserait les épaules. Mais on le trahirait aussi en célébrant sa modestie. Il se situe bien au-delà de cette qualité médiocre. S'il hausse les épaules, c'est par sagesse. Il sait qu'une fois pris dans l'événement, les hommes ne s'en effraient plus. Seul l'inconnu épouvante les hommes. Mais, pour quiconque l'affronte, il n'est déjà plus l'inconnu. Surtout si on l'observe avec cette gravité lucide. Le courage de Guillaumet, avant tout, est un effet de sa droiture. »

Sa véritable qualité n'est point là. Sa grandeur, c'est de se sentir responsable. Responsable de lui, du courrier et des camarades qui espèrent. Il tient dans ses mains leur peine ou leur joie. Responsable de ce qui se bâtit de neuf, là-bas, chez les vivants, à quoi il doit participer. Responsable un peu du destin des hommes, dans la mesure de son travail.

Il fait partie des êtres larges qui acceptent de couvrir de larges horizons de leur feuillage. Être homme, c'est précisément être responsable. C'est connaître la honte en face d'une misère qui ne semblait pas dépendre de soi. C'est être fier d'une victoire que les camarades ont remportée. C'est sentir, en posant sa pierre, que l'on contribue à bâtir le monde.

3. **Mendoza** : ville d'Argentine sur le piemont andin.

Antoine de SAINT-EXUPÉRY.
Terre des hommes,
Ed. Gallimard.

Photo Roger Viollet.

Le Potez 25 de Guillaumet tombé dans les Andes (Laguna del Diamante, altitude 3 280 mètres), en 1930.

Lire et comprendre

Ce passage est divisé en cinq paragraphes. Pourriez-vous trouver pour chaque paragraphe un titre qui le résumerait ?
Saint-Exupéry veille son ami Guillaumet épuisé par ses efforts presque surhumains après les cinq jours et les cinq nuits qu'il lui a fallu pour vaincre la montagne et rejoindre la ville de Mendoza. Au cours de leur conversation Saint-Exupéry passe sans cesse du « je » au « tu ».

- Assurez-vous que vous avez bien compris ce que représentent ces *pronoms* chaque fois qu'ils sont utilisés. *Qui* parle à *qui* ?
- A quoi Guillaumet compare-t-il son cœur dans le deuxième paragraphe ? Pouvez-vous expliquer ces comparaisons ?

Réfléchir

- Êtes-vous d'accord avec le titre de ce passage ?
- A partir de quel âge devient-on responsable ?
- Est-ce que l'homme a toujours peur de l'inconnu ?

Au-delà du texte

- Vous connaissez certainement des hommes et des femmes qui ont accompli des actes de courage ou des exploits. Quels sont ceux que vous admirez le plus ?
- « *Ce que j'ai fait, je le jure, jamais aucune bête ne l'aurait fait* ». Est-ce que vous auriez pu un jour de votre vie prononcer cette phrase ?

Joseph KESSEL (1898-1979).

Ce grand voyageur fut aussi journaliste, biographe, romancier*... Il s'est intéressé avidement aux hommes — particulièrement à ceux que l'Histoire ou l'Aventure portait à la cime d'eux-mêmes. On comprend qu'il ait été fasciné par le destin de Mermoz, que la Résistance lui ait inspiré, outre le *Chant des Partisans***, *L'Armée des Ombres* (1945)...

Mermoz avant Mermoz

Le 1er septembre 1919 la société Latécoère avait créé la ligne postale aérienne — la première — Toulouse Casablanca. Daurat, son directeur, avait posé le premier jalon sur la route de Santiago du Chili. C'est le 28 septembre 1924 que Mermoz reçut des propositions de la société Latécoère : il fut d'abord engagé, par Daurat, comme mécanicien. À sa grande déception ! Lui qui espérait voler ! Quelques mois après, Mermoz, un matin, est convoqué sur la piste pour un essai, sous l'œil impitoyable de Daurat.

— Eh bien, Mermoz, c'est à vous.

Mermoz se sentait parcouru de ce frisson qu'il connut toute sa vie devant chaque haute tentative. Il n'en montra rien. Il sauta d'un élan facile dans la carlingue, ajusta la ceinture, le serre-tête, cala ses larges épaules contre les coussins de cuir. Et le calme lui vint, et aussi un sentiment de défi. Daurat avait tenu pour négligeables ses heures de vol, ses missions en Syrie, son entraînement acrobatique ? Il allait voir...

Mermoz décolla doucement, fit un long palier près du sol et, d'un seul coup monta en chandelle. Tout ce qu'il avait appris depuis Istres jusqu'à Thionville, toutes ses ressources, toutes ses hardiesses, il les employa à tirer du vieil appareil une voltige étonnante. Quand il eut épuisé les secrets de son art, il fit de l'atterrissage son chef-d'œuvre. Un long et souple dessin d'S en vol plané... Une glissade à gauche, une autre à droite, et il posa son appareil sur le rond blanc dessiné au milieu du terrain pour les épreuves de précision. Puis il roula jusqu'à la piste, se laissa glisser sur le sol et attendit les compliments de Daurat. Mais il eut beau le chercher des yeux parmi les pilotes, il ne le trouva point.

— Où est le directeur ? demanda-t-il d'une voix sans timbre.

Rozès, un vieux de la ligne, méridional célèbre pour son accent et sa verve[1], lui répondit :

— Tu peux faire ton baluchon[2], petit.

— Quoi ? Pourquoi ? balbutia Mermoz.

À ce moment Didier Daurat sortit du hangar. Mermoz courut à lui. On ne pouvait rien déchiffrer sur le visage massif.

— Vous êtes content de vous ? demanda Daurat en enlevant sa cigarette de sa bouche.

— Mais... mais... oui, monsieur le Directeur, dit Mermoz.

— Eh bien, pas moi. Pas besoin d'acrobates ici. Allez au cirque.

Mermoz considéra ces lèvres dédaigneuses, ces mains qui secouaient de la cendre et fut pris de fureur contre tant d'injustice. Il n'avait rien à se reprocher. Il savait qu'il avait admirablement piloté. Et voici qu'on l'insultait encore. Il ne resterait pas un moment de plus sur ce terrain. Il n'adresserait plus une parole à ce chef qui ne comprenait rien. Il...

1. **verve** : vivacité et drôlerie dans l'expression (être en verve).

2. **baluchon** : paquet de vêtements ; faire son balluchon : partir.

* Nous avons cité un fragment de son roman *Le Lion* (1958).
** Écrit avec Maurice Druon, son neveu. Ils avaient rejoint, à Londres, le général de Gaulle pour combattre à ses côtés.

3. **hardes** : vieux vêtements.

Mermoz arracha son casque de cuir, courut à l'atelier, empaqueta ses hardes[3]. Il n'avait pas un sou devant lui, mais sa rage était si grande qu'elle ne laissait place à aucun autre sentiment.

— Je lui dirai... je lui dirai avant de partir..., murmura-t-il, les lèvres tremblantes.

Une toux brève et sourde le fit se retourner. Daurat était là, sortant de sa poche un paquet fripé de caporal.

— Alors, vous partez ? demanda-t-il.

— Ah, oui ! cria Mermoz.

Daurat toussota et, entre deux grognements, Mermoz entendit :

— Hm... indiscipliné... hm... prétentieux... hm... content de soi... hm... naturellement.

— Oui, oui, cria encore Mermoz, oui, je suis content de moi, oui, j'ai bien piloté.

— Vous répondez ?

— Vous m'interrogez bien ?

— Hm... mauvais caractère... hm... naturellement. *On vous dressera.*

— Mais... Mais... (et la voix de Mermoz s'affaissa tout à coup) comment... puisque vous me mettez à la porte ?

Daurat posa une dernière fois son regard sur le beau visage enflammé, sur les épaules tendues, sur toute cette force magnifique :

— Retournez à la piste, dit-il. Montez lentement à deux cents mètres. Virez à plat. Revenez face au terrain. Prenez de très loin l'atterrissage. Du travail d'ouvrier. Compris ? D'ou-vri-er.

Ce travail, Daurat ne le regarda pas faire.

*
* *

Beaucoup plus tard, lorsque Mermoz m'eut raconté cette histoire, j'ai demandé à Daurat :

— Pourquoi n'avez-vous pas assisté au vol que vous aviez fait recommencer ?

Daurat eut un léger sourire de coin, le seul que semblent lui permettre ses lèvres fermes et serrées.

— Je n'en avais pas besoin. J'avais vu tout de suite la classe de Mermoz.

— Alors pourquoi lui avoir imposé cette angoisse ?

— Parce que, dit lentement Daurat, il avait piloté en vaniteux, en individualiste. Pour faire marcher la ligne comme elle devait marcher, il ne fallait pas de ça. Elle était une somme et pas un tremplin. Chaque pilote devait savoir cela tout de suite. Sinon...

Il secoua la cendre de sa cigarette éteinte.

Joseph KESSEL
Mermoz
Éd. Gallimard

Daurat jugeait les hommes en pessimiste, mais sans désespérer d'eux :

« Laissez-les à leur nature, et il n'en sortira rien de bon. Donnez-leur un but collectif, placez ce but, par l'exigence même que vous montrerez, à une hauteur presque inaccessible, idéale, bloquez tous les efforts dans une concurrence, une émulation sans fin, et vous ferez de la molle pâte humaine une substance de qualité. »

Lire et comprendre

Mermoz a voulu faire une démonstration brillante de ses talents d'aviateur devant Daurat. Pourquoi ? A votre avis pourquoi Daurat réagit-il si froidement face au jeune pilote ? Quelle leçon a-t-il voulu lui donner ?

À bout de souffle

24 juin 1926 : Mermoz s'envole de Casablanca pour le cap Juby. Il est accompagné de son interprète Ataf et suivi par un autre appareil piloté par son ami Ville. Tout se passe bien jusqu'à Agadir... puis... les choses se gâtent...

Un vent chaud soufflait au sol qui déséquilibrait les appareils et gênait leur avance. Mermoz et Ville prirent de l'altitude. Très vite la terre et la mer furent dérobées à leurs yeux par une nappe de sable. Ils naviguèrent à la boussole. De temps en temps, pour repérer leur chemin, ils descendaient dans la brume poudreuse, apercevaient la côte, remontaient. Dans ces manœuvres, ils s'écartaient l'un de l'autre, se perdaient de vue pour éviter tout risque de collision. Quand le vol eut duré le temps nécessaire pour l'amener aux approches de Juby[1], Mermoz plongea de nouveau dans la zone opaque. L'ayant percée très près du sol, il reconnut qu'il s'était laissé dériver à l'intérieur du Sahara. Il mit cap à l'Ouest, vers l'Océan. Ville avait répété ses mouvements, mais, à cause de la densité de la brume, ne put le suivre. Mermoz, volant seul, atteignit la côte. En la remontant ou la descendant, il était sûr de trouver le cap Juby. Brusquement, par suite d'une rupture dans la distribution, le moteur refusa de servir davantage. Mermoz dut se poser.

Les premiers instants, il les passa à faire des gestes aussi amples, aussi visibles qu'il le put. Il entendait l'avion de Ville décrire des cercles dans la brume. Son coéquipier le cherchait avec obstination, angoisse, fureur. Mais un regard humain ne pouvait percer à plus de trente mètres la masse fuligineuse[2] qui enveloppait Mermoz et son interprète. Ville dut renoncer. Sa provision d'essence s'épuisant, il se mit en quête de l'escale. Le bruit du moteur diminua, s'éteignit. Il emportait avec lui le salut.

Ataf commença de trembler. Mermoz le calma par une tape amicale sur l'épaule. Il se rappela les monts de Palmyre[3] et comment, par sa résistance et son énergie, il avait vaincu le désert.

Pour les vivres et la boisson, sa situation dans le Rio de Oro était plus favorable qu'en Syrie. Mermoz avait une bonbonne d'eau, des boîtes de sardines, des tomates, du pain. Mais il avait contre lui une inconnue terrible. Il ignorait la direction qu'il devait prendre. Était-il au-delà ou en deçà du cap Juby ? S'était-il posé avant d'arriver au fortin espagnol, ou l'avait-il dépassé ? Bref, devait-il marcher vers le nord ou vers le sud ? Pour en décider il n'avait que son instinct et sa chance.

1. en face des Iles Canaries, sur la côte Ouest de l'Afrique (à environ 450 km à vol d'oiseau, d'Agadir).

2. **fuligineux** : noir comme de la suie.

3. **Palmyre** : ville de Syrie (auj. Tadmor).

La boussole ne lui servait de rien pour faire le point. Le temps écoulé depuis son départ d'Agadir non plus. Il ne pouvait pas calculer, à quelques dizaines de kilomètres près, et au bout de plusieurs heures de vol, le freinage ou la poussée du vent. Mermoz et Ataf scrutèrent avidement les alentours, essayant de reconnaître un pli, une courbe, une échancrure. Ils avaient tous deux la mémoire visuelle et le sens du terrain très développés. Ataf par l'habitude du désert, Mermoz par celle du vol. Mais les dunes se développaient sans fin, l'une à l'autre pareilles, et la côte s'enfonçait, vague, dans la brume.

— On verra mieux demain, dit Mermoz.

La journée, en effet, était avancée. Mermoz ouvrit la bonbonne d'eau et serra les mâchoires. Elle n'était pas remplie à moitié. Au lieu des dix litres qu'elle devait contenir, il n'y en avait que quatre.

— Ils m'entendront au retour, se promit Mermoz.

Il accorda quelques gorgées à l'interprète, fut plus parcimonieux[4] pour lui-même. Le froid nocturne venant, il s'allongea dans un coffre à courrier et s'endormit paisiblement.

Il se réveilla avec le jour. Ses paupières étaient collées par le sable. Le vent avait redoublé de violence. Un tourbillon épais se levait du désert. Mermoz pensa qu'il n'avait aucune chance d'être aperçu par les avions qui, il en était sûr, partiraient à sa recherche. Il fit signe à Ataf de prendre quelques vivres, inscrivit sur le livret moteur : « Marchons vers le sud. » Puis, il chargea sur son dos la bonbonne et s'enfonça dans les dunes. Il s'était interdit de toucher à l'eau avant plusieurs heures, mais il avait compté sans la poudre gluante et ardente qui, à chaque inspiration, s'introduisait dans sa gorge. Bientôt il n'y put tenir, appliqua le goulot à ses lèvres, but, passa le récipient à l'interprète. Plus ils avançaient, plus croissait la chaleur, et plus le vent ensablé attisait la soif. Ils ne prirent pourtant aucun repos jusqu'à midi, mais la bonbonne était plus légère. Ils firent halte. À ce moment un grand espoir les souleva. À cinq cents mètres de la côte, ils aperçurent les linéaments[5] confus d'un bateau qui faisait route vers le nord. Ils l'appelèrent désespérément, de la voix et du geste. Le bateau fondit dans la brume.

Mermoz et Ataf ouvrirent deux boîtes de sardines. Ils mangèrent autant de sable que de conserves. Ils durent boire encore avant de se remettre en route. Au bout d'une heure, le paysage changea légèrement. Les dunes se firent plus serrées et aussi plus sablonneuses. Mermoz et Ataf se consultèrent du regard. Ce n'était pas, leur sembla-t-il, le terrain qu'ils avaient l'habitude de voir au nord de Juby. Ils avaient donc fait fausse route en se dirigeant vers le sud. Mermoz retourna sur ses pas en forçant l'allure. À la tombée de la nuit, ayant parcouru inutilement soixante kilomètres, ils retrouvèrent l'avion. La bonbonne était vide.

Mermoz mangea et s'endormit comme la veille, dans le coffre à courrier. Le grondement de la mer et le vent bercèrent son sommeil. La soif le réveilla. Depuis douze heures, il n'avait rien bu. Le sable écrasait ses arcades sourcilières. Armé d'un morceau de fer et d'une pierre, il fit sauter le bouchon de vidange du radiateur et transvasa un peu d'eau dans la bonbonne. Cette eau, additionnée d'acide et souillée de rouille, avait un goût presque insupportable et déchirait les entrailles comme un silex aigu. Mais le feu et la glu du sable étaient plus douloureux encore. Mermoz but cette sorte de poison. Il avait résolu d'aller vers le nord, jusqu'à la limite de ses forces. Il dit mentalement adieu à son Bréguet, et, profitant de la marée basse, prit le chemin de la plage. Ataf le suivit.

La proximité de la mer n'atténuait ni la chaleur, ni les ravages que faisait en eux le vent de sable. Sans cesse, ils avalaient quelques gorgées de l'eau vénéneuse[6]. Vers le milieu du jour, la douleur qui tortura Mermoz lui fit comprendre que s'il ne rencontrait pas des Maures[7], il était perdu. Alors, au lieu de se dissimuler comme il avait fait jusque-là, à l'abri des dunes, il marcha à

4. **parcimonieux** : avare.

5. **linéaments** : lignes (traces linéaires que laisse le bateau dans son sillage).

6. **vénéneux** : qui contient du venin, du poison.

7. **Maures** : habitants du Sahara occidental.

découvert. Lorsqu'il aperçut des formes bleues qui venaient à lui en pressant leurs chameaux, il respira mieux. Il préférait tomber sous leurs coups que de se dessécher de soif et de souffrance. Mermoz fut assommé, dévêtu, ligoté, jeté sur le bât d'un chameau. Puis ses ravisseurs l'entraînèrent dans le bled. Il voyagea des jours, des nuits, ballotté comme un sac, à peine nourri, buvant de temps en temps une gorgée de l'eau des guerbas[8], dévoré par la vermine. Et le sable emplissait sa bouche, ses oreilles, ses narines. Il avait perdu le sens de la direction, la notion de la réalité. Durant les haltes, il était caché sous une tente, ou ficelé au piquet où l'on attachait les bêtes. Il ne tenait que par la profondeur et l'intégrité de son sommeil.

Il ignorait tout du sort qui l'attendait. Des réunions se tenaient à son sujet, des palabres[9] se livraient au-dessus de sa tête auxquelles il n'entendait pas un mot. Parfois, il avait l'impression que les nomades levaient le camp pour échapper à une autre tribu qui voulait s'emparer de leur prisonnier... Un matin, il vit passer, à basse altitude, les deux avions du courrier qui naviguaient vers le nord. Il ne put les suivre du regard qu'un instant. Ses gardiens le rejetèrent à coups de poing sous une tente.

Le jour suivant, à l'aube, et sans que rien pût le lui faire pressentir, il se trouva devant le fort du cap Juby. Il avait été racheté par la Compagnie Latécoère pour douze mille pesetas.

Joseph KESSEL
Mermoz,
Éd. Gallimard

8. **guerbas** : outres, gourdes.

9. **palabre** : conversation longue et inutile...

Photo Harlingue-Viollet

Biplan Louis Bréguet, Type 20
(moteur Bréguet-Bugatti 1000 ch) vers 1925.

Lire et comprendre

Quelles sont les trois étapes principales de ce récit ? Cherchez un titre pour chacune d'elles.
– De quoi Mermoz et Ataf souffrent-ils le plus au cours de cette épreuve ?
– Pourquoi les Maures ont-ils épargné Mermoz ?

Tahar BEN JELLOUN

Né en 1944 à Fès (Maroc), Tahar Ben Jelloun s'est fait connaître à la fois comme poète, romancier, essayiste et journaliste. Il publie très régulièrement, dans le journal *Le Monde*, des articles qui ont souvent trait à la réalité africaine et aux maghrébins émigrés en France. *La Prière de l'absent*, histoire du voyage à travers le Maroc d'une mendiante et de deux vagabonds, chargés d'un nouveau-né, est aussi le prétexte à un voyage allégorique dans la mémoire de ce pays.

La nuit claire de l'apparence.

C'était une belle Chevrolet noire datant de la fin des années cinquante. Une voiture large et solide. Le tableau de bord était là pour le décor. Les aiguilles indiquaient depuis longtemps, depuis toujours, le vide, le néant. Elles signalaient ainsi l'insolence du temps. Elles s'étaient arrêtées dans leur cadran, un peu au hasard. Le propriétaire du taxi les astiquait avec un chiffon jaune. Il aimait faire briller le métal.

Après maintes tractations[1], il installa ses voyageurs : Yamma, l'enfant, Sindibad et Boby sur la banquette arrière ; devant, un gros et un mince.

Avant de tourner la clé de contact, il balbutia quelque chose comme « Au nom de Dieu le Miséricordieux »...

C'était un homme vif et rusé. Il avait encore sa famille dans le Haouz et il faisait le taxi entre Casablanca et Marrakech. Il se mit à raconter une histoire :

– Un jour, c'était un vendredi de la pleine lune ; j'allais rentrer chez moi à Douar Doum, quand le petit Brahim m'arrêta et me dit : « Une affaire pour toi : trois pèlerins qui viennent d'arriver à Casablanca et ils sont impatients de rentrer chez eux, à Marrakech. Ils sont prêts à payer le prix. » C'était dix heures du soir. Je fais mon petit calcul et je me dis, après tout, pourquoi pas ? Je n'ai pas sommeil et puis j'aime bien rouler à la lumière de la lune. J'arrive près de la gare, je vois trois vieux messieurs, habillés en blanc. Des hommes silencieux, fatigués sans doute par le voyage, en tout cas, ils ne discutèrent même pas le prix. Ils me donnèrent quatre billets de cinquante dirhams. Pas un mot. Ils ne dormaient pas. Ils avaient les yeux ouverts et ne bougeaient presque pas. Le silence pesant m'angoissa. Ce n'est pas que j'aime le bruit, mais j'aime la parole. Je mis en marche la radio. Une main l'arrêta. Je roulais et j'observais la lune. Elle était tellement pleine et belle qu'elle risquait de tomber. Des fois, j'ai des clients un peu maniaques. Ceux-là étaient sous la loi du silence. Vers une heure du matin, j'entrai à Marrakech. J'arrêtai la voiture à la gare routière de Jamaa el Fna et descendis leur ouvrir la portière et leur donner leurs bagages.

« Vous n'allez pas me croire, mais je vous jure sur la tête de mes enfants que ce que je vais vous dire est la stricte vérité : sur la banquette arrière il y avait trois sacs en toile blanche remplis de paille. Dans le coffre, il y avait une sacoche[2] pleine d'ossements humains. J'allais devenir fou, j'ai hurlé. Personne ne m'entendit. Je mis la main dans ma poche pour vérifier s'ils ne m'avaient pas refilé de la fausse monnaie, et je trouve quatre pierres, des cailloux pas plus grands que des poires.

« Alors vous savez, depuis ce jour-là, je ne voyage plus de nuit et je parle avec mes voyageurs. Il faut me comprendre ! Que chacun raconte une histoire. La route sera moins longue !...

Le mince avait une moustache très fournie. Il tirait nerveusement sur ses poils qu'il mettait dans une boîte d'allumettes vide. Quand le chauffeur eut terminé de raconter ces histoires, il dit :

– Ton histoire, si elle est vraie, me rappelle ce qui est arrivé l'année dernière à mon cousin qui se croyait plus rusé que tout le village. Si vous permettez, je vous la raconte :

1. **tractations** : négociations où interviennent des marchandages.

2. **sacoche** : sac de cuir ou de toile.

« Il s'appelle « Zzirek » à cause de ses yeux qui sont très bleus. Après six mois de démarches, il arriva à décrocher un contrat de travail en France et un passeport. Mais avant de partir en immigration, il pria sa mère d'aller demander la voisine en mariage. Une très jolie fille. Très maligne. Elle a des yeux qui font tomber les oiseaux, tellement ils sont beaux et pleins de malice. Se marier avec Zrirek ? Pourquoi pas ? « Ce sera, dit-elle, Zrirek le mandat.[3] » Son père la gronda pour ce manque de respect, mais le mariage fut célébré une semaine avant le départ de Zrirek. J'étais à ce mariage. C'était simple mais assez riche, enfin pas comme les Fassis. Zrirek partit donc et laissa sa jeune et belle épouse chez ses parents. Elle attendait toutes les fins de mois le facteur. Une lettre ou un mandat. Rien. Des mois et des mois sans rien. Aucune nouvelle. Un jour il envoya une lettre à son père pour lui dire que tout allait bien, qu'il gagnait bien sa vie. Pas un mot pour sa femme.

« Trois ans avaient passé. L'été il apparut sur le seuil de la porte, habillé d'un costume trois pièces ; cravaté et parfumé, il avait des valises toutes neuves. Il demanda après sa femme. « Mon fils, lui répondit sa mère, elle est repartie chez elle. Tu es parti et tu l'as oubliée. Alors elle est rentrée chez ses parents. » Elle marqua un temps, puis dit : « De toute façon, tu arrives à point. Je t'annonce une bonne nouvelle : tu vas être bientôt père. Nous espérons tous que ce sera un garçon ! »

« Zrirek, furieux, se mit à hurler : « Comment est-ce possible ? Cela fait trois ans que je suis parti et ma femme vient d'être enceinte ! Mais c'est de la folie. Je vais tout casser. Je vais la tuer... »

« Non, mon fils, reprit la mère, tu ne vas rien casser du tout et tu ne vas tuer personne. Calme-toi et écoute-moi. As-tu déjà entendu parler de l'« enfant endormi » ? Ta femme est enceinte de toi. Cet enfant a été conçu il y a trois ans, et les anges l'ont endormi dans le ventre de sa mère en attendant le retour du père. A présent tu es revenu. Les anges ont libéré l'enfant. Tu verras, il aura tes yeux. Ils seront aussi bleus que les tiens ! »

« Zrirek se calma et attendit avec impatience la naissance de l'enfant. Ce fut un garçon et il avait les yeux bleus !

Le moustachu éclata de rire en disant : « J'espère que vous ne croyez pas à l'enfant endormi ! »

Le chauffeur commenta : « Moi j'y crois ! Je crois à beaucoup de choses. Regardez cette belle main verte, elle m'accompagne et me protège. Elle arrête le mauvais œil. » Sur le pare-brise est dessinée avec de la peinture verte une main aux cinq doigts légèrement écartés, la paume est traversée par un œil ouvert, dessiné assez maladroitement. Au-dessus, calligraphiés le nom d'Allah et de Mohammed.

Le gros assis à droite du moustachu égrenait un chapelet. D'une voix rauque, il dit :

– A propos, moi aussi j'ai une histoire à vous raconter. Elle est vraie. Je connais la personne à qui elle est arrivée !

Le chauffeur, content, acquiesça[4] de la tête en encourageant le gros à parler :

– Oui, on t'écoute. Chacun son tour. Les histoires, il n'y a pas mieux pour passer le temps, surtout sur les routes. Celui qui a inventé *les Mille et Une Nuits* a dû être un voyageur. Car vous comprenez, les paysages qui se succèdent peuvent vous donner le vertige, la migraine ou de l'angoisse. Moi, avant, ça me donnait de l'asthme...

Sindibad intervint :

– Mais laissez-le raconter son histoire, si vous ne voulez pas que la migraine et l'asthme vous reprennent...

Le gros déposa son chapelet et s'installa de biais pour s'adresser à tout le monde :

– C'est l'histoire d'un tailleur juif de Melilla qui avait raté sa vie parce qu'il avait désobéi à ses parents. Non seulement il n'avait pas leur bénédiction, mais il était frappé par leur malédiction. C'était un grand gaillard[5], pas beau du tout, maigre, très

3. **mandat** : somme d'argent acheminée par voie postale.

4. **acquiesça** : approuva.

5. **gaillard** : homme plein de vigueur.

maigre. Il n'avait pas d'amis ou presque. On le voyait souvent avec un vieux fqih, un musulman, une espèce de charlatan qui écrivait des amulettes pour dénouer les sorts ou pour jeter le mauvais sort. Très vite, Shmihan – c'était un surnom – est devenu réputé pour donner le mauvais œil[6]. C'était extraordinaire. Il valait mieux, non seulement ne jamais avoir affaire à lui, mais même ne pas le rencontrer. Un seul regard et tu es cuit ! D'ailleurs quand il sortait, les gens qui le connaissaient l'évitaient. Quand il venait à la synagogue certains juifs la quittaient avant même de terminer leurs prières. Shmihan n'était pas mauvais, au fond, mais il portait malheur. Cela le rendait triste et des gens l'ont vu un jour pleurer dans un coin de rue. Le fqih-charlatan commença à l'utiliser. Moyennant un peu d'argent, il le chargeait d'aller porter le mauvais œil sur une personne déterminée. C'était d'une efficacité effroyable. Il gagnait sa vie ainsi. Il avait abandonné sa boutique de tailleur et de matelassier et ne faisait que se promener dans les rues à la recherche de victimes. De plus en plus de gens l'évitaient, tellement il était devenu une calamité[7] et un danger. Un jour il rencontra une Rifaine de Nador chez le fqih. Elle n'était pas belle mais troublante. Il tomba amoureux d'elle. Un coup de folie. Comme il était tout le temps là, elle lui fit cette réflexion : « Tu n'es pas beau, tu ne me fais pas peur, et puis si tu veux me plaire, commence par raser cette barbe ! » Il se précipita chez lui et se mit en face du miroir. Il ne savait pas comment raser cette barbe très fournie et longue. Il se regarda longuement, fixa ses yeux jusqu'aux larmes. Il découvrit combien il était malheureux, combien la malédiction maternelle était lourde à porter. Il coupa sa barbe, et, une fois rasé, il se regarda longtemps encore dans la glace.

« Le lendemain, il eut une fièvre très violente et mourut la nuit même dans une solitude complète. A force de se regarder dans le miroir, il avait fini par se donner le mauvais œil !

Le gros reprit son chapelet et attendit les commentaires. Pas un mot. Cette histoire les plongea tous dans une grande gêne. Ils ne savaient quoi en penser.

– C'est un peu fabriqué, dit le moustachu.

– Elle est triste, ton histoire, marmonna le chauffeur.

6. **le mauvais œil** : regard qui porte malheur.

7. **calamité** : catastrophe.

Tahar BEN JELLOUN
La prière de l'absent (extrait)
Ed. du Seuil, coll. Point.

Lire et comprendre

• Dans l'univers clos d'une voiture.

– Montrez que l'auteur lui accorde dans son récit autant de place, sinon davantage, qu'aux personnages : que ressort-il de sa description ? Quelle relation le chauffeur entretient-il avec sa voiture ?

– Trois personnages (les autres étant ici réduits au rôle de figurants) vont prendre tour à tour la parole. Comment sont-ils caractérisés ? Pourriez-vous faire un portrait du chauffeur ?

... Une version moderne des *Contes des Mille et une Nuits.*

– Le cérémonial du conte est respecté : Notez que les trois histoires sont précédées d'une petite introduction et suivies d'un commentaire.

– L'originalité d'un procédé littéraire : ces histoires ont dans le récit un but immédiat et pratique pour les voyageurs. Lequel ?

– Le narrateur et son histoire : le chauffeur, le mince et le gros jouent tous les trois un rôle plus ou moins important dans l'histoire qu'ils racontent. Lequel ? Montrez que leur présence est destinée à garantir le caractère véridique de leurs incroyables histoires.

- **Trois histoires apparemment sans rapport l'une avec l'autre mais qui présentent des traits communs.**
  – Toutes trois comportent un mélange de *réalisme* quotidien : relevez des détails concernant le vêtement (1re et 2e histoires), la procédure du mariage, les préparatifs du départ à l'étranger (2e histoire) et d'un *merveilleux* directement lié à une tradition populaire du Maghreb. A quel moment de l'histoire ce merveilleux intervient-il dans les trois cas ?
  – Elles mettent en scène des personnages simples : quelle est leur origine sociale ? à la fois naïfs et rusés : où ces traits apparaissent-ils ?

Réfléchir

La langue de Ben Jelloun : *« une saveur africaine »*
Si la langue de Tahar Ben Jelloun doit d'abord sa beauté à sa sobriété, elle véhicule cependant un monde différent et se caractérise par son *lyrisme :* notez dans les deux premières histoires le recours à des images *poétiques,* d'une beauté naïve.

Au-delà du texte

- **« Le mauvais-œil.**
  – Outre qu'il est le sujet de la troisième histoire, il est présent dans la réalité de ce passage. Relisez le passage où le chauffeur mentionne la *« main à cinq doigts. »*
  – La superstition joue-t-elle, dans votre pays, un rôle important dans la vie quotidienne ? Existe-t-il un objet ayant la propriété de conjurer le mauvais sort ?

Scènes de théâtre

Jules ROMAINS (1885-1972)

De son vrai nom Louis Farigoule, il s'est surtout illustré en écrivant *Les Hommes de bonne volonté* (qui commencent à paraître en 1932). Il travailla aussi beaucoup pour le théâtre et *Knock* (1923) est sa pièce la plus connue — mise en scène et interprétée par Louis Jouvet.

Knock.

Le docteur Knock a fait savoir qu'il donnait une consultation gratuite... son salon d'attente s'emplit rapidement.

SCÈNE 4

KNOCK, LA DAME EN NOIR
Elle a quarante-cinq ans et respire l'avarice paysanne et la constipation.

Knock. – Ah ! voici les consultants. *(A la cantonade.)* Une douzaine, déjà ? Prévenez les nouveaux arrivants qu'après onze heures et demie je ne puis plus recevoir personne, au moins en consultation gratuite. C'est vous qui êtes la première, madame ? *(Il fait entrer la dame en noir et referme la porte.)* Vous êtes bien du canton ?

La dame en noir. – Je suis de la commune.

Knock. – De Saint-Maurice même ?

La dame. – J'habite la grande ferme qui est sur la route de Luchère.

Knock. – Elle vous appartient ?

La dame. – Oui, à mon mari et à moi.

Knock. – Si vous l'exploitez vous-même, vous devez avoir beaucoup de travail ?

La dame. – Pensez, monsieur ! dix-huit vaches, deux bœufs, deux taureaux, la jument et le poulain, six chèvres, une bonne douzaine de cochons, sans compter la basse-cour.

Knock. – Diable ! Vous n'avez pas de domestiques ?

La dame. – Dame si. Trois valets, une servante, et les journaliers dans la belle saison.

Knock. – Je vous plains. Il ne doit guère vous rester de temps pour vous soigner ?

La dame. – Oh ! non.

Knock. – Et pourtant vous souffrez.

La dame. – Ce n'est pas le mot. J'ai plutôt de la fatigue.

Knock. – Oui, vous appelez ça de la fatigue. *(Il s'approche d'elle.)* Tirez la langue. Vous ne devez pas avoir beaucoup d'appétit.

La dame. – Non.

Knock. – Vous êtes constipée.

La dame. – Oui, assez.

Knock *(il l'ausculte)*. – Baissez la tête. Respirez. Toussez. Vous n'êtes jamais tombée d'une échelle, étant petite ?

La dame. – Je ne me souviens pas.

Knock *(il lui palpe et lui percute le dos, lui presse brusquement les reins)*. – Vous n'avez jamais mal ici le soir en vous couchant ? Une espèce de courbature ?

La dame. – Oui, des fois.

Knock *(il continue de l'ausculter)*. – Essayez de vous rappeler. Ça devait être une grande échelle.

La dame. – Ça se peut bien.

Knock *(très affirmatif).* – C'était une échelle d'environ trois mètres cinquante, posée contre un mur. Vous êtes tombée à la renverse. C'est la fesse gauche, heureusement, qui a porté.

La dame. – Ah oui !

Knock. – Vous aviez déjà consulté le docteur Parpalaid ?

La dame. – Non, jamais.

Knock. – Pourquoi ?

La dame. – Il ne donnait pas de consultations gratuites.

Un silence.

Knock *(la fait asseoir).* – Vous vous rendez compte de votre état ?

La dame. – Non.

Knock *(il s'assied en face d'elle).* – Tant mieux. Vous avez envie de guérir, ou vous n'avez pas envie ?

La dame. – J'ai envie.

Knock. – J'aime mieux vous prévenir tout de suite que ce sera très long et très coûteux.

La dame. – Ah ! mon Dieu ! Et pourquoi ça ?

Knock. – Parce qu'on ne guérit pas en cinq minutes un mal qu'on traîne depuis quarante ans.

La dame. – Depuis quarante ans ?

Knock. – Oui, depuis que vous êtes tombée de votre échelle.

La dame. – Et combien que ça me coûterait ?

Knock. – Qu'est-ce que valent les veaux, actuellement ?

La dame. – Ça dépend des marchés et de la grosseur. Mais on ne peut guère en avoir de propres à moins de quatre ou cinq cents francs.

Knock. – Et les cochons gras ?

La dame. – Il y en a qui font plus de mille.

Knock. – Eh bien ! ça vous coûtera à peu près deux cochons et deux veaux.

La dame. – Ah ! là ! là ! Près de trois mille francs ? C'est une désolation, Jésus Marie !

Knock. – Si vous aimez mieux faire un pèlerinage, je ne vous en empêche pas.

La dame. – Oh ! un pèlerinage, ça revient cher aussi et ça ne réussit pas souvent. *(Un silence.)* Mais qu'est-ce que je peux donc avoir de si terrible que ça ?

Knock *(avec une grande courtoisie).* – Je vais vous l'expliquer en une minute au tableau noir. *(Il va au tableau et commence un croquis.)* Voici votre moelle épinière, en coupe, très schématiquement, n'est-ce pas ? Vous reconnaissez ici votre faisceau de Türck et ici votre colonne de Clarke. Vous me suivez ? Eh bien ! quand vous êtes tombée de l'échelle, votre Türck et votre Clarke ont glissé en sens inverse *(il trace des flèches de direction)* de quelques dixièmes de millimètres. Vous me direz que c'est très peu. Évidemment. Mais c'est très mal placé. Et puis vous avez ici un tiraillement continu qui s'exerce sur les multipolaires.

Il s'essuie les doigts.

La dame. – Mon Dieu ! Mon Dieu !

Knock. – Remarquez que vous ne mourrez pas du jour au lendemain. Vous pouvez attendre.

La dame. – Oh ! là ! là ! J'ai bien eu du malheur de tomber de cette échelle !

Knock. – Je me demande même s'il ne vaut pas mieux laisser les choses comme elles sont. L'argent est si dur à gagner. Tandis que les années de vieillesse, on en a toujours bien assez. Pour le plaisir qu'elles donnent !

La dame. – Et en faisant ça plus... grossièrement, vous ne pourriez pas me guérir à moins cher ?... à condition que ce soit bien fait tout de même.

Knock. – Ce que je puis vous proposer, c'est de vous mettre en observation. Ça ne vous coûtera presque rien. Au bout de quelques jours vous vous rendrez compte par vous-même de la tournure que prendra le mal, et vous vous déciderez.

La dame. – Oui, c'est ça.

Knock. – Bien. Vous allez rentrer chez vous. Vous êtes venue en voiture ?

La dame. – Non, à pied.

Knock *(tandis qu'il rédige l'ordonnance, assis à sa table).* Il faudra tâcher de trouver une voiture. Vous vous coucherez en arrivant. Une chambre où vous serez seule, autant que possible. Faites fermer les volets et les rideaux pour que la lumière ne vous gêne pas. Défendez qu'on vous parle. Aucune alimentation solide pendant une semaine. Un verre d'eau de Vichy toutes les deux heures et, à la rigueur, une moitié de biscuit, matin et soir, trempée dans un doigt de lait. Mais j'aimerais autant que vous vous passiez de biscuit. Vous ne direz pas que je vous ordonne des remèdes coûteux ! A la fin de la semaine, nous verrons comment vous vous sentez. Si vous êtes gaillarde, si vos forces et votre gaieté sont revenues, c'est que le mal est moins sérieux qu'on ne pouvait croire, et je serai le premier à vous rassurer. Si, au contraire, vous éprouvez une faiblesse générale, des lourdeurs de tête, et une certaine paresse à vous lever, l'hésitation ne sera plus permise, et nous commencerons le traitement. C'est convenu ?

La dame *(soupirant).* – Comme vous voudrez.

Knock *(désignant l'ordonnance).* – Je rappelle mes prescriptions sur ce bout de papier. Et j'irai vous voir bientôt. *(Il lui remet l'ordonnance et la reconduit. A la cantonade.)* Mariette, aidez madame à descendre l'escalier et à trouver une voiture.

On aperçoit quelques visages de consultants que la sortie de la dame en noir frappe de crainte et de respect.

SCÈNE 5

KNOCK, LA DAME EN VIOLET

Elle a soixante ans ; toutes les pièces de son costume sont de la même nuance de violet ; elle s'appuie assez royalement sur une sorte d'alpenstock.

La dame en violet *(avec emphase).* – Vous devez bien être étonné, docteur, de me voir ici.

Knock. – Un peu étonné, madame.

La dame. – Qu'une dame Pons, née demoiselle Lempoumas, vienne à une consultation gratuite, c'est en effet assez extraordinaire.

Knock. – C'est surtout flatteur pour moi.

La dame. – Vous vous dites peut-être que c'est là un des jolis résultats du gâchis actuel, et que, tandis qu'une quantité de malotrus et de marchands de cochons roulent carrosse et sablent le champagne avec des actrices, une demoiselle Lempoumas, dont la famille remonte sans interruption jusqu'au XIIIe siècle et a possédé jadis la moitié du pays, et qui a des alliances avec toute la noblesse et la haute bourgeoisie du département, en est réduite à faire la queue, avec les pauvres et pauvresses de Saint-Maurice ? Avouez, docteur, qu'on a vu mieux.

Knock *(la fait asseoir).* – Hélas oui, madame.

La dame. – Je ne vous dirai pas que mes revenus soient restés ce qu'ils étaient autrefois, ni que j'ai conservé la maisonnée de six domestiques et l'écurie de quatre chevaux qui étaient de règle dans la famille jusqu'à la mort de mon oncle. J'ai même dû vendre, l'an dernier, un domaine de cent soixante hectares, la Michouille, qui me venait de ma grand-mère maternelle. Ce nom de la Michouille a des origines gréco-latines, à ce que prétend M. le curé. Il dériverait de *mycodium* et voudrait dire : haine du champignon, pour cette raison qu'on n'aurait jamais trouvé un seul champignon dans ce domaine, comme si le sol en avait horreur. Il est vrai qu'avec les impôts et les réparations, il ne me rapportait plus qu'une somme ridicule d'autant que, depuis la mort de mon mari, les fermiers abusaient volontiers de la situation et sollicitaient à tout bout de champ des réductions ou des délais. J'en avais assez, assez, assez ! Ne croyez-vous pas, docteur, que, tout compte fait, j'ai eu raison de me débarrasser de ce domaine ?

Knock *(qui n'a cessé d'être partaitement attentif)*. – Je le crois, madame, surtout si vous aimez les champignons, et si, d'autre part, vous avez bien placé votre argent.

La dame. – Aïe ! Vous avez touché le vif de la plaie ! Je me demande jour et nuit si je l'ai bien placé, et j'en doute, j'en doute terriblement. J'ai suivi les conseils de ce gros bêta de notaire, au demeurant le meilleur des hommes. Mais je le crois moins lucide que le guéridon de sa chère femme, qui, comme vous le savez, servit quelque temps de truchement aux esprits. En particulier, j'ai acheté un tas d'actions de charbonnages. Docteur, que pensez-vous des charbonnages ?

Knock. – Ce sont, en général, d'excellentes valeurs, un peu spéculatives peut-être, sujettes à des hausses inconsidérées suivies de baisses inexplicables.

La dame. – Ah ! mon Dieu ! Vous me donnez la chair de poule. J'ai l'impression de les avoir achetées en pleine hausse. Et j'en ai pour plus de cinquante mille francs. D'ailleurs, c'est une folie de mettre une somme pareille dans les charbonnages, quand on n'a pas une grosse fortune.

Knock. – Il me semble, en effet, qu'un tel placement ne devrait jamais représenter plus du dixième de l'avoir total.

La dame. – Ah ? Pas plus du dixième ? Mais s'il ne représente pas plus du dixième, ce n'est pas une folie proprement dite ?

Knock. – Nullement.

La dame. – Vous me rassurez, docteur. J'en avais besoin. Vous ne sauriez croire quels tourments me donne la gestion de mes quatre sous. Je me dis parfois qu'il me faudrait d'autres soucis pour chasser celui-là. Docteur, la nature humaine est une pauvre chose. Il est écrit que nous ne pouvons déloger un tourment qu'à condition d'en installer un autre à la place. Mais au moins trouve-t-on quelque répit à en changer. Je voudrais ne plus penser toute la journée à mes locataires, à mes fermiers et à mes titres. Je ne puis pourtant pas, à mon âge, courir les aventures amoureuses – ah ! ah ! ah ! – ni entreprendre un voyage autour du monde. Mais vous attendez, sans doute, que je vous explique pourquoi j'ai fait queue à votre consultation gratuite ?

Knock. – Quelle que soit votre raison, madame, elle est certainement excellente.

La dame. – Voilà ! J'ai voulu donner l'exemple. Je trouve que vous avez eu là, docteur, une belle et noble inspiration. Mais, je connais mes gens. J'ai pensé : « Il n'en ont pas l'habitude, ils n'iront pas. Et ce monsieur en sera pour sa générosité. » Et je me suis dit : « S'ils voient qu'une dame Pons, demoiselle Lempoumas, n'hésite pas à inaugurer les consultations gratuites il n'auront plus honte de s'y montrer. » Car mes moindres gestes sont observés et commentés. C'est bien naturel.

Knock. – Votre démarche est très louable, madame. Je vous en remercie.

La dame *(se lève, faisant mine de se retirer)*. – Je suis enchantée, docteur, d'avoir fait votre connaissance. Je reste chez moi toutes les après-midi. Il vient quelques personnes. Nous faisons salon autour d'une vieille théière Louis XV que j'ai héritée de mon aïeule. Il y aura toujours une tasse de côté pour vous. *(Knock s'incline. Elle avance encore vers la porte.)* Vous savez que je suis réellement très, très, tourmentée avec mes locataires et mes titres. Je passe des nuits sans dormir. C'est horriblement fatigant. Vous ne connaîtriez pas, docteur, un secret pour faire dormir ?

Knock. – Il y a longtemps que vous souffrez d'insomnie ?

La dame. – Très, très longtemps.

Knock. – Vous en aviez parlé au docteur Parpalaid ?

La dame. – Oui, plusieurs fois.

Knock. – Que vous a-t-il dit ?

La dame. – De lire chaque soir trois pages du Code civil. C'était une plaisanterie. Le docteur n'a jamais pris la chose au sérieux.

Knock. – Peut-être a-t-il eu tort. Car il y a des cas d'insomnie dont la signification est d'une exceptionnelle gravité.

La dame. – Vraiment ?

Knock. – L'insomnie peut être due à un trouble essentiel de la circulation intracérébrale, particulièrement à une altération des vaisseaux dite « en tuyau de pipe ». Vous avez peut-être, madame, les artères du cerveau en tuyau de pipe.

La dame. – Çiel ! En tuyau de pipe ! L'usage du tabac, docteur, y serait-il pour quelque chose ? Je prise un peu.

Knock. - C'est un point qu'il faudrait examiner. L'insomnie peut encore provenir d'une attaque profonde et continue de la substance grise par la névroglie.

La dame. – Ce doit être affreux. Expliquez-moi cela, docteur.

Knock *(très posément.)* – Représentez-vous un crabe, ou un poulpe, ou une gigantesque araignée en train de vous grignoter, de vous suçoter et de vous déchiqueter doucement la cervelle.

La dame. – Oh ! *(Elle s'effondre dans un fauteuil.)* Il y a de quoi s'évanouir d'horreur. Voilà certainement ce que je dois avoir. Je le sens bien. Je vous en prie, docteur, tuez-moi tout de suite. Une piqûre, une piqûre ! Ou plutôt ne m'abandonnez pas. Je me sens glisser au dernier degré de l'épouvante. *(Un silence.)* Ce doit être absolument incurable ? et mortel ?

Knock. – Non.

La dame. – Il y a un espoir de guérison ?

Knock. – Oui, à la longue.

La dame. – Ne me trompez pas, docteur. Je veux savoir la vérité.

Knock. – Tout dépend de la régularité et de la durée du traitement.

La dame. – Mais de quoi peut-on guérir ? De la chose en tuyau de pipe, ou de l'araignée ? Car je sens bien que, dans mon cas, c'est plutôt l'araignée.

Knock. – On peut guérir de l'un et de l'autre. Je n'oserais peut-être pas donner cet espoir à un malade ordinaire, qui n'aurait ni le temps ni les moyens de se soigner, suivant les méthodes les plus modernes. Avec vous, c'est différent.

La dame *(se lève).* – Oh ! je serai une malade très docile, docteur, soumise comme un petit chien. Je passerai partout où il faudra, surtout si ce n'est pas trop douloureux.

Knock. – Aucunement douloureux, puisque c'est à la radioactivité que l'on fait appel. La seule difficulté, c'est d'avoir la patience de poursuivre bien sagement la cure pendant deux ou trois années, et aussi d'avoir sous la main un médecin qui s'astreigne à une surveillance incessante du processus de guérison, à un calcul minutieux des doses radioactives – et à des visites presque quotidiennes.

La dame. – Oh ! moi, je ne manquerai pas de patience. Mais c'est vous, docteur, qui n'allez pas vouloir vous occuper de moi autant qu'il faudrait.

Knock. – Vouloir, vouloir ! Je ne demanderais pas mieux. Il s'agit de pouvoir. Vous demeurez loin ?

La dame. – Mais non, à deux pas. La maison qui est en face du poids public.

Knock. – J'essayerai de faire un bond tous les matins jusque chez vous. Sauf le dimanche. Et le lundi à cause de ma consultation.

La dame. – Mais ce ne sera pas trop d'intervalle, deux jours d'affilée ? Je resterai pour ainsi dire sans soins du samedi au mardi ?

Knock. – Je vous laisserai des instructions détaillées. Et puis, quand je trouverai une minute, je passerai le dimanche matin ou le lundi après-midi.

La dame. – Ah ! tant mieux ! tant mieux ! *(Elle se relève.)* Et qu'est-ce qu'il faut que je fasse tout de suite ?

Knock. – Rentrez chez vous. Gardez la chambre. J'irai vous voir demain matin et je vous examinerai plus à fond.

La dame. – Je n'ai pas de médicaments à prendre aujourd'hui ?

Knock *(debout).* – Heu... si. *(Il bâcle une ordonnance.)* Passez chez M. Mousquet et priez-le d'exécuter aussitôt cette première petite ordonnance.

Jules ROMAINS.
Knock, Paris, Éd. Gallimard.

Lire et comprendre

- **Une consultation gratuite où l'on ne parle que d'argent !**
  Il faut d'abord s'assurer que les consultantes sont riches...

  Scène 4
  – Quelles sont les premières questions que Knock pose à la dame en noir ? Pourquoi ?

  Scène 5
  – Pourquoi laisse-t-il parler si longtemps la dame en violet ?... *pour ensuite imposer un traitement qui sera de longue durée et coûteux.*

  Scène 4
  – A votre avis, quel sera le résultat de régime prescrit à la dame en noir ? Est-il destiné à la guérir ?

  Scène 5
  – Dans la dernière partie de la scène, relevez tous les détails qui montrent que le traitement sera très long et nécessitera de nombreuses visites.

- **Knock est un excellent homme d'affaires.**

  Scène 4
  Il se livre avec la dame en noir à un véritable marchandage de fermiers.
  – Relevez dans toute la scène le vocabulaire de l'argent.

  Scène 5
  – Le dialogue, dans toute la première partie de la scène, évoque-t-il le cabinet d'un médecin ?

- **La dame en noir et la dame en violet.**
  Une paysanne intimidée et une dame de la bonne société, très à l'aise.
  – Comparez dans les deux scènes la place occupée par les répliques des deux femmes. Laquelle parle le plus ? Pourquoi ? Qui, dans toute la première partie de la scène 5, mène la conversation ?

- **Knock, un charlatan très habile.**
Deux scènes, deux démonstrations d'une même tactique adaptée à deux cas.
Le but de Knock est le même : *faire peur* à ses consultantes.
– A quel moment de chacune des deux scènes, les dames commencent-elles à avoir vraiment peur ?
Mais la méthode est différente :
Scène 4
– La dame en noir a-t-elle le choix de répondre par oui ou par non aux questions du docteur sur son « accident » ?
Scène 5
Avec la dame en violet, la tactique de Knock est beaucoup plus subtile
– Relevez les passages où il la flatte pour mieux arriver à ses fins.

- **Le diagnostic de Knock.**
– Repérez dans chaque scène le passage où le docteur fait son diagnostic. Les explications qu'il donne vous paraissent-elles scientifiques ? Les prenez-vous au sérieux ?

Réfléchir

- **Le docteur Parpalaid.**
Knock pose la même question à ses deux clientes à propos de son prédécesseur. Pourquoi ?

Au-delà du texte

La société occidentale actuelle impose des modèles auxquels il faudrait se conformer pour être heureux : paraître toujours jeune, être mince, etc...
La publicité joue sur la naïveté des gens pour imposer ainsi l'achat de certains produits, la pratique de certaines méthodes.
– Avez-vous eu des échos de ce phénomène ? Existe-t-il dans votre pays ?

Eugène Ionesco

En plein milieu de notre 20e siècle Ionesco (et quelques autres dont Samuel Beckett, Adamov ou Audiberti...) fait éclater les structures traditionnelles du théâtre et du langage, qu'il va remettre en question — ce qui est remettre en question toutes les idées confortables, familières, les formules stéréotypées, le conformisme endormeur de la pensée. Ionesco secoue, dérange... En 1950 avec *La Cantatrice chauve*, en 1951 avec *La Leçon* commence un succès fabuleux... en 1960 J.-L. Barrault monte *Rhinocéros* : retentissement mondial ! La pièce dénonce l'horreur du nazisme mais — au-delà — clame le caractère sacré des droits de l'Homme, bafoués, écrasés par les totalitarismes de tous bords ; elle dit la peur panique de l'auteur devant toutes les hystéries collectives.

Rhinocéros

Étrange cité où apparaissent des rhinocéros et où, les uns après les autres, les gens deviennent rhinocéros... tous se métamorphosent : leur peau verdit, durcit ; une corne leur pousse ; ils barrissent au lieu de parler, foncent au lieu de raisonner...

Le héros de la pièce, Bérenger, rend visite à son ami Jean qui présente des symptômes inquiétants...

JEAN. — C'est le front plus précisément qui me fait mal. Je me suis cogné, sans doute !

Sa voix est encore plus rauque.

BÉRENGER. — Quand vous êtes-vous cogné ?

JEAN. — Je ne sais pas. Je ne m'en souviens pas.

BÉRENGER. — Vous auriez eu mal.

JEAN. — Je me suis peut-être cogné en dormant.

BÉRENGER. — Le choc vous aurait réveillé. Vous aurez sans doute simplement rêvé que vous vous êtes cogné.

JEAN. — Je ne rêve jamais...

BÉRENGER, *continuant.* — Le mal de tête a dû vous prendre pendant votre sommeil, vous avez oublié d'avoir rêvé, ou plutôt vous vous en souvenez inconsciemment !

JEAN. — Moi, inconsciemment ? Je suis maître de mes pensées, je ne me laisse pas aller à la dérive. Je vais tout droit, je vais toujours tout droit.

BÉRENGER. — Je le sais. Je ne me suis pas fait comprendre.

JEAN. — Soyez plus clair. Ce n'est pas la peine de me dire des choses désagréables.

BÉRENGER. — On a souvent l'impression qu'on s'est cogné, quand on a mal à la tête. *(S'approchant de Jean.)* Si vous vous étiez cogné, vous devriez avoir une bosse. *(Regardant Jean.)* Si, tiens, vous en avez une, vous avez une bosse en effet.

JEAN. — Une bosse ?

BÉRENGER. — Une toute petite.

JEAN. — Où ?

BÉRENGER, *montrant le front de Jean.* — Tenez, elle pointe juste au-dessus de votre nez.

JEAN. — Je n'ai point de bosse. Dans ma famille, on n'en a jamais eu.

BÉRENGER. — Avez-vous une glace ?

JEAN. — Ah ça alors ! *(Se tâtant le front.)* On dirait bien pourtant. Je vais voir, dans la salle de bains. *(Il se lève brusquement et se dirige vers la salle de bains. Bérenger le suit du regard. De la salle de bains :)* C'est vrai, j'ai une bosse. *(Il revient, son teint est devenu plus verdâtre.)* Vous voyez bien que je me suis cogné.

BÉRENGER. — Vous avez mauvaise mine, votre teint est verdâtre.

JEAN. — Vous adorez me dire des choses désagréables. Et vous, vous êtes-vous regardé ?

BÉRENGER. — Excusez-moi, je ne veux pas vous faire de la peine.

JEAN, *très ennuyé.* — On ne le dirait pas.

BÉRENGER. — Votre respiration est très bruyante. Avez-vous mal à la gorge ? *(Jean va de nouveau s'asseoir sur son lit.)* Avez-vous mal à la gorge ? c'est peut-être une angine.

JEAN. — Pourquoi aurais-je une angine ?

BÉRENGER. — Ça n'est pas infamant[1], moi aussi j'ai eu des angines. Permettez que je prenne votre pouls.

1. infamant : déshonorant.

Bérenger se lève, il va prendre le pouls de Jean.

JEAN, *d'une voix encore plus rauque.* — Oh ! ça ira.

BÉRENGER. — Votre pouls bat à un rythme tout à fait régulier. Ne vous effrayez pas.

JEAN. — Je ne suis pas effrayé du tout, pourquoi le serais-je ?

BÉRENGER. — Vous avez raison. Quelques jours de repos et ce sera fini.

JEAN. — Je n'ai pas le temps de me reposer. Je dois chercher ma nourriture.

BÉRENGER. — Vous n'avez pas grand-chose, puisque vous avez faim. Cependant, vous devriez quand même vous reposer quelques jours. Ce sera plus prudent. Avez-vous fait venir le médecin ?

JEAN. — Je n'ai pas besoin de médecin.

BÉRENGER. — Si, il faut faire venir le médecin.

JEAN. — Vous n'allez pas faire venir le médecin, puisque je ne veux pas faire venir le médecin. Je me soigne tout seul.

BÉRENGER. — Vous avez tort de ne pas croire à la médecine.

JEAN. — Les médecins inventent des maladies qui n'existent pas.

BÉRENGER. — Cela part d'un bon sentiment. C'est pour le plaisir de soigner les gens.

JEAN. — Ils inventent les maladies, ils inventent les maladies !

BÉRENGER. — Peut-être les inventent-ils. Mais ils guérissent les maladies qu'ils inventent.

JEAN. — Je n'ai confiance que dans les vétérinaires.

BÉRENGER, *qui avait lâché le poignet de Jean, le prend de nouveau.* — Vos veines ont l'air de se gonfler. Elles sont saillantes.

JEAN. — C'est un signe de force.

BÉRENGER. — Évidemment, c'est un signe de santé et de force. Cependant...

Il observe de plus près l'avant-bras de Jean, malgré celui-ci, qui réussit à le retirer violemment.

JEAN. — Qu'avez-vous à m'examiner comme une bête curieuse ?

BÉRENGER. — Votre peau...

JEAN. — Qu'est-ce qu'elle peut vous faire ma peau ? Est-ce que je m'occupe de votre peau ?

BÉRENGER. — On dirait... oui, on dirait qu'elle change de couleur à vue d'œil. Elle verdit. *(Il veut reprendre la main de Jean.)* Elle durcit aussi.

JEAN, *retirant de nouveau sa main.* — Ne me tâtez pas comme ça. Qu'est-ce qu'il vous prend ? Vous m'ennuyez.

BÉRENGER, *pour lui.* — C'est peut-être plus grave que je ne croyais. *(À Jean.)* Il faut appeler le médecin.

Il se dirige vers le téléphone.

JEAN. — Laissez cet appareil tranquille. *(Il se précipite vers Bérenger et le repousse. Bérenger chancelle.)* Mêlez-vous de ce qui vous regarde.

BÉRENGER. — Bon, bon. C'était pour votre bien.

JEAN, *toussant et respirant bruyamment.* — Je connais mon bien mieux que vous.

BÉRENGER. — Vous ne respirez pas facilement.

JEAN. — On respire comme on peut ! Vous n'aimez pas ma respiration, moi je n'aime pas la vôtre. Vous respirez trop faiblement, on ne vous entend même pas, on dirait que vous allez mourir d'un instant à l'autre.

BÉRENGER. — Sans doute n'ai-je pas votre force.

JEAN. — Est-ce que je vous envoie, vous, chez le médecin pour qu'il vous en donne ? Chacun fait ce qu'il veut !

BÉRENGER. — Ne vous mettez pas en colère contre moi. Vous savez bien que je suis votre ami.

JEAN. — L'amitié n'existe pas. Je ne crois pas en votre amitié.

BÉRENGER. — Vous me vexez.

JEAN. — Vous n'avez pas à vous vexer.

BÉRENGER. — Mon cher Jean...

JEAN. — Je ne suis pas votre cher Jean.

BÉRENGER. — Vous êtes bien misanthrope[2] aujourd'hui.

2. **misanthrope** : qui déteste les hommes.

JEAN. — Oui, je suis misanthrope, misanthrope, misanthrope, ça me plaît d'être misanthrope.

BÉRENGER. — Vous m'en voulez sans doute encore, pour notre sotte querelle d'hier, c'était ma faute, je le reconnais. Et justement j'étais venu pour m'excuser...

JEAN. — De quelle querelle parlez-vous ?

BÉRENGER. — Je viens de vous le rappeler. Vous savez, le rhinocéros !

JEAN, *sans écouter Bérenger.* — À vrai dire, je ne déteste pas les hommes, ils me sont indifférents, ou bien ils me dégoûtent, mais qu'ils ne se mettent pas en travers de ma route, je les écraserais.

BÉRENGER. — Vous savez bien que je ne serai jamais un obstacle...

JEAN. — J'ai un but, moi. Je fonce vers lui.

*
* *

C'est fait ! La ville entière n'est plus qu'une horde de rhinocéros... seuls demeurent encore intacts Daisy et Bérenger.

BÉRENGER. — Écoute, Daisy, nous pouvons faire quelque chose. Nous aurons des enfants, nos enfants en auront d'autres, cela mettra du temps, mais à nous deux nous pourrons régénérer[1] l'humanité.

1. **régénérer** : donner une nouvelle vigueur.

DAISY. — Régénérer l'humanité ?

BÉRENGER. — Cela s'est déjà fait.

DAISY. — Dans le temps. Adam et Ève... Ils avaient beaucoup de courage.

BÉRENGER. — Nous aussi, nous pouvons avoir du courage. Il n'en faut pas tellement d'ailleurs. Cela se fait tout seul, avec du temps, de la patience.

DAISY. — À quoi bon ?

BÉRENGER. — Si, si, un peu de courage, un tout petit peu.

DAISY. — Je ne veux pas avoir d'enfants. Ça m'ennuie.

BÉRENGER. — Comment veux-tu sauver le monde alors ?

DAISY. — Pourquoi le sauver ?

BÉRENGER. — Quelle question !... Fais ça pour moi, Daisy. Sauvons le monde.

DAISY. — Après tout, c'est peut-être nous qui avons besoin d'être sauvés. C'est nous, peut-être, les anormaux.

BÉRENGER. — Tu divagues, Daisy, tu as de la fièvre.

DAISY. — En vois-tu d'autres de notre espèce ?

BÉRENGER. — Daisy, je ne veux pas t'entendre dire cela !

Daisy regarde de tous les côtés, vers tous les rhinocéros dont on voit les têtes sur les murs, à la porte du palier, et aussi apparaissant sur le bord de la rampe.

DAISY. — C'est ça, les gens. Ils ont l'air gais. Ils se sentent bien dans leur peau. Ils n'ont pas l'air d'être fous. Ils sont très naturels. Ils ont eu des raisons.

BÉRENGER, *joignant les mains et regardant Daisy désespérément.* — C'est nous qui avons raison, Daisy, je t'assure.

DAISY. — Quelle prétention !...

BÉRENGER. — Tu sais bien que j'ai raison.

DAISY. — Il n'y a pas de raison absolue. C'est le monde qui a raison, ce n'est pas toi, ni moi.

BÉRENGER. — Si, Daisy, j'ai raison. La preuve, c'est que tu me comprends quand je te parle.

DAISY. — Ça ne prouve rien.

BÉRENGER. — La preuve, c'est que je t'aime autant qu'un homme puisse aimer une femme.

DAISY. — Drôle d'argument !

BÉRENGER. — Je ne te comprends plus, Daisy. Ma chérie, tu ne sais plus ce que tu dis ! L'amour ! l'amour, voyons, l'amour...

DAISY. — J'en ai un peu honte, de ce que tu appelles l'amour, ce sentiment morbide, cette faiblesse de l'homme. Et de la femme. Cela ne peut se comparer avec l'ardeur, l'énergie extraordinaire que dégagent tous ces êtres qui nous entourent.

Photo Lipnitzki-Viollet

Rhinocéros, Théâtre de L'Odéon, 1960.
Bérenger (Jean-Louis Barrault) et Daisy (Simone Valère).

BÉRENGER. — De l'énergie ? Tu veux de l'énergie ? Tiens, en voilà de l'énergie !

Il lui donne une gifle.

DAISY. — Oh ! Jamais je n'aurais cru...

Elle s'effondre dans le fauteuil.

BÉRENGER. — Oh ! pardonne-moi, ma chérie, pardonne-moi ! *(Il veut l'embrasser, elle se dégage.)* Pardonne-moi, ma chérie. Je n'ai pas voulu. Je ne sais pas ce qui m'est arrivé, comment ai-je pu me laisser emporter !

DAISY. — C'est parce que tu n'as plus d'arguments ; c'est simple.

BÉRENGER. — Hélas ! En quelques minutes, nous avons donc vécu vingt-cinq années de mariage.

DAISY. — J'ai pitié de toi aussi, je te comprends.

BÉRENGER, *tandis que Daisy pleure.* — Eh bien, je n'ai plus d'arguments sans doute. Tu les crois plus forts que moi, plus forts que nous, peut-être.

DAISY. — Sûrement.

BÉRENGER. — Eh bien, malgré tout, je te le jure, je n'abdiquerai pas, moi, je n'abdiquerai pas.

DAISY, *elle se lève, va vers Bérenger, entoure son cou de ses bras.* — Mon pauvre chéri, je résisterai avec toi, jusqu'au bout.

BÉRENGER. — Le pourras-tu ?

DAISY. — Je tiendrai parole. Aie confiance. *(Bruits devenus mélodieux des rhinocéros.)* Ils chantent, tu entends ?

BÉRENGER. — Ils ne chantent pas, ils barrissent.

DAISY. — Ils chantent.

BÉRENGER. — Ils barrissent, je te dis.

DAISY. — Tu es fou, ils chantent.

BÉRENGER. — Tu n'as pas l'oreille musicale, alors !

DAISY. — Tu n'y connais rien en musique, mon pauvre ami, et puis, regarde, ils jouent, ils dansent.

BÉRENGER. — Tu appelles ça de la danse ?

DAISY. — C'est leur façon. Ils sont beaux.

BÉRENGER. — Ils sont ignobles !

DAISY. — Je ne veux pas qu'on en dise du mal. Ça me fait de la peine.

BÉRENGER. — Excuse-moi. Nous n'allons pas nous chamailler à cause d'eux.

DAISY. — Ce sont des dieux.

BÉRENGER. — Tu exagères, Daisy, regarde-les bien.

DAISY. — Ne sois pas jaloux, mon chéri. Pardonne-moi aussi.

Elle se dirige de nouveau vers Bérenger, veut l'entourer de ses bras. C'est Bérenger maintenant qui se dégage.

BÉRENGER. — Je constate que nos opinions sont tout à fait opposées. Il vaut mieux ne plus discuter.

DAISY. — Ne sois pas mesquin, voyons.

BÉRENGER. — Ne sois pas sotte.

DAISY, *à Bérenger, qui lui tourne le dos. Il se regarde dans la glace, se dévisage...* La vie en commun n'est plus possible.

Tandis que Bérenger continue à se regarder dans la glace, elle se dirige doucement vers la porte en disant : « Il n'est pas gentil, vraiment, il n'est pas gentil. » Elle sort, on la voit descendre lentement le haut de l'escalier.

BÉRENGER, *se regardant toujours dans la glace.* — Ce n'est tout de même pas si vilain que ça un homme. Et pourtant, je ne suis pas parmi les plus beaux ! Crois-moi, Daisy ! *(Il se retourne.)* Daisy ! Daisy ! Où es-tu, Daisy ? Tu ne vas pas faire ça ! *(Il se précipite vers la porte.)* Daisy ! *(Arrivé sur le palier, il se penche sur la balustrade.)* Daisy ! remonte ! reviens, ma petite Daisy ! Tu n'as même pas déjeuné ! Daisy, ne me laisse pas tout seul ! Qu'est-ce que tu m'avais promis ! Daisy ! Daisy ! *(Il renonce à l'appeler, fait un geste désespéré et rentre dans sa chambre.)* Évidemment. On ne s'entendait plus. Un ménage désuni. Ce n'était plus viable[2]. Mais elle n'aurait pas dû me quitter sans s'expliquer. *(Il regarde partout.)* Elle ne m'a pas laissé un mot. Ça ne se fait pas. Je suis tout à fait seul maintenant. *(Il va fermer la porte à clé, soigneusement, mais avec colère.)* On ne m'aura pas, moi. *(Il ferme soigneusement les fenêtres.)* Vous ne m'aurez pas, moi. *(Il s'adresse à toutes les têtes de rhinocéros.)* Je ne vous suivrai pas, je ne vous comprends pas ! Je reste ce que je suis. Je suis un être humain. Un être humain. *(Il va s'asseoir dans le fauteuil.)* La situation est absolument intenable. C'est ma faute, si elle est partie. J'étais tout pour elle. Qu'est-ce qu'elle va devenir ? Encore quelqu'un sur la conscience. J'imagine le pire, le pire est possible. Pauvre enfant abandonnée dans cet univers de monstres ! Personne ne peut m'aider à la retrouver, personne, car il n'y a plus personne. *(Nouveaux barrissements, courses éperdues, nuages de poussière.)* Je ne veux pas les entendre. Je vais mettre du coton dans les oreilles. *(Il se met du coton dans les oreilles et se parle à lui-même dans la glace.)* Il n'y a pas d'autre solution que de les convaincre, les convaincre, de quoi ? Et les mutations sont-elles réversibles ? Hein, sont-elles réversibles ? Ce serait un travail d'Hercule, au-dessus de mes forces. D'abord, pour les convaincre, il faut leur parler. Pour leur parler, il faut que j'apprenne leur langue. Ou qu'ils apprennent la mienne ? Mais quelle langue est-ce que je parle ? Quelle est ma langue ? Est-ce du français, ça ? Ce doit bien être du français ? Mais qu'est-ce que du français ? On peut appeler ça du français, si on veut, personne ne peut le contester, je suis seul à le parler. Qu'est-ce que je dis ? Est-ce que je me comprends, est-ce que je me comprends ? *(Il va vers le milieu de la chambre.)* Et si, comme me l'avait dit Daisy, si c'est eux qui ont raison ? *(Il retourne vers la glace.)* Un homme n'est pas laid, un homme n'est pas laid ! *(Il se regarde en passant la main sur sa figure.)* Quelle drôle de chose ! À quoi je ressemble alors ? À quoi ? *(Il se précipite vers un placard, en sort des photos, qu'il regarde.)* Des photos ! Qui sont-ils tous ces gens-là ? M. Papillon, ou Daisy plutôt ? Et celui-là, est-ce Botard ou Dudard, ou Jean ? ou moi, peut-être ! *(Il se précipite de nouveau vers le placard d'où il sort deux ou trois tableaux.)* Oui, je me reconnais ; c'est moi, c'est moi ! *(Il va raccrocher les tableaux sur le mur du fond, à côté des têtes des rhinocéros.)* C'est moi, c'est moi. *(Lorsqu'il accroche les tableaux, on s'aperçoit que ceux-ci représentent un vieillard, une grosse femme, un autre homme. La laideur de ces portraits contraste avec les têtes des rhinocéros qui sont devenues très belles. Bérenger s'écarte pour contempler les tableaux.)* Je ne suis pas beau, je ne suis pas beau. *(Il décroche les tableaux, les jette par terre avec fureur, il va vers la glace.)* Ce sont eux qui sont beaux. J'ai eu tort ! Oh ! comme je voudrais être comme eux. Je n'ai pas de corne, hélas ! Que c'est laid, un front plat. Il m'en faudrait une ou deux, pour rehausser mes traits tombants. Ça viendra peut-être, et je n'aurai plus honte, je pourrai aller tous les retrouver. Mais ça ne pousse pas ! *(Il regarde les paumes de ses mains.)* Mes mains sont moites. Deviendront-elles rugueuses ? *(Il enlève son veston, défait sa chemise, contemple sa poitrine dans la glace.)* J'ai la peau flasque. Ah, ce corps trop blanc, et poilu ! Comme je voudrais avoir une peau dure et cette magnifique couleur d'un vert sombre, une nudité décente, sans poils, comme la leur ! *(Il écoute les barrissements.)* Leurs chants ont du charme, un peu âpre, mais un charme certain ! Si je pouvais faire comme eux. *(Il essaye de les imiter.)* Ahh, ahh, brr ! Non, ça n'est pas ça ! Essayons encore, plus fort ! Ahh, ahh, brr ! non, non, ce n'est pas ça, que c'est faible, comme cela manque de vigueur ! Je n'arrive pas à barrir. Je hurle seulement. Ahh, ahh, brr ! Les hurlements ne sont pas des barrissements ! Comme j'ai mauvaise conscience, j'aurais dû les suivre à temps. Trop tard maintenant ! Hélas, je suis un monstre, je suis un monstre. Hélas ! jamais je ne deviendrai rhinocéros, jamais, jamais ! Je ne peux plus changer. Je voudrais bien, je voudrais tellement, mais je ne peux pas. Je ne peux plus me voir. J'ai

2. viable : qui a la possibilité de durer.

trop honte ! *(Il tourne le dos à la glace.)* Comme je suis laid ! Malheur à celui qui veut conserver son originalité ! *(Il a un brusque sursaut.)* Eh bien, tant pis ! Je me défendrai contre tout le monde ! Ma carabine, ma carabine ! *(Il se retourne face au mur du fond où sont fixées les têtes des rhinocéros, tout en criant :)* Contre tout le monde, je me défendrai ! Je suis le dernier homme, je le resterai jusqu'au bout ! Je ne capitule pas !

RIDEAU

Eugène IONESCO,
Rhinocéros
Éd. Gallimard.

Lire et comprendre

Scène 1 : Bérenger – Jean

- **Une métamorphose qui s'opère sous nos yeux.**
  - Quelles sont les transformations physiques qui affectent Jean au long de cette scène ?
  - Montrez que Jean devient de plus en plus agressif, violent avec Bérenger, au fur et à mesure que la scène progresse.
  - Relevez ses gestes et ses attitudes.

- **Ionesco, un complice discret de son spectateur-lecteur.**
  Jean se rend-il compte de ce qui lui arrive ?
  - Relevez dans les lignes 57-58, 84-85, 130-132, des mots à double sens, destinés à nous faire rire et que Jean prononce sans s'apercevoir de leur force comique.

Scène 2 : Bérenger – Daisy

- **Bérenger : un individu convaincu d'être dans le bon chemin.**
  - Quels sont les deux arguments qu'il développe afin de prouver à Daisy qu'il a raison ? (lignes 134 à 156)... *mais qui ne réussit pas à convaincre son interlocutrice.*

- **Daisy ou l'incapacité à vivre la différence** – Daisy n'est pas sûre d'elle.
  - Observez ses hésitations, ses déplacements sur la scène.
  - Par quoi est-elle le plus fascinée chez les rhinocéros ?

Scène 3 : le monologue de Bérenger

- **Un homme seul, qui, peu à peu, perd son assurance et glisse vers le délire.**
  Le langage a perdu sa fonction de communication.
  - Pourquoi y a-t-il dans son monologue un si grand nombre de phrases exclamatives ou interrogatives ?
  - Observez la longueur des phrases qu'il prononce, dans la dernière partie du monologue. Quelle impression produisent-elles ?

Réfléchir

- **Théâtre et Récit.**
  Ionesco intervient dans la scène, à la façon d'un narrateur.
  - Observez la place occupée par les indications données en italique, surtout dans les scènes 2 et 3. S'agit-il seulement d'indications concernant les gestes ou le ton des personnages ?
  - Si vous étiez chargé de la mise en scène de cette pièce, comment feriez-vous pour donner à voir au spectateur tous les éléments que Ionesco indique ici, sur le papier ?

Au-delà du texte

Difficulté ou impossibilité de résister à un courant d'opinion, de s'opposer à un mouvement de masse.
– En connaissez-vous des exemples dans l'Histoire, ou dans votre vie personnelle ?

Georges COURTELINE (1858-1929)

Courteline (Georges Moineau de son vrai nom) n'a pas dans la littérature la place qu'il mérite ; on l'oublie quelque peu... et c'est dommage. On a vu parfois en lui un comique facile, un amuseur. Peut-être Courteline contribua-t-il lui-même à rabaisser son œuvre*. Il confia un jour à son traducteur autrichien : « Mon cher, je suis consterné, c'est effrayant ce que cela est misérable ! Je ne me croyais pas si dépourvu de talent ! »

Faisons la part du manque authentique de confiance en soi, du scrupule de l'artiste mesurant douloureusement l'écart qui existe toujours entre sa création et son intention, la part aussi de l'humour... Quand on lit *Messieurs les Ronds-de-cuir, Boubouroche, La peur des coups...* on s'aperçoit qu'il y a dans ces textes, des trésors d'observation, d'esprit, de drôlerie, de verve satirique pénétrante qui fustige la sottise et la férocité des hommes. Beaucoup de gaîté, de fantaisie débridée sur fond d'amertume lucide, timide, comme un discret arrière-goût. Il a rajeuni la tradition comique du vaudeville qui, au début de notre siècle, se perdait dans une superficielle et désolante vulgarité.

Courteline n'est pas Molière, c'est vrai ; encore que... de temps en temps...

La peur des coups.

Une chambre à coucher sans grand luxe. Un lit de milieu, qui s'avance face au public. Près du lit, un petit chiffonnier[1]. À gauche, une cheminée surmontée d'une glace et supportant une lampe qui brûle à ras de bec. Au milieu, un guéridon, avec buvard et écritoire. Chaises et fauteuils. — Il est sept heures du matin, l'aube naissante blêmit mélancoliquement dans les ajours des persiennes closes.

Entrent, par la droite, l'un suivant l'autre :

Elle, enveloppée jusqu'aux chevilles d'une sicilienne[2] lilas doublée en chèvre du Tibet. Nouée avec soin sous son menton, une capuche de Malines[3] emprisonne son jeune visage, confisquant son front et ses cheveux ;

Lui, enfermé dans sa pelisse comme un burgrave[4] dans son serment. Un chapeau à bords plats le coiffe. Il tient une allumette bougie dont le courant d'air de la porte écrase la flamme, puis l'éteint.

1. **chiffonnier** : petit meuble dans lequel les femmes rangent leurs « chiffons ».

2. **sicilienne** : manteau de soie.

3. capuche en tissu et dentelles de Malines (ville de Belgique célèbre pour ses dentelles).

4. **burgrave** : seigneur d'une ville.

LUI. — Flûte !

ELLE. — Ne te gêne pas pour moi. Ça me contrarierait.

LUI, *qui depuis une demi-heure attendait le moment d'éclater.* — Toi, tu vas nous fiche la paix.

Un temps.

ELLE. — Qu'est-ce qu'il y a encore ?

LUI. — Tu m'embêtes.

ELLE. — On t'a vendu des pois qui ne voulaient pas cuire ?

LUI. — C'est bien. En voilà assez. Je te prie de me fiche la paix.

ELLE, *à part.* — Retour de bal. La petite scène obligée de chaque fois. Ah ! Dieu !...

Lui, enflamme une allumette, va à la lampe dont il soulève le verre. Puis :

LUI, *à mi-voix.* — Ce n'est pas la peine. Il fait jour.

ELLE, *qui enlève sa mantille[5] et sa pelisse et qui s'étonne de le voir rouler une cigarette.* — Eh bien, tu ne te couches pas ?

LUI. — Non.

ELLE. — Pourquoi ?

5. **mantille** : écharpe de soie ou de dentelle que les femmes portent sur la tête.

* Son père qui a longtemps voulu le détourner de la littérature et le persuader de son incapacité à écrire du théâtre, n'a-t-il pas fait naître et généreusement entretenu ce sentiment de défiance ?

Lui. — Si on te le demande, tu diras que tu n'en sais rien.

Elle. — Comme tu voudras. *(À part.)* Prends garde que je commence. Prends bien garde.

Lui va et vient par la pièce, les mains aux reins, ruminant de sombres pensées. Des grondements rôdent dans le silence. Rencontre avec une chaise. Il l'empoigne, vient la planter à l'avant-scène, et l'enfourche, toujours sans un mot. Enfin :

Lui, *qui se décide à mettre le feu aux poudres.* — Eh bien, tu es satisfaite.

Elle. — À propos de quoi ?

Lui. — Dame, tu serais difficile... Tu t'es assez...

Elle. — N'use pas ta salive, je sais ce que tu vas me dire. *(Très simple.)* Je me suis fait peloter.

Lui. — Oui, tu t'es fait peloter !

Elle, *assise près du lit et commençant à se dévêtir.* — Là ! — Oh ! je connais l'ordre et la marche. Dans un instant je me serai conduite comme une fille, dans deux minutes tu m'appelleras sale bête ; dans cinq tu casseras quelque chose. C'est réglé comme un protocole[6]. — Et pendant que j'y pense... *(Elle va à la cheminée, y prend une poterie ébréchée qu'elle dépose sur un guéridon, à portée du bras de Monsieur)...* je te recommande ce petit vase. Tu l'as entamé il y a six semaines en revenant de la soirée de l'Instruction Publique, mais il est encore bon pour faire des castagnettes.

Monsieur, furieux, envoie l'objet à la volée à l'autre extrémité de la pièce :

Elle. — Tu commences par la fin ? Tant mieux ! Ça modifiera un peu la monotonie du programme.

Lui, *se levant comme mû par un ressort.* — Ah ! assez ! Ne m'exaspère pas ! *(Un temps.)* T'es-tu assez compromise !...

Elle, *à part.* — Sale bête, vous allez voir.

Lui, *les dents serrées.* — Sale bête !

Elle, *à part.* — Ça y est.

Lui. — Tu t'es conduite...

Elle. — Comme une fille.

Lui. — Parfaitement. Ose un peu dire que ce n'est pas vrai ? Ose-le donc un peu, pour voir ?... Il n'y a pas de danger, parbleu ! Tu t'es couverte d'opprobre[7].

Elle. — Oui.

Lui. — Tu as traîné dans le ridicule le nom honorable que je porte !

Elle. — Navrante histoire ! À ta place, j'en ferais une complainte.

Lui. — Tu t'es compromise de la façon la plus révoltante !

Elle. — Oui, je te dis !

Elle va se poster devant la cheminée, et là, d'une main qui prend des précautions, elle cueille une large rose épanouie, la met en la nuit de ses cheveux.

Lui. — Et avec un soldat, encore. Car à cette heure tu donnes dans le pantalon rouge. Ah ! c'est du joli ! c'est du propre ! À quand le tour de la livrée ?

Elle, *debout devant la cheminée, en jupon et en corset.* — Toi, tu as une certaine chance que je t'aie épousé.

Lui. — Pourquoi ?

Elle. — Parce que si c'était à refaire...

Lui. — Penses-tu que je n'en aie pas autant à ton service ? Je te conseille de parler ! Une femme dans ta position... *(Long regard ironique de Madame.)* Oh ! ne joue donc pas sur les mots. — ... se galvauder avec un pousse-cailloux !...

Elle. — D'abord, c'est un officier...

Lui. — C'est un drôle[8], voilà ce que c'est !... Et un polisson !... Et un sot !... Et un goujat de la pire espèce !... Son attitude à ton égard a été de la dernière inconvenance. Il t'a fait une cour scandaleuse !

Elle, *l'ongle aux dents.* — Pas ça !

Lui. — Tu mens !

6. **protocole** : ensemble des règles qui régissent une cérémonie.

7. **opprobre** : honte.

8. **drôle** : mauvais sujet, coquin.

ELLE. — Charmante éducation.

LUI. — Tu mens !

ELLE, *agacée.* — Et quand je mentirais ? Quand il me l'aurait faite la cour, ce brin de cour autorisé d'homme du monde à honnête femme ? Le grand malheur ! La belle affaire !

LUI. — Pardon...

ELLE. — D'ailleurs, quoi ? Je te l'ai présenté. Il fallait te plaindre à lui-même, au lieu de te lancer comme tu l'as fait dans un déploiement ridicule de courbettes et de salamalecs[9]. Et « Mon capitaine » par-ci, et « Mon capitaine » par là, et « Enchanté, mon capitaine, de faire votre connaissance ». Ma parole, c'était écœurant de te voir ainsi faire des grâces et arrondir la bouche en derrière de poule, avec une figure d'assassin. Tu étais vert comme un sous-bois.

Elle passe et revient vers le lit.

LUI. — Je...

ELLE. — Seulement voilà... ce n'est pas la bravoure qui t'étouffe...

LUI. — Je...

ELLE. — Alors tu n'as pas osé...

LUI. — Je...

ELLE. — Comme le soir où nous étions sur l'Esplanade des Invalides à voir tirer le feu d'artifice, et où tu affectais de compter les fusées et de crier : « Sept !... Huit !... Neuf !... Dix !... Onze ! » pendant que je te disais tout bas : « Il y a derrière moi un homme qui essaie de passer sa main par la fente de mon jupon. Fais-le donc finir. Il m'ennuie. »

LUI, *jouant dans la perfection la comédie de l'homme qui ne comprend pas.* — Je ne sais pas ce que tu me chantes avec ton histoire d'esplanade ; mais pour en revenir à ce monsieur, si je ne lui ai pas dit ma façon de penser, c'est que j'ai cédé à des considérations d'un ordre spécial : l'horreur des scandales publics, le sentiment de ma dignité...

ELLE. — ... la peur bien naturelle des coups, et cœtera, et cœtera.

LUI, *brûlé comme au fer rouge.* — Tu es plus bête qu'un troupeau d'oies ! *(Rires de Madame.)* Ah ! et puis ne ris pas comme ça. Je sens que je ferais un malheur !... La peur des coups ! La peur des coups !

ELLE. — Bien sûr oui, la peur des coups. Tu n'as pas de sang dans les veines.

LUI. — C'est de moi que tu parles ?

ELLE. — Non. Du frotteur.

LUI. — Par exemple ; celle-là est raide ! Moi, moi, je n'ai pas de sang dans les veines ? En six mois de temps, j'ai flanqué onze bonnes à la porte, et je n'ai pas de sang dans les veines ?... D'ailleurs c'est bien simple. Où est l'encre ? *(Il s'installe devant le guéridon, attire à soi un petit buvard de dame et en tire un cahier de papier.)* Je ne voulais pas donner de suite à cette affaire...

ELLE. — Ça, je m'en doute.

LUI. — ... me réservant de dire son fait à ce monsieur le jour où je le rencontrerais. Mais puisque tu le prends comme ça, c'est une autre paire de manches. Je vais vous faire voir à tous les deux, à cet imbécile et à toi, si j'ai du sang dans les veines oui ou non et si je suis un monsieur qui a peur des coups. *(Il écrit.)* « Monsieur, votre attitude à l'égard de ma femme a été celle du dernier des goujats et du dernier des paltoquets[10]. »

ELLE. — Ne fais donc pas l'intéressant. Tu sais très bien que tu n'as pas son adresse.

LUI, *qui continue à écrire.* — J'ai son nom et le numéro de son régiment. C'est suffisant et au-delà. *(Il paraphe sa lettre d'une arabesque imposante.)* Pas de sang ! Pas de sang !... Ah ! Ah ! c'est du sang, qu'il te faut ? Eh bien, ma fille, tu en auras, et plus que tu ne le penses peut-être. Voilà un petit mot de billet dont je ne suis pas mécontent et qui n'est pas, j'ose le prétendre, dans un étui à lunettes. *(Il ricane.)* Qu'est-ce que tu attends ?

ELLE, *qui est demeurée silencieuse, la main tendue.* — La lettre,

9. **salamalec** (vient de l'arabe et signifie : « paix sur toi ») : politesse exagérée.

10. **paltoquet** : personnage grossier.

pour la faire mettre à la poste. Il est huit heures, la bonne est levée.

LUI, *après avoir clos l'enveloppe.* — Voici. *(Il lui tend la lettre, mais, à l'instant où elle va la prendre, il la retire d'un brusque recul de la main et l'enfouit en la poche de son habit.)* Et puis, au fait, non. Je la mettrai moi-même à la boîte. Je serai plus sûr qu'elle arrivera.

ELLE. — À Pâques.

LUI, *étonné.* — À Pâques ?...

ELLE. — Ou à la Trinité. Le jour où M. Malbrough[11] rentrera dans le château de ses pères.

LUI. — De l'esprit ? Le temps va changer. *(Geste de Madame.)* Il suffit. Tes insinuations en demi-teintes font ce qu'elles peuvent pour être blessantes, heureusement la sottise n'a pas de crocs. Ta perfidie me fait lever le cœur et ta niaiserie me fait lever les épaules ; voilà tout le fruit de tes peines. Là-dessus, tu vas me faire le plaisir de te taire, ou alors ça va se gâter. Je veux bien me borner, en principe, à remettre un goujat à sa place par une lettre plus qu'explicite[12], mais c'est à la condition, à la condition expresse, que la question sera tranchée et que je n'entendrai plus parler de lui. *(Indigné, les bras jetés sur la poitrine.)* Comment ! voilà un galapiat[13], un traîneur de rapière[14] en chambre, qui non seulement manquerait de respect à ma femme, mais viendrait par-dessus le marché mettre la zizanie[15] chez moi ? troubler la paix de mon ménage ? Oh ! mais non ! Oh ! mais n'en crois rien ! Donc, tu peux te le tenir pour dit : la moindre allusion à ce monsieur, la moindre ! c'est clair, n'est-ce pas ? et ce n'est plus une lettre qu'il recevrait de moi.

ELLE. — Qu'est-ce qu'il recevrait ?

LUI, *très catégorique.* — Mon pied.

ELLE. — Ton pied ?

LUI. — Mon pied en personne, si j'ose m'exprimer ainsi.

ELLE, *pouffant de rire.* — Pfff.

LUI, *qui saute sur son pardessus et l'endosse.*— Veux-tu que j'y aille tout de suite ?

ELLE, *froidement.* — Je t'en défie.

LUI, *son chapeau sur la tête.* — Ne le répète pas.

ELLE. — Je t'en défie.

LUI. — Fais attention.

ELLE. — Je t'en défie !

LUI. — Pour la dernière fois, réfléchis bien à tes paroles. *(Solennel, la main sur son cœur.)* Devant Dieu qui me voit et m'entend nous nagerons dans la tragédie si je passe le seuil de cette porte.

ELLE, *courant à la porte qu'elle ouvre.* — Le seuil ? Le voilà, le seuil ! Et voici la porte grande ouverte.

LUI. — Aglaé...

ELLE. — Passe-le donc, un peu ! Passe-le donc, le seuil de la porte ! Non, mais passe-le donc, que je voie, et va donc lui donner de ton pied, à ce monsieur.

LUI. — Aglaé...

ELLE. — Mais va donc, voyons ! Qu'est-ce qui te retient ? Qu'est-ce qui t'arrête ? Va donc ! Va donc ! Va donc ! Va donc !

LUI, *jouant la stupéfaction.* — Tu me donnes des ordres, Dieu me pardonne ! « Va donc ! » dit madame, « Va donc ! » *(Retirant son paletot qu'il jette au dossier d'un siège.)* C'est étonnant comme j'obéis ! *(Haussement apitoyé de l'épaule.)* En vérité, tu aurais seulement dix ans de moins, je t'administrerais une fessée pour te rappeler au sentiment des convenances. Qui est-ce qui m'a bâti une morveuse pareille !... une gamine, on lui presserait le nez il en sortirait du lait, qui se permet de donner des ordres et de dire « Va donc » à son mari !

ELLE, *installée près du lit et attaquant son pantalon.* — Le fait est qu'en parlant ainsi j'ai perdu une belle occasion de garder pour moi des paroles inutiles.

LUI. — Et tu en perds une seconde en émettant cette vérité d'une ambiguïté si piquante. Car tu la juges telle, j'imagine.

11. **Malbrough** : Marlborough, général anglais popularisé par la chanson burlesque dont il est le héros !

12. **explicite** : très clair.

13. **galapiat** : vaurien, chenapan.

14. **rapière** : épée. Ici l'expression est très péjorative... soldat d'opérette...

15. **zizanie** : discorde.

Elle. — Trop polie pour te démentir.

Lui. — Oui ? Eh bien, j'ai le regret de t'apprendre que le jour où l'esprit et toi vous passerez par la même porte, nous n'attraperons pas d'engelures.

Elle. — Ce qui veut dire qu'il fera singulièrement chaud ?

Lui. — Singulièrement chaud, oui, ma fille. *(Goguenard.)* Tu as cru que c'était arrivé ?

Elle. — Comment ?

Elle est revenue à la cheminée. En chemise, les pieds nus dans des mules[16], elle se prépare un verre d'eau sucrée.

Lui. — Tu ne t'es pas aperçue que je me moquais de toi ?

Elle. — Je l'avoue.

Lui. — Tu ne t'es pas rendu compte que je mystifiais ta candeur[17] ?

Elle. — Ma foi non.

Lui. — Jour de Dieu ! comme dit Mme Pernelle[18], tu as de la naïveté de reste. Je t'en prie, laisse-moi rire ; c'est trop drôle. *(Il se pâme.)* Me voyez-vous ? Non, mais me voyez-vous, tombant à huit heures du matin dans un quartier de cavalerie, le camélia à la boutonnière, et tirant les oreilles à ce monsieur devant un escadron rangé en bataille ?...

Elle. — Ça ne manquerait pas de chic.

Lui. — Comment donc !...

Elle. — Qu'est-ce qui t'empêche de le faire ?...

Lui. — Rien !... une niaiserie ! la moindre des choses !

Elle, *qui se met au lit.* — Enfin, quoi ?

Lui. — Moins que rien, je te dis. Le sentiment du plus élémentaire devoir : le respect de l'uniforme français. Tu vois que ça ne valait pas la peine d'en parler.

Elle, *couchée.* — Comprends pas !

Lui. — Bien entendu. Un morveux d'officier m'outrage. Je ne lui casse pas les reins ; pourquoi ? Parce que mon patriotisme parlant plus haut que ma violence me crie : « Ne fais pas ça, ce serait mal. Songe à la France qui est ta mère, et n'attente pas, par un châtiment public, au prestige de l'épaulette. » Je m'incline. Tu ne comprends pas. Si tu te figures que ça m'étonne !

Elle. — Cœur magnanime[19].

Lui. — Tais-toi donc, vous êtes toutes les mêmes, fermées comme des portes de cachot à tout ce qui est grandeur d'âme, générosité naturelle et noblesse de sentiments. Quelle race !... Oh ! tu peux rigoler. Je suis au-dessus de tes appréciations. J'ai ma propre estime, qui me suffit, et toi du moins tu ne te plaindras pas de moi, Patrie : je fais passer tes affaires avant les miennes.

Elle, *accoudée dans l'oreiller.* — Tu as raté ta vocation. Tu aurais dû te faire cabotin[20].

Lui. — Blague, pendant que tu en as le temps. Tu ne triompheras pas toujours, car, entre ce monsieur et moi, ce n'est que partie remise.

Elle. — Ah ! aouat !

Lui. — Que je le repince, ce monsieur ; qu'il me retombe jamais sous la main... Je lui flanquerai une petite leçon de savoir-vivre qui lui ôtera l'envie d'en recevoir une seconde.

Elle. — Tu dis des bêtises.

Lui. — Je lui referai une éducation, moi, à ce monsieur.

Elle. — Mais oui, mais oui.

Lui. — Avec mon pied dans le derrière.

Elle. — C'est convenu.

Lui. — Tu ne me crois pas ?

Elle. — Je ne fais que ça.

Lui. — Tu ne fais que ça, seulement tu n'en penses pas un mot. Eh bien ! que je dégotte son adresse, j'irai lui dire comment je m'appelle, tu verras si ça fait un pli.

Elle. — C'est au point que, si on te la donnait, tu irais le gifler de ce pas.

Lui. — De ce pas.

Elle. — Homme intrépide !... — La veux-tu ?

16. **mules** : pantoufles qui laissent le talon découvert.

17. **candeur** : innocence, naïveté.

18. **Mme Pernelle** : personnage de Molière (dans *Tartuffe*).

19. **magnanime** : plein de grandeur.

20. **cabotin** : acteur (au sens de « mauvais acteur »).

Lui. — Quoi ?

Elle. — Son adresse.

Lui. — Tu as l'adresse de ce monsieur ?

Elle, *qui enfin éclate.* — Oui je l'ai ! et puis tu m'assommes ! *(Elle saute du lit, s'empare de son carnet de bal, qu'elle a déposé sur le chiffonnier, près du lit, et en feuillette les pages d'une main fiévreuse.)* Et puis, oui, il ne me déplaît pas ! et puis, oui, il m'a fait la cour ! et puis, oui, il m'a dit de toi que tu avais une bonne tête de...

Lui, — Une bonne tête de quoi ?

Elle. — Une bonne tête..., une bonne tête..., tu sais parfaitement ce que je veux dire...

Lui. — Pardon !...

Elle. — Et puis oui, je suis honnête femme ! et puis oui, tu ne seras satisfait que le jour où je serai devenue autre chose ! et puis oui, il m'a remis sa carte ! et cette carte la voici ! et tu sais maintenant où le trouver et tu peux y aller tout de suite, lui casser les reins à ce monsieur !

Lui, *formidable.* — Sa carte ! sa carte ! Je me fous de sa carte comme de lui-même, ce qui n'est pas peu dire. Tiens, voilà ce que j'en fais, de sa carte : des confetti ! — Polisson ! Drôle !... qui a le toupet de donner son adresse à une femme mariée...

Elle, *très sèche.* — Mais...

Lui. — ... et qui se permet de dire de moi que j'ai une bonne tête de !

Elle, *qui se recouche.* — Si c'est son opinion.

Lui. — Je l'en ferai changer avant qu'il soit l'âge d'un cochon de lait, et pas plus tard qu'à l'instant même. *(Même jeu de scène que précédemment. Il a couru à son pardessus qu'il a enfilé précipitamment. Il se coiffe de son chapeau.)* Qu'est-ce que j'en ai fait de cette carte ?

Il fouille ses poches.

Elle. — Rue Grange-Batelière, 17.

Lui, *sourd comme un pot.* — Nom d'un chien, je l'ai égarée ! ces choses-là n'arrivent qu'à moi.

Elle. — Rue Grange-Batelière, 17.

Lui, *de plus en plus sourd.* — Il n'y a de la veine que pour la canaille, on a bien raison de le dire.

Elle. — Rue Grange-Batelière, 17.

Lui. — Quoi, rue Grange-Batelière ? Quoi, rue Grange-Batelière ? Est-ce que tu vas me raser longtemps avec ta rue Grange-Batelière ? *(Enlevant violemment son pardessus et son chapeau.)* D'abord qu'est-ce que c'est que ces façons d'élever la voix lorsque je parle et de causer en même temps que moi ?

Elle. — Ce monsieur...

Lui, *qui bondit vers le lit.* — Ah ! je t'y pince ! *(Stupéfaction de Madame.)* Tu voudrais détourner la question, fine mouche.

Elle. — Moi ?

Lui. — Je te prends la main dans le sac, flagrant délit d'impertinence ; alors toi, tout de suite : « Ce monsieur ». Tu es rouée[21] comme une potence ; seulement voilà, ça ne prend pas avec moi, ces malices cousues de corde à puits.

Elle, *au comble de l'énervement.* — Oh ! Oh ! Oh !

Lui. — Pas une minute ! Fais-toi bien à cette idée-là. D'ailleurs, tout ça, je sais de qui ça vient.

Elle. — Ça vient de quelqu'un ?

Lui. — Ça vient de ta mère.

Elle, *abasourdie.* — Ça c'est un comble, par exemple !... Qu'est-ce que maman a à voir là-dedans ?

Lui. — Elle a à voir que si jamais elle remet les pieds ici, je la prends par le bras et je la flanque à la porte.

Elle, *qui fond en larmes.* — Hi ! hi ! hi !

Lui. — Absolument. Et quant à toi, je te défends de retourner chez elle, ou c'est à moi que tu auras affaire.

Crise de sanglots de Madame qui s'effondre dans son oreiller.

Lui, *allant et venant par la chambre.* — C'est comme la bonne.

21. rouée : rusée.

En voilà une qui ne moisira pas ici. Je vas lui octroyer ses huit jours, le temps de compter jusqu'à cinq. Ah ! et puis y a le chat que j'oubliais ! une saloperie qui passe sa vie à aller faire ses ordures dans le porte-parapluies de l'antichambre. Il aura de mes nouvelles, le chat : je vas le foutre par la fenêtre et nous verrons un peu s'il retombera sur ses pattes ! *(Se jetant les bras sur la poitrine.)* Non, mais enfin je vous le demande ; qu'est-ce que c'est qu'un monde pareil ! Tout ceci va changer. La mère, la fille, la bonne, le chat, je vais vous faire valser tous les quatre, ah là ! là ! Ah ! je suis un monsieur qui a peur des coups ! Ah ! je suis un monsieur qui a peur des coups !...

Grêle de coups de canne en travers du guéridon. Hurlements désolés de Madame.

Georges COURTELINE
La peur des coups.
Éd. Flammarion.

Lire et comprendre

- Nous assistons ici à une scène de jalousie entre « lui » et « elle », entre mari et femme.
  – Qui attaque l'autre ? Où se passe la scène ?
- Au cours de la soirée qui précède cette scène la femme a été l'objet d'attentions peu discrètes, elle s'est fait « peloter », comme on dit familièrement.
  – Qui a été son séducteur ?
  – Quelle a été l'attitude du mari envers ce dernier pendant la soirée ?
  – Quelle est son attitude après la soirée au cours de la scène de jalousie ?
- L'époux veut venger son honneur
  – Quelles sont les trois actions qu'il entreprend ?
  – Comment se terminent-elles ?
  – Sur qui et comment se venge-t-il à la fin de la scène ?

Réfléchir

– Cette scène de jalousie entre « lui » et « elle » est-elle la première de leur vie commune ?
– Pourquoi le mari déchire-t-il l'adresse du capitaine ?
– Quelles sont, d'après vous, les relations à l'intérieur du couple ?
– Auquel des deux personnes va votre sympathie ?

Fernand RAYNAUD (1926-1973).

« Fernand Raynaud, écrit Raymond Castans*, qui avait quitté son Auvergne natale à bicyclette devait y revenir vingt-cinq ans plus tard en Rolls. Pour y mourir. » Dans l'intervalle, il avait beaucoup fait rire.

Claude Sarraute n'hésita pas à le comparer aux plus grands : pressentant sous le masque de Paillasse la sensibilité du moraliste, il écrivit dans le quotidien *Le Monde* : « Auréolé de feutre gris, le petit homme au chapeau rond dépasse par moments Devos, rejoint Charlot et rattrape — non, je n'exagère pas — La Fontaine. Il résume à lui seul les mille et une facettes de la condition humaine : il est le gendarme et le voleur, le maquereau et la souris, le P.3 et le P.D.G., l'adjudant et le conscrit, il est le philosophe et le cantonnier, le procureur et le jardinier. »

Le 22 à Asnières**.

Un bureau de poste. Une préposée au téléphone. Fernand. Puis entreront un touriste américain, un Belge et un Allemand.

FERNAND : Pardon, madame la téléphoniste... Oh ! madame la téléphoniste... madame la postière ! Oh !

LA PRÉPOSÉE : Vous ne voyez pas que je suis en train de faire mes totaux, non !

FERNAND : Qu'est-ce que vous faites ?

LA PRÉPOSÉE : Je fais mes totaux !

FERNAND : Ah ! Ben alors ! Mais enfin, dans le bureau de poste, c'est bien à vous qu'il faut s'adresser pour téléphoner ? Oui ? Bon ! Parce que des fois, vous savez, on attend, on attend, on dit non, c'est pas là et puis... Oh ! madame la téléphoniste !

LA PRÉPOSÉE : Oh ! Vous êtes pénible vous, hein ! Qu'est-ce que vous voulez ?

FERNAND : J'aurais voulu avoir le 22 à Asnières, s'il vous plaît !

LA PRÉPOSÉE : Vous pouvez pas y aller en vélo non !... Allô ! le central !... Oui !... Comment vas-tu Christiane ? Où c'est qu't'as été danser samedi, hein ? Et ta sœur ? Elle est malade ! Eh bien tant mieux ! Tant mieux ! Elle est aux assurances sociales ?... Eh ben, comme ça, elle pourra aller danser toute la semaine. Dis donc, je me rappelle même plus pourquoi je te téléphone... Qu'est-ce que vous voulez vous là ?

FERNAND : Je voudrais le 22 à Asnières !

LA PRÉPOSÉE : Ah oui ! Tu me passes le 22 à Asnières... Au revoir Bouchon... Au revoir...

FERNAND : Merci madame ! Vous pensez que ça va être long ? Parce que j'étais venu avec mon vélo, là, et j'ai crevé en venant. J'dis : « Tiens, je vais donner un coup de fil, comme ça, ça va m'avancer... »

(Un Américain arrive en bousculant le premier client.)

L'AMÉRICAIN : Vous pouvez pas faire attention !

FERNAND : Oh ! Excusez-moi !

L'AMÉRICAIN : *Well ! Please,* mademoiselle ! *For San Francisco !* Mademoiselle la téléphoniste ! *Yes !* San Francisco n° 6307 X 7 !

LA PRÉPOSÉE : Oui, monsieur, voilà ! Je branche. Allô ! La cabine internationale !... Oui ! Bon, passez-moi San Francisco !... en Pennsylvanie !... Le 6307 X 7 ! Oui ! Bon ! Oui !... San Francisco, cabine 6 !

* Préface au recueil des sketches de Fernand Raynaud, intitulé *Heureux*, Éd. de La Table Ronde et Éd. de Provence.
** À noter qu'un enregistrement de ce sketch a servi à l'enseignement du français à l'Université de San Francisco.

FERNAND : Et mon Asnières ? J'avais demandé le 22... Le 22 à Asnières ! Parce qu'on m'attend pour casser la croûte. Alors, il faut que je me magne le bol. Vous savez ce que c'est, si vous arrivez en retard...

(Un Belge bouscule à son tour le premier client.)

FERNAND : Vous me bousculez tous là ! Vous pouvez pas...

LE BELGE : Excusez !... C'est moi qui m'excuse, mademoiselle ! J'aurais voulu avoir une fois à Liège, monsieur Vanderman... septante-cinq... Non, l'adresse, je ne la connais pas... Mais enfin... Non, je ne connais pas non plus le numéro de téléphone... Mais enfin... Je sais qu'il est charcutier. Pensez-vous que ce soit possible d'avoir ? Vous seriez bien gentille, hein ! Si vous pouviez me sortir d'embarras, hein !

LA PRÉPOSÉE : Vous savez pas ce que vous voulez quoi ! Un faux Belge ! Allô ! Passez-moi Liège ! Belgium !... C'est la cabine internationale ?... Bon ! Eh ben alors, Liège, monsieur Vanderman. On n'a pas le numéro mais on sait qu'il est charcutier... Eh ben, il doit pas y en avoir 36 ! Bon... Ah ! Bon ! Bon !... Liège, cabine 3 !

FERNAND : Et mon Asnières ! J'avais demandé le 22, deux fois 2... Enfin... Pas deux fois deux... 2 fois dix plus deux, comme 22 v'là les flics...

(Un Allemand bouscule le premier client.)

FERNAND : Mais enfin ! Qu'est-ce que vous avez tous à me...

L'ALLEMAND : *Fräulein, bitte, sprechen sie deutsch ?*

LA PRÉPOSÉE : *Nicht viel !*

L'ALLEMAND : *Ya ! für Berlin Herr Karl Fusstrassen zwei Alexander Platz.*

LA PRÉPOSÉE : *Ya !*

L' L'ALLEMAND : *So ! telefon vierundzwanzig !**

LA PRÉPOSÉE : Lui, au moins, il sait ce qu'il veut ! Allô ! Passez-moi Berlin !... Allô ! Berline ! Vierundzwanzig ! comme deux fois 12 !... Berline, cabine 5 !

L'ALLEMAND : *Was ???*

LA PRÉPOSÉE : Euh... Berline... Cabine fünf !

L'ALLEMAND : *Danke sehr !*

LA PRÉPOSÉE : *Bitte sehr ! auf wiedersehen !***

FERNAND : Eh ben... Et mon Asnières ?...

LA PRÉPOSÉE : Non mais, dites donc, vous là, vous n'êtes pas tout seul ici, non !

FERNAND : Pardon, mademoiselle... Et si je vous demandais New York ?

LA PRÉPOSÉE : Faudrait savoir c'que vous voulez !

FERNAND : Je demande New York, c'est pas mon droit non ?

LA PRÉPOSÉE : Si vous voulez New York, j'vais vous donner New York ! Allô !... Passez-moi New York ! Non, non, non... New York tout simplement... New York, cabine 1 !

FERNAND : Allô ?... Allô, New York !... Dites donc, vous ne pourriez pas me passer le 22 à Asnières !

Fernand REYNAUD
Heureux

* Mademoiselle, s'il vous plaît, parlez-vous allemand ? — Pas beaucoup ! — Bien ! Berlin Monsieur Karl Fusstrassen, 2 place Alexandre. — Oui ! — Bien ! Téléphone le 24 !

** Merci bien ! — Je vous en prie ! Au revoir !

Fernand Raynaud,
Théâtre des variétés, 1966.

Photo Roger Viollet

J'suis pas un imbécile !

Moi, j'aime pas les étrangers ! Non ! Parce qu'ils viennent manger le pain des Français ! Oui ! J'aime pas les étrangers ! C'est vrai, c'est comme ça, c'est physique ! Et pourtant, c'est curieux, parce que, comme profession, je suis douanier ! Alors, on devrait être aimable et gentil avec les étrangers qui arrivent ! Mais moi, j'aime pas les étrangers ! Ils viennent manger le pain des Français ! Et j'suis pas un imbécile ! Puisque je suis douanier ! Je peux écrire ce que je veux sur des papiers, j'aurai jamais tort ! J'ai le bouclier de la Loi ! Parce que je suis douanier ! Je peux porter plainte contre n'importe qui, je suis sûr de gagner en justice ! J'suis pas un imbécile ! Je suis Français ! Oui ! Et je suis fier d'être Français ! Mon nom, c'est Koulakerstersky du côté de ma mère et Piazanobenditti, du côté d'un copain à mon père !

Dans le village où j'habite, on a un étranger. On l'appelle pas par son nom ! On dit : « Tiens ! v'là l'étranger qui arrive ! » Sa femme : « Tiens ! v'là l'étrangère ! » Souvent, j'lui dis : « Fous le camp ! Pourquoi qu'tu viens manger le pain des Français ? » Un étranger !...

Une fois, au café, il m'a pris à part. J'ai pas voulu trinquer avec lui, un étranger, dites donc ! Je vais pas me mélanger avec n'importe qui ! Parce que moi, j'suis pas un imbécile : je suis douanier !

Il m'a dit : « Et pourtant, je suis un être humain, comme tous les autres êtres humains et... »

Évidemment ! Qu'est-ce qu'il est bête, alors, celui-ci !

« J'ai un corps, une âme, comme tout le monde... »

Évidemment ! Comment se fait-il qu'il puisse dire des bêtises pareilles ! Enfin, du haut de ma grandeur, je l'ai quand même écouté, cette espèce d'idiot !

« J'ai un corps, une âme... Est-ce que vous connaissez une race où une mère aime davantage, ou moins bien, son enfant, qu'une autre race ? Nous sommes tous égaux. »

Et là, j'ai rien compris à ce qu'il a voulu dire... Et pourtant j'suis pas un imbécile, puisque je suis douanier ! « Fous le camp ! Tu viens manger le pain des Français ! »

Alors, un jour, il nous a dit : « J'en ai ras le bol ! Vous, vos Français, votre pain et pas votre pain... Je m'en vais ! »

Alors, il est parti, avec sa femme et ses enfants. Il est monté dans un bateau, il est allé loin au-delà des mers. Et, depuis ce jour-là, on ne mange plus de pain... Il était boulanger !

Fernand RAYNAUD
Heureux
Éd. de Table Ronde
et Éd. de Provence

Lire et comprendre

Deux sketches, deux aspects de la verve comique de Fernand Raynaud.

- **« Le 22 à Asnières... »**
  Fernand a beaucoup de problèmes pour obtenir son numéro... le 22 à Asnières dans la banlieue parisienne.
  La préposée semble ignorer la présence de son client.
  – Quelles sont les différentes opérations qu'elle exécute sous le nez du pauvre Fernand ?
  – Combien de clients passent avant lui ?
  – Où téléphonent-ils ?
  – Que doit faire Fernand pour obtenir son numéro ?

- **« J'suis pas un imbécile ! »**
  « On a toujours besoin d'un étranger chez soi ». Telle pourrait être la morale de ce petit sketch.
  – Le douanier se déclare français et fier de l'être.
  Comment s'appelle-t-il ?
  – Comme beaucoup de Français, il n'aime ni les étrangers ni les immigrés. Quel reproche leur fait-il ?
  – Pourquoi n'y a-t-il plus de pain au village ?
  La dernière phrase du sketch (la chute) fait particulièrement rire, pourquoi ?

Poèmes et chansons

Jacques PRÉVERT (1900-1977)

Il a écrit les scénarios de plus de 70 films (dont *Quai des Brumes, Les visiteurs du soir, L Enfants du Paradis)* ; et il est devenu le plus populaire de nos poètes.

Les poèmes que nous citons sont extraits de *Paroles*... paroles en liberté qui jouent avec l mots, les bousculent... comme elles bousculent les habitudes, dérangent les opinio toutes faites, cassent les idées confortables.

Chasse à l'enfant.

A Marianne Oswald.

Bandit ! Voyou ! Voleur ! Chenapan !

Au-dessus de l'île on voit des oiseaux
Tout autour de l'île il y a de l'eau

Bandit ! Voyou ! Voleur ! Chenapan !

Qu'est-ce que c'est que ces hurlements

Bandit ! Voyou ! Voleur ! Chenapan !

C'est la meute des honnêtes gens
Qui fait la chasse à l'enfant

Il avait dit J'en ai assez de la maison de redressement
Et les gardiens à coups de clefs lui avaient brisé les dents

Et puis ils l'avaient laissé étendu sur le ciment

Bandit ! Voyou ! Voleur ! Chenapan !

Maintenant il s'est sauvé
Et comme une bête traquée
Il galope dans la nuit
Et tous galopent après lui

Les gendarmes les touristes les rentiers les artistes

Bandit ! Voyou ! Voleur ! Chenapan !

C'est la meute des honnêtes gens
Qui fait la chasse à l'enfant
Pour chasser l'enfant pas besoin de permis
Tous les braves gens s'y sont mis
Qu'est ce qui nage dans la nuit
Quels sont ces éclairs ces bruits
C'est un enfant qui s'enfuit
On tire sur lui à coups de fusil

Bandit ! Voyou ! Voleur ! Chenapan !

Tous ces messieurs sur le rivage
Sont bredouilles et verts de rage

Bandit ! Voyou ! Voleur ! Chenapan !

Rejoindras-tu le continent rejoindras-tu le continent

Au-dessus de l'île on voit des oiseaux
Tout autour de l'île il y a de l'eau.

Jacques PRÉVERT.
Paroles, Paris, Éd. Gallimard.

Lire et comprendre

- **Un titre percutant qui dit bien ce qu'il veut dire.** Il s'agit non d'une image mais d'une véritable chasse.
  - Indiquez-en les différentes phases.
  - Cherchez dans votre dictionnaire le sens du mot « *meute* ». Que pensez-vous de son association avec *« honnêtes gens » ?* Le poète nous renseigne-t-il ensuite plus précisément sur l'identité de ces honnêtes gens ?
- **Un suspens angoissant qui se poursuivra jusqu'à la fin.**
  - Toutes les questions que pose le poète trouvent leur réponse, sauf une : laquelle ? Pourquoi est-elle répétée deux fois ? À quelle personne est le verbe ?
  - Cette interrogation angoissée se perd dans un paysage mystérieux : quelle impression produit la reprise à la fin du poème des vers 2 et 3 ?
- **Un refrain obsédant, répété 7 fois**, pour faire naître en nous l'indignation. A votre avis, Jacques Prévert prend-il nettement le parti de l'enfant délinquant ?

Barbara

*En 1933, Jacques Prévert fait la connaissance du musicien Joseph Kosma ; de leur effort commun naîtront de très belles chansons (*La Chasse à l'enfant, Barbara, Les feuilles mortes, La grasse matinée *etc...) qui amèneront l'édition de* Paroles, *fin 1945*.*

Rappelle-toi Barbara
Il pleuvait sans cesse sur Brest ce jour-là
Et tu marchais souriante
Épanouie ravie ruisselante
Sous la pluie
Rappelle-toi Barbara
Il pleuvait sans cesse sur Brest
Et je t'ai croisée rue de Siam
Tu souriais
Et moi je souriais de même
Rappelle-toi Barbara
Toi que je ne connaissais pas
Toi qui ne me connaissais pas
Rappelle-toi
Rappelle-toi quand même ce jour-là
N'oublie pas
Un homme sous un porche s'abritait
Et il a crié ton nom
Barbara
Et tu as couru vers lui sous la pluie
Ruisselante ravie épanouie
Et tu t'es jetée dans ses bras
Rappelle-toi cela Barbara
Et ne m'en veux pas si je te tutoie
Je dis tu à tous ceux que j'aime
Même si je ne les ai vus qu'une seule fois
Je dis tu à tous ceux qui s'aiment
Même si je ne les connais pas

* L'édition définitive sera seulement celle de 1947.

Rappelle-toi Barbara
N'oublie pas
Cette pluie sage et heureuse
Sur ton visage heureux
Sur cette ville heureuse
Cette pluie sur la mer
Sur l'arsenal
Sur le bateau d'Ouessant[1]
Oh Barbara
Quelle connerie la guerre
Qu'es-tu devenue maintenant
Sous cette pluie de fer
De feu d'acier de sang
Et celui qui te serrait dans ses bras
Amoureusement
Est-il mort disparu ou bien encore vivant
Oh Barbara
Il pleut sans cesse sur Brest
Comme il pleuvait avant
Mais ce n'est plus pareil et tout est abîmé
C'est une pluie de deuil terrible et désolée
Ce n'est même plus l'orage
De fer d'acier de sang
Tout simplement des nuages
Qui crèvent comme des chiens
Des chiens qui disparaissent
Au fil de l'eau sur Brest
Et vont pourrir au loin
Au loin très loin de Brest
Dont il ne reste rien.

Jacques PRÉVERT
Paroles,
Éd. Gallimard.

1. **Ouessant** : île du Finistère à une vingtaine de kilomètres de la côte de Brest.

Lire et comprendre

- La vision fugitive d'une passante aperçue à Brest, sous la pluie, s'est imprimée dans la mémoire du poète : observez qu'il se rappelle la scène dans les moindres détails (vers 8-10, 17-19).
- *Femme, ville* et *pluie* se confondent dans une vision unique : observez les 3 adjectifs qui caractérisent la jeune femme (vers 4 et 21). A quels noms s'applique successivement l'adjectif *heureux* (vers 31-33).
- La guerre a tout détruit et cette inconnue aperçue sous la pluie à Brest devient le symbole de la vie et du bonheur. Pour croire que ce bonheur a réellement existé, Prévert a besoin que la femme se rappelle elle aussi. Observez la répétition de son prénom, qui est à la fois une incantation et une supplication. Où se trouve-t-il placé dans le vers ? Les vers 29 et 30 ont-ils exactement le même sens ?

- Une condamnation très violente de la guerre, dénoncée comme l'absurdité par excellence par le poète qui a recours :
  - à un langage d'une violence très crue ;
    Observez le vers 38 ; la beauté brutale de la métaphore au vers 53.
  - à l'image d'une autre pluie évoquée dans un vocabulaire plus recherché (vers 40-41, 48-51).
  - à un effet très percutant : observez la chute du dernier vers.

Réfléchir

Dans un monde absurde, hypocrite, cruel, qu'il n'a cessé d'attaquer, Prévert voit dans l'amour l'unique chance de salut. Ce poème est particulièrement révélateur à cet égard. Quels sont les vers où apparaît cette « conception » du monde ?

La grasse matinée.

La Grasse Matinée *est aussi un texte mis en musique par Kosma ; texte dont l'esprit s'apparente à celui des* Songs *de Bertolt Brecht...*

Il est terrible
le petit bruit de l'œuf dur cassé sur un comptoir d'étain
il est terrible ce bruit
quand il remue dans la mémoire de l'homme qui a faim
elle est terrible aussi la tête de l'homme
la tête de l'homme qui a faim
quand il se regarde à six heures du matin
dans la glace du grand magasin
une tête couleur de poussière
ce n'est pas sa tête pourtant qu'il regarde
dans la vitrine de chez Potin[1]
il s'en fout de sa tête l'homme
il n'y pense pas
il songe
il imagine une autre tête
une tête de veau par exemple
avec une sauce de vinaigre
ou une tête de n'importe quoi qui se mange
et il remue doucement la mâchoire
doucement
et il grince des dents doucement
car le monde se paye sa tête
et il ne peut rien contre ce monde
et il compte sur ses doigts un deux trois
un deux trois
cela fait trois jours qu'il n'a pas mangé
et il a beau se répéter depuis trois jours
Ça ne peut pas durer
ça dure
trois jours
trois nuits
sans manger
et derrière ces vitres
ces pâtés ces bouteilles ces conserves
poissons morts protégés par les boîtes
boîtes protégées par les vitres
vitres protégées par les flics
flics protégés par la crainte
que de barricades pour six malheureuses sardines...

1. Félix Potin : nom d'une chaîne de magasins parisiens d'alimentation.

Un peu plus loin le bistro
café-crème et croissants chauds
l'homme titube
et dans l'intérieur de sa tête
un brouillard de mots
un brouillard de mots
sardines à manger
œuf dur café-crème
café arrosé rhum
café-crème
café-crème
café-crime arrosé sang !...
Un homme très estimé dans son quartier
a été égorgé en plein jour
l'assassin le vagabond lui a volé
deux francs
soit un café arrosé
zéro franc soixante-dix
deux tartines beurrées
et vingt-cinq centimes pour le pourboire du garçon.

Il est terrible
le petit bruit de l'œuf dur cassé sur un comptoir d'étain
il est terrible ce bruit
quand il remue dans la mémoire de l'homme qui a faim.

Jacques PRÉVERT
Paroles,
Éd. Gallimard.

Lire et comprendre

- **Le titre.**
  S'applique-t-il bien au poème ? Comparez-le avec la précision donnée au vers 7.

- **Le fait divers.**
  Lisez les vers 53 à 59. Ils constituent un *tout* qui pourrait être lu séparément.
  – La syntaxe est-elle la même que dans le reste du poème ?
  – Pourquoi Prévert fait-il un décompte si précis aux vers 55-59 ?
  – Le montant de la somme volée vous paraît-il justifier un crime ?

- **Dans la tête du criminel.**
  Avec une extraordinaire habileté, le poète nous a fait suivre depuis le début la montée de cette folie meurtrière :
  – Pour cet homme qui a faim, le monde est perçu tout entier comme comestible... mais inaccessible. Observez le vers 18. Notez la place du verbe *« manger »* dans les 30 premiers vers.
  – Il est victime de deux hallucinations successives : (vers 15 à 18, 43 à 51). Dans les vers 15 à 18, quel est le mot qui sert de relais entre les visions ? Il n'y a pas de ponctuation : est-il possible cependant de reprendre sa respiration entre ces vers ?
  – Un déclic : comment comprenez-vous le v. 51 ? Montrez que nous suivons la façon dont l'idée du crime jaillit dans l'esprit de cet homme aux vers 48 à 51.

Réfléchir

- **Prévert, poète engagé.**

Le poète ne semble pas prendre parti ; néanmoins la voix du narrateur termine le poème par les quatre vers du début. Est-il possible de les entendre de la même manière ?

Voici quelques autres poèmes de Jacques Prévert ; lisez-les sans aller chercher midi à quatorze heures : ils sont là pour le plaisir... plaisir de les lire, plaisir de se les dire...

Premier jour.

Des draps blancs dans une armoire
Des draps rouges dans un lit
Un enfant dans sa mère
Sa mère dans les douleurs
Le père dans le couloir
Le couloir dans la maison
La maison dans la ville
La ville dans la nuit
La mort dans un cri
Et l'enfant dans la vie.

Le message.

La porte que quelqu'un a ouverte
La porte que quelqu'un a refermée
La chaise où quelqu'un s'est assis
Le chat que quelqu'un a caressé
Le fruit que quelqu'un a mordu
La lettre que quelqu'un a lue
La chaise que quelqu'un a renversée
La porte que quelqu'un a ouverte
La route où quelqu'un court encore
Le bois que quelqu'un traverse
La rivière où quelqu'un se jette
L'hôpital où quelqu'un est mort.

Le cancre.

Il dit non avec la tête
mais il dit oui avec le cœur
il dit oui à ce qu'il aime
il dit non au professeur
il est debout
on le questionne
et tous les problèmes sont posés
soudain le fou rire le prend
et il efface tout
les chiffres et les mots
les dates et les noms
les phrases et les pièges
et malgré les menaces du maître
sous les huées des enfants prodiges
avec des craies de toutes les couleurs
sur le tableau noir du malheur
il dessine le visage du bonheur.

Jacques PRÉVERT.
Paroles, Paris, Éd. Gallimard.

Guillaume APOLLINAIRE (1880-1918)

Apollinaire, poète à la frontière des siècles, est un artiste protéiforme, tour à tour classique* et futuriste. Ne cessant, au contact vivifiant des peintres modernes, d'approfondir sa réflexion sur la nécessité d'une esthétique nouvelle, il enrichit l'univers de la poésie d'images insolites et neuves tout en restant le témoin d'un certain romantisme éternel... C'est pourquoi André Breton voyait en lui le dernier des poètes et le premier des poètes.

Zone

Ce poème écrit le dernier (fin 1912) a été mis en tête du recueil, Alcools, *pour le situer dans une perspective résolument moderne et pourtant une profonde continuité intime lui permet d'annoncer tous les grands thèmes du livre... « Zone », long poème de 155 vers, se subdivise en quatre mouvements : le premier, joyeux, est un rappel de l'enfance chrétienne du poète, le second évoque la rupture avec Marie Laurencin et la foi perdue, le troisième résume les grandes étapes de la vie d'Apollinaire, en kaléidoscope de souvenirs. Voici le quatrième...*

Tu as fait de douloureux et de joyeux voyages
Avant de t'apercevoir du mensonge et de l'âge
Tu as souffert de l'amour à vingt et à trente ans**
J'ai vécu comme un fou et j'ai perdu mon temps
Tu n'oses plus regarder tes mains et à tous moments je voudrais sangloter
Sur toi sur celle que j'aime sur tout ce qui t'a épouvanté

Tu regardes les yeux pleins de larmes ces pauvres émigrants
Ils croient en Dieu ils prient les femmes allaitent des enfants
Ils emplissent de leur odeur le hall de la gare Saint-Lazare
Ils ont foi dans leur étoile comme les rois-mages[1]
Ils espèrent gagner de l'argent dans l'Argentine
Et revenir dans leur pays après avoir fait fortune
Une famille transporte un édredon rouge comme vous transportez votre cœur
Cet édredon et nos rêves sont aussi irréels
Quelques-uns de ces émigrants restent ici et se logent
Rue des Rosiers[2] ou rue des Écouffes[3] dans des bouges
Je les ai vus souvent le soir ils prennent l'air dans la rue
Et se déplacent rarement comme les pièces aux échecs
Il y a surtout des Juifs leurs femmes portent perruque
Elles restent assises exsangues au fond des boutiques

Tu es debout devant le zinc d'un bar crapuleux
Tu prends un café à deux sous parmi les malheureux

Tu es la nuit dans un grand restaurant

Ces femmes ne sont pas méchantes elles ont des soucis cependant
Toutes même la plus laide a fait souffrir son amant

1. **les rois-mages :** trois rois venus — selon la tradition chrétienne — d'Arabie, guidés par une étoile, pour adorer l'Enfant Jésus.

2. 3. **Rue des Rosiers et rue des Écouffes :** rues du 4e arrondissement de Paris, dans le quartier Saint Paul où se regroupent traditionnellement les émigrants juifs.

* Dans la grande tradition des poètes lyriques, voir *Des mots et des images*, tome II pages 174 et 175.
** À vingt ans, le poète a été repoussé par Annie Playden, à 30 ans Marie Laurencin l'a quitté.

Elle est la fille d'un sergent de ville de Jersey[4]

Ses mains que je n'avais pas vues sont dures et gercées

J'ai une pitié immense pour les coutures de son ventre

J'humilie maintenant à une pauvre fille au rire horrible ma bouche

Tu es seul le matin va venir
Les laitiers font tinter leurs bidons dans les rues

La nuit s'éloigne ainsi qu'une belle Métive[5]
C'est Ferdine la fausse ou Léa l'attentive

Et tu bois cet alcool brûlant comme ta vie
Ta vie que tu bois comme une eau-de-vie

Tu marches vers Auteuil[6] tu veux aller chez toi à pied
Dormir parmi tes fétiches d'Océanie et de Guinée
Ils sont des Christ d'une autre forme et d'une autre croyance
Ce sont les Christ inférieurs des obscures espérances

Adieu Adieu

Soleil cou coupé[7]

Guillaume APOLLINAIRE
Alcools

4. **Jersey** : la plus au sud et la plus grande des îles de l'archipel de la Manche.

5. **Métive** : ancienne forme du mot métisse.

6. Depuis 1903, le poète habite à Auteuil.

7. la version de 1912 donne comme variante *Adieu Adieu Soleil levant cou tranché*

Lire et comprendre

- **Un poème de la déambulation.**
Apollinaire avait l'habitude de composer ses poèmes en marchant dans Paris en se fredonnant pour lui-même une vieille rengaine. Montrez qu'il nous livre ici des images de cette promenade saisies sur le vif. À quel vers fait-il explicitement allusion à cette marche ?

- **Un poème – remémoration.**
En même temps que d'une promenade réelle, il s'agit d'un voyage dans les souvenirs du poète. Presque tous les verbes sont au présent :
  - il s'agit parfois d'un présent – instantané qui désigne ce qui se passe sous les yeux d'Apollinaire. À quels vers ?
  - ailleurs, le poète l'utilise pour désigner des souvenirs qui passent comme les photos d'un album qu'on feuillette, et qu'il revit intensément : donnez-en des exemples.

- **Les émigrants, frères du poète-errant.**
Marchant dans Paris en attendant le jour pour dormir, il reconnaît en eux des frères par le cœur. Qu'est-ce qui les lie ? Notez la beauté des vers 13 et 14 où la comparaison est explicite. De quelle protection Apollinaire a-t-il besoin pour trouver le sommeil ? Comparer les vers 36 à 39 aux vers 8 à 10.

- **Une forme éclatée à l'image du désarroi du poète :**
a/ La structure poétique elle-même ne répond plus à aucun schéma traditionnel. Observez la succession de séquences plus ou moins longues, de vers isolés correspondant à une image, réelle ou revécue.
b/ La syntaxe trahit la perte de l'identité du poète, à la recherche de son *moi* perdu. Observez dans la première strophe la façon dont il passe du JE au TU, pour s'adresser à lui-même. Montrez qu'il pousse très loin ce procédé pour mieux exprimer son désespoir : étudiez le jeu des pronoms dans la phrase qui commence au vers 5.

Réfléchir

Ce long poème dont vous avez lu la fin est placé en tête d'un recueil intitulé : « Alcools ». Quelle séquence de ce passage constitue « l'ouverture » de ce thème ?

La petite auto.

Les poèmes de Calligrammes *ont été composés entre la fin de 1912 et 1917 : les recherches de ses amis peintres (Picasso, Braque etc...) avaient incité Apollinaire à bouleverser sa manière graphique d'écrire.*

« La petite auto » remémore poétiquement le voyage de Deauville à Paris, avec André Rouveyre, à l'annonce de la mobilisation générale imminente, le 31 juillet 1914...

Le 31 du mois d'Août* 1914
Je partis de Deauville un peu avant minuit
Dans la petite auto de Rouveyre[1]

Avec son chauffeur nous étions trois

Nous dîmes adieu à toute une époque
Des géants furieux se dressaient sur l'Europe
Les aigles quittaient leur aire attendant le soleil
Les poissons voraces montaient des abîmes
Les peuples accouraient pour se connaître à fond
Les morts tremblaient de peur dans leurs sombres demeures
Les chiens aboyaient vers là-bas où étaient les frontières
Je m'en allais portant en moi toutes ces armées qui se battaient
Je les sentais monter en moi et s'étaler les contrées où elles serpentaient
Avec les forêts les villages heureux de la Belgique
Francorchamps[2] avec l'Eau Rouge[3] et les pouhons[4]
Région par où se font toujours les invasions
Artères ferroviaires où ceux qui s'en allaient mourir
Saluaient encore une fois la vie colorée
Océans profonds où remuaient les monstres
Dans les vieilles carcasses naufragées
Hauteurs inimaginables où l'homme combat
Pus haut que l'aigle ne plane
L'homme y combat contre l'homme
Et descend tout à coup comme une étoile filante
Je sentais en moi des êtres neufs pleins de dextérité[5]
Bâtir et aussi agencer un univers nouveau
Un marchand d'une opulence inouïe et d'une taille prodigieuse
Disposait un étalage extraordinaire

1. **André Rouveyre** (1879-1962) : écrivain et dessinateur, ami d'Apollinaire dont il illustra un recueil.

2. **Francorchamps** : village des Ardennes belges.

3. **l'Eau Rouge** : commune des Ardennes belges.

4. **les Pouhons** : lieu-dit dans la même région.

5. **dextérité** : adresse, habileté.

* Quant à la date du 31 du mois d'Août, il ne s'agit pas d'une inadvertance du poète mais d'une référence voulue à une chanson populaire de l'époque qui commençait par ces mots...

Et des bergers gigantesques menaient
De grands troupeaux muets qui broutaient les paroles
Et contre lesquels aboyaient tous les chiens sur la route

Je n'oublierai jamais ce voyage nocturne où nul de nous ne dit un mot

O
dé
part
sombre
où mouraient
nos 3 phares

o
nuit
tendre
d'avant
la guerre

o
vil
lages où se hâtaient

MARECHAUX-FERRANTS RAPPELES

ENTRE MINUIT ET UNE HEURE DU MATIN

v
e r s
LISIEUX
l a t r è s
b l e u
e

ou bien

v
e r s
a i l l e
s d ' o
r

et 3 fois nous nous arrêtâmes pour changer un pneu qui avait éclaté

Et quand après avoir passé l'après-midi
Par Fontainebleau
Nous arrivâmes à Paris
Au moment où l'on affichait la mobilisation
Nous comprîmes mon camarade et moi
Que la petite auto nous avait conduits dans une époque
Nouvelle
Et bien qu'étant déjà tous deux des hommes mûrs
Nous venions cependant de naître

Guillaume APOLLINAIRE
Calligrammes.

Lire et comprendre

- *Un voyage d'agrément...*
  Observez le réalisme des cinq premiers vers. Montrez qu'ils situent précisément l'époque, les circonstances.
- *... qui se transforme en une véritable traversée de l'enfer...*
  L'auteur y accumule les visions d'apocalypse où apparaissent tour à tour l'angoisse de la guerre et l'inspiration surréaliste. Notez la profusion d'images évoquées, les présences insolites.
- *... pour aboutir à un « pied de nez » de l'auteur :*
  Le calligramme en forme de petite auto. Notez qu'à l'impertinence du graphisme s'ajoute celle du texte où se mêlent lyrisme et caractère prosaïque.
- *... avant de revenir au constat de la réalité.*
  Après ce voyage à la fois réel et fantastique, les choses ont changé dans le concret. Quel mot est mis en valeur ? Pourquoi cette majuscule ?

Au-delà du texte

« *Et moi aussi je suis peintre* » a déclaré un jour Apollinaire qui a voulu utiliser toutes les possibilités de l'écriture : il dessine ses poèmes sur la page, comme un peintre utilise le trait. Les plus célèbres de ses calligrammes sont le « Jet d'eau » et la « Colombe ».
À votre tour, amusez-vous à composer un calligramme sur un thème de votre choix.

Le Pont Mirabeau.

Sous le Pont Mirabeau coule la Seine
Et nos amours
Faut-il qu'il m'en souvienne
La joie venait toujours après la peine

Vienne la nuit sonne l'heure
Les jours s'en vont je demeure

Les mains dans les mains restons face à face
Tandis que sous
Le pont de nos bras passe
Des éternels regards l'onde si lasse

Vienne la nuit sonne l'heure
Les jours s'en vont je demeure

L'amour s'en va comme cette eau courante
L'amour s'en va
Comme la vie est lente
Et comme l'espérance est violente

Vienne la nuit sonne l'heure
Les jours s'en vont je demeure

Passent les jours et passent les semaines
Ni temps passé
Ni les amours reviennent
Sous le Pont Mirabeau coule la Seine

Vienne la nuit sonne l'heure
Les jours s'en vont je demeure

Guillaume APOLLINAIRE.
Alcools.
Ed. Gallimard.

Lire et comprendre

- Une chanson triste où la mélodie est plus importante que les paroles.
  - En dehors du sens des mots, c'est d'abord leur agencement musical qui préoccupe le poète. Dans la strophe 1, l'ordre des mots choisi par Apollinaire correspond-il à l'ordre habituel de la phrase ?
  - Le poète a supprimé toute ponctuation pour ne pas rompre le rythme. Il préfère la musicalité à la clarté du sens.
    - Observez attentivement la strophe 1. La signification est-elle la même si vous mettez un point à la fin du vers 1, à la fin du 2 ?
- Une chanson simple
  au thème banal...
  - Quel est-il ?

  ... dite avec des mots simples et essentiels qui sont repris par le poète, à la manière de variations sur un thème musical.
  - Quels sont les mots-clés ?
- Une chanson naïve, comme les complaintes populaires anciennes
  - où le refrain est très important. Quelle place occupe-t-il sur la page par rapport à l'ensemble du poème ?
  - où interviennent un vocabulaire et une syntaxe archaïques (observez au vers 3 la tournure impersonnelle : « faut-il qu'il m'en souvienne ? »). Relevez-en d'autres exemples.

C'est à Nice qu'Apollinaire rencontre, à l'automne de 1914, « l'amie royale » : il s'agit de Louise de Coligny-Châtillon auprès de laquelle il vit une liaison aussi brève que violente. Parti pour la guerre il entretiendra avec elle — qu'il nomme Lou — une longue correspondance. Elle lui inspira ce poème admirable...

Sais-je mon amour...

Sais-je mon amour si tu m'aimes encore
Les trompettes du soir gémissent lentement
Ta photo devant moi chère Lou je t'adore
Et tu sembles sourire encore à ton amant.

J'ignore tout de toi qu'es-tu donc devenue
Es-tu morte, es-tu vive et l'as-tu renié
L'amour que tu promis un jour au canonnier
Que je voudrais mourir sur la rive inconnue

O Lou ma grande peine ô Lou mon cœur brisé
Comme un doux son de cor ta voix sonne et résonne
Ton regard attendri et dont je suis grisé
Je le revois lointain lointain et qui s'étonne

Je baise tes cheveux mon unique trésor
Et qui de ton amour furent le premier gage
Ta voix mon souvenir s'éloigne ô son de cor
Ma vie est un beau livre et l'on tourne la page

Adieu mon Lou mes larmes
tombent je ne te verrai plus
à jamais
Entre nous deux ma Lou se dresse
l'Ombre
Et souviens-toi parfois du temps où tu m'aimais
L'heure
Pleure
Trois
Fois

Nîmes, 11 mars 1915.

Guillaume APOLLINAIRE.
Poème confié par Mme Jacqueline Apollinaire,
cité dans *Apollinaire,* Collection Poètes d'Aujoud'hui.
Ed. Seghers.

Lire et comprendre

- **Une structure poétique qui suit l'évolution des sentiments du poète.**
  Le poème commence de façon très classique...
  Quelle forme poétique utilise Apollinaire pour les quatre premières strophes ? Quel type de vers ?
  .... pour se désintégrer à mesure que la femme s'éloigne dans un souvenir douloureux.
  Observez la dernière strophe, sa disposition, la longueur des vers, surtout des trois derniers. Qu'y a-t-il de frappant ? Comment expliquez-vous ce rétrécissement ?

- **Du doute angoissé au chagrin d'amour.**
Devant la photo de la femme qu'il aime, un homme s'interroge. (strophe 1)
– Montrez que dans la deuxième strophe le doute fait place à l'angoisse. Quel sentiment inspire-t-elle au poète ? (vers 8)
– Montrez comment il franchit un pas de plus dans la quatrième strophe. Que pensez-vous de l'imparfait au vers 22 ?

- **Variations sur un prénom.**
Pour endormir son chagrin, Apollinaire se berce d'une litanie.
– Relevez toutes les façons dont il nomme *Lou.*
– Observez notamment l'apposition qu'il ajoute au prénom.

Réfléchir

- **Avant le calligramme** (vous en verrez un exemple dans *La Petite Auto*). Préfigurant un procédé auquel il recourra de façon systématique, Apollinaire utilise déjà ici la page blanche à la manière d'un peintre.
– Observez la typographie de la strophe 5.
– Montrez que la séparation d'avec Lou est matérialisée sur le papier.

Le cabinet de travail
de Guillaume Apollinaire,
avec les masques et les fétiches

Photo René Jacques, Paris.

Arthur RIMBAUD (1854-1891).

Revendiqué par nombre de systèmes, Rimbaud est avant tout un poète — l'enfant prodige et rebelle de la poésie : il écrit son premier poème à quinze ans et à vingt ans il entre dans le silence. Ensuite, après cinq années de vagabondages, il s'installe dans le Harar où il trafique de l'ivoire et des armes, et il termine sa courte vie à l'hôpital de Marseille, amputé de la jambe droite.

Roman et *Ma bohème* sont deux poèmes du recueil Démeny*. Nous les avons choisis parce qu'ils éclairent deux facettes du premier Rimbaud, celui d'avant les audaces de vocabulaire et de syntaxe, celui d'avant les audaces poétiques.

Roman.

Bien que daté du 29 septembre 1870, Roman *a, vraisemblablement, été composé en juin 1870 ; dans la même période, Rimbaud écrit deux autres poèmes (*Première soirée *et* Les reparties de Nina*) où il s'efforce de traduire les premiers troubles de l'amour...*

I

On n'est pas sérieux, quand on a dix-sept ans.
— Un beau soir, foin[1] des bocks et de la limonade
Des cafés tapageurs[2], aux lustres éclatants !
— On va sous les tilleuls verts de la promenade.

Les tilleuls sentent bon dans les bons soirs de juin !
L'air est parfois si doux, qu'on ferme la paupière ;
Le vent chargé de bruits, — la ville n'est pas loin, —
A des parfums de vigne et des parfums de bière...

II

— Voilà qu'on aperçoit un tout petit chiffon
D'azur sombre, encadré d'une petite branche,
Piqué d'une mauvaise étoile, qui se fond
Avec de doux frissons, petite et toute blanche...

Nuit de juin ! Dix-sept ans ! — On se laisse griser.
La sève est du champagne et vous monte à la tête...
On divague ; on se sent aux lèvres un baiser
Qui palpite là, comme une petite bête...

III

Le cœur fou Robinsonne à travers les romans,
— Lorsque, dans la clarté d'un pâle réverbère,
Passe une demoiselle aux petits airs charmants,
Sous l'ombre du faux col effrayant de son père...

Et, comme elle vous trouve immensément naïf,
Tout en faisant trotter ses petites bottines,
Elle se tourne, alerte et d'un mouvement vif...
— Sur vos lèvres alors meurent les cavatines...[3]

1. **foin de** : interjection qui marque le dédain, le mépris.

2. **tapageur** : Rimbaud joue sur le double sens du mot : bruyant et au luxe trop voyant.

3. **cavatines** : dans l'opéra de la fin du XVIIIe siècle et du XIXe siècle, bref morceau pour une seule voix.

*En octobre 1870, Rimbaud, à Douai, copia sur deux cahiers vingt-deux de ses poésies. Il en fit don à Paul Demeny.

IV

Vous êtes amoureux. Loué jusqu'au mois d'août.
Vous êtes amoureux. — Vos sonnets La font rire.
Tous vos amis s'en vont, vous êtes *mauvais goût*.
— Puis l'adorée, un soir, a daigné vous écrire... !

— Ce soir-là,... — vous rentrez aux cafés éclatants,
Vous demandez des bocks ou de la limonade...
— On n'est pas sérieux, quand on a dix-sept ans
Et qu'on a des tilleuls verts sur la promenade.

29 septembre 1870 .

Arthur RIMBAUD.
Poésies.
Société du Mercure de France, édit.

Lire et comprendre

- **Un poème-roman découpé en « chapitres ».**
Combien y en a-t-il ? Chaque chapitre correspond-il à un moment précis de l'intrigue ? Dans quelle(s) partie(s) se trouve véritablement le nœud de l'action ?
- *« Chapitre » II.* – **La découverte d'une nature de pacotille...**
Relevez dans le premier quatrain du deuxième « chapitre » les éléments qui font penser à un mauvais tableau. Quel adjectif est répété à plusieurs reprises ?
- **... mais qui sera le cadre idéal pour la découverte de l'amour :**
À quoi est comparée l'impatience d'aimer qu'éprouve le jeune garçon ?
- *« Chapitres » III et IV.* – « **L'adorée** ».
Relevez tous les mots et expressions utilisés pour désigner la jeune fille. Comment vous la représentez-vous ? Les détails que nous donne Rimbaud nous permettent-ils de nous faire une idée de leur relation ?
- **Le roman d'une initiation.**
  – Lisez tour à tour les quatre premiers vers et les quatre derniers vers du poème. Que remarquez-vous ?
  – Le jeune garçon qui pousse la porte du café à la fin du poème est-il le même que celui qui en est parti au début ?

« L'homme aux semelles de vent... »
Dessin de Rimbaud par Verlaine.

Photo Roger Viollet.

Ma bohème *(Fantaisie).*

Ce poème, dans La Revue indépendante, *est daté d'octobre 1870. Il a, sans doute, été composé pendant ou après la seconde fugue et il chante cet appel de l'errance que, Rimbaud, nomade et conquérant, ressentit si fort.*

Je m'en allais, les poings dans mes poches crevées ;
Mon paletot aussi devenait idéal[1] ;
J'allais sous le ciel, Muse[2] ! et j'étais ton féal[3] ;
Oh ! là, là ! que d'amours splendides j'ai rêvées !

Mon unique culotte avait un large trou.
– Petit-Poucet rêveur, j'égrenais dans ma course
Des rimes. Mon auberge était à la Grande-Ourse[4].
– Mes étoiles au ciel avaient un doux frou-frou

Et je les écoutais, assis au bord des routes,
Ces bons soirs de septembre où je sentais des gouttes
De rosée à mon front, comme un vin de vigueur ;

Où, rimant au milieu des ombres fantastiques,
Comme des lyres[5], je tirais les élastiques
De mes souliers blessés, un pied près de mon cœur !

Arthur RIMBAUD.
Société du Mercure de France, édit.

1. **idéal** : si mince, qu'il n'existait presque plus qu'en imagination.
2. **Muse** : chacune des neuf déesses de la mythologie qui présidaient aux arts. Ici, il s'agit de Polymnie, muse de la poésie.
3. **féal** : (de foi, la foi jurée du vassal au suzerain), subordonné dévoué et fidèle.
4. **la Grande-Ourse** : constellation de l'hémisphère nord.
5. **lyres** : instruments de musique à cordes pincées dont l'origine remonte aux temps mythiques.

Lire et comprendre

- **Un adolescent sans le sou...**
  Faites l'inventaire de ce que possède le jeune Rimbaud, dans les cinq premiers vers. Quels détails très réalistes nous renseignent sur la misère dans laquelle il se trouve ?

... mais qui possède le monde entier.
– Relevez dans les trois derniers vers du deuxième quatrain les adjectifs possessifs ; devant quels noms sont-ils placés ?
– Comment comprenez-vous : « mon auberge était à la grande ourse » ? (rappelez-vous que l'on dit habituellement en français « dormir à la belle étoile. »)

- « **Petit Poucet rêveur** » : un enfant-poète qui invente un nouveau ton poétique.
  – Il utilise un vocabulaire poétique traditionnel assez savant : observez notamment tous les mots qui vous sont expliqués en marge ;
  – mais avec beaucoup d'insolence, il le mêle à des mots de la réalité quotidienne la plus triviale : observez, par exemple, le contraste entre le vers 3 et le début du vers 4.

Paul VERLAINE (1844-1896).

Toute la poésie de Verlaine baigne dans une mélancolie profonde : regrets indéterminés, timides velléités, besoin immense et jamais assouvi de tendresse... C'est « cet ardent sanglot » qu'orchestre la musique subtile de ses vers, au bord des larmes...

Je ne sais pourquoi.

Je ne sais pourquoi
Mon esprit amer
D'une aile inquiète et folle vole sur la mer.
Tout ce qui m'est cher,
D'une aile d'effroi
Mon amour le couve au ras des flots. Pourquoi, pourquoi ?

Mouette à l'essor mélancolique,
Elle suit la vague, ma pensée,
A tous les vents du ciel balancée,
Et biaisant quand la marée oblique,
Mouette à l'essor mélancolique.

Ivre de soleil
Et de liberté,
Un instinct la guide à travers cette immensité.
La brise d'été
Sur le flot vermeil
Doucement la porte en un tiède demi-sommeil.

Parfois si tristement elle crie
Qu'elle alarme au lointain le pilote,
Puis au gré du vent se livre et flotte
Et plonge, et l'aile toute meurtrie
Revole, et puis si tristement crie !

Je ne sais pourquoi
Mon esprit amer
D'une aile inquiète et folle vole sur la mer.
Tout ce qui m'est cher,
D'une aile d'effroi
Mon amour le couve au ras des flots. Pourquoi, pourquoi ?

Paul VERLAINE.
Sagesse III-7.
Ed. A. Messein.

Lire et comprendre

- Dans ce poème nous voyons Verlaine, fidèle à la tradition romantique, s'identifier avec la mouette, cet oiseau de mer aux grandes ailes blanches, au vol gracieux et au cri strident et déchirant.
  – Relevez tous les mots et expressions qui indiquent la tristesse et l'angoisse. En trouve-t-on dans toutes les strophes ?
- **Une question sans réponse.**
  Vous avez remarqué que la première et la dernière strophe sont identiques.
  Est-ce que le poète cherche vraiment une réponse à sa question insistante ?

La chanson de Gaspard Hauser.

Ce poème est daté, dans Cellulairement, *d'août 1873. Verlaine vient d'être condamné. Il est alors logique qu'il soit attiré par Gaspard Hauser né, comme lui, sous un astre mauvais.*

Gaspard Hauser chante :

Je suis venu, calme orphelin,
Riche de mes seuls yeux tranquilles,
Vers les hommes des grandes villes :
Ils ne m'ont pas trouvé malin.

A vingt ans un trouble nouveau,
Sous le nom d'amoureuses flammes,
M'a fait trouver belles les femmes :
Elles ne m'ont pas trouvé beau.

Bien que sans patrie et sans roi
Et très brave ne l'étant guère,
J'ai voulu mourir à la guerre :[1]
La mort n'a pas voulu de moi.

Suis-je né trop tôt ou trop tard ?
Qu'est-ce que je fais en ce monde ?
Ô vous tous, ma peine est profonde :
Priez pour le pauvre Gaspard !

Paul VERLAINE.
Sagesse, III, 4.
Ed. A. Messein.

1. **J'ai voulu mourir à la guerre** : Il peut s'agir de la participation de Verlaine à la défense de Paris ou de son engagement manqué dans l'armée carliste en 1873.

Lire et comprendre

Une chanson qui retrace brièvement la vie d'un orphelin malchanceux.

- Trois strophes, trois expériences malheureuses
  - Comment et par qui a-t-il été successivement rejeté ?
  - Reportez-vous au quatrième vers de chaque quatrain. Qu'est-ce qui lui a manqué pour réussir dans la vie ? Était-il riche ? Était-il brave ?
- Verlaine a écrit ce poème dans la cellule d'une prison. Est-ce que les mots qu'il met dans la bouche de Gaspard Hauser ne pourraient pas s'appliquer à lui-même, en particulier dans la dernière strophe ?

Boris VIAN (1920-1959).

Esprit libre, lucide, volontiers frondeur et contestataire — nature à la fois sentimentale, généreuse, pessimiste jusqu'aux confins du désespoir, Boris Vian nous enchante par sa chaleur et son humour grinçant. Qui ne connaît *L'Ecume des Jours, L'Arrache-Cœur*... ou ses chansons ?

La complainte du progrès.

Autrefois pour faire sa cour
On parlait d'amour
Pour mieux prouver son ardeur
On offrait son cœur
Maintenant c'est plus pareil
Ça change, ça change
Pour séduire le cher ange
On lui glisse à l'oreille
Ah ! Gudule, viens m'embrasser
Et je te donnerai
Un frigidaire
Un joli scooter
Un atomixer
Et du Dunlopillo
Une cuisinière
Avec un four en verre
Des tas de couverts
Et des pelles à gâteaux
Une tourniquette
Pour faire la vinaigrette
Un bel aérateur
Pour bouffer les odeurs
Des draps qui chauffent
Un pistolet à gaufres
Un avion pour deux
Et nous serons heureux.
Autrefois s'il arrivait
Que l'on se querelle
L'air lugubre on s'en allait
En laissant la vaisselle
Maintenant que voulez-vous
La vie est si chère
On dit « rentre chez ta mère »
Et on se garde tout
Ah ! Gudule excuse-moi
Ou je reprends tout ça
Mon frigidaire
Mon armoire à cuillers
Mon évier en fer
Et mon poêle à mazout
Mon cire-godasses
Mon repasse-limaces
Mon tabouret à glace
Et mon chasse-filou
La tourniquette
A faire la vinaigrette
Le ratatine-ordures
Le coupe friture
Et si la belle se montre
Encore rebelle
On la fiche dehors
Pour confier son sort
Au frigidaire

A l'efface-poussière
A la cuisinière
Au lit qui est toujours fait
Au chausse-savates
Au canon à patates
A l'éventre-tomates
A l'écorche-poulets
Mais très très vite
On reçoit la visite
D'une tendre petite
Qui nous offre son cœur
Alors on s'aide
Car il faut qu'on s'entraide
Et l'on vit comme ça
Jusqu'à la prochaine fois

Paroles et musique de Boris VIAN.
Éd. Majestic.

252, RUE DU FG SAINT-HONORÉ
75008 PARIS

Lire et comprendre

- Le titre donne son ton à la chanson : cherchez dans votre dictionnaire le sens du mot « complainte ». A votre avis, va-t-il bien avec le mot « progrès » ?
- C'est que toute la chanson est construite sur un jeu de *contrastes* destiné à nous faire rire :
  – Relevez dans le langage amoureux les mots et expressions soit qui désignent la bien-aimée, soit qui s'adressent à elle. Notez leur caractère démodé, stéréotypé.
  – S'opposant à ces clichés, remarquez au contraire la fantaisie, l'imagination, la cocasserie du vocabulaire désignant les appareils ménagers.

- **Amour et société de consommation.**
  Le sentiment a fait place au marchandage.
  – Notez les verbes : « et je te donnerai », « ou je reprends ». Ces verbes nous renseignent-ils sur l'image que veut nous donner Boris Vian des relations amoureuses dans la société d'aujourd'hui ?
  – Comment se termine le poème ? Pourquoi cette précision ?
  Etouffés par les choses : quelle place occupe dans la page l'énumération des objets ? Pourquoi ?

Au-delà du texte

Même si vous avez utilisé votre dictionnaire, il y a certainement beaucoup de noms composés que vous n'avez pas trouvés... bien sûr, puisqu'ils sont nés de l'imagination du poète.
À votre tour, amusez-vous à inventer des noms d'appareils, machines susceptibles de simplifier ou d'égayer la vie quotidienne.

Georges BRASSENS (1921-1981).

Présenter Brassens ? A quoi bon ? Tout le monde le connaît... ça va de soi ! Son œuvre est devenue classique. Au moment où nous écrivons ces lignes Georges Brassens s'éteint : nous sommes le 31 octobre 1981.

La mauvaise réputation.

1

Au village, sans prétention,
J'ai mauvaise réputation.
Qu' je m' démène ou qu' je reste coi[1]
Je pass' pour un je-ne-sais-quoi !
Je ne fais pourtant de tort à personne
En suivant mon ch'min de petit bonhomme.
Mais les brav's gens n'aiment pas que
L'on suive une autre route qu'eux,
Tout le monde médit de moi,
Sauf les muets, ça va de soi.

2

Le jour du Quatorze Juillet
Je reste dans mon lit douillet.
La musique qui marche au pas,
Cela ne me regarde pas.
Je ne fais pourtant de tort à personne,
En n'écoutant pas le clairon qui sonne.
Mais les brav's gens n'aiment pas que
L'on suive une autre route qu'eux,
Tout le monde me montre au doigt
Sauf les manchots, ça va de soi.

3

Quand j' crois' un voleur malchanceux,
Poursuivi par un cul-terreux,
J' lanc' la patte et pourquoi le tair',
Le cul-terreux s' retrouv' par terr'
Je ne fais pourtant de tort à personne
En laissant courir les voleurs de pommes.
Mais les brav's gens n'aiment pas que
L'on suive une autre route qu'eux,
Tout le monde se rue sur moi.
Sauf les culs-d'jatt', ça va de soi.

4

Pas besoin d'être Jérémie[2],
Pour d'viner l' sort qui m'est promis,
S'ils trouv'nt une corde à leur goût,
Ils me la passeront au cou,
Je ne fais pourtant de tort à personne,
En suivant les ch'mins qui n' mèn'nt pas à Rome,
Mais les brav's gens n'aiment pas que
L'on suive une autre route qu'eux,
Tout l' mond' viendra me voir pendu,
Sauf les aveugl's, bien entendu.

1. rester coi : rester silencieux et immobile.

2. Jérémie : prophète juif.

Paroles et musique de Georges BRASSENS.
Ed. Musicales Intersong, Paris.

Lire et comprendre

- L'anticonformisme que Brassens chante ici lui vaut une mauvaise réputation au village.
  - Que lui reprochent les « braves gens » ?
  - Que font-ils, eux, le jour de la fête nationale ? Et lui, que fait-il ?
  - Lorsqu'il voit un voleur de pommes poursuivi par un paysan (un cul-terreux) que lui fait-il ?
  - Quel est le sort que les braves gens aimeraient lui réserver ?
- Chaque strophe se termine par une pointe pleine d'ironie.
  - Qui ne peut pas dire du mal de lui ? 1re strophe
  - Qui ne peut pas le montrer du doigt ? 2e strophe
  - Qui ne peut pas le poursuivre ? 3e strophe
  - Qui ne peut pas le voir pendu ? 4e strophe

Les amoureux des bancs publics.

1

Les gens qui voient de travers
Pensent que les bancs verts
Qu'on voit sur les trottoirs
Sont faits pour les impotents ou les ventripotents
Mais c'est une absurdité
Car à la vérité
Ils sont là c'est notoir'
Pour accueillir quelque temps les amours débutants.

Refrain.

Les amoureux qui s'bécott'nt sur les bancs publics
Bancs publics, bancs publics
En s'foutant pas mal du r'gard oblique
Des passants honnêtes
Les amoureux qui s'bécott'nt sur les bancs publics,
Bancs publics, bancs publics,
En s'disant des « Je t'aim' » pathétiqu's
Ont des p'tit's gueul's bien sympathiqu's

2

Ils se tiennent par la main
Parlent du lendemain
Du papier bleu d'azur
Que revêtiront les murs de leur chambre à coucher
Ils se voient déjà doucement
Ell' cousant, lui fumant,
Dans un bien-être sûr
Et choisissant les prénoms de leur premier bébé.

Au refrain.

3

Quand la saint' famill' machin
Croise sur son chemin
Deux de ces malappris
Ell' leur décoche en passant des propos venimeux
N'empêch' que tout' la famille
Le pèr' la mèr' la fille
Le fils le saint esprit
Voudraient bien de temps en temps pouvoir s' conduir' comme eux.

Au refrain.

4

Quand les mois auront passé
Quand seront apaisés
Leurs beaux rêves flambants
Quand leur ciel se couvrira de gros nuages lourds
Ils s'apercevront émus
Qu'c'est au hasard des rues
Sur un d'ces fameux bancs
Qu'ils ont vécu le meilleur morceau de leur amour.

Au refrain.

Paroles et musique de Georges BRASSENS.
Ed. Musicales Intersong, Paris.

Lire et comprendre

- **À quoi servent les bancs publics ?**
D'après Brassens, ils sont réservés aux amoureux qui ont des gueules (têtes) sympathiques pour qu'ils puissent s'y bécoter (s'embrasser). Ils ne sont pas faits pour les gens qui ont de gros ventres (ventripotents) ou qui ont des difficultés à marcher ou à se déplacer (impotents).

- **À quoi rêvent les jeunes amoureux ?**
– Quelle est l'attitude des familles respectables qui passent devant les amoureux ?
– À quelle autre famille Brassens fait-il allusion dans la 3e strophe ?
– Quel souvenir garderont les amoureux de ces bancs publics ?
– À votre avis, Brassens se moque-t-il d'eux ?

LE DORMEUR DU VAL

C'est un trou de verdure où chante une rivière
Accrochant follement aux herbes des haillons
D'argent, où le soleil, de la montagne fière,
Luit ; c'est un petit val qui mousse de rayons.

Un soldat jeune, bouche ouverte, tête nue
Et la nuque baignant dans le frais cresson bleu,
Dort : il est étendu dans l'herbe, sous la nue,
Pâle dans son lit vert où la lumière pleut.

Les pieds dans les glaïeuls, il dort. Souriant comme
Sourirait un enfant malade, il fait un somme.
Nature, berce-le chaudement : il a froid !

Les parfums ne font pas frissonner sa narine ;
Il dort dans le soleil, la main sur sa poitrine
Tranquille. Il a deux trous rouges au côté droit.

RÊVÉ POUR L'HIVER

A Elle.

L'hiver nous irons dans un petit wagon rose
Avec des coussins bleus.
Nous serons bien. Un nid de baisers fous repose
Dans chaque coin moelleux.

Tu fermeras l'œil pour ne point voir par la glace
Grimacer les ombres des soirs,
Ces monstruosités hargneuses, populace
De démons noirs et de loups noirs.

Puis tu te sentiras la joue égratignée.
Un petit baiser, comme une folle araignée,
Te courra par le cou.

Et tu me diras : « Cherche ! » en inclinant la tête,
Et nous prendrons du temps à trouver cette bête
— Qui voyage beaucoup.

Pierre PERRET

Pierre Perret, compositeur-interprète, est bien connu pour son humour, son langage ironique et particulier mais une autre courbe sous-tend son œuvre, plus ténue, plus tendre — sourire qui sèche les larmes. Une voix qui sait aussi libérer les oiseaux, des mots pour aider à vivre toutes les différences meurtries par la bêtise.

Lily.

1 On la trouvait plutôt jolie Lily
Elle arrivait des Somalies Lily
Dans un bateau plein d'émigrés
Qui venaient tous de leur plein gré
Vider les poubelles à Paris
Elle croyait qu'on était égaux Lily
Au pays d'Voltaire et d'Hugo Lily
Mais pour Debussy en revanche
Il faut deux noires pour une blanche
Ça fait un sacré distingo
Elle aimait tant la liberté Lily
Elle rêvait de fraternité Lily
Un hôtelier rue Secrétan
Lui a précisé en arrivant
Qu'on ne recevait que des blancs

2 Elle a déchargé des cageots Lily
Elle s'est tapé les sales boulots Lily
Elle crie pour vendre des choux-fleurs
Dans la rue ses frères de couleur
L'accompagnent au Marteau-Piqueur
Et quand on l'appelait Blanche-Neige Lily
Elle se laissait plus prendre au piège Lily
Elle trouvait ça très amusant
Même s'il fallait serrer les dents
Ils auraient été trop contents
Elle aima un beau blond frisé Lily
Qui était tout prêt à l'épouser Lily
Mais la belle famille lui dit nous
Ne sommes pas racistes pour deux sous
Mais on veut pas de ça chez nous

3 Elle a essayé l'Amérique Lily
Ce grand pays démocratique Lily
Elle aurait pas cru sans le voir
Que la couleur du désespoir
Là-bas aussi ce fût le noir
Mais dans un meeting à Memphis Lily
Elle a vu Angela Davis Lily
Qui lui dit viens ma petite sœur
En s'unissant on a moins peur
Des loups qui guettent le trappeur
Et c'est pour conjurer sa peur Lily
Qu'elle lève aussi un poing rageur Lily
Au milieu de tous ces gugus
Qui foutent le feu aux autobus
Interdits aux gens de couleur

4 Mais dans ton combat quotidien Lily
Tu connaîtras un type bien Lily
Et l'enfant qui naîtra un jour
Aura la couleur de l'amour
Contre laquelle on ne peut rien
On la trouvait plutôt jolie Lily
Elle arrivait des Somalies Lily
Dans un bateau plein d'émigrés
Qui venaient tous de leur plein gré
Vider les poubelles à Paris.

Paroles et Musique de Pierre PERRET.
Éditions Musicales Adèle La Garde-Dieu.
(Avec l'aimable autorisation des Éditions Adèle).

Lire et comprendre

- **L'histoire de Lily ou de la désillusion à l'espoir.**
  Dans les quatre couplets, un vers commence par la conjonction « mais ». Observez où elle se trouve placée. Dans les deux premiers couplets ce « mais » annonce une désillusion. Laquelle ? A-t-il la même valeur dans les deux derniers couplets ?

- **Une volonté d'optimisme dans un monde hostile.**
  – À quel moment l'avenir commence-t-il à s'éclairer pour Lily ? Qu'est-ce qui lui donne alors sa force ?
  – Pourquoi le poète s'adresse-t-il directement à Lily dans le dernier couplet ? À quel temps lui parle-t-il ? À votre avis, que représente cet « enfant qui naîtra un jour » ?

Réfléchir

Cette chanson très simple est un manifeste contre le racisme. Pierre Perret nous rappelle sans cesse, mais sans le dire de façon directe, que le seul « tort » de Lily est la couleur de sa peau.

– Notez toutes les répétitions du mot « couleur » et l'emploi qu'il fait des adjectifs « noir et blanc ».
– Comment comprenez-vous l'expression *« l'enfant qui naîtra un jour aura la couleur de l'amour » ?*

Pierre PERRET.

Après cette belle chanson de Georges Brassens, écoutons Pierre Perret qui, avec le talent qu'on lui connaît, propose, contre les déceptions et les blessures de la vie, le réconfort de l'amitié et le divertissement...

Mon p'tit loup.

T'en fais pas mon p'tit loup, c'est la vie, ne pleure pas
Tu oublieras, mon p'tit loup, ne pleure pas
Je t'amènerai sécher tes larmes
Au vent des quatre points cardinaux
Respirer la violette à Parme
Et les épices à Colombo
On verra le fleuve Amazone
Et la vallée des orchidées
Et les enfants qui se savonnent
Le ventre avec des fleurs coupées
T'en fais pas mon p'tit loup, c'est la vie, ne pleure pas
Tu oublieras, mon p'tit loup, ne pleure pas.

Allons voir la terre d'Abraham
C'est encore plus beau qu'on le dit
Y'a des Van Gogh à Amsterdam
Qui ressemblent à des incendies
On goûtera les harengs crus
Et on boira du vin de Moselle
J'te raconterai le succès que j'ai eu
Un jour en jouant Sganarelle[1]
T'en fais pas mon p'tit loup, c'est la vie, ne pleure pas
Tu oublieras, mon p'tit loup, ne pleure pas.

Je t'amènerai voir Liverpool
Et ses guirlandes de haddock[2]
Et des pays où y a des poules
Qui chantent aussi haut que les coqs
Tous les livres les plus beaux
De Colette et de Marcel Aymé
Ceux de Rabelais ou de Léautaud[3]
Je suis sûr que tu vas les aimer
T'en fais pas mon p'tit loup, c'est la vie, ne pleure pas
Tu oublieras, mon p'tit loup, ne pleure pas.

J' t'apprendrai à la Jamaïque
La pêche de nuit au lamparo[4]
Et j't'emmènerai faire un pique-nique
En haut du Kilimandjaro
Et tu grimperas sur mon dos
Pour voir le plafond de la Sixtine
On sera fasciné au Prado
Par les Goya ou Les Ménines[5]
T'en fais pas mon p'tit loup, c'est la vie, ne pleure pas
Tu oublieras, mon p'tit loup, ne pleure pas.

Connais-tu en quadriphonie
Le dernier tube de Mahler[6]
Et les planteurs de Virginie
Qui ne savent pas qu'y a un hiver
On en a des choses à voir
Jusqu'à la Louisiane en fête
Où y a des types qui ont tous les soirs
Du désespoir plein la trompette

1. **Sganarelle** : personnage de comédie créé par Molière et qui apparaît dans cinq de ses œuvres. N'oublions pas que Pierre Perret a joué avec la troupe du Grenier de Toulouse les valets de comédie.

2. **haddock** : poisson qui se consomme généralement fumé.

3. Pierre Perret a une grande admiration pour **Paul Léautaud**. Il a, à ses débuts, voulu le connaître et s'est entretenu avec lui.

4. **lamparo** : lampe, phare utilisé pour attirer le poisson.

5. **Les Ménines** : célèbre tableau de Vélasquez (1656).

6. **Gustav Mahler** : (1860-1911) chef d'orchestre et grand compositeur romantique autrichien.

T'en fais pas mon p'tit loup, c'est la vie, ne pleure pas
Oublie-les, les p'tits cons qui t'ont fait ça
T'en fais pas mon p'tit loup, c'est la vie, ne pleure pas
J't'en supplie mon p'tit loup ne pleure pas
T'en fais pas mon p'tit loup, c'est la vie, ne pleure pas
Tu oublieras, mon p'tit loup, ne pleure pas...

Paroles et musique de Pierre PERRET.
Éd. Musicales Adèle.

Lire et comprendre

- **Une berceuse pour un grand enfant.**
  – « Mon p'tit loup » est une appellation pleine de tendresse. A votre avis, à qui s'adresse ici Pierre Perret ? Quel genre de relation a-t-il avec le *p'tit loup ?* (Notez aux vers 3 « je t'amènerai », et au vers 37 : « Et tu grimperas sur mon dos »).
  – Peut-on deviner d'après la chanson quel est le chagrin qui fait tellement pleurer le *p'tit loup ?* Relisez le vers 52.

- **Une extraordinaire lanterne magique.**
  Pour consoler ce chagrin, Pierre Perret évoque pour le *p'tit loup* toutes les merveilles du monde, qui apparaît ici comme une sorte de *Luna-Park.* (Notez le manque de respect avec lequel il parle de certains « monuments » de notre culture : vers 37, 38, 44).

- **Un guide merveilleux, plein d'expérience...** qui, pour endormir ce chagrin, fait appel à toutes les sensations : vue, ouïe, goût, etc. Relevez tous les verbes qui l'indiquent.
  .... mais qui, malgré ces trésors imaginaires, ne réussit pas à consoler. Pourquoi répète-t-il cinq fois dans le dernier couplet : « ne pleure pas » ?

LXXVIII

SPLEEN

Quand le ciel bas et lourd pèse comme un couvercle
Sur l'esprit gémissant en proie aux longs ennuis,
Et que de l'horizon embrassant tout le cercle
Il nous verse un jour noir plus triste que les nuits ;

Quand la terre est changée en un cachot humide,
Où l'Espérance, comme une chauve-souris,
S'en va battant les murs de son aile timide
Et se cognant la tête à des plafonds pourris ;

Quand la pluie étalant ses immenses traînées
D'une vaste prison imite les barreaux,
Et qu'un peuple muet d'infâmes araignées
Vient tendre ses filets au fond de nos cerveaux,

Des cloches tout à coup sautent avec furie
Et lancent vers le ciel un affreux hurlement,
Ainsi que des esprits errants et sans patrie
Qui se mettent à geindre opiniâtrement.

— Et de longs corbillards, sans tambours ni musique,
Défilent lentement dans mon âme ; l'Espoir,
Vaincu, pleure, et l'Angoisse atroce, despotique,
Sur mon crâne incliné plante son drapeau noir.

LES BONBONS

Je vous ai apporté des bonbons
Parce que les fleurs c'est périssable
Puis les bonbons c'est tellement bon
Bien que les fleurs soient plus présentables
Surtout quand elles sont en boutons
Mais je vous ai apporté des bonbons

J'espère qu'on pourra se promener
Que madame votre mère ne dira rien
On ira voir passer les trains
A huit heures je vous ramènerai
Quel beau dimanche pour la saison
Je vous ai apporté des bonbons

Si vous saviez ce que je suis fier
De vous voir pendue à mon bras
Les gens me regardent de travers
Y en a même qui rient derrière moi
Le monde est plein de polissons
Je vous ai apporté des bonbons

Oh oui Germaine est moins bien que vous
Oh oui Germaine elle est moins belle
C'est vrai que Germaine a des cheveux roux
C'est vrai que Germaine elle est cruelle
Ça vous avez mille fois raison
Je vous ai apporté des bonbons

Et nous voilà sur la Grand' Place
Sur le kiosque on joue Mozart
Mais dites-moi que c'est par hasard
Qu'il y a là votre ami Léon
Si vous voulez que je cède ma place
J'avais apporté des bonbons

Mais bonjour mademoiselle Germaine

Je vous ai apporté des bonbons
Parce que les fleurs c'est périssable
Puis les bonbons c'est tellement bon
Bien que les fleurs soient plus présentables...

Paul FORT (1872-1960).

Ce Rémois venu très tôt dans la capitale, fut, en 1912, élu « Prince des Poètes ». Dès 1896 il donna au Mercure de France ses premiers textes écrits en versets ; ils paraissent sous le titre de *Ballades françaises*... et tout au long de sa vie, il publiera des poèmes qui viendront grossir ce premier ouvrage.

Nous découvrirons ici deux des thèmes majeurs de son art : tendresse et fraternité qu'il exprime dans une langue poétique teintée d'humour.

Le bonheur

Le bonheur est dans le pré. Cours-y vite, cours-y vite. Le bonheur est dans le pré. Cours-y vite. Il va filer.

Si tu veux le rattraper, cours-y vite, cours-y vite. Si tu veux le rattraper, cours-y vite. Il va filer.

Dans l'ache et le serpolet, cours-y vite, cours-y vite, dans l'ache et le serpolet, cours-y vite. Il va filer.

Sur les cornes du bélier, cours-y vite, cours-y vite, sur les cornes du bélier, cours-y vite. Il va filer.

Sur le flot du sourcelet, cours-y vite, cours-y vite, sur le flot du sourcelet, cours-y vite. Il va filer.

De pommier en cerisier, cours-y vite, cours-y vite, de pommier en cerisier, cours-y vite. Il va filer.

Saute par-dessus la haie, cours-y vite, cours-y vite, saute par-dessus la haie, cours-y vite. Il a filé !

Paul FORT
Ballades françaises
Ed. Flammarion.

Lire et comprendre

- **Bonheur et Nature.**
  - Après avoir lu le poème, auriez-vous suffisamment d'indications pour peindre la campagne décrite par Paul Fort ?
  - Relevez dans le texte tous les éléments du décor qui figureront dans votre tableau.
- **Une leçon de vie, d'énergie et de dynamisme.**
  - Quelles sont, d'après le poème, les qualités nécessaires pour réussir à être heureux ?
  - *« Il a filé ! »* : A votre avis, sur quel ton faut-il prononcer ces mots ? A quel registre de langue appartient le verbe « filer » ? Cette dernière constatation est-elle mélancolique ?

- **Un leitmotiv lancinant et un rythme déchaîné pour cette chanson de la poursuite.**
Lisez tour à tour le poème tel qu'il a été écrit et la version simplifiée qui vous est donnée ci-dessous. Que manque-t-il dans la deuxième version ? L'impression est-elle la même ? Dans laquelle des deux versions, le message de Paul Fort apparaît-il le mieux ? Pourquoi ?

Le bonheur est dans le pré. Cours-y vite. Il va filer.
Si tu veux le rattraper.
Dans l'ache et le serpolet,
Sur les cornes du bélier,
Sur le flot du sourcelet,
De pommier en cerisier,
Saute par-dessus la haie.
Il a filé !

Au-delà du texte

- **Le visage du bonheur.**
  - Existe-t-il dans votre pays des contes, des légendes, où le bonheur apparaît sous la forme d'un personnage ? Lequel ?
  - Y a-t-il d'autres réalités abstraites (comme la Paix) que l'on représente sous forme de symboles : personnages, objets, animaux ? Lesquelles ?

Citons, pour terminer, ce court poème, universellement connu...

La ronde autour du monde

Si toutes les filles du monde voulaient s'donner la main, tout autour de la mer, elles pourraient faire une ronde.

Si tous les gars du monde voulaient bien êtr' marins, ils f'raient avec leurs barques un joli pont sur l'onde.

Alors on pourrait faire une ronde autour du monde, si tous les gens du monde voulaient s'donner la main.

Paul Fort.
Ballades françaises.
Éd. Flammarion.

Louis ARAGON (1897-1982).

Louis Aragon a tissé ses ouvrages romanesques et poétiques sur une double trame : celle, tragique et universelle, de l'Histoire, celle aussi de son destin individuel. Georges Sadoul a pu écrire* que « son œuvre est un journal intime et public, une chronique de sa vie et de son temps ».

Fervent admirateur du poète Maïakovski — parce qu'il avait été le « haut-parleur de la Révolution » — Aragon devint le haut-parleur de la France meurtrie, de la patrie occupée : ses poèmes circulèrent en contre-bande, pour ainsi dire, imprimés ou dactylographiés. Il fut de ces artistes au sujet desquels l'hebdomadaire *Life* notait que « la torture leur arracha des chefs-d'œuvre ».

Ballade de celui qui chanta dans les supplices.

Et s'il était à refaire
Je referais ce chemin
Une voix monte des fers
Et parle des lendemains

On dit que dans sa cellule
Deux hommes cette nuit là
Lui murmuraient Capitule
De cette vie es-tu las

Tu peux vivre tu peux vivre
Tu peux vivre comme nous
Dis le mot qui te délivre
Et tu peux vivre à genoux

Et s'il était à refaire
Je referais ce chemin
La voix qui monte des fers
Parle pour les lendemains

Rien qu'un mot la porte cède
S'ouvre et tu sors Rien qu'un mot
Le bourreau se dépossède
Sésame Finis tes maux

Rien qu'un mot rien qu'un mensonge
Pour transformer ton destin
Songe songe songe songe
À la douceur des matins

Et si c'était à refaire
Je referais ce chemin
La voix qui monte des fers
Parle aux hommes de demain

J'ai dit tout ce qu'on peut dire
L'exemple du Roi Henri
Un cheval pour mon empire
Une messe pour Paris

Rien à faire Alors qu'ils partent
Sur lui retombe son sang
C'était son unique carte
Périsse cet innocent

* G. Sadoul, *Aragon*, Éd. Seghers.

Et si c'était à refaire
Referait-il ce chemin
La voix qui monte des fers
Dit Je le ferai demain

Je meurs et France demeure
Mon amour et mon refus
Ô mes amis si je meurs
Vous saurez pourquoi ce fut

Ils sont venus pour le prendre
Ils parlent en allemand
L'un traduit Veux-tu te rendre
Il répète calmement

Et si c'était à refaire
Je referais ce chemin
Sous vos coups chargé de fers
Que chantent les lendemains

Il chantait lui sous les balles
Des mots *sanglant est levé*
D'une seconde rafale
Il a fallu l'achever

Une autre chanson française
À ses lèvres est montée
Finissant la Marseillaise
Pour toute l'humanité.

Louis ARAGON
La Diane française,
Bibliothèque française, Laffont.

Lire et comprendre

- **Un épisode tragique.**
L'histoire n'est pas racontée de façon linéaire par le poète. Reconstituez-la brièvement.
- **La volonté inébranlable d'un résistant.**
Elle s'exprime dans un refrain, leitmotiv obsédant mais sur lequel le poète brode des variations, comme un musicien. Observez quels en sont les éléments stables. Montrez qu'ils soulignent l'obstination du prisonnier.
- **Une torture douce mais plus insidieuse que la violence.**
  - Pourquoi, à votre avis, l'une des strophes est-elle beaucoup plus longue que les autres ?
  - Relevez des répétitions particulièrement expressives.
  A quel sentiment fait-on appel pour essayer de le faire céder ?

Réfléchir

« Je meurs et France demeure... »
- Une page de l'Histoire de France : relevez tous les détails qui font allusion à une réalité historique précise.
- Un hymne à l'héroïsme, de portée universelle : le poète y célèbre le courage humain en général. Pourquoi, à votre avis, utilise-t-il l'expression *« la voix qui monte des fers. »* Observez le vers 32.

- **Aragon, poète engagé.**
Une voix discrète qui commente et interprète. Qui parle à la fin des vers 12 et 21 ?

Léo FERRÉ interprète ARAGON.

Les chansons de Léo Ferré, compositeur, auteur, interprète, nous apparaissent comme un miroir où se reflètent et se transmuent la couleur du temps et la couleur des hommes quand elles se parent de l'intelligence et de la sensibilité poétique.

Comme on mit jadis en prose la poésie des cours féodales, il a voulu mettre en chanson des poèmes pour les donner à entendre, par l'intermédiaire des moyens modernes de la diffusion, à ceux pour qui ils seraient demeurés inconnus, comme des trésors enfouis.

Est-ce ainsi que les hommes vivent

Parmi les dix poèmes d'Aragon mis en chansons par Léo Ferré, Est-ce ainsi que les hommes vivent *est, à l'évidence, une réussite exceptionnelle. Il s'agit, en fait, de 7 strophes mêlées, avec 2 puis 3 vers repris en refrain, de* Bierstube Magie allemande*, *un des poèmes du* Roman inachevé, *cette merveilleuse (au sens fort du mot) autobiographie versifiée par Aragon au moment où, dans sa vie, vacillaient des certitudes...*

Tout est affaire de décor
Changer de lit changer de corps
À quoi bon puisque c'est encore
Moi qui moi-même me trahis
Moi qui me traîne et m'éparpille
Et mon ombre se déshabille
Dans les bras semblables des filles
Où j'ai cru trouver un pays

Cœur léger cœur changeant cœur lourd
Le temps de rêver est bien court
Que faut-il faire de mes jours
Que faut-il faire de mes nuits
Je n'avais amour ni demeure
Nulle part où je vive ou meure
Je passais comme la rumeur
Je m'endormais comme le bruit

*

Est-ce ainsi que les hommes vivent
Et leurs baisers au loin les suivent

*

C'était un temps déraisonnable
On avait mis les morts à table
On faisait des châteaux de sable
On prenait les loups pour des chiens
Tout changeait de pôle et d'épaule
La pièce était-elle ou non drôle
Moi si j'y tenais mal mon rôle
C'était de n'y comprendre rien

* (*Bierstube :* café où l'on vend de la bière, brasserie). Aragon ici se souvient de sa jeunesse, lorsqu'en 1919 (il avait 21 ans), il participait à l'occupation de Sarrebrück. Il connut, en Sarre, en plein hiver, son premier contact avec une grève ouvrière.

Dans le quartier Hohenzollern[1]
Entre la Sarre et les casernes
Comme les fleurs de la luzerne
Fleurissaient les seins de Lola
Elle avait un cœur d'hirondelle
Sur le canapé du bordel
Je venais m'allonger près d'elle
Dans les hoquets du pianola[2]

*

Est-ce ainsi que les hommes vivent
Et leurs baisers au loin les suivent

*

Le ciel était gris de nuages
Il y volait des oies sauvages
Qui criaient la mort au passage
Au-dessus des maisons des quais
Je les voyais par la fenêtre
Leur chant triste entrait dans mon être
Et je croyais y reconnaître
Du Rainer Maria Rilke[3]

Elle était brune et pourtant blanche
Ses cheveux tombaient sur ses hanches
Et la semaine et le dimanche
Elle ouvrait à tous ses bras nus
Elle avait des yeux de faïence
Et travaillait avec vaillance
Pour un artilleur de Mayence
Qui n'en est jamais revenu

*

Est-ce ainsi que les hommes vivent
Et leurs baisers au loin les suivent

*

Il est d'autres soldats en ville
Et la nuit montent les civils
Remets du rimmel à tes cils
Lola qui t'en iras bientôt
Encore un verre de liqueur
Ce fut en avril à cinq heures
Au petit jour que dans ton cœur
Un dragon[4] plongea son couteau

*

Est-ce ainsi que les hommes vivent
Et leurs baisers au loin les suivent
Comme des soleils révolus

Louis ARAGON
interprété par Léo FERRÉ

1. Quartier de Sarrebrück où se trouvaient les maisons closes.

2. **pianola** : sorte de piano mécanique.

3. **Rainer Maria Rilke** : écrivain et poète autrichien (1875-1926). Son œuvre est sensible et triste.

4. **un dragon** : soldat de la cavalerie.

Lire et comprendre

- **« À quoi bon » ?**
Un jeune homme désemparé s'interroge sur le sens de sa vie.
– Relevez dans les deux premières strophes les questions qui révèlent son désarroi.
Il cherche l'amour qui donnerait une signification à son existence.
– Comment comprenez-vous les vers 6 à 8 ?

- **Le refrain.**
Pour essayer de comprendre, de se situer, il regarde les autres. L'interrogation personnelle prend une dimension universelle.
– La question posée dans le refrain trouve-t-elle une réponse ?
– Trouvez-vous logique que le second vers du refrain commence par la conjonction « et » ?

- **« C'était un temps déraisonnable ».**
Or, cet individu vit dans une époque de complet bouleversement (après la guerre) où il ne peut trouver aucune certitude.
– À quoi est comparé le monde dans la troisième strophe ?

- **Lola.**
Dans cet univers déroutant, c'est la seule personne qui, pour le jeune homme :
– constitue un repère (observez les vers 30 à 34).
– symbolise la tendresse. Montrez que, dans le portrait physique qu'Aragon fait d'elle, il retient les détails qui révèlent sa générosité ?

- **La mort de Lola.**
Un horrible fait divers, aussi absurde que l'Histoire de l'époque : pour nous communiquer cette impression d'absurdité, le poète bouleverse la chronologie.
– Obervez le mélange surprenant des temps dans la dernière strophe.

Réfléchir

- **Un poète visionnaire.**
Aragon mêle à des constatations simples des visions surréalistes, des images-choc qu'il ne faut pas tâcher d'interpréter rationnellement.
– Observez la beauté des vers 5, 20 à 22, 30-31.

Jean-Roger CAUSSIMON.

Acteur, chanteur, poète, nous connaissons tous Jean-Roger Caussimon. Ses poèmes lui ressemblent : ils ont la grâce de la simplicité, le charme de l'espérance lucide...

« Batelier, mon ami, je sais que tout arrive
A qui garde l'espoir... »

Messages lourds d'une expérience humaine que teinte une mélancolie sereine, sœur de la sagesse.

« Le jour, le jour, le jour viendra
Ami, ne désespère pas. »

Mon camarade

Je n' sais plus combien ça fait d' mois
Qu'on s'est rencontrés, toi et moi
Mais depuis, tous deux, on s' balade...
On n' prend jamais le vent debout
C'est lui qui pousse et on s'en fout
Mon camarade...
En avril, tous les prés sont verts
Ils sont tout blancs quand c'est l'hiver
En mars, ils sont en marmelade,
Mais il y'a pour deux vagabonds
Un coin d'étable où il fait bon
Mon camarade !

On s' souviendra du balthazar
Qu'on a fait ce soir, par hasard
Avec un vieux corbeau malade...
On a tout mangé, mêm' les os
Et tu vas roupiller bientôt
Mon camarade...
V'là la première étoil' qui luit
Les grenouill's, dans l' fin fond d' la nuit
En chœur, lui font un' sérénade...
Les grenouill's ont des p'tits points d'or
Dans les yeux, tu l' savais ?... Tu dors
Mon camarade...

Je me demande, certains jours
Pourquoi nous poursuivons toujours
Cette éternelle promenade...
Oui, c'est parc' qu'on n'a pas trouvé
Le bonheur qu'on avait rêvé...
Mon camarade...
Un jour, on s'ra tout ébahis
On arriv'ra dans un pays
Plein de fleurs, d'oiseaux, de cascades...
On s'ra reçus à bras ouverts
Y'aura des carillons dans l'air !
Mon camarade !

Y'aura un' petit' blond' pour moi
Et puis un' petit' brun' pour toi
Qui trouv's que les blond's c'est trop fade...
Ell's nous trouv'ront bien à leur goût
Et diront : Venez donc chez nous !
Mon camarade...
On trouv'ra ça, mais oui, mon vieux !
C'est peut-êt' là-haut, dans les cieux
Dam', faudra pas rester en rade...

On a tant marché ici-bas
Qu'y'a pas d' raison qu'on n'y'arriv' pas !
Mon camarade !

Jean-Roger CAUSSIMON
Musique de Léo FERRÉ

Lire et comprendre

- **Deux « vagabonds » en route vers un pays de cocagne... ou un paradis terrestre.** Comment se le représentent-ils ? En ont-ils une vision très précise ?
- **... C'est que l'essentiel est dans cette recherche et ce rêve à deux.**
  - Observez la composition de chaque couplet ; où se trouvent placés les mots « Mon camarade » ?
  - Pourquoi le poète utilise-t-il, à votre avis, tant de points de suspension ?
- **Un texte destiné à être chanté.**
  Relevez tout ce qui, dans le texte, montre clairement qu'il s'agit de la reproduction écrite d'une langue parlée.
- **Le langage familier de deux « copains » en marge de la société.**
  Relevez les mots et expressions appartenant à la langue familière et argotique.

Jacques BREL (1929-1978).

Jacques Brel, au fil de ses chansons, nous dit la tendresse, le bonheur quelquefois, l'amour qui n'est plus là ou qui ne viendra pas, la solitude, la mort qui s'avance dans les pendules, avec leurs voix... Lucide mais généreux, il teinte d'humour ses colères et ses angoisses aussi souvent qu'il le peut : en composant *Le Moribond*, il renoue avec la tradition séculaire des légendes et des farces macabres, lorsqu'on riait bien haut de la mort pour mieux exorciser l'horreur de cette fosse qui, là-bas, nous attend tous.

Le moribond

Adieu l'Émile je t'aimais bien
Adieu l'Émile je t'aimais bien tu sais
On a chanté les mêmes vins
On a chanté les mêmes filles
On a chanté les mêmes chagrins
Adieu l'Émile je vais mourir
C'est dur de mourir au printemps tu sais
Mais je pars aux fleurs la paix dans l'âme
Car vu que tu es bon comme du pain blanc
Je sais que tu prendras soin de ma femme
Je veux qu'on rie
Je veux qu'on danse
Je veux qu'on s'amuse comme des fous
Je veux qu'on rie
Je veux qu'on danse
Quand c'est qu'on me mettra dans le trou

Adieu Curé je t'aimais bien
Adieu Curé je t'aimais bien tu sais
On n'était pas du même bord
On n'était pas du même chemin
Mais on cherchait le même port
Adieu Curé je vais mourir
C'est dur de mourir au printemps tu sais
Mais je pars aux fleurs la paix dans l'âme
Car vu que tu étais son confident
Je sais que tu prendras soin de ma femme
Je veux qu'on rie
Je veux qu'on danse
Je veux qu'on s'amuse comme des fous
Je veux qu'on rie
Je veux qu'on danse
Quand c'est qu'on me mettra dans le trou

Adieu l'Antoine je t'aimais pas bien
Adieu l'Antoine je t'aimais pas bien tu sais
J'en crève de crever aujourd'hui
Alors que toi tu es bien vivant
Et même plus solide que l'ennui
Adieu l'Antoine je vais mourir
C'est dur de mourir au printemps tu sais
Mais je pars aux fleurs la paix dans l'âme
Car vu que tu étais son amant
Je sais que tu prendras soin de ma femme
Je veux qu'on rie
Je veux qu'on danse
Je veux qu'on s'amuse comme des fous
Je veux qu'on rie
Je veux qu'on danse
Quand c'est qu'on me mettra dans le trou

Adieu ma femme je t'aimais bien
Adieu ma femme je t'aimais bien tu sais
Mais je prends le train pour le Bon Dieu
Je prends le train qui est avant le tien
Mais on prend tous le train qu'on peut
Adieu ma femme je vais mourir
C'est dur de mourir au printemps tu sais
Mais je pars aux fleurs les yeux fermés ma femme
Car vu que je les ai fermés souvent
Je sais que tu prendras soin de mon âme
Je veux qu'on rie
Je veux qu'on danse
Je veux qu'on s'amuse comme des fous
Je veux qu'on rie
Je veux qu'on danse
Quand c'est qu'on me mettra dans le trou

Paroles et musique de Jacques BREL

Lire et comprendre

Le *moribond* – celui qui est en train de mourir – fait ses adieux à quatre personnes : il y a quatre strophes et le refrain.

1. Quelles sont ces quatre personnes et quelles sont ses relations avec chacune d'elles ?
2. Le thème de la chanson est la mort. Relevez tous les mots qui se rapportent à ce thème.
3. Quels sont les mots et les expressions que l'auteur utilise le plus fréquemment :
   - dans les strophes,
   - dans le refrain.

Réfléchir

1. Pourquoi est-ce plus dur de mourir au printemps ?
2. Pourquoi Brel ne parle-t-il pas de tombe ni de cimetière mais de « trou » ?

Au-delà du texte

1. Peut-il y avoir des enterrements gais et joyeux comme le souhaite le moribond ?
2. Est-ce que dans votre pays on porte le deuil (vêtements noirs d'habitude) lorsque quelqu'un meurt dans la famille ?
3. *« Mourir »* et *« la mort »* sont des mots qu'on cherche souvent à éviter et à remplacer par d'autres termes. En connaissez-vous quelques-uns ?

Véronique TADJO

Véronique Tadjo, née en 1955 à Paris, est originaire de la Côte d'Ivoire et c'est dans son pays qu'elle effectua l'essentiel de ses études secondaires. Après plusieurs séjours aux Etats-Unis, elle est actuellement professeur à l'Université nationale d'Abidjan. Elle a obtenu en 1983 le Prix littéraire de l'Agence de coopération culturelle et technique pour « *Latérite* », son premier recueil poétique, dont voici les toutes premières pages.

Latérite.

IL SEMBLAIT QUE LA VILLE ÉTAIT COUCHÉE SOUS L'AIR DU TEMPS. RIEN NE BOUGEAIT. LA CHALEUR PARALYSAIT LES HOMMES ET LES CHOSES COMME SI PLUS RIEN NE DEVAIT REPRENDRE VIE. LES CABRIS[1] COMME FIGÉS DANS UN DERNIER MOUVEMENT SE COLLAIENT AUX MURS DES MAISONS. LA TERRE ROUGE INONDAIT LES RUES ET SE RÉPANDAIT DANS LES COURS. IL FAISAIT SI CHAUD QUE LE SOLEIL RESTAIT PLANTÉ AU BEAU MILIEU DU JOUR. LE BITUME PERFORÉ DES ROUTES PARAISSAIT DES PLAIES BÉANTES. AUCUN VÊTEMENT NE FLOTTAIT SUR LES LIGNES. L'OMBRE N'EXISTAIT PLUS. UNE VOITURE PASSAIT, PUIS UNE AUTRE.
DES BRUITS DE MOTO SURGISSAIENT.

LA POUSSIÈRE S'ÉTALAIT EN FINES GOUTTELETTES D'OR ET LES NUAGES ARDENTS DÉPLAÇAIENT LEURS ENVIES. ÇÀ ET LÀ, UN BOUBOU[2] AUX MILLE COULEURS FLAMBOYAIT ET DISPARAISSAIT. LES HOMMES SEMBLAIENT VENIR D'AILLEURS, LE REGARD FIXÉ SUR LA VILLE ÉTOUFFÉE.
UN ENFANT AUX AGUETS[3] CHERCHAIT DES MANGUES[4] ROUGES ET SON PETIT CORPS POUSSIÉREUX SE CAMBRAIT COMME UN ARC.

1. **cabris** : petits de la chèvre.
2. **boubou** : vêtement très répandu en Afrique.
3. **aux aguets** : qui guette.
4. **mangues** : fruits tropicaux.

IL AVAIT LA TÊTE RENVERSÉE ET LES YEUX BRAQUÉS SUR L'ARBRE. IL CRIAIT AUX FRUITS JUTEUX DES MOTS INAUDIBLES, ET IL GESTICULAIT ET IL LANÇAIT DES PIERRES ET L'ON VOYAIT SES PIEDS REMUER LA POUSSIÈRE.

LES VOITURES RÉGNAIENT SUR CETTE TORPEUR[5] ET, DANS LEUR FROIDEUR HAUTAINE, ROULAIENT, SCINTILLANTES.

5. **torpeur** : engourdissement.

IL SEMBLAIT QUE TOUT ALLAIT FINIR ET QUE RIEN NE POUVAIT COMMENCER.
SOUS LE SOLEIL DE PLOMB, PLUS RIEN N'AVAIT DE SENS. IL SEMBLAIT QU'UNE ORBITE[6] TOUTE-PUISSANTE AVAIT FIGÉ LES JEUX ET QUE PERSONNE N'AURAIT VOULU EMPÊCHER LE SILENCE.

6. **orbite** : courbe décrite par une planète.

ET POURTANT C'EST LÀ QUE L'AMOUR NAQUIT.
COMME SOUS LES ARCADES, JADIS, ELLE AVAIT GOÛTÉ LA FRAÎCHEUR. C'EST LÀ QU'IL LUI TENAIT LA MAIN, LÀ QU'ILS S'ENDORMAIENT DANS UNE MAISON QUI AVAIT CELA DE PARTICULIER QU'ELLE ÉTAIT TOUTE BLANCHE ET QUE SES HABITANTS ÉTAIENT HEUREUX. ILS CONSTRUISAIENT LE TEMPS ET SAISISSAIENT L'ESPOIR.

SI TU ÉTAIS VENU
PLUS TÔT
JE N'AURAIS PAS RECONNU
TES MAINS D'HIBISCUS[7]
ET TON SOURIRE EN SENSATION
LE MAÏS MÛR
ET LES RYTHMES DE BALAFON[8]
J'AURAIS MARCHÉ
TOUT AU LONG DES ANNÉES
ET PASSANT DEVANT MOI
TON OMBRE M'AURAIT GÊNÉE.

7. **hibiscus** : plante ornementale.

8. **balafon** : instrument de musique.

TU ES TEL QUE
JE T'AVAIS SONGÉ
HOMME-NÉNUPHAR[9]
SUR LE LAC DE MA DÉCOUVERTE
Ô VAINQUEUR FOUDROYANT
LES LÉTHARGIES[10] *ANCIENNES*
TU ES ESPRIT DU MASQUE
CÉLÉBRANT LES INITIÉS[11]
TU ES LA TERRE ROUGE
FERTILE DE CHANTS AMERS.

9. **nénuphar** : plante aquatique.

10. **léthargie** : engourdissement.

11. **initiés** : qui sont admis à connaître certains secrets, certains mystères.

GLISSE À MON DOIGT
L'ANNEAU DU SILENCE
QUI APPELLE LES MOTS SACRÉS
ET CONQUIERT LES BUILDINGS.[12]
REDIS-MOI LE CHANT DE LA HERSE[13]
ET LA PLAINTE DES HOMMES
DOCKERS[14]
APPRENDS-MOI
VEUX-TU ?
LES FUTURS COMBATTANTS.

12. **building** : immeuble moderne.

13. **herse** : outil agricole.

14. **dockers** : ouvriers dont le travail consiste à charger et décharger les navires.

MONTRE-LUI
LES CRIS DES DESSOUS DE LA TERRE
LES ÉTÉS ACCABLANTS
ET LES PLUIES DESTRUCTRICES
APPRENDS-LUI
À RETENIR SON SOUFFLE
À LA CADENCE[15]
DES FEUILLES PREMIÈRES
RETIENS SA MAIN
JUSQU'AU BOUT DU CHEMIN
QU'ELLE VAINQUE ELLE-MÊME SA PEUR !

15. **cadence** : répétition rythmique de gestes ou de sons.

16. **griot** : poète chanteur.

17. **totem** : symbole sacré.

RACONTE-MOI
LA PAROLE DU GRIOT [16]
QUI CHANTE L'AFRIQUE
DES TEMPS IMMÉMORIAUX
IL DIT
CES ROIS PATIENTS
SUR LES CIMES DU SILENCE
ET LA BEAUTÉ DES VIEUX
AUX SOURIRES FANÉS
MON PASSÉ REVENU
DU FOND DE MA MÉMOIRE
COMME UN SERPENT TOTEM [17]
À MES CHEVILLES LIÉ
MA SOLITUDE
ET MES ESPOIRS BRISÉS
QU'APPORTERAIS-JE
À MES ENFANTS
SI J'AI PERDU LEUR ÂME ?

IL DIT
LE GRIOT À LA LANGUE PENDANTE
« VOUS IREZ PLUS LOIN ENCORE
DANS LA FORÊT BLANCHE
DES BÉTONS ENTASSÉS
ET VOUS PLEUREREZ
DANS LES QUARTIERS BOUEUX
D'UNE VILLE SANS REFUGE »
IL DIT AUSSI
LE GRIOT NOUVEAU
« REGARDEZ !
IL EST DÉJÀ DES HOMMES
QUE LES RÉVOLTES ÉTREIGNENT ».

LES BALAFONS VENAIENT
À PEINE DE S'ARRÊTER
JE ME SENTAIS
DÉJÀ SEULE
JE NE SAVAIS PLUS
SI LE SOL ÉTAIT MOUILLÉ
OU SI LE VENT AVAIT TOURNÉ.

C'EST ICI QUE JE VEUX
M'ALLONGER
ET PUISER MA BEAUTÉ
C'EST À CÔTÉ DU MONT
ET SOUS CETTE TERRE ROUGE
QUE JE VEUX RETROUVER
LES SECRETS ENTERRÉS.

POINT DE BALANCE
POINT DE RUPTURE
TES DOIGTS SUR MA MAIN
SUFFISENT
JE NE SAIS PAS
SI TU ES
MON AMI, MON AMOUR
OU MON FRÈRE.

Véronique TADJO
Latérite,
Ed. Hatier, coll. « Monde Noir ».

Lire et comprendre

- **Le chant d'un pays écartelé entre deux civilisations.**
  - Une terre à la fois violente, âpre et dispensatrice de biens. Relevez les passages où apparaissent ces caractéristiques.
  - Menacée par la ville : Retrouvez les éléments du monde urbain qui constituent une partie du décor. Comment sont-ils caractérisés ?
  - La ville semble gagner du terrain et symboliser la rupture douloureuse d'un pays avec sa tradition.
  - Relevez dans le 1er paragraphe une comparaison violente qui l'exprime.
  - Quel personnage symbolise essentiellement la misère du pays ?

- **« Il semblait que tout allait finir et que rien ne pouvait commencer ».**
  - Relevez d'autres passages du texte qui traduisent cette impasse dans laquelle est pris tout un peuple.
  - Cette situation engendre sur le plan personnel le désarroi et la peur. A quelles lignes l'auteur exprime-t-elle ses sentiments ?

- **Un seul salut dans ce monde déchiré : l'amour.**
  Le monologue à bâtons rompus s'arrête pour laisser place à un chant d'amour adressé à l'être aimé :
  - Montrez que le bonheur de l'amour est évoqué à l'aide de comparaisons et de sensations empruntées au monde de la terre.
  - C'est l'amour qui permettra à la fois de retrouver les secrets perdus de la tradition sans lesquels on ne peut vivre (Dans quels passages cette idée apparaît-elle ?)
  - et de réconcilier deux univers – terre et ville – pour inventer un monde viable. Quelles expressions permettent de le supposer ?

Table

Avant-Propos 3

Contes et nouvelles

Marcel AYMÉ
Le passe-muraille 6
L'huissier. *(Contes et Nouvelles.)* 13

Prosper MÉRIMÉE
Mateo Falcone. *(Mosaïque.)* 20

Guy de MAUPASSANT
La parure. *(Contes du jour et de la nuit.)* 29

Pierre JAKEZ-HELIAS
Un amour terrible. *(Contes à vivre debout.)* 35

Michel TOURNIER
La fin de Robinson Crusoé. *(Le coq de bruyère.)* 37

Marguerite YOURCENAR
Cornélius Berg et l'amateur de tulipes. *(Nouvelles orientales.)* 40

Jean MURO
La chaise. *(Histoires singulières.)* 42

Francis BEBEY
Patrons... *(Embarras et Cie.)* 45

Pages de roman

Joseph KESSEL
Patricia et le lion. *(Le Lion.)* 48

André MALRAUX
L'épreuve des pilotes. *(L'Espoir.)* 55

Jules VERNE
Granite-house. *(L'île mystérieuse.)* 62

Blaise CENDRARS
L'or. *(L'or.)* 69

Robert SABATIER
Naissance d'une amitié. *(Trois sucettes à la menthe.)* . 76

Jean-Paul SARTRE
Un enfant prodige qui ne savait pas l'orthographe. *(Les mots.)* 81

René FALLET
Le vrai naufrage du Cerf-Volant. *(Il était un petit navire.)* 82

Georges SIMENON
Les larmes de bougie. *(Les nouvelles enquêtes de Maigret.)* 92

Louis-Ferdinand CÉLINE
Un garçon qui tutoie les anges 99
« C'est de chimpanzés, dont nous avons besoin. » *(Voyage au bout de la nuit.)* 102

Hervé BAZIN
Étrange découverte 104
R.A.S. 105
Comment mourut Samson. *(L'huile sur le feu.)* 107

Sacha GUITRY
Les champignons. *(Mémoires d'un tricheur.)* 109

Françoise SAGAN
Bonjour tristesse. *(Bonjour tristesse.)* 112

Roger VAILLAND
La loi 115
Le seul échec de Matteo Brigante 118
Une confidence de don Cesare. *(La loi.)* 121

COLETTE
La crevette. *(Le blé en herbe.)* 123

Jacques CHESSEX
L'Ogre. *(L'Ogre.)* 126

Anne HÉBERT
Les Fous de Bassan. *(Les Fous de Bassan.)* 130

Mongo BETI
La vente du cacao. *(Ville cruelle.)* 135

Simone SCHWARZ-BART
Pluie et vent sur Télumée-miracle. *(Pluie et vent sur Télumée-miracle.)* 139

Récits

Pierre DANINOS
Pochet aux toros. *(Vacances à tout prix.)* 144
Si on avait un gouvernement 146
La France au volant 148
Étrange nation. *(Les Carnets du Major Thompson.)* .. 149
En voyage. *(Un certain Monsieur Blot.)* 150

Antoine de SAINT-EXUPÉRY
La rose et le Petit Prince. *(Le Petit Prince.)* 151

SEMPÉ et GOSCINNY
C'est papa qui décide. *(Les vacances du petit Nicolas.)* 153

Antoine de SAINT-EXUPÉRY
Être homme, c'est être responsable... *(Terre des hommes.)* 156

Joseph KESSEL
Mermoz avant Mermoz 158
A bout de souffle. *(Mermoz.)* 160

Tahar BEN JELLOUN
La nuit claire de l'apparence. *(La Prière de l'absent)* . 163

Scènes de théâtre

Jules ROMAINS
La consultation. *(Knock.)* 168

Eugène IONESCO
Rhinocéros. *(Rhinocéros.)* 175

Georges COURTELINE
La peur des coups. *(La peur des coups.)* 182

Fernand RAYNAUD
Le 22 à Asnières 189
J'suis pas un imbécile. *(Heureux.)* 191

Poèmes et chansons

Jacques PRÉVERT
Chasse à l'enfant 194
Barbara.. 195
La grasse matinée.................................. 197
Premier jour 199
Le message.. 199
Le cancre. *(Paroles.)* 199

Guillaume APOLLINAIRE
Zone. *(Alcools.)* 200
La petite auto. *(Calligrammes.)* 202
Le Pont Mirabeau. *(Alcools.)* 204
Sais-je mon amour. *(Apollinaire.)* 205

Arthur RIMBAUD
Roman 207
Ma bohème. *(Poésies.)* 209

Paul VERLAINE
Je ne sais pourquoi 210
La chanson de Gaspard Hauser. *(Sagesse.)* 211

Boris VIAN
La complainte du progrès 212

Georges BRASSENS
La mauvaise réputation 214
Les amoureux des bancs publics 215

Pierre PERRET
Lily 217
Mon p'tit loup 219

Paul FORT
Le bonheur 221
La ronde autour du monde. *(Ballades françaises.)*.... 222

Louis ARAGON
Ballade de celui qui chanta dans les supplices. *(La diane française.)* 223

Léo FERRÉ interprète ARAGON
Est-ce ainsi que les hommes vivent? 225

Jean-Roger CAUSSIMON
Mon camarade 228

Jacques BREL
Le moribond 230

Véronique TADJO
Latérite. *(Latérite.)*............................. 232

Imprimerie Tardy Quercy S.A. Bourges - Dépôt légal : Août 1985 - N° 12408

LES ÉDITIONS FOUCHER, 128, rue de Rivoli, 75001 Paris — N° 5403-785

LE PARAPLUIE

par

GUY DE MAUPASSANT

Madame Oreille était économe. Elle savait la valeur d'un sou et possédait un arsenal de principes sévères sur la multiplication de l'argent. Sa bonne, assurément, avait grand mal à faire danser l'anse du panier[1], et M. Oreille[2] n'obtenait sa monnaie de poche qu'avec une extrême difficulté. Ils étaient à leur aise pourtant, et sans enfants. Mais Mme Oreille éprouvait une vraie douleur à voir les pièces blanches[3] sortir de chez elle. C'était comme une déchirure pour son cœur; et, chaque fois qu'il lui fallut faire une dépense de quelque importance, bien qu'indispensable, elle dormait fort mal la nuit suivante.

Oreille répétait sans cesse à sa femme:

— Tu devrais avoir la main plus large[4] puisque nous ne mangeons jamais nos revenus[5].

Elle répondait:

— On ne sait jamais ce qui peut arriver. Il vaut mieux avoir plus que moins.

1. *Faire danser l'anse du panier*: rubare sulla spesa.
2. *M. Oreille*: il marito.
3. *Pièce blanche*: moneta d'argento.
4. *Tu devrais avoir la main plus large*: dovresti badare meno alle spese.
5. *Revenus* m.: rendite.

C'était une petite femme de quarante ans, vive, ridée[1], propre, et souvent irritée.

Son mari, à tout moment, se plaignait des privations qu'elle lui faisait endurer[2]. Il en était certaines[3] qui lui devenaient particulièrement pénibles, parce qu'elles atteignaient sa vanité.

Il était commis principal[4] au Ministère de la Guerre, demeuré là uniquement pour obéir à sa femme, pour augmenter les rentes inutilisées de la maison.

Or, pendant deux ans, il vint au bureau avec le même parapluie rapiécé qui donnait à rire à ses collègues. Las enfin de leurs quolibets[5], il exigea que Mme Oreille lui achetât un nouveau parapluie. Elle en prit un de huit francs cinquante[6], article de réclame d'un grand magasin. Des employés, en apercevant cet objet jeté dans Paris par milliers[7], recommencèrent leurs plaisanteries, et Oreille en souffrit horriblement. Le parapluie ne valait rien. En trois mois, il fut hors de service, et la gaieté devint générale dans le Ministère. On fit même une chanson qu'on entendait du matin au soir, du haut en bas de l'immense bâtiment.

Oreille, exaspéré, ordonna à sa femme de lui choisir un nouveau riflard[8], en soie fine, de vingt francs, et d'apporter une facture justificative.

Elle en acheta un de dix-huit francs et déclara, rouge d'irritation, en le remettant à son époux:

— Tu en as là pour cinq ans au moins.

Oreille, triomphant, obtint un vrai succès au bureau.

1. *Ridée*: rugosa.

2. *Endurer*: sopportare.

3. *Il en était certaines*...: alcune privazioni gli riuscivano particolarmente penose.

4. *Commis principal*: impiegato.

5. *Quolibets*: frizzi, scherzi.

6. *Huit francs cinquante*: il prezzo dell'ombrello era molto basso, anche se il fatto si svolge nel 1884.

7. *Jeté dans Paris par milliers*: diffuso a Parigi in migliaia di esemplari.

8. *Riflard*: ombrello (voce del linguaggio parigino).

Lorsqu'il rentra le soir, sa femme jetant un regard inquiet sur le parapluie, lui dit:

— Tu ne devrais pas le laisser serré avec l'élastique, c'est le moyen de couper la soie. C'est à toi[1] d'y veiller, parce que je ne t'en achèterai pas un de sitôt.

Elle le prit, dégrafa[2] l'anneau et secoua les plis. Mais elle demeura saisie d'émotion. Un trou rond, grand comme un centime, lui apparut au milieu du parapluie. C'était une brûlure de cigare.

Elle balbutia:

— Qu'est-ce qu'il a?

Son mari répondit tranquillement, sans regarder:

— Qui? quoi? Que veux-tu dire?

La colère l'étranglait maintenant; elle ne pouvait plus parler:

— Tu... tu... tu as brûlé... ton... ton... parapluie. Mais tu... tu... tu es donc fou!... Tu veux nous ruiner!

Il se retourna, se sentant pâlir:

— Tu dis?

— Je dis que tu as brûlé ton parapluie. Tiens!...

Et, s'élançant vers lui comme pour le battre, elle lui mit violemment sous le nez la petite brûlure circulaire.

Il restait éperdu devant cette plaie, bredouillant[3]:

— Ça, ça... qu'est-ce que c'est? Je ne sais pas, moi! Je n'ai rien fait, rien, je te le jure. Je ne sais pas ce qu'il a, moi, ce parapluie!

Elle criait maintenant:

— Je parie que tu as fait des farces[4], avec lui dans ton bureau, que tu as fait le saltimbanque, que tu l'as ouvert pour le montrer.

Il répondit:

— Je l'ai ouvert une seule fois pour montrer comme il était beau. Voilà tout. Je te le jure.

1. *C'est à toi*: sta a te.
2. *Dégrafer*: sfibbiare.
3. *Bredouiller*: balbettare.
4. *Farce*: burla, scherzo.

Mais elle trépignait[1] de fureur, et elle lui fit une de ces scènes conjugales qui rendent le foyer familial plus redoutable pour un homme pacifique qu'un champ de bataille où pleuvent les balles.

Elle ajusta une pièce[2] avec un morceau de soie coupé sur l'ancien parapluie, qui était de couleur différente; et, le lendemain Oreille partit, d'un air humble, avec l'instrument raccommodé. Il le posa dans son armoire et n'y pensa plus que comme on pense à quelque mauvais souvenir.

Mais à peine fut-il rentré, le soir, sa femme lui saisit son parapluie dans les mains, l'ouvrit pour constater son état, et demeura suffoquée devant un désastre irréparable. Il était criblé de petits trous[3] provenant évidemment de brûlures, comme si l'on eût vidé dessus la cendre d'une pipe allumée. Il était perdu, perdu sans remède.

Elle contemplait cela sans dire un mot, trop indignée pour qu'un son pût sortir de sa gorge. Lui aussi, il constatait le dégât[4] et il restait stupide, épouvanté, consterné.

Puis ils se regardèrent; puis il baissa les yeux; puis il reçut par la figure l'objet crevé qu'elle lui jetait; puis elle cria, retrouvant sa voix dans un emportement de fureur:

— Ah! canaille! canaille! Tu l'as fait exprès! Mais tu me le payeras! Tu n'en auras plus...

Et la scène recommença. Après une heure de tempête, il put enfin s'expliquer. Il jura qu'il n'y comprenait rien; que cela ne pouvait provenir que de malveillance ou de vengeance.

Un coup de sonnette[5] le délivra. C'était un ami qui venait dîner chez eux.

Mme Oreille lui soumit le cas. Quant à acheter un nouveau parapluie, c'était fini, son mari n'en aurait plus.

1. *Trépigner*: pestare i piedi, fremere.
2. *Elle ajusta une pièce*: fece un rattoppo.
3. *Il était criblé de petits trous*: presentava molte sforacchiature.
4. *Dégât*: danno.
5. *Sonnette* f.: campanello.

honteuse, puis passa, puis revint, puis passa de nouveau, puis revint encore.

Elle se dit enfin:

— Il faut y aller, pourtant. Mieux vaut plus tôt que plus tard.

Mais, en pénétrant dans la maison, elle s'aperçut que son cœur battait.

Elle entra dans une vaste pièce avec des guichets [1] tout autour; et par chaque guichet, on apercevait une tête d'homme dont le corps était masqué par un treillage [2].

Un monsieur parut, portant des papiers. Elle s'arrêta et, d'une petite voix timide:

— Pardon, monsieur, pourriez-vous me dire où il faut s'adresser pour se faire rembourser les objets brûlés.

Il répondit, avec un timbre sonore:

— Premier [3], à gauche, au bureau des sinistres.

Ce mot l'intimida davantage encore; et elle eut envie de se sauver, de ne rien dire, de sacrifier ses dix-huit francs. Mais à la pensée de cette somme, un peu de courage lui revint, et elle monta, essoufflée [4], s'arrêtant à chaque marche.

Au premier, elle aperçut une porte, elle frappa. Une voix claire cria:

— Entrez!

Elle entra et se vit dans une grande pièce où trois messieurs, debout, décorés, solennels, causaient.

Un d'eux lui demanda:

— Que désirez-vous, madame?

Elle ne trouvait plus ses mots, elle bégaya [5]:

— Je viens... je viens... pour... pour un sinistre.

Le monsieur, poli, montra un siège.

1. *Guichet*: sportello.
2. *Masqué par un treillage*: nascosto da una grata.
3. *Premier*: primo piano.
4. *Essoufflée*: ansante, senza fiato.
5. *Bégayer*: balbettare.

— Donnez-vous la peine de vous asseoir, je suis à vous dans une minute.

Et, se retournant vers les deux autres, il reprit la conversation.

— La Compagnie, messieurs, ne se croit pas engagée envers vous pour plus de quatre cent mille francs. Nous ne pouvons admettre vos revendications pour les cent mille francs que vous prétendez nous faire payer en plus. L'estimation d'ailleurs...

Un des deux autres l'interrompit:

— Cela suffit, monsieur, les tribunaux décideront. Nous n'avons plus qu'à nous retirer.

Et ils sortirent après plusieurs saluts cérémonieux.

Oh! si elle avait osé partir avec eux, elle l'aurait fait; elle aurait fui, abandonnant tout! Mais le pouvait-elle? Le monsieur revint et, s'inclinant:

— Qu'y a-t-il pour votre service, madame?

Elle articula péniblement:

— Je viens pour... pour ceci.

Le directeur baissa les yeux, avec un étonnement naïf, vers l'objet qu'elle lui tendait.

Elle essayait, d'une main tremblante, de détacher l'élastique. Elle y parvint après quelques efforts et ouvrit brusquement le squelette loqueteux [1] du parapluie.

L'homme prononça, d'un ton compatissant:

— Il me paraît bien malade.

Elle déclara avec hésitation:

— Il m'a coûté vingt francs.

— Vraiment! Tant que ça [2]?

— Oui, il était excellent. Je voulais vous faire constater son état.

— Fort bien; je vois. Fort bien. Mais je ne saisis pas [3] en quoi cela peut me concerner.

1. *Le squelette loqueteux*: lo scheletro a brandelli.

2. *Tant que ça?*: così caro?

3. *Je ne saisis pas*: non afferro, non riesco a capire.

La canne de jonc

(Récit du capitaine Renaud).

Le capitaine Renaud, ancien officier de l'Empire, était surnommé par ses soldats « la Canne de jonc »,[1] *parce que, même dans les combats, il n'avait d'autre arme que la frêle canne sur laquelle il s'appuyait en marchant. Dans ce récit, le capitaine raconte l'aventure qui lui a donné cette singulière habitude et qui lui a valu son surnom.*

C'était en 1814.[2] *Une nuit, le capitaine avait reçu l'ordre de s'emparer de surprise et à la baïonnette, d'un poste russe placé sur une colline, près de Reims. Dans cette opération, il tua un enfant de 14 ans. Les sentiments d'horreur et de pitié qu'il éprouva ce jour-là, lui firent prendre la résolution de n'avoir plus d'autre arme que le frêle bâton que l'enfant, en mourant, laissa échapper de sa petite main.*

L'essentiel était de ne pas faire de bruit. Je passai l'inspection des armes et je fis enlever les cartouches de toutes celles qui étaient chargées. Ensuite je me promenai quelque temps avec mes sergents, en attendant l'heure.

A dix heures et demie je leur fis mettre leur capote sur l'habit et le fusil caché sous la capote: car quelque chose qu'on fasse, la baïonnette, la nuit, se voit toujours... J'avais observé les petits sentiers qui conduisaient au corps de garde russe et j'y fis monter les plus déterminés gaillards,[3] que j'aie jamais commandés.

Il y en a encore là, dans les rangs, deux qui y étaient et s'en souviennent bien.

Ils savaient l'habitude des Russes et savaient comment les prendre. Les factionnaires,[4] que nous rencontrâmes en montant, disparurent sans bruit, comme des roseaux que l'on couche par terre avec la main. Celui qui était devant les armes [5] demandait plus de soin.[6] Il était immobile, l'arme au pied et le menton sur son fusil; le pauvre diable se balançait comme un homme qui s'endort de fatigue et va tomber. Un de mes grenadiers

(1) **canne de jonc,** *canna (bastone) di giunco.*

(2) **c'était en 1814,** c'est un épisode de la campagne de France qui précède l'abdication de Napoléon. La France est envahie par les alliés: Russes, Autrichiens et Prussiens.

(3) **déterminés gaillards,** *giovanotti risoluti.*

(4) **factionnaires** (*sentinelle*), soldats qui sont en faction, qui montent la garde.

(5) **devant les armes,** *a guardia delle armi.*

(6) **plus de soin,** *maggiore precauzione.*

le prit dans ses bras en le serrant à l'étouffer, et deux autres, l'ayant bâillonné,[1] le jetèrent dans les broussailles.[2]

J'arrivai lentement et je ne pus me défendre, je l'avoue, d'une certaine émotion que je n'avais jamais éprouvée au moment des autres combats.

C'était la honte d'attaquer des gens couchés.[3]

Je les voyais, roulés dans leurs manteaux, éclairés par une lanterne sourde[4] et le cœur me battit violemment. Mais tout à coup, au moment d'agir, je craignis que ce ne fût une faiblesse qui ressemblât à celle des lâches; j'eus peur d'avoir senti la peur une fois, et, prenant mon sabre caché sous mon bras, j'entrai le premier, brusquement, donnant l'exemple à mes grenadiers. Je leur fis un geste qu'ils comprirent; ils se jetèrent d'abord sur les armes, puis sur les hommes, comme des loups sur un troupeau.

Oh! ce fut une boucherie[5] sourde et horrible! La baïonnette perçait, la crosse assommait,[6] le genou étouffait,[7] la main étranglait. Tous les cris, à peine poussés, étaient éteints sous les pieds de nos soldats, et nulle tête ne se soulevait sans recevoir le coup mortel. En entrant j'avais frappé au hasard[8] un coup terrible devant moi, sur quelque chose de noir que j'avais traversé d'outre en outre.[9] Un vieil officier, homme grand et fort, la tête chargée de cheveux blancs, se leva comme un fantôme, jeta un cri affreux en voyant ce que j'avais fait, me frappa à la figure d'un coup d'épée violent et tomba mort à l'instant sous les baïonnettes.

Moi, je tombai assis à côté de lui, étourdi du coup porté entre les yeux, et j'entendis sous moi la voix mourante et tendre d'un enfant qui disait: « Papa... ».

Je compris alors mon œuvre, et j'y regardai avec un empressement frénétique.[10] Je vis un de ces officiers de quatorze ans, si nombreux dans les armées russes, qui nous envahirent à cette époque, et que l'on traînait à cette terrible école.

(1) **bâillonné,** *imbavagliato.*
(2) **broussailles,** *sterpeti, macchie.*
(3) **des gens couchés,** le capitaine éprouve une certaine honte à attaquer les soldats qui dormaient.
(4) **sourde** (*cieca*), qui laisse dans l'ombre celui qui s'en sert.
(5) **boucherie,** *carneficina.*
(6) **la crosse assommait,** *il calcio del fucile ammazzava.*
(7) **étouffait,** *strozzava.*
(8) **au hasard,** *a caso.*
(9) **d'outre en outre,** *da parte a parte.*
(10) **frénétique,** agité, bouleversé.

Ses longs cheveux bouclés[1] tombaient sur sa poitrine, aussi blonds, aussi soyeux[2] que ceux d'une femme, et sa tête s'était penchée comme s'il n'eût fait que s'endormir une seconde fois. Ses lèvres roses épanouies[3] comme celles d'un nouveau-né, ses grands yeux bleus entr'ouverts avaient une beauté de formes candide, féminine et caressante. Je le soulevai sur un bras et sa joue tomba sur ma joue ensanglantée, comme s'il allait cacher sa tête entre le menton et l'épaule de sa mère pour se réchauffer. Il semblait se blottir[4] sous ma poitrine pour fuir ses meurtriers.[5] La tendresse filiale, la confiance et le repos d'un sommeil délicieux reposaient sur sa figure morte, et il paraissait me dire: « Dormons en paix! ».

— Est-ce là un ennemi? — m'écriai-je. — Et ce que Dieu a mis de paternel dans les entrailles[6] de tout homme s'émut et tressaillit en moi. Je le serrais contre ma poitrine, lorsque je sentis que j'appuyais sur moi la garde de mon sabre[7] qui traversait son cœur et qui avait tué cet ange endormi. Je voulus pencher ma tête sur sa tête, mais mon sang le couvrit de larges taches. Je sentis la blessure de mon front et je me souvins qu'elle m'avait été faite par son père. Je regardai honteusement de ce côté, et je ne vis qu'un amas de corps, que mes grenadiers tiraient par les pieds et jetaient dehors, ne leur prenant que des cartouches.

En ce moment, le colonel entra suivi de la colonne, dont j'entendis le pas et les armes.

— Bravo! mon cher — me dit-il; — vous avez enlevé ça lestement.[8] Mais vous êtes blessé!

— Regardez cela — dis-je; — quelle différence y a-t-il entre moi et un assassin?

— Eh! mon cher, que voulez-vous? c'est le métier.

— C'est juste — répondis-je — et je me levai pour aller reprendre mon commandement. L'enfant retomba dans les plis de son manteau, dont je l'enveloppai, et sa petite main, ornée

(1) **bouclés,** *ricciuti.*
(2) **soyeux,** *morbidi.*
(3) **épanouies,** *dischiuse.*
(4) **se blottir,** *rannicchiarsi, nascondersi.*
(5) **meurtriers,** *uccisori.*
(6) **entrailles** (*viscere*) ici: le cœur.
(7) **la garde de mon sabre,** *l'elsa della mia sciabola.*
(8) **vous avez enlevé ça...,** *l'avete presa (la posizione) con destrezza e rapidità.*

de grosses bagues, laissa échapper une *canne de jonc*, qui tomba sur ma main comme s'il me l'eût donnée. Je la pris; je résolus, quels que fussent mes périls à venir, de n'avoir plus d'autre arme, et je n'eus pas l'audace de retirer de sa poitrine mon sabre d'égorgeur.[1] —

Je sortis à la hâte de cet antre qui puait[2] le sang, et quand je me trouvai au grand air, j'eus la force d'essuyer mon front rouge et mouillé. Mes grenadiers étaient à leurs rangs: chacun essuyait froidement sa baïonnette dans le gazon et raffermissait sa pierre à feu[3] dans la batterie. Mon sergent-major, suivi du fourrier, marchait devant les rangs, tenant sa liste à la lueur d'un bout de chandelle planté dans le canon de son fusil, comme dans un flambeau,[4] il faisait paisiblement l'appel. Je m'appuyai contre un arbre, et le chirurgien-major vint me bander le front.

Une large pluie de mars tombait sur ma tête et me faisait quelque bien. Je ne pus m'empêcher de pousser un profond soupir:

— *Je suis las de la guerre* — dis-je au chirurgien.

(*Servitude et Grandeur militaires*).

La suite du récit nous apprendra que pendant les journées révolutionnaires de 1830, le capitaine ,luttant dans les rues de Paris pour la sauvegarde de l'ordre public, sera tué d'un coup de pistolet, par un autre enfant qui ressemblait à son innocente victime. Avant de mourir, le capitaine apprend que son meurtrier avait agi inconsciemment et qu'il était orphelin. Il lui lègue[5] *alors tout ce qu'il possède à la condition que l'enfant ne sera jamais soldat.*[6]